文库

陈恭禄 著

中国通史（上）

江西教育出版社
JIANGXI EDUCATION PUBLISHING HOUSE
·南昌·

图书在版编目（CIP）数据

中国通史 / 陈恭禄著 . —— 南昌：江西教育出版社，2021.10

（大家学术文库）

ISBN 978-7-5705-2383-2

Ⅰ . ①中… Ⅱ . ①贾… Ⅲ . ①理学 – 哲学史 – 中国 Ⅳ . ① B244

中国版本图书馆 CIP 数据核字 (2021) 第 174274 号

中国通史
ZHONGGUO TONGSHI

陈恭禄　著

江西教育出版社出版

（南昌市抚河北路 291 号　　邮编：330008）

各地新华书店经销

北京长宁印刷有限公司印刷

635 毫米 ×960 毫米　　16 开本　　39.25 印张　　字数 603 千字

2021 年 10 月第 1 版　　2021 年 10 月第 1 次印刷

ISBN 978-7-5705-2383-2

定价：89.00 元

赣教版图书如有印装质量问题，请向我社调换　电话：0791-86710427

投稿邮箱：JXJYCBS@163.com　　电话：0791-86705643

网址：http://www.jxeph.com

赣版权登字 -02-2021-535

版权所有　侵权必究

"大家学术文库"编者按

中国学术，昉自伏羲画卦，至周公制礼作乐而规模始备。其后，王官失守，孔子删述六经，创为私学，是为诸子百家之始。《庄子》曰："道术将为天下裂。"孔子殁后，儒分为八；墨子殁后，墨分为三。诸子周游天下，游说诸侯，皆以起衰救弊、发明学术为务，各国亦以奖励学术、招徕人才为务，遂有田齐稷下学宫之设。商鞅变法，诗书燔而法令明；始皇一统，儒士坑而黔首愚，当此之时，学在官府，以吏为师，先王之学，不绝如缕。至汉高以匹夫起自草泽，诛暴秦，解倒悬，中国学术始获一线生机。其后，汉惠废挟书之律，民间藏书重见天日。孝武之世，董子献"罢黜百家，表彰六经"之策，定六经于一尊。其后，虽有今古之分、儒释之争、汉宋之异、道学心学之别、义理考据之殊，而六经独尊之势，未曾移也。

及鸦片战起，国门洞开，欧风美雨，遍于中夏，诚"三千年未有之变局"。当此之时，国人震于列强之船坚炮利，思有以自强；又羡于西人之政教修明，思有以自效。于是有"变法守旧之争""革命改良之争""排满保皇之争"，而我国固有之学术传统，亦因之而起变化。清季罢科举而六经独尊之势蹙，蔡子民废读经而六经独尊之势衰。当此之时，立论有疑古、信古、释古之别，学派有"古史辩"与"学衡"之争，学说有"文学革命""思想革命""文字革命""伦理革命"诸说，师法有"师俄""师日""师西"之分，众说纷纭，莫衷一是，百家争鸣，复见于近代。

民国诸家，为阐明道术、解救时弊，著书立说、授课讲学，其学术思想，历久弥新，至今熠熠生辉，予人启迪。然近人著作，汗牛充栋，多如恒河之沙，使人难免望书兴叹，不知从何下手，穷其一生，亦难以卒读。因此之故，我们特精选最具代表性之近人著作，依次出版，俾读者略窥学术门墙，得进学之阶。此次选辑出版，虽未能穷尽近人学术之精品，难免有遗珠之憾；然能示人以门径，使人借此以知近人学术规模之宏大、体系之完密，亦不失我们编辑出版"大家学术文库"之初衷。

此次出版，为适应今人阅读习惯，提升丛书品质，我们特对所选书籍做了必要之编辑加工，约有如下诸端：

一、改繁体竖排为简体横排；

二、修正淘汰字、异体字，规范标点符号用法，为一些书加新式标点；

三、校改原稿印刷产生之错字、别字、衍字、脱字；

四、凡遇同一书稿中同一人名有两种及以上不同写法者，一律统改为常用写法。

除以上所举四点之外，其余一仍其旧，力求完整保持各书原貌。

然限于编者之有限学力，书中疏漏之处，在所难免，尚祈广大方家、读者诸君不吝批评斧正。

编　者

2021 年 9 月

自　序

　　一国现状之造成，往往由于人事，历史叙述人事之经验，为认识一国现状必读之书。我国旧史或为纪传，或为编年，或为纪事本末。纪事本末于三者之中最便于读者；但为抄录之文，并无组织与解释，吾人读之常难认识我国政治、经济、社会情状之演变。改造国史久为我国学术界之需要。顾言之易而行之难。著作非抄录史料之谓，乃研究可信之史料，分析其内容，据其所得之史实并将其融会贯通，然后叙述其发生之背景、经过之始末及对于后世之影响，读之庶可明了各时代之情状也。

　　我国旧分史为二类：一曰通史，一曰断代史。学者或称通史，而鄙断代史；或赞美断代史，而轻通史。近人重视通史者进而以为国中尚无可读之通史，为史学不进步之理由。此盖由于深受传统思想之影响。司马迁言其所著之《史记》："究天人之际，通古今之变，成一家之言。"后人据之，以通史纲纪天人。此为通史之一解释。《史记》起自五帝，迄于西汉中叶。后人谓其叙述古今之史迹前后相续而为通史。此为另一说法。吾人知通天人之变为汉人附会之说。近代史料之范围广大、卷帙浩繁，绝非一人之力所能研究，写成有学术价值之通史，亦难于实现。至于抄录典章、经制，不当称为著作，更不足论。吾人现以中国通史为叙述数千年来中国民族活动之史书，为成年人读中国史入门之一教本而已。

　　普通教本于学说上无新贡献，不为学者所重视，其价值仅为服务读者。著者讲授中国通史十数年，现以教本缺乏，萌生撰著之意志；后以正值年富力强之时宜从事于学说研究之著作，不必亟亟于写教本。故写成《中国史》第一册，后即着手撰著秦汉史。民国三十年春完成，名曰:《中国史》第二册。文稿分十七包，由航空寄往香港商务，历十七日始完。斯年终，香港陷失，不知文稿尚存在否，四五十万言之书抄写非万元不办。著者既无此助力，书局亦不愿印行，思想为之一变。三十一年秋，余在西北大学任教，而城固书少，不愿自逸，复有撰著《中国通史》之意，乃于课暇为之，三十二年夏写成第一册。

第一册凡十九篇约十五万言。第一篇述我国地理及所受之影响，为我国民族活动之背景。其余十八篇叙述自远古迄于东汉末年之大事。史前社会今为专门学问，非史学家所愿过问。盖史为文字记录，绝非其范围也。著者略言史前，乃综合专家之报告，而欲读者认识现时学术之发达。信史起于商代，自商迄于汉季，凡重要史籍及近人论文为著者所能得者，无不参看。其所著之通史注重政治制度之演变、领土之开拓、户口之消长、社会经济情状之嬗变、宗教思想之改进、学说文艺之发达等，并求其交相影响之势力，说明其与政治大事发生之关系。夫一国政策之决定或推行之制度多非偶尔之事，乃环境所造成，或长期演变之结果。而当事人不过审其利害得失做一适当之决定而已。此书系综合叙述，唯欲读者明了各时代之社会，及中国民族演进之过程也。

书写成后，余以现时抽版税之报告不尽可信，欲自印行，苦无款项。去岁夏商于金陵大学景唐校长，承其允借一万元。但以款不敷用及其他事故，迄未付印。十二月通史班学生有力说余付印者，并代访问印价等事，始复有付印之意。印费大部分系学校借款及预约收入，著者自筹其余。本书原有十九万字并加标点，竟以筹款困难删去四五万言，废去标点。书以印行册数不多，成本昂贵，售价不免稍高，著者颇以为憾。但亦无可奈何。斯书之印行，同事陈锡祺先生亦有力焉，皆深感谢。若书能有销路，第二册当可于年内问世也。

陈恭禄自序于成都
一九四四年元旦

目 录

第一篇　我国地理及其影响 …………………………………… 001

地理之重要——疆域之逐渐开拓——谬误之实例——自然区域——河流——土壤与气候——矿产——治乱之一解释——耕地之估计——地理与职业——地理与政治——对外观念——经济情状——建设路径

第二篇　史前社会 ……………………………………………… 011

史前之说明——老北京人——旧石器人——新石器人——新石器人之体质——推定年代之标准——新石器人之生活——苗人——蒙古人等

第三篇　商 ……………………………………………………… 020

商名之由来——先祖——汤之故事——大甲——祖乙——盘庚——武丁——商季诸王——纣之故事——王之威权——传位制——官制——疆域——邻国——生活情状之一斑——迷信之深痼——文字——年代

第四篇　西周 …………………………………………………… 031

周之先祖——文王——周强之原因——武王伐商——周公东征——封建制度——诸王——西周之覆亡——王之地位——疆域——东方——东南夷——社会情状

| 第五篇 | 东　周 | 043 |

王之地位——五国疆域——齐桓公——宋襄公——晋文公——秦穆公——楚庄王——晋楚之争——晋悼公——弭兵之会——小国担负之一斑

| 第六篇 | 东周（续前） | 053 |

大夫专政——公孙侨——楚灵王——晋宋诸国——吴之兴亡——越之崛兴——文化区域之扩大——封建之破坏——享受之不平——战争情状之一斑——农民之苦——工商——社会之不安——家庭生活

| 第七篇 | 战　国 | 063 |

战国——三国之疆域——变法之趋势——魏文侯——韩昭侯——吴起相楚——商鞅之变法——田氏篡齐——燕之形势——中央集权——称王——臣下之地位——土地之开拓

| 第八篇 | 战国（续前） | 073 |

秦惠王——齐之强大——合从——连横——秦昭王——养客之风气——列国之情状——秦灭六国——文化区域——武备之进步——人民之生活——家庭生活

| 第九篇 | 先秦学艺 | 084 |

学艺之发达——孔子略传——孔子学说——子思——孟子——荀子——老子——庄子——墨子——法家——文学

第十篇　秦 …………………………………………… 094

　　始皇为人——皇帝之尊严——官制——疆域——关中之经营——驰道——法令制度——文字——思想——安宁人民——北筑长城——南征——兴土木——始皇死——秦之覆亡——覆亡之主因

第十一篇　汉高祖 ………………………………… 105

　　刘邦入秦——项王之威权——祸乱之复起——社会制度之变更——汉郡——诸侯王——列侯——天子之尊严——三公——九卿等官——法令——南方诸国——匈奴

第十二篇　惠帝至景帝 …………………………… 115

　　政治现状——吕后专政——诸吕之乱——文帝与大臣——重农业——减刑罚——礼遇大臣——短丧——七国之乱——政治上之改革——封建制度之失败——户口之激增——游侠之风——对外之关系

第十三篇　武　帝 ………………………………… 126

　　养士风气之不变——取士之方——汉与匈奴之关系——西域之经营——通西南夷——灭南越——徙越人——并朝鲜——十三州——农民生活之一斑——财政之困难——政府之收入——刑罚与叛乱——晚年之境遇

第十四篇　昭帝至平帝 …………………………… 136

　　昭帝——废立之变——宣帝——元帝——成帝——哀帝——平帝——政治现状之一斑——人民之疾苦——祸乱之主因——匈奴之降服——西域之归顺——羌乱之平定——乌桓之臣服——向外经营之影响

第十五篇　王　莽………………………………………… 146

专政之经过——惠民之政——称帝——官制之变更——驭下之严厉——大规模之改革——六管——货币政策之失败——对外战争——天灾与盗贼——晚年之境遇——覆亡——功罪之评议

第十六篇　光武帝………………………………………… 156

大乱之复起——全国之扰乱——关东之平定——陇蜀之经营——死亡之惨重——朝官——诸侯——地方官制——仕途——祸乱之防范——奴婢之待遇——对外关系——光武之评论

第十七篇　明帝至质帝…………………………………… 166

明帝——章帝——和帝——安帝——顺帝——梁冀专政——太后听政——选举制——户口分布之情状——北匈奴——羌乱——西域

第十八篇　桓帝至献帝…………………………………… 177

桓帝——灵帝——党锢之祸——黄巾之乱——董卓之乱——献帝——袁绍雄踞河北——曹操之活动——徐州之祸乱——荆益之情状——曹操专政——北方之平定——南征之失败——刘备据有益州——刘备之失败——三国之成立——死亡之惨重——外患

第十九篇　两汉学艺……………………………………… 189

学术工具——学术之不发达——董仲舒——刘安——王充——保存古籍——统一文化——两汉风气之不同——郑玄——司马迁——班固——科学——散文——司马相

如——诗歌——美术

第二十篇　三　国 …………………………………… 200

三国称帝——魏文帝——明帝——司马氏之专政——诸葛亮——蜀之微弱——吴国大事——三国之亡——三国疆域——官制——人民之负担

第二十一篇　西　晋 …………………………………… 208

疆域与户口——改革——官制——军制——人才之缺乏——长官之奢侈——人民之痛苦——羌、氐之祸——武帝之家庭——祸乱之迭起——怀帝——愍帝——天灾之严重——北方之扰乱——流人之乱——死亡之一斑

第二十二篇　东　晋 …………………………………… 217

江东情况——南下之北人——元帝——明帝——苏峻之乱——桓温——秦晋之战——叛乱之迭起——刘裕——国君之无权——官制——政治之废弛——疆域——户口——税制——兵制

第二十三篇　五胡之盛衰 …………………………………… 229

内徙之胡人——刘渊——刘聪——刘曜——石勒——石虎——冉闵——李雄——前燕——前秦之强大——苻坚之政绩——南征之失败——后燕——关中之叛乱——后燕之盛衰——南燕——关中之情况——北方统一——惨状之一斑——文化之同一

第二十四篇　宋 ································· 240

　　南北朝——宋武帝——文帝——祸乱之迭起——宋亡之原因——官制——疆域与户口——土地之开辟——人才之缺乏——货币

第二十五篇　齐 ································· 247

　　齐高祖——典签之威权——武帝——明帝——齐亡——人民之苦

第二十六篇　梁 ································· 253

　　萧衍之起兵——文人治国之道——宗室之误国——武帝之为人——侯景之乱——元帝——梁亡

第二十七篇　陈 ································· 259

　　陈霸先之起兵——陈之建国——国中之情况——文帝——宣帝——后主——南朝之武力——社会经济情况之比较

第二十八篇　魏 ································· 268

　　道武帝——太武帝——孝文帝之家庭——禄制之颁行——授田之计划——迁都

第二十九篇　魏（续前） ························· 274

　　宣武帝——国事之败坏——北边之乱——魏之覆亡——魏之旧俗——疆域——政治情况——税制

第三十篇 北 齐 ………………………………………… 282

高欢之建国——高澄——文宣帝——齐之衰弱——政治情状——齐律

第三十一篇 北 周 ………………………………………… 289

宇文泰之据关中——领地之扩大——制度之变更——宇文护之专政——武帝之功业——周亡——高门第之演变

第三十二篇 魏晋南北朝学艺 …………………………… 300

文化区域——清谈——佛教之思想——儒学——道教——史书——科学——文学——美术

第一篇

我国地理及其影响

地理之重要——疆域之逐渐开拓——谬误之实例——自然区域——河流——土壤与气候——矿产——治乱之一解释——耕地之估计——地理与职业——地理与政治——对外观念——经济情状——建设路径

地理之重要 地理为一国之天然环境，人民之衣食住行，无不深受其影响。衣服之为皮毛、布丝，饮食之为米麦杂粮、肉类，建筑之材料，行路之难易，往往以地理为决定之因素。地理之范围包含：地形、山泽、土壤、海洋、气候、矿物及农产物等。衣食住之原料，多出于土。其不出于土者，亦赖土地所生之物，为其营养滋料。古代交通不便，运输困难，行路常以陆行为苦。李白《蜀道难》之诗，有"难于上青天"之句，此就吾人日常生活经验而言。立国于今世界者，其富强常赖肥沃之土地、丰富之资源、发达之工商业，皆与地理有关。论者常称：近代国家若缺乏煤与石油为发动力、钢铁与铜为制造材料，无石灰岩供给熔黏之用，又无硫黄制造硫酸，常感觉重大之困难。矿物一端有若此之影响，合土壤、气候等而论，对于一国自有决定性之势力，人民只能予以利用。所谓征服自然者，乃充分利用而求其发展。国家之进步，环境与人事常有密切之影响也。

疆域之逐渐开拓　我国疆域历代常不相同，一代强弱亦先后有别，领土广狭随之而异。史前石器散布区域，至为广大。学者研究发现人骨之报告，称辽东半岛之人民同于其居住于河南者。然非统一之国家，其人部落而居，各有酋长，当难言其疆域。信史起于商代，甲骨文记有不少之地名。学者王国维据以研究，称商王行幸之地，皆在黄河南北千里之内。周灭商而有其地，领土大于前代，而仍不出黄河流域。周王向南拓展土地，然未有重大之成就。周末兼并之结果，强国土地广而兵力强，同化其境内或边地之夷狄，活动范围仍以黄河流域为主。长江流域之强国有争霸于北方者，为其地人民活动之起始。秦灭六国，中国成为统一之大帝国，为前古所未有。其疆域之广大，远非商、周之所及。孟子称夏后殷周之盛地未有过千里者也，颇有历史上之根据。始皇帝北逐匈奴，南取陆梁地，其地益广。其臣颂始皇功德，有"日月所照，莫不宾服"之语。秦取陆梁地为桂林、象郡、南海三郡，西江流域土地之开辟，成为我国疆域之一部分，其经营之基础则始树立于秦。

汉代秦兴，疆域初视秦狭小。及武帝经营四方，开拓之领土，尤以在南方者为广大。事实上，政治、文化之中心仍在北方，而长江流域之大部分，汉官尚未能切实治理。其政治现象则郡县少而荒地多，西汉末年之户口分布，足以为证据。据《汉书·地理志》所记，平帝元始二年（公元2年），全国凡五千七百六十万人。黄河流域占百分之七十四点六，长江流域占百分之二十三，西江流域占百分之二点四。长江以南雨多湿重，非北方人士之所愿居，东汉放逐有罪之贵族于其地，户口渐而增加。据《续汉志》所载，顺帝永和五年（140年），全国凡四千七百八十万人。黄河流域占百分之六十一点四，视百余年前减少百分之一十三点二；长江流域占百分之三十六点三，视前增加百分之一十三点三；西江流域占百分之二点三。长江流域户虽有增加，而荒地犹广。三国时，吴迭用兵平定山越，新设之郡县大增，而僻远之地仍为蛮夷所居。东晋、南朝则无新开拓之土地。隋唐为统一之大帝国，唐地之广尤为后人所称。事实上，近于西江流域之地犹未甚开辟。柳宗元贬永州司马，游览其地风景，于《小石城山》记称，造物者不为此山于中州，而列之于夷狄；且曰："楚之南，少人而多石。"永州今为湖南零陵，唐时尚为夷狄所居之地。后宗元任柳州刺史，其友刘禹锡任播州，宗元闻而泣曰："播州非人所居，而梦得（禹锡字）亲在堂，将请于朝，愿以柳易播，虽重得罪，死不恨。"播州今为贵州遵义，柳州则在广西。唐以贬官为刺史，宗元之言可证播州之开化远不能及柳州。明代，广西、贵州皆为放逐罪人之区域，闽、广开辟亦迟。《天下郡国利病书》载有不少之事例。明有中国，强迫移民于云南，其地始渐为朝廷所统治。清季，汉官所能治理者仅约其面积三分之一。贵州东南部于清初改土归流时人称为新疆。

谬误之实例 就上叙述之事实而论，我国疆域之开拓由北而南，其主要原因则长城以北之地苦寒，不宜于耕种，而为游牧民族所居，其人体壮多力，善于骑射，战斗力强于农业社会之人民，乃为中国之边患。南方土著民族较弱，占据之区域多宜于耕种，汉人之势力因得伸张于南方，逐渐开辟其地，而同化其人民。后人昧于历史演进之迹，夸张古代帝王之功业，盛称其土地之广大，日月所照莫不从顺，而实为谬妄之辞，不足一辩。后人之附会，间由于史料之不全，更有由于同名而认为一地者。史料缺乏，致后人不能认识真相，而致谬误，为人类常有之事例。如秦筑长城，《史记》称其西起临洮，而今长城则达于嘉峪关。其西段为汉武帝所筑，而史籍则无明文。武帝以前，其地为匈奴浑邪王所据。王为汉军所败，部众降汉，地初空无居人，后始设置郡县，长城当为武帝所筑也。武帝经营西域，其初置之玉门关，盖在敦煌之西，为今玉门县；后则移至县西数百里外，而史亦无详细记载。今赖学者之研究，始能明知一二。关于同名而认为一地之错误，其例不胜枚举，兹引汉事为证：衡山今为五岳之一，在湖南衡阳，而汉人礼敬之衡山则在今皖北，而为皖山也。此足以增加吾人读史之困难。自然势力改变地形，更使其复杂。我国河流皆自上游携有不少之泥沙，平原多系其泥沙沉淀而成，有史以前，姑置不论。数十年前，镇江金山尚在江中而今去江数里，其相对之瓜洲，数百年前为一城，而今则以江岸坍崩之结果，为一小镇。北方黄河迭次改道，城邑或为其所淹没，有其明例也。

自然区域 我国现时疆域起自北纬十五度四十六分至五十三度五十分；东经起自七十三度四十分至一百三十五度十分。其通常估计之面积凡四百二十万平方英里，约占世界土地十四分之一、亚洲四分之一。其邻国北为苏俄，东为日本，西南与英法属地接壤。沿海岛屿有因战败而割让于外国者，香港、台湾、澎湖列岛皆其明例。政治区域多沿用旧制，清季国中分二十二省，最近增至二十八。自地形而论，土地可别为三：一、五百公尺以下之低地。其地为冲积平原，多在东方大河之下流，或近海一带之地，为肥沃之耕地，占全国面积百分之一十四。人口在一百万以上之大城皆在其地。工商业发达，交通便利，为国内富庶之区域。二、五百公尺以上至二千公尺之高原。高原所占之面积为全国土地百分之五十三，可谓极其广大。大河流域除冲积地外属之；山西、陕西、甘肃及西南诸省之一部分，热河、察哈尔、绥远、宁夏、新疆等大部分，亦属之。高原在一千公尺似下，地为泥土，雨量丰富或有水灌溉者，尚可耕种，否则将为牧场；一千公尺以上之地，常难开辟为富庶之区域。三、二千公尺以上之山区。云南、贵州一部分，青海、西康、西藏等地属之，占全国面积百分之三十三。国中之大山皆在其地，山巅积雪终年不化。其局部低地亦不适宜于农业。

河流 我国地势西高而东低，大河皆发源于西方。其最大者当推长江，次为黄河。长江便于轮船之行驶，其平原为植稻之区域，户口多而物产丰富。黄河水中所含之泥沙太多，水流缓而多沉积，久则河身高而致泛滥。治河，不治其泥沙，终不能减轻其破坏之力，黄河乃为北方之大患。长江以南之河流，有钱塘江、瓯江、闽江、韩江、东江、北江、西江等。浙江、福建之河流，皆河短而水浅。韩江自福建流入广东，下流便于舟楫。东北西三江，皆在广东，尤以西江为长，合流而为珠江入海。黄河南为淮水，淮入海故道为黄河所夺，致淤塞不通。其水聚于洪泽湖，一部分南由运河入江。导淮入海遂为急切之工程。黄河以北之河流不少，河北省之永定河挟泥沙甚多，为害颇烈。东北大河首推黑龙江，其下流自乌苏里江入口之地割让于俄，乌苏里江为中俄界河。松花江为黑龙江支流，其经过之区域为冲积平原，又便于舟楫。其他如辽河鸭绿江，无庸叙述矣。上言之诸江，多流入太平洋，其流域之面积，占全国土地百分之五十；流入印度洋及北冰洋者，流域占百分之一十一；内流区域则为百分之三十九。内流面积广大至此，无怪其地贫瘠、交通不便也。人工开浚之河工程大而便利交通者，首推运河，起自浙江杭州，经过江苏、山东而至河北通州，今以久而不修有淤塞不通舟楫者。湖泊利于蓄水灌溉，见于古书者今多成为平地，大湖若洞庭、鄱阳，面积皆小于古。青海为国中最大之咸水湖，然无灌溉舟楫之利。

土壤与气候 地面上之土壤，植物赖以生长。我国疆域广大，各地土壤之成因不同，分布遂多变化。大体而言富庶区域之土壤，系受风力及河流影响而成。黄河流域之黄土层，系西北风吹来之黄土，黄土质轻，自亚洲腹地随风飘扬而来，风力弱时，沙落于地，久乃成为黄土层。雨水洗去地面上之泥沙，挟之流入，河中水为弱时，沉积于河中，久则成为平原，四川成都盆地则其一例。大河下流之冲积平原，多若此而成。专家谓：我国海岸线每历六七十年向外伸长三里，尤其明显之证。肥泥为水所洗而入海，为我国重大之损失，土地生产力乃以东方为高。西方山地以树木斩伐之故，深受水蚀作用而为沙砾之地。此森林必须保证或培植之主因也。植物之生长与气候有密切之关系。西江流域多属于亚热带，中部长江流域，纬度稍北，空气水分较多，故人感觉夏季闷热而冬寒冷。黄河流域冬季严寒，夏季日间甚热，夜则冷爽，可以安眠。长城以北，冬尤苦寒。蒙古、新疆气候为大陆性，多严寒而夏酷热。西藏地高，冬更苦寒。雨量全受时季风之影响，风发源于亚洲东南之海洋，雨量多寡，常视距其地之远近而定。香港年逾八十英寸，西南沿海诸省年约六十英寸，长江流域年约四十英寸，北方自三十至二十英寸。

甘肃、新疆非风力所及之地，雨量稀少甚有终年无雨者。我国为农业社会，雨不及时或淫雨连绵，即成水旱之灾。

矿产 矿产为近代国家工业之基本原料，尤以煤铁石油为重要。我国煤之储藏量，据地质调查所报告，约 248 287 000 000 吨，占世界第三位，但在远东则推第一。石油近于甘肃发现，业已开采。抚顺油页岩之储量，颇为丰富。铁之储量约十亿吨，辽宁铁矿最为丰富，占全国总数百分之八十。大冶所出之铁沙，则因债务关系，全数运往日本者为时已久。锰钨用以炼制钢铁，我国锰之储量不多，出产则运往外国；钨之产量颇为重要，产地首推江西。铜旧出自云南，自清中叶而后，产额减少，需用之铜乃多运自外国。锡之储量，较为丰富。金银为贵金属，类用为货币，而我国皆无重要之产量。我国最丰富之矿产首当推锑。其产地分布于西南诸省，而以湖南为主；产量约占世界百分之七十。要之，我国矿产之种类与储量并不甚丰富，现时犹多未充分开采也。

治乱之一解释 就上所叙之地理背景而言，我国之为农业国，多促成于地理之影响与势力。土地之利用常赖劳力、河渠之开凿与修浚、土地之经营与灌溉，皆其明显之事例。古代疆域小，而耕种之技术劣，周人百亩之地，其收获之粮食所养最多不过九人，其生活情状则"乐岁终身苦，凶年不免于死亡"。土地之开辟，不及人口增加之迅速，为百亩田制破坏之主因。周亩小于今亩，其百亩当今三十余亩。近代农民耕地三十余亩，将为衣食有余中等之家。余曾住于城固乡间，其农民耕地通常不过数亩而已，可见耕种技术之进步。孟子于战国时主张实行井田制，其见梁惠王、齐宣王之说辞，皆请一夫授田百亩，二王均未接受其主张，而史及孟子皆未言其理由。滕文公则受孟子影响，而推行其计划，其实施效果，史无明文。据孟子所记之片断史料，颇使吾人发生土地不敷分配之印象。许行及其徒数十人，皆无耕地；梁齐制民之产，不足以养父母蓄妻子亦由于土地不足。孟子自言齐地鸡鸣狗吠相闻，达乎四境。此不为齐独有之现象，而梁亦然也。秦灭六国，一再移民，而开辟之新地，复增加人民之耕地。其时，户口数字，史无记载，致吾人不能认识其土地分配之情状。亡秦之乱,人口死亡约百分之七十,乃有汉初之治平。景帝许民移居宽乡,已有农民过剩之现象。武帝中年,问题益为严重,国内发生不少之叛乱,屠杀为维持治安之一法。宣帝招抚流亡,户口又有增加。西汉末年,人口增加所造成之困难益趋严重,王莽虽欲有所挽救,而大规模之屠杀,终不能避免。东汉初年治平之世,亦由于户口少而耕地有余;及至中叶,户口激增,而祸乱复起,屠杀之祸迄于汉亡。此我国历史上一治一乱造成之主因,外患更增加其困难。而治乱与户口增减之有密切关系,仍为确定之事实。

耕地之估计 领土开拓,耕地即有增加,无奈人民安土重迁之观念太深。秦皇、汉武常强迫迁徙贫民或罪人于新地,而后世未能继续为有效力之推行,边地有历千余年而始设县者。现时,我国疆域小于清代中叶,而耕地则视前增加。据《皇朝文献通考》,顺治十六年(1659年),耕地凡五万四千七百万亩,乾隆三十一年(1766年),七万四千一百万亩,百余年内耕地增加不足二万万亩。明代耕地共有八万四千九百余万亩,清代极盛时代不及明代耕田之多,当有隐瞒。合庄田、学田等计之,余于《中国近代史》估计,十九世纪中叶,我国十八省耕地约十万万亩。十八省内,西南尚有土司,沿海岛屿禁民前往,蒙古、满洲禁汉人开垦,康、藏维持原状,新疆则放逐罪人。自订约通商以来,丧失不少之土地,渐乃改变政策,开放禁地,经营边区,于是汉人居住,耕种之地广大,为前古所未有。其亩数则无可信之报告,综合政府机关及专家之估计,约有十二至十六万万亩。长城以北之田地一年收成只有一次,长城以内之土地有稻田、高地之别,生产量不同。据吾人之经验,长江流域之农民,通常耕地一家仅有数亩,国内可耕之地,受地形影响,并不甚多也。

地理与职业 耕种为我国大多数农民之职业,收入几全恃其田地之所出。收成常靠天时,时季风若不以时至,或风力强弱不同,即可发生人类悲惨之饥荒。灾荒为我国常有之事,贫民迫而卖其什物、子女,甚至食尽草根、树皮及其亲属之肉。不能耕种之土地,多宜于牧畜。西藏、西康、青海、蒙古之人民，以游牧为生，则受天然环境之限制。川泽及近海之地，人民有从事于船业，或取渔盐为生者。盐之生产地以海为大宗，濒海之地，皆可出盐。黄河流域气候干燥，而雨量稀少，日光晒海岸地之海水，可使之为盐，成本低廉，他地不能与之竞争。内地产盐之成本更重，益不足论。将来食盐宜取于北方，他地盐户可从事于其他职业。船业近受轮船之摧残，已失重要。轮船之水手则多沿海之人，是仍未脱地理影响也。

地理与政治 自地形而论，我国交通便于东西，以大河自西而东，乘船顺流而下，殊为便利也。溯流而上，则有相当之困难，然船运输货物固便于陆路上车马之运载。高山险阻，更增加陆运之困难，此足以为我国统一之阻碍。秦始皇并灭六国，中国始为统一之国家。统一后而复分裂，其原因至为繁杂，而交通之塞便，则为其一因素。晋时，流民首要李特自汉中入蜀，至剑门关而叹刘禅之庸弱，有如此之天险而蜀不能守也。余自成都入陕，深感交通之困难，吾人今尚乘坐汽车，古人行于栈道，其难将不堪设想。帝王为便于统治领土之计，乃以人工促进交通之发达，其推行者三事：一、曰邮驿；二、曰驰道；三、曰运河。其为统一基础，犹甚薄弱。国人所读之书同，所用之文字同，儒家思想同为全国之道德标准，中国乃为文化统一之国家。近代科学进步，世界交通益趋便利，而我国敷设之铁路、兴筑之公路，犹不甚多，交通工具且多不能自造，将来交通发达，地理上之碍力，亦将减少也。

对外观念 自边区及四邻而论，北方苦塞之地，沙漠横亘于蒙古；西北为亚洲腹地，新疆以沙漠所占之区域更为广大，旅行备极艰苦；西为帕米尔高原，阻隔中西之交通；西南山势雄巍，逾越康藏实为难事；滇黔开辟为近代之事，古人不知蚊传疟疾，而以地有瘴气，莫不视为畏途；东方濒海，海上交通初不发达，除海盗及倭寇滋扰而外，无侵扰之国家。我国历史上之外患，乃多来自北方。其人为游牧民族，精于骑射，非吾国步兵之所能御；倘或择隙而入，守兵御之，将益困难，长城之修筑，遂为国防必需之工程。然为消极防御，而仍不能阻大规模侵犯也。四邻既为小国，而文化又低，其国王常遣使入贡，皇帝则报以丰富之礼物。实质上，同于交换土产，并无干涉或管理其内政外交之意。士大夫囿于幼时所受之教育，及平日之见闻，以为世界各国文化皆不及我国，油然而生自尊自大之心理，乃目外国为夷狄。事实上，限于交通，我国与文化较高之国接触之机会亦少也。及明中叶，欧人直航来华，形势始大改变，而士大夫之观念迄未变更。世界关系，以轮船、火车、电报等之发明，而益密切，海上交通日趋便利。我国仍欲闭关，对外战争失败，迫而签订丧失主权之条约，而外人势力以在沿海诸省为强大，亦受地理影响也。

经济情状 我国疆域占世界十四分之一。土地面积约九十余万方英里。人口据内政部发表之数字，凡四万五千万，占世界第一位。而居住于黄河、长江、西江流域者约四万万；而面积只有一百余万方英里。据中国分省地图，可耕种之平原，与全国面积相比较，并不甚大。人民大多数以耕种为职业，其造成之现象则一家数口耕种褊狭之地，收入之食料，常不足以维持其家人之生活。其日用必需之物，则以田中所出之谷换得，欲改善其生活情状或提高其生活程度，非家有大宗余谷，不能成功。吾人住于乡村或至乡间调查者无不感觉农民贫苦、贫穷为我国之一现象，为稍有常识者所不能否认之事实。自政府经常收入而论，亦远不及欧美强国收入之多，其根本原因则我国人民少有余财，纳税力薄弱也。改善我国之经济地位，须增加国际贸易之额数。我国人口虽众，而国际贸易所占之百分比例殊为微末。提高人民购买力，必先使其所生产或制造之物有余，并将其推销于世界，换得外汇也。此就理论而言，实际上一国剩余之物，未必为他国所需要，若无海外市场，仍不能获利也。我国货物为外国所需者，除大豆而外，种类少而额数无几，以之换易必需之外货，常感不足，致国际贸易年有入超。现当努力生产，减少不必需之外货也。

建设路径 综上事实而言，人口增加过于生产事业之发达，为我国经济困难及人民生活情状恶劣之主因。历史上解决问题之方法，常为大规模之祸乱。吾人不愿其复演于将来，通常解决之建议有三：一、移民于边。东北四省人口之增加，多由于山东、河北出关人数之增多，而二省人口并未因之减少；可耕之荒地，数目有限也。二、兴办工业。其原料与技术问题，兹姑不论。市场盖不能在海外与外货竞争，而能容收之工人亦有限也。三、奖励农业。农业之待改良者，如选种、除虫、造林等当可增加生产量，然我国农民占百分之七十至七十五，农业采用新法，不惟不能解决人口问题，反而增加失业人数。据可信人口自然增加率计之，一年增加之人数盖有六百四十万。将来公共卫生进步，婴儿死亡率降低，农业利用机器，商业趋于合理化，人民无业或失业之问题将必严重，故非努力生产，则无法改善人民生活也。

第二篇

史前社会

史前之说明——老北京人——旧石器人——新石器人——新石器人之体质——推定年代之标准——新石器人之生活——苗人——蒙古人等

史前之说明 史指文字记录而言。我国信史起于商代，其前未有文字记录，所谓史前也。史前之材料，一为地下发掘之古物，一为社会学者调查或研究原始社会所得之结论。二者皆为专门学问，学者以毕生之精力时间为之。吾人研究历史者，叙述史前社会，不过据其发表之报告，或接受其意见，自不易有新贡献。历史家或认为非其范围，置而不论。著者言之，乃欲读者明知现时知识之进步，而改变其对于古史之观念也。二十年前，中外学者一致以为我国未有石器时代。好事者创为中国民族来自西方，或言埃及，或言巴比伦，或言印度，或言印度支那半岛。识者斥为人类无知与科学未备所发生痴愚之罕见实例。兹据报告，分言我国史前社会于下。

老北京人 人类同祖，或言其始祖住于亚洲，或言住于非洲，皆无确证。地质学者见得化石，有谓最早人类住于中国者。然其根据薄弱，不为学术界所接受。后石器时代之遗物继续发现，乐观者以为最早人住于中国之可能性益大。民国十五年，瑞典地质学专家安特生，发表周口店发现之二齿，为最早人所遗之报告。周口店在河北房山县，距北平一百二十里，有丰富之石化动物。掘获之古物，送往瑞典研究，其中二齿，专家定为最早人之臼齿，安特生乃宣布其结论。后复采掘，获有一齿，剖解学专家步达生研究报告盛称臼齿之重要，以为人类始于亚洲。其地发掘继续进行，又获人齿及破碎头骨。十八年冬，发现二洞，于深洞中得一人猿头骨，送往北平，科学家称为"老北京人"。步达生审其形状，疑为少年女子之头骨，脑部颇为发达，视欧洲所发现之原始人骨为早，此其初步研究之报告。后继续发掘，有重要之收获，尤以二十五年所得之人头骨为重要。二十六年春，世界生物学学者于美国费城开会，我国代表携新发现之头骨赴会，专家推定其年代距今约一百万年。

老北京人之时代，华北气候较今温和，其生长之动植物与今不同。动物居于无人斩伐之草木中，其种类有野水牛、象、兕、虎、豹、大狼、狗、猫、熊、马、鹿、骆驼、山羊、海狸等。其中有为今华北所无之动物，亦有逐渐驯服而为饲养之家畜。大体而言，野兽多凶猛也。于斯环境之中，老北京人势力单弱，防御攻击之具笨拙；幸其脑部发达，能运用其智力以避免猛兽之害。其藏身或居住之所，则为天然之洞穴。其洞常邻近水边，水为天然阻碍，猛兽隔水不能前进，而老北京人且便于饮水止渴。其洞亦可贮藏食物与用具。器物则以石造成，至为简陋。老北京人渐知用火。燃火非为煮熟食物，乃以之保护其安全也。其食物或为果实，或为兽肉，或为同类之肉。其御寒之衣，则为兽皮。老北京人是否进至真人状态，为一问题。科学家之答复则称：老北京人备具真人之形态，为人类种族中之一种代表。近时学者称其有二特征，即下颚骨之瘤状及上门牙之钩状，与蒙古族相近。吾人所知者，唯此而已。

旧石器人　由人猿进至旧石器时代，经历极长之时期。旧石器之末期，距今盖四万年。其在华北之区域，颇为广大。广西、西藏亦有发现。其首先发现而有较详之报告，当推法神父德日进、桑志华。民国十一、十二年，二人在我国北部调查地质，周历广大之区域，发见旧石器遗址三处：一、宁夏之水洞沟。二人获有数百石器，系以石英及砂质石制造而成，颇为精美，形状较大，与碎断及烧过之骨混在一处；化石有犀牛、土狼、马、蛇等。二、陕北无定河、榆林河上游。其地有极丰富之断骨，化石之动物有土狼、犀牛、驴、骆驼、鹿、黄羊、水牛、牛、象等；其石器则限于石料，形状甚小，同于鸡卵。三、榆林。旧石器人所用之石器，多以石英造成，化石亦不少。戈壁沙漠近有旧石器遗址发现，其代表之时期与水洞沟之时代相近。他地之发见，则少详细之报告。

旧石器人所用之器物以石或骨制成。住于水洞沟及无定河上流者，皆有炉灶器物及厨房遗物，其人当知熟食。其遗址未有人骨发见。唯于一处获得一齿，但距遗址有五百公尺。步达生据之研究，结论称，综合事实，可视为亚洲旧石器人骨之第一次发见。然非出于一处，终难定为同时之遗物。周口店之采掘，获有旧石器人骨，当改变吾人之观念。人骨发现不多，盖由于不知尊亲，人死之后，弃其尸于野，而为动物所食也。现时，西康尚有此习俗，所谓"天葬"。古代诗人曾以之为言。旧石器人之知识技能，较老北京人大有进步，日间猎逐野兽，食其肉以充饥，冷时则以兽皮为衣。炉灶附近有大批兽骨，当为其食后所弃。晚间栖于洞穴。其人日与野兽相斗，深知其性质、行动与嗜好，乃利用其弱点而杀之。其时，凶猛巨大之野兽尚多，不能一一与之角力争胜也。旧石器人既深知野兽，渐而与其性情温和者相近。野兽变为家畜，盖始于此时。其所食者，除兽肉外，尚有鱼及果实。取鱼系逐渐发明；果实之为食料，为时已久。经历数万年，进至新石器时代。

新石器人　新石器时代之开始旧以为在一万二千或一万年之前。事实上，民族居住之环境不同，工作之勤惰及智力之发达，亦各有别。试以我国而论，黄河流域开辟最早。长江流域次之，汉时，其地犹为部落社会，公元三世纪，吴以兵力攻取其地，收抚其人民。西江流域之开辟，又次之，今西南一部分土地，尚有原始部落社会，则其明例。华北新石器时代始于何时，殊难确定。其早于华中、华南，则为事实，距今大约一万年。近二十年来，新石器遗址之发见，遍及全国。其为科学发掘，并有较详之报告，仍以华北为主。其首先发掘，确定我国有石器时代，而改变中外人士观念，国内外学术团体起而发掘者，当为安特生之发掘报告。其工作虽或为人所指摘，推论并为人所怀疑，然其于学术上之有贡献，则为不可否认之事实。兹略述其发掘工作于下：

安特生第一次发掘，在奉天锦西县沙锅屯，系据采集员之报告，乃视察其遗址，指导发掘事宜。民国十年夏，开始发掘，其遗址为一洞穴，为史前人之住所。其所获之遗物，一曰石器。有石斧、石刀、石镞，中有精致之品，亦有制造粗糙未经琢磨者。器物作装饰品用者，有石环、石扣、石球、雕刻等。其材料多为大理石，状颇精美，手艺有精巧之进步。二曰陶器。其所获者，几尽陶片，中有凑合而成原器者，花纹殊为精美。其器多以手制造，花纹之种类不一。三曰骨器。有凿刀、锥针、缝针等，皆甚美丽。其可附言于此者，尚有以贝制成之环，然多破碎。四曰骨骸。其发现之骨，以人骨为多，而兽骨较少。人骨破折凌乱，其中可辨识者共四十余体，盖为杀人祭祀之地。安特生称其时代迟于河南仰韶村所发见者。

仰韶村在豫西渑池县，于民国十年冬发掘，亦据采集员报告，其所获之器物颇为丰富。安特生以仰韶代表新石器之末期，距今约五千年。他地所获器物与之相似者，亦往往以仰韶称之。仰韶村之发掘，有石斧、石刀、石环、石杵、石镞，并有以石制造之农具。石制之武器多不尖锐，其用兽骨及鹿角制成者，则为利器。箭镞有用贝壳造者。其遗址发见之陶片，散布广而量数多。其较完整之器物，形状常与商周之青铜器相类。铜器由陶器演进而成为一事实。仰韶期人日常用物，多为陶器，乃多以手制成，上有花纹，其精品则色多红，所谓彩陶也。其为仰韶期人所住遗址，颇足以见其时之生活情状。所获之人骨，专家可决定其人种，皆宝贵之史料也。

河南所发见之彩陶，安特生谓其同于西亚之发现，进而谓甘肃有肥沃之河谷，若加搜寻，可发见其人自西而东迁移之明证；乃于民国十二、十三年西往甘肃，访求远古村落遗址及其人民葬地，作大规模之发掘。安特生据其所获之物，分其地远古文化为六期：一齐家期，二仰韶期，三马厂期，阳新店期，五寺洼期，六沙井期。

其所定之名称,系于其地发掘,而以地名称之也。分期之主要标准则以金属器物之有无与多寡为决定。前三期遗址未有铜器发现,后三期则以铜器之多寡而定其先后。六期代表之年代,据安特生之最初假设,每期平均三百年,甘肃文化盖起于公元前3500年,终于公元前1700年。其所掘之古址,有未获得实物而出款购买者,遂为人指摘,此实偏于枝节。其根本困难则为选定之区域不足以代表远古之文化也。甘肃旧为羌胡之地,秦汉始有经营。羌人今属于藏族,藏人尚从事于畜牧,而仍有居于其地者,其文化发达迟于黄河流域下流之地。殉葬物之丰俭,常决定于死者生时之地位及其家人之财力,亦不足为分期之适当标准。

安特生之发掘,证明我国之有石器时代。国内学术团体,有起而发掘者,李济主持山西夏县西阴村之发掘,则其一例。其所获之物,以陶片为最多,精细者涂有彩色。石器之种类不少,尖利之器,则有鹿角或骨制成之锥簪针等。李济称其遗存最近于仰韶期。后中央研究院发掘山东济南城子崖,据其发表之报告,遗址显为两层文化。上层为铜器时代,兹姑不论;下层为石器时代:其陶器以手制为主体,占器物百分之九十以上,石器则为精制之品,尚有骨器、角器、口器等。其时代,后于仰韶期。日人鸟居龙藏迭访古物于东北诸省,先后发现新石器时代之遗物甚多。然无地层为证。后日人发掘辽东半岛之古址,据其报告,貔子窝、牧羊城皆为史前遗址。其所获器物,虽不尽同于河南,而其时期则同于仰韶期人。热河、黑龙江亦有发见。其在华中、华南之新发现,时有所闻,惟无详细报告耳。新石器之区域分布至广,安特生称我国代有新石器末期之文化发现,实则时期之先后乃比较而言,未有绝对之标准。据现时之知识而论,其分布区域若此之广大,常非偶尔遽然之事,乃由初期而演进至末期也。

新石器人之体质 旧石器人之遗骸不多;新石器时代之人骨则有丰富之发现,沙锅屯、仰韶村、甘肃皆有所获。其头骨未坏者,皆可尺量。步达生据之做精密之研究,其发表之报告略称:新石器人与近代华北人相同,其显然不同者,亦有数点,然其相同者多,乃虽避免沙锅屯人及仰韶村人之体质，根本上同于近代华北人之结论。其研究甘肃人骨之论文略称：其体质属于东方人种，事至明显；其相同之甚，将使吾人可称史前人为中国原始人矣，其人同于西藏种。甘肃史前人为中国原始人之推论，乃受安特生之影响，其定为西藏种则确为事实。甘肃于秦汉时虽为我国所统治而羌人之势力犹强。羌人属于西藏种，今尚住于甘肃，未能全脱原始社会。汉曾大规模移民于甘肃，其戍边之兵卒，尚用铜簇。安知古墓与村遗址，非汉人葬埋或居住之所乎？且死者家境之贫富，常为葬物丰俭之一因素，当不能据为标准而定时代先后也。

推定年代之标准　外国学者依据西亚发现之彩陶，推定仰韶之时期。言者且称：陶器易于制造，变化繁多，专家视其质料、制法与花纹，可决定其年代。事实上则非易事，试以城子崖为例。其发掘之遗址分上下二层，下层之黑陶与粉黄陶，表现之技术精巧、富于创作，而上层之工艺尚不之及。幸其同在一地，有地层次第为证，而能定其先后。设想其分在二地，将无法辨明矣。西亚与中国相距太远，中外环境不同，文化进步亦各有别，据之推定仰韶时代，当为附会之说，更难认为彩陶系受外国影响。铜器为决定年代之标准，亦不适用于甘肃。铜在古代为贵重物，人民财力不能有之，自难以之殉葬，吾人苟不先辨别贵族平民之基地，铜器之有无与多寡当不能为标准也。适当之解决方法，应比较国内出土之材料而推定之。商周大约年代，为吾人所知。安阳殷墟发掘，自小屯展至后冈等地，发现灰陶、黑陶、彩陶。观其地层次第，可决定其先后。城子崖报告其关系如下：

　　上层　小屯文化，灰陶，其他遗物同于殷墟。
　　中层　后冈文化，黑陶，其他遗物同于城子崖。
　　下层　仰韶文化，彩陶，其他遗物同于仰韶村。

城子崖在山东济南，与安阳同在黄河流域。二地相去尚不甚远，其掘发之遗物，当可为比较研究之资料。据上事实而论，彩陶最早，黑陶次之，灰陶又次之，此山东河南新石器时代文化演进之遗迹，当可据之推定年代：殷墟文化距今约三千年；黑陶最迟，当在商代中叶或中叶以前；彩陶则在其前，距今约五千年矣。欧洲旧石器时代经历四万年，新石器则历时较短，我国新石器文化，盖经历数千年矣。

新石器人之生活　新石器人之生活情状，多非吾人所知。其可确定者，其人居住之地莫不近于河边。仰韶古址旧为河身。西阴村遗址附近古有运粮河，河盖古河，经人工修浚，然后加以利用者也。甘肃遗址，亦近河流。河流于原始社会常为交通之阻碍，便于防御。水为人生必需之饮料，近水则便于汲取且有灌溉、取鱼之利。灌溉或犹未发达，取鱼则为日常之事。其住处为地下窟室或为洞穴，中颇宽大。一家之人居于穴洞，常不合于卫生；遇有风雨，尤为不便。新石器人限于知识技能，不能建筑屋室，居于高爽之地。其所穿之衣服，仍当以皮御寒。西阴村遗址发见半个茧壳，吾人虽不能推定其能养蚕，而养蚕为逐渐改进之事业，新石器人见野蚕而收养之，事亦可能。是否以之为衣则不可知，衣服原料尚有植物皮。仰韶期人已知纺织，遗址发现其纺织用之圆锭，时已种植苎麻，当为纺织之用。其所用之器物多为石器、陶器、角器等，其种类上已言之，兹不复赘。

遗址发见陶鼎、陶鬲，鼎、鬲为烹调之用，当可推定新石器人之食物，多曾煮熟。其时，农业已有进步，安特生考察在河南发见之石器云："据石器之大者观之，如耨，如锄，可知在该石器时代，亦已有农业矣。"瑞典专家研究仰韶村之彩陶花纹，发见稻米之遗迹，称：五千年前其人已知植稻，非有植稻经验，或本于见闻，当不能绘画其形状。吾人当可接受其意见。遗址发见水牛骨，水牛或为治水田之用。农业非一旦所能发明，初盖由于采取植物种子与果实为食料，其偶尔遗于地上者，明年生长结实，初民受其影响，进而播种于地，农业逐渐成立于新石器时代。其男子仍常渔猎。其人思想简陋，畏惧天然，以为一切事物皆有鬼神主宰，讳忌繁多，毫无自由，乃媚于鬼神以求福。祭祀为重大事件，甚至杀人祭神。沙锅屯洞穴发见残折之人骨，专家视其遗留之肉痕，谓生人即被折断，其地盖为祭址，其人除用人做祭品外，或兼有食人肉之习惯，则其一例。新石器入迷信至此，以为人死之后灵魂尚在，其殉葬之器物颇为丰富，欲其于另一世界享用也。

苗人 吾人所知之史前社会仅此而已。其人住于黄河流域，其地为我国文化发达最早之区。江淮之地，旧谓周末方始发达。近人或据彝铭，或访得少数石器，即多所推测，谓其地发达甚早。实则远古之世，多不可知。春秋时，楚地在长江之北濒江一带之地，犹未开辟，而为苗人或其他未开化之部落所居。苗即古籍所称之三苗、有苗。《战国策》言三苗之所居曰："左彭蠡之波，右洞庭之水，汶山在其南，而衡山在其北。"彭蠡今为鄱阳湖，汶山、衡山不可确知。苗民于古代居于长江以南，则信而有征。据吾人现有之知识，其居住之地且较国策所言为广大。《史记·五帝本纪》言："三苗在江淮荆州，数为乱。"则其一证。梁任昉称："吴楚间说：盘古氏夫妻，阴阳之始也。"盘古为苗民故事，吴楚旧为其居住之所。汉时，长沙犹蛮夷居半。明时，湖北西南部、江西东南部，皆有苗人。长江下流，若赣东北部、皖南及江浙接壤之地，则为山越所居。山越一称山夷，公元三世纪，吴主征服其地，设为郡县，而同化其人民。山越尽为苗人。浙江畲人为古越人之一种，民间称其祭祖时置狗头，亦为苗民。苗民部落而居，其酋长甚多，人民之生活大体上近于北方，惟未有进步而成为强国也。

蒙古人等 长城附近及城北之地，民族名称时有变易，而居处之人，同为一族，则无可疑。秦汉时，我国称其人为匈奴。匈奴属何种族，史无详细之记载，外人有以为土耳其种者。今其地之人民则属于黄种。古时酋长远徙，人民不能尽从之行。史且明言有剩余之部落居之。另一民族迁入，为不可能之事。匈奴远徙欧洲者，固为黄种，其人属于蒙古族，当为确定之事实。东北近时发见之远古文化，及所得之人骨，专家研究报告称其同于黄河流域之发现。相传肃慎国入贡于周，说者谓女真为其译音。清季，俄筑东省铁路于我国境内，发见不少之古物。其学者研究之结论称，其人属于通古斯族，语言属于蒙古族。其往调查者，谓其部落虽有通古斯、蒙古语。通古斯即我古籍所称之东胡，而日人白鸟库吉则别之为二，其说不免牵强。东胡人种同于汉人，为一确定之史实。东胡、蒙古亦久有往来也。其人为游牧民族由来已久。其在新石器时代之生活，亦略同于黄河流域。惟限于天然环境，其政治组织、经济情状，未有重要之进步也。

结论 综之，住于我国境内之人民皆同为黄种，其在史前之生活大致相同。惜长江以南，未有远古遗址发掘之详细报告而能有所证明也。中国民族通常称为合汉、满、蒙、藏、回族而成。回除新疆缠回而外，仅为信奉回教之人民，实难称为一族。满、蒙、藏人乃指为居于某地之人而不能视为种族不同之民族也。满人现已为历只上之名称，蒙、藏与汉族之不同，全为语言文字风俗习惯。苗人居住之区域，多已改土归流，其人亦为黄种。外人谓我国为纯一民族，诚为事实。此指大体及整个民族而论，其头颅之比例、皮肤之颜色，以及发毛之黑直皆相类也。

第三篇

商

商名之由来——先祖——汤之故事——大甲——祖乙——盘庚——武丁——商季诸王——纣之故事——王之威权——传位制——官制——疆域——邻国——生活情状之一斑——迷信之深痼——文字——年代

商名之由来 新石器时代后为商,现为吾人所知之史实,古人称商为殷。但就地下发现之史料而论,商人从未称殷。盖周人所称而后世沿用者也。王国维称商始为地名,不过本自传说。战国时人称商始祖曰契,商人言其先祖,从未提及契名。其祭先祖也,礼极隆重,契若为其始祖,绝无弃而不祭之理。《商颂》言其先祖为商。《玄鸟》云:"天命玄鸟,降而生商。"《长发》云:"有娀方将,帝立子生商。"此为神话故事,商为人名,系天或帝命而生,有娀后人谓其母也。故事虽不足信,而商为商人之始祖、乃其子孙所言当为事实。甲骨文且有"贝王商"之文,当可为证。商盖始为人名,继以名地而后变为国号也。

先祖 《殷本纪》称契至汤皆父子相传凡十四世。其所言者,仅为人名。商制兄弟相及,汤前当已如此。甲骨文颇足以补正史记之谬误，据其所记，汤以前之祖宗可别为三类：一、高祖。称高祖者，甲骨文中只有三人，汤有天下子孙尊为高祖，其前一曰高祖夒，二曰高祖亥。夒为何人，今不可知，要有相当功业，而为其显赫之先祖，以其祭礼极为隆重也。亥亦称王亥，世传其有服牛之功，而车之用始备。二、王。王为高贵之尊称，疑为国君在日势力强大之尊号。其见于甲骨文者，有王商、王亥、王恒诸人。商亥业已言之于上，恒据《楚辞》为王亥之弟，亦有令德。三、称名。称名者如甲、乙、丙等之例不胜枚举，其事业全不可知。古书称商先祖至汤八迁，其说根据，今不可知。远古交通困难，财力有限，而竟迁徙不常，盖其财产多为牛羊，须逐水草而居也。其渔牧之区域，为黄河下流肥沃之地。后人称黄河为害，为其迁都之原因。但就考定之地名而论，迁地或南或北或东或西，相距甚远，黄河当不能若此为害。王亥为游牧时代，古书有不少之记载，似有史实为之素地。商之先祖初度游牧生活，后渐改善，至汤而国益强也。

汤之故事 汤为商代伟大之国王，而甲骨文并无汤名。商人称为高祖乙，又称为大乙，乙为其名，大乃子孙所加。高祖之称，上已言之。王国维研究甲骨文，称其所见之，唐即汤，且引彝铭为证。大乙何故称唐，今不可知；汤应作唐，则为不可。《易》之说汤为儒家圣人，《孟子》记有不少之故事。汤初居亳，王国维谓其地在今山东曹县南二十余里。《孟子》称其地方七十里，但其祖先所至之地，并不限于七十里也。其臣伊尹，甲骨文列其名于汤下，当为其功臣，故后世祀之。伊尹出仕，古有不同之传说。彝铭言为"小臣"，其位初不甚高，渐而得汤信任，乃能展其才能而有大功于商也。《孟子》言汤行仁政，民怀其德，皆抽想之辞，其政治上建树，实不可知。《史记》言其出猎，网去三面，诸侯闻其德而归之，当为好事者之故事。汤与夏桀之关系，古书所记，多战国时人之说。自当时情状及政治组织而论，盖无所谓君臣之分。桀囚汤而后释之之故事，亦有疑问。

汤之功绩，为对外战争胜利，而商为领土广大之强国也。《孟子》言其用兵，自葛始十一征而无敌于天下。葛为汤之邻国，《孟子》称其君不祭，汤遣使问，而知其无牛羊粢盛，馈之牛羊，使民为之耕种，童子馈食其父兄，葛君夺而杀之，汤乃起兵灭葛。故事颇多疑问。《商颂》咏汤武功，成立早于《孟子》，子孙言其先祖业比较可信。《诗》云："韦顾既伐，昆吾夏桀。"王国维称汤所伐之国皆在北方，昆吾之墟在今山东濮阳，韦之故地在昆吾之西，七壤相接，皆汤之邻国，顾地望疑在昆吾之南、蒙薄之北。蒙薄为邑，在今曹县，为汤之北邻。汤以兵力北伐韦、顾，更乘其战胜之威进攻昆吾领土，始北抵黄河。王氏言昆吾、韦与亳相去不过二百里，其疆域犹不甚广大也。夏为强大之国，后世以其君桀为天子。《史记》叙述汤伐桀之经过，文太简略，且有不可知者。桀战不胜，出亡于外，诸侯奉汤为共主。汤以武力而得天下，好事者囿于禅让之说，称其以位让卞随、务光，而二人不受也。

大甲 自汤至纣，已立与未立诸王，凡三十一人，共十七世。诸王皆以生日为名，如生于甲日，则称甲是也。汤子继父为王，《殷本纪》未言其事业。孙大甲于诸父死后为君，孟子言其即位三年，不遵汤法，伊尹放之于桐，摄行政事三年，大甲悔过，伊尹迎之，复授之政，此战国时儒家之说。《竹书纪年》称，伊尹放大甲而自立，后大甲潜出杀之。二说迥不相同，幸甲骨文可供参考。大甲、伊尹皆见于甲骨文，伊尹为后王所祀可证明其地位之高尊，若为大甲所杀，其子孙当视为叛逆之人，断不能祀之也。《史记》称大甲复位后修德，诸侯归之，上徽号曰太宗。大甲死，二子相继为王，《殷本纪》未言其功业，大甲三孙嗣立除大戊外亦无记载。

祖乙 大戊，《史记》称为太戊，相为伊陟，臣有巫咸。而甲骨文则无其臣之名。司马迁言《诗》："亳有祥桑谷，共生于朝，一暮大拱。"大戊从伊陟妖不胜德之言，修德而桑谷死。古书或言其在汤时或言武丁时事，而司马迁则据书序以为大戊时事。故事颇有疑问，作为神话可也。《殷本纪》又称，大戊时曰："殷复兴，诸侯归之，故称中宗。"此汉人附会之说，中宗实为祖乙，有甲骨文之记载为证也。祖乙为大戊之孙，为商名王，而史未言其时事。唯《周书·无逸》言之稍详曰："昔在殷王中宗，严恭寅畏，天命自度，治民祗惧，不敢荒宁。肆中宗之享国七十有五年。"其言为抽想之辞，偏于中宗之为人，而未言其功业。读者当知专制政治体制下，国王为最高之统治者，国之治乱常视其贤愚为定，祖乙小心谨慎，不敢怠于政事，国势强盛，当无可疑。其子孙祭之用五牢、十牢，多者百羊、三百牛，可想见其功业之盛。

盘庚 祖乙后之名王有盘庚、武丁。盘庚之名，不见于甲骨文，其为后世所知者，由于传世之《盘庚》三篇文字。盘庚迁都于殷，其故墟在今安阳西北区域，百姓不欲远徙，盘庚乃严加以诰诫，其诰辞即《盘庚》三篇也。《殷本纪》言自汤至盘庚共迁都五次。商初犹未全脱游牧生活，迁都乃非难事；及后逐渐注重农业，人民不愿迁徙，故盘庚多方恫吓之也。盘庚新迁之地，濒临洹水，为冲积平原，土地肥沃，今为河南富庶地之一。洹水夏季水涨，便于舟楫，且为天然障碍物，便于防守。商自盘庚后不再迁都，固由于农业之有进步、生活习惯之有改变，而地理优点亦与之有关也。

武丁 武丁为盘庚弟子，继父为王。《无逸》称为高宗，言其政绩曰："其在高宗，时旧劳于外，爰暨小人。作其即位，乃或亮阴，三年不言。其惟不言，言乃雍。不敢荒宁，嘉靖殷邦。至于小大，无时或怨。肆高宗之享国五十有九年。"《无逸》所言之制度与史实，有不可考者。王之勤劳于政，当为事实。《殷本纪》言：王梦得圣人，访而求之，得传说于野，与兴之语而悦，举以为相，殷国大治。乃附会而成之故事。《易》既济爻辞云："高宗伐鬼方，三年克之。"《爻辞》为西周著作，其所言之故事，至少为民间之传说。鬼方据王国维之考证，系畏方之误。其在周时，居于西北。鬼方扰于商之北边，为极可能之事；战至三年，殆为大规模之军事行动，而详情则不可知。

商季诸王 武丁至纣为七世，其子祖甲亦为名王。《无逸》称之曰："其在祖甲，弗义惟王，旧为小人。作其即位，爰知小人之依，能保惠于庶民，弗敢侮鳏寡。肆祖甲之享国三十有三年。"战国时人言其失德，当不足信。商末二王，一曰乙，一曰辛。乙古籍称为帝乙，司马迁言商至乙立，而益衰。《周书》称其明德、恤祀、慎罚、勤劳，乃对殷众而言，商人当以为贤王也。《无逸》则与之异，其言祖甲后诸王曰："自时厥后立王，生则逸。生则逸，弗知稼穑之艰难，弗闻小人之劳，惟耽乐之从。自时厥后，亦罔或克寿，或十年，或七八年，或五六年，或四三年。"此周人之标准，乃与前说不同也。《易·爻》辞言："帝乙归妹。"其妹归于何人，《易》未说明。近人以为文王之妃，有可能性焉。

纣之故事 辛为乙子，为亡国之君。周人称之为纣，宣言其罪恶：一、曰听妇言；二、曰荒酒；三、曰怠祀；四、曰斥逐贵戚老成；五、曰牧用奸邪小人。尽为含浑之辞。战国时，言其罪者，则创为具体之事实。后人更多所附会，兹引一例为证，《吕氏春秋》言："纣剖孕妇而观其化。"晋人皇甫谧于《帝王世纪》称：纣剖其贤臣比干妻以观其胎。后人所言之故事，自不足信；即周人所言罪状亦多宣传之辞。

实则商之覆亡主因，一为积弊太深。《商书·微子》颇足以为证，兹引其一段于下：

> 殷罔不小大，好草窃奸宄，卿士师师非度，凡有辜罪，乃罔恒获。小民方兴，相为敌仇……天毒降灾荒殷邦，方兴沈酗于酒，乃罔畏畏，咈其耇长、旧有位人。今殷民乃攘窃神祇之牺牷牲用以容，将食无灾。降监殷民，用乂仇敛，召敌仇不怠。罪合于一，多瘠罔诏。

上文不尽可解，然就吾人所能知者向论，其政治情状恶劣，至不能维持治安，用人不当，为一原因。卿士师师非度，岂贵族中无才能之士，抑辛所信任为新进之庸人，而置其老成人不用耶。嗜酒为商人习尚，成为风气，饮酒多者，往往失其常能至于愤事，当为商人衰弱之一主因。其习惯之养成非一时之事，辛自不能负此全责。商人重视祀祭，辛时，卜辞并不甚少。牺牲为祭鬼神之物品，何竟为人民所攘窃杀而食之，并可逃刑？岂遇凶年，人民相聚为盗？抑赋税太重，无以为生？抑兼有二者邪？无论如何，辛固不能利用其国力对外作战也。

二为敌国之势正强。周为商之大敌,各据一方,自有其发展之历史,而无所谓君臣之关系。周之强大,始于大王,《鲁颂·閟宫》云:"后稷之孙,实维大王。居岐之阳,实始翦商。"鲁人歌咏其先祖之功业,自较战国时人所言者为可信。周至文王,而国益强,甲骨文数见"寇周",又有"寇伐西土"之记载。"西土"数见于《周书》,皆指周言,甲骨文当亦如此。商周常相战争,互侵扰其邻边竟,而从事于掠劫财物也。商之兵力,不敌新起之周,或使乙嫁妹于文王也。儒家所言文王事纣之说,颇有疑问,好事者创约囚文王之故事,更不足信。文王灭商与国黎,而辛力不能救祖伊,告王云:"天既讫我殷命。格人元龟,罔敢知吉。"国势阽危,于此毕见。后武王伐商,辛兵败而死,而商人犹不愿臣服于周。周公东征之后,周之政治势力方能巩固也。

王之威权 王在商为最高之统治者,系由酋长制演进而成,有无限制之威权,兼司祭祀传达鬼神之意志,益使人民恐惧而不敢违反其命。古人迷信深痼,以为祖宗之灵能锡福或降灾于子孙,兹引盘庚事为例。盘庚迁都而民怨望,乃谕晓民众称:先后在天之灵,以汝不与其孙同心,降灾罚汝。先后告于汝祖,汝祖请降灾罚汝,若仍不悛,余殄灭拒命之人,无使其子孙留于新土。此可证明鬼神佑王,王可充分使行其威权,人民无法能知鬼神之意志,唯由王传达。王意乃鬼神之意,人民唯有恐惧服从而已。政事由王决定,对外作战,王常亲自指挥。作战之兵,曾多至五千人。俘虏不过十五六人。唯尝一次杀敌二千六百五十六人,为一极大胜利。祭祀战争为王主要职务也。宫室陵寝之建筑,王族及政府费用,无不出自于民。人民有纳税、服役,及从事战争之义务,生活情状盖同于奴隶。奴隶则度非人生活,其刑罚多不可知,要极残酷。非如此,则民无所畏惧也。

传位制 王为世袭,其继统法初为兄弟相及为王。就吾人所知之常例,兄没弟嗣,次第相传,无弟然后传子。《殷本纪》记自汤至纣三十王,其中以弟继兄者共十四王;以子继父者,除一例外,则非兄子，而为弟子；兄弟子相继为王者亦有一例。后则父子相传。商末五世，未有兄弟次第为君之例，已由兄弟相及演变而为父子相传制矣。盖兄弟相及制度之下，子继父者多弟之子。而人情之常父子之爱过于兄弟，父母爱其所生之子常过于兄弟之子，而传位制则与之异。其所以成此现象者，就人情而论，幼弟为同辈中最后之一王，而在时政治上之势力亦其最强，其子为王，当为易事。兄子不服而争立者，自不能免。惜史未有记载，致吾人不知其真相。《殷本纪》云："自中丁以来，废嫡而更立诸弟子，弟子或争相代立，比九世乱，于是诸侯莫朝。"司马迁所本，今不可知，其解释则由于误会兄弟子相争为王，或有史实为之素地。传子则免纷争，而少内乱，商末乃为传子制矣。

官制 佐王治理政事之大臣，史鲜记载，吾人欲知商代官制，为一困难之事。罗振玉研究甲骨文，列举其六官名。其重要者，一曰卿事。事与士同，即周之卿士，握有重权。二曰大史。史掌邦典，兼管祭祀，为王顾问，大史当为显官。余或职不可知，或为官中侍臣，常无列举其名之必要。专家研究甲骨文，续得官名，其较重要者，有囿圃正、兽正、田正等。吾人见得官名，或稍知其所司。至于官署之组织、行使之职权、所受之待遇等，皆不可知。其长官究为世袭抑由王任命，抑以贵族充任，皆不可考。由于史料太少，世传之伊尹与传说进用之故事，又难信为事实也。

疆域 汤灭邻国，商乃成为大国。孟子尝曰："夏后殷周之盛，地未有过千里者也。"夏为传说时代，姑置不论，商地不甚广大，则为事实。罗振玉于《增订殷虚书契考释》称：卜辞中所见之古地名，凡二百三十。学者初称甲骨文为卜辞，以其于甲骨上所记之文字，为贞卜之辞也。罗氏言其地名多不能定为后世何地。王国维考定八地，并以商王行幸之地在黄河南北千里之内。近人言商疆域南至淮水，与淮夷为同盟国，乃附会之说。商王势力所及之地，南盖限于淮水以北，距汤旧居不远；东则止于泰山附近。据王国维意见，商之北境达于易水，而附会者言其达于朝鲜，则无异于创作神话。其西境或有今山西南部一隅之地，此指其最远地而言，其详细疆界则不可知。卜辞中有公、侯、伯、子、男诸称。其所在地,盖不出黄河下流。王当不能治理疆界内所有之地,诸侯则治理其本国,而听命于势力强大之商王也。

邻国 诸侯盖由部落酋长演变而成,其领土非王之所封赐,乃其父祖所遗尔,袭有其位也。力弱则服从王命,力强则自主其国政。其地僻远者,商王势力当不之及。《殷本纪》有"殷道衰,诸侯或不至""殷复兴,诸侯归之"之文,其言应有相当根据。王与诸侯相战争,殆不能免。卜辞有五命诸侯伐诸侯之文,其详则不可知。卜辞又有"周侯""寇周"之文,商周之和战无常,可以想见。卜辞常见"方"字,方与邦可互用,盖非商王势力所及之国。见于卜辞者,有盂方、土方、苦方、多射方、多马方等,其所在地不可确知。就商外祸而言,以苦方、土方为最。商王不能一战平之,乃常贞卜以挞伐之。其人居于商之北边,以游牧为生,战斗力强,或即周人所称狎狁之部落。古称鬼方为商大敌,高宗用兵三年克之,而卜辞则无鬼方。岂鬼方为周人所称之名,苦方、土方为其别名?抑其部落之称邪,史料缺乏真相,不可知矣。

生活情状之一斑 关于商人生活状况,自安阳发掘以来,吾人知识颇有增加。商人住处有穴居、宫室二种。甲骨文宫字作⌂,或⌂,殷墟发见之洞穴,有二穴相连者,宫乃象形字也。洞穴之口径、深量、容量,约同于今之一室,当为居住之所。其宫室以石为柱础,并有以铜为之者,墙用泥土版筑而成,上盖草茅。近发现其大殿遗址颇为宽大,其宫殿方向准确。发掘者见其遗址,称其计划周到,工程精细。韩非《十过》篇称殷人"四壁垩墀,茵席雕文",或有相当之根据。商末进至宫室居住时代,为一确定之事实。其前尚为穴居,及住于宫室,洞穴乃为贮藏器物之所。据安阳发掘报告,穴中出土之器物丰富,常多珍贵完整之物品,为一明证。发掘所获之器物,共分六类:一、陶器,量数最多;二、骨器及动物骨,占第二位;三、石器,出土之多,不亚于骨器,用途较之为广;四、金属品;五、贝壳;六、占卜之甲骨。就发现之器物而论,商人生活视原始社会确有明显之进步,然犹沿用新石器人所用之器物。所可异者，河南今不生长之动物，有于殷墟发见者，鲸骨、咸水贝皆其例也。商人与滨海地之有往来，毫无可疑，其食盐殆由其地运至。其为掠夺之物，抑由交换而得则不可知。石器中以石刀为最多。刀为日常用物，战时可作武器，商人当用以作战，否则无大规模制造之需要也。青铜器所制造之武器恐非贵族不得使用，以铜生产量少，不易得也。

新石器遗址发见丰富之陶片，殷墟出土之物，亦以陶片为最多。陶器为家常用物，易于损坏。及冶铜术发明，渐以青铜制造器物。余曾在安阳参观古物保存所之古物，其陈列之陶器，如鼎、鬲等物，形状全同于青铜所造之鼎、鬲；陶器多标明为殷墟出土。地方人士搜集之物，出于殷墟当属可信。安阳发掘报告第一期所列之殷陶十六图，吾人见后所得之印象，则认为彝器之形状，全仿自陶器，花纹亦多相同。商人所造之铜器，系配合铜锡等金，而成之合金，所谓青铜器也。青铜制造之器物，种类甚多，有盘、铲、勺、筷、鼎、鬲、甗、敦、壶、爵、尊、觯、武器等。每一种类，形式稍有变化；花纹则由简单，至极复杂，或散布于器之全身，或见于一部分，亦有全无花纹者。据吾人现有之知识，商器多无铭文。

商人初为游牧民族，渐从事于播种。播种之起始，盖在原始社会。而吾人称为游牧民族者，以其视播种无足轻重而重游牧也。后则农业渐处于重要地位。盘庚威胁人民迁至新都，可见人民之安土重迁，其农业已有进步矣。商自盘庚后，不再迁都，当亦与之有关。农业社会成立之初，土地未尽开垦，树木犹盛，野兽繁殖，其田猎习惯自未尽改。甲骨文记其猎品，有野猪、鹿、狼、兕、兔、雉等，并有田猎记录：一次猎鹿二百八十四头，一次猎野猪一百十三头，一次猎狼四十一头。商人亦颇重视牧畜，商王祭祀，以牛、羊、豕、狗、鸡为牺牲，杀牛羊之数不等，多至三四百。亦有杀人为祭者，至百人或三百人焉。商人辨别牝牡颇为精审。其牛羊之多可证明其牧畜得宜，并有广大之草地与牧场也。其进至农业社会亦有明证。《盘庚》上篇云："若农服田力穑，乃亦有秋。"《周书·无逸》言："商季谥王好逸，不知稼穑之艰难。"皆其明例。谷类见于卜辞者，有禾、黍、麦等。商人称禾熟曰年，藏谷之所曰亩，王并设官治农。卜辞中所见之卜年、受年及受黍年等，乃豫卜年岁之丰歉。其卜风雨，亦与农事相关。播种之法，则以人力推耒耜下种，其土不深，收获当不能多。卜辞又有蚕、丝、桑字，商人种桑、养蚕、取丝，当无可疑。其衣服之材料，则为丝苎麻及羊皮等。

迷信之深痼 商人不能了解自然现象，以为天时变化，祸福降临、年岁丰歉、战争胜负等，皆有鬼神主宰；且信王死之后灵即上升，臣下死者仍为之臣。为求福避祸之计，一切未来行动皆征求鬼神之意志，于是贞卜之术兴起。现存之甲骨文多为贞卜吉凶之记录。卜之吉者曰利、曰佳、曰吉、曰大吉、曰弘吉、曰亡它、曰无尤；事之不吉者，曰不利、曰不佳、曰不吉、曰它、曰有它。其不同之点或程度之深浅，皆不可考。其贞卜之事，上而祭祀、征伐，下而年岁、出入、田猎。一事甚至贞卜二三次焉。其卜法则先灼甲骨，而后刻辞，卜辞不加于兆上。其所用之甲骨，甲以龟之腹甲为主，间参用背甲；骨以牛肩胛为最多，亦参用羊、鹿肩胛骨。

商人迷信深痼，其重视祭祀为当然之事。祭名见于卜辞者，数逾三十，中有字不可识、义不可知者。祭名之多，一由于所祭范围之广大，一因历时悠久名称先后改易也。据罗振玉发表之统计，甲骨文卜祭之次数，位占第一。其祭先祖也，先卜日，常例以所祭之祖生日卜祭，如祭大乙，则以乙日卜祭，亦有先一日、二日、三日或五日卜者。祭日恒为生日。商王祭其先公先王多为特祭，亦有合祭，但无周人升食于太庙之制。其先妣亦有特祭。诸王多为一配。卜辞称所祭之祖曰王宾，所祭之妣曰夹。所用之牲自一止于四百。用牲亦问于鬼神，卜其毛色，卜其牝牡。其用邕之数，或六、或十、或三十，而止于百。牲邕之外，或荐以玉，祭礼可谓繁重。王死，其殉葬之器物丰富，陵墓之工程颇为浩大。其发见之一墓方六十尺，深四十余尺，中有木室高十尺，四壁皆刻花纹。又发见无头尸千余具，十尸同埋一坑；其头千余，另埋一坑，皆成直行面北，头有刀切，痕甚整齐。又有马三十二匹，同埋一坑，盖用以殉葬也。

文字 甲骨刻辞可见商人文字之用渐广。其文字多为象形字，系由图画字演进而成。其体犹未固定，一字写法，常有变化。试以日月为例，二字皆为象形，而日变化者四，月不同者八。吉之一字，变化至三十八种之多，尤其明显之证。其时字少，不敷应用，因有假借之例。罗振玉于《增订殷虚书契考释》称，其字可知者凡五百六十，且言其演进之迹曰："合此五百余文观之，其与许书篆文合者十三四，且有合于许书之或体者焉，有合于今隶者焉。顾与许书所出之古籀，则不合者十八九；其仅合者又与籀文，合者多而与古文合者寡。以是知大篆者，盖因商周文字之旧，小篆者又因大篆之旧。非大篆创于史籀，小篆创于相斯也。"近时或言商字三千可识者半，其中有不识而强以为知者。罗氏言其演变，至为精审。周灭商而沿用其文字，亦为事实。

年代 信史起于商代。商距今若干年，经历若干岁，皆不可知。战国时，已异说纷纷矣。吾人不知诸说之根据，无法论其是非。《殷本纪》间言诸王在位之年，或无只字，致吾人无法计算。兹引战国时人之说于下：一、《春秋》左氏宣公三年传称，商祀六百；二、《孟子·尽心篇》云，由汤至于文王五百有余岁；三、《韩非子·显学篇》言，殷商七百余岁；四、古本《竹书纪年》称，商四百九十六岁。就上诸说而论，言商年代最多者七百余年，少者四百九十六岁，相差二百余年，吾人将何所适从。刘歆适用其三统历，推定夏四百三十二岁，殷六百二十九岁。其根据薄弱，自不足信。吾人现时之结论：商代年代实无法确知也，商亡之年学者推算相差约近百年，盖在公元前十二世纪至公元前十一世纪之中叶。

第四篇

西　周

周之先祖——文王——周强之原因——武王伐商——周公东征——封建制度——诸王——西周之覆亡——王之地位——疆域——东方——东南夷——社会情状

周之先祖　周在西方，战国时人称其始祖后稷，服事虞夏，而周人所言则与之异。《诗·大雅·生民》篇云："厥初生民，时维姜嫄。生民如何？克禋克祀，以弗无子。履帝武敏歆，攸介攸止，载震载夙。载生载育，时维后稷。"此为关于后稷之最早故事。鲁为后稷之后，亦有传说。《鲁颂·閟宫》云："赫赫姜嫄，其德不回。上帝是依，无灾无害。弥月不迟，是生后稷。"就诗人歌咏之故事而论，姜嫄为最早之人类，后稷之生，乃上帝之命。《閟宫》且称：后稷"奄有下土，缵禹之绪"。是明言其有天下矣。诗人称后稷教民稼穑，实则稼穑为逐渐改进之事业，种植黍稻，决非一时所能发明，或为一人教民之功。就其名称而论，后为尊称，稷指稼穑有功。后人言其名弃，乃附会诗人之故事而成，故事同于神话，为一传说而已。

《周本纪》称弃至文王共十五世，其说颇有疑问。周人歌咏其显赫之先祖，一、为公刘。公刘勤于农事，积聚多而武力强，迁居于京，于是疆土益广，军力益强。二、大王。大王一称古公，亶父则为其名。诗人言其迁岐，疆理经界，授民耕地，设官治之，更作宗庙宫室。《孟子》言其迁岐，系避狄人之祸，不合于诗人所咏之事实。《閟宫》云："后稷之孙，实维大王。居岐之阳，实始翦商。"则较合于当时之情状。大王为杰出之英王，故诗人称为后稷之孙。王为强大国君之尊称，大王乃其自称也。《周本纪》言王有三子，而爱其少子季历。三、王季。季即季历，继父嗣位。诗人歌咏之词，备极赞美，然未有具体之事实，且涉夸大，当不能视为实录。周至王季，基础益固，则为事实。

文王 文王名昌，为周伟大之国君，亦儒家之圣王。文王为其在世之尊称，周能克商，多其经营之力。诗人歌咏文王，尽为赞美之辞，称其家庭生活曰："刑于寡妻，至于兄弟，以御于家邦。"此言其圣德化民，亦身修而后家齐，家齐而后国治思想之所本。文王节俭勤劳，爱恤人民，其妻为商之贵族。《周书》记其臣有虢叔、闳夭、散宜生、泰颠、南宫括，而为后世盛称之太公望，则未提及。太公故事，杂有后人附会之说也。诗人言文王武功，则为伐密、伐崇。后人称密在安定阴密县，崇在半镐之间。文王所伐之国，据古书所记不止二国，而诗人独以崇、密为言，二国强大，为周敌国，盖无可疑。于是周地益广而兵力益强。诗人称为"万邦之方，下民之王"，四方无敢侮周，皆其明证。商周之关系，时而互相为寇，时而和亲，后世盛称文王事殷，盖本于儒家之说。附会者更言纣囚文王于羑里，周臣求美女、良马、奇物以献纣，纣乃赦之。文王在位五十年，及死，诗人以为灵在上帝左右，尚能降福于子孙。

周强之原因 周人旧居之地，盖在泾渭上流。二水含有大量泥沙，淀积为关中平原。周人自上流逐渐移居于平原，旧地不敷分配，新地生产力强，为其迁居之主因。免受戎狄之患，或亦与之有关。其新居之流域，高大之终南山雄立于南，为其天然屏障。其西亦高山重叠，北为荒凉之高原。惟东地势平垣，周人向东发展，乃受天然环境之影响。周人利用地形，防守要害，则敌人不易侵入。人民安居，则户口增加，而国势益强。其邻为游牧民族，善于骑射，周人与之作战，风俗习惯盖与之相近。周人善于乘马，《诗》《易》皆有明文，若进而用以作战，商人乃非其敌。周人称商为"大邦"，而自称"小邦"，小邦能与大邦相抗，此为其一因素。

武王伐商 周至文王，四方无敢侮之。文王没，而子发立，是为武王。其任用之大臣，皆先朝所遗，政治当遵守遗规。其统治期内之大事，首推伐商。《孟子》所引《逸书》称，武王伐纣，乃商不肯臣服于周，而周欲有其人民也。强弱相处，弱者非臣于强者，常为其所并，《逸书》所言，盖为事实。《周本纪》所言伐商之经过，则为神话故事，略称：武王东观兵于盟津，载文王木主，誓众渡河。白鱼跃入王舟，王以之祭。既渡，有火化为赤乌，八百诸侯不期而会于盟津，武王以天命未归而还师。后二年，复起兵伐纣，师渡盟津，诸侯咸会，大军北趋商都，经过之地及途中有无拒抗，皆不可知。纣闻敌至，起兵迎战，诗人称"殷商之旅，其会如林"。战地则为牧野。牧野距商都尚远，所在则不可知。《周本纪》言商兵七十万，恐不可能。两军激战，商人死伤惨重，致有"血流漂杵"之传说。商兵既败，纣自焚死。

周公东征 武王一战胜商，而商为东方大国，人民犹众，追念其先王之德，不欲臣服于周，纣子武庚治之。《史记》称：武王使二弟相殷，即后世所称监也。周在东方，尚未巩固其地位，而武王忽婴疾病，周人为之不安。其弟周公旦祷神，乞以身代，终不能救其死。其子成王年幼，周公践天子位，朝诸侯。盖当多难之时，非如此不足以应付事变，而安定人心也。东方果有叛乱，《周书·金縢》称：监传布流言。而《大诰》所记之事实，则与之异。商人居于主动地位，谋欲利用事机，恢复其旧有之优越势力，则无可疑。周人颇为惊惶，可于《大诰》见得一二。《大诰》系王诰发邦君及至下之辞，数言殷为乱，则商人当为祸乱之主体。殷人轻视周邦，若不征伐将为大祸，乃洞悉利害之言。王反复言天佐周，卜无不吉，并欲诸侯臣工出卒助战，以此乱为大艰、大戾，而以全力作战也。周公出兵东征，战士历三寒暑始得西归。其作战方略、主要战役及并灭之国，多不可知。无论如何，其战败殷人，杀其领袖，灭其与国，则为确定之事实。于是周在东方之政治地位巩固，并以新得之地，分其功臣子弟。克殷与东征为古代大事，而距今若干年，竟不可确知。

封建制度 殷人一再战败，而人数犹众。周政治家筹办善后问题：一为分化殷众，一为采行封建制。二者有相互辅行之关系，兹略言之于下。周以一部分土地人民分封微子。微子名启，为商王乙之长子。其国名宋，为其先王旧居之地。新封之国尚有鲁、卫等。鲁旧为商地，时为奄国，为周公所灭。卫为商之根据地，左氏《定公四年》传称：周以殷民六族归鲁节制，又以殷民七族归卫。鲁卫皆为商地，人民当为殷人，此足以分化殷人之势力。成王经营洛邑，徙殷人于洛，欲其奔走服役，然犹患其不服，一再诰说殷人，天命归周，且曰："我惟时其教告之，我惟时其战要囚之，至于再，至于三。乃有不用我降尔命，我乃其大罚殛之！非我有周秉德不康宁，乃惟尔自速辜！"此《周书·多方》所记之辞，王意待遇殷人宽厚已极，而殷人犹不悔改者，将即殛之。总之殷人与周战败而死者，数当不少。生者或徙于他地，或分属各国，其势涣散而统治者又可严罚其抗命之人，使之畏惧。殷人渐而屈服，为周人用矣。彝铭称"伯懋父以殷八师征东夷"，则其一例。

后世谓封建制始创于周，而秦博士则言殷、周封子弟。据吾人现有之知识，远古人民部落而居，酋长皆为世袭，诸部落不相统属，常相战争。其战胜者，既得扩展领土，又可掠夺人民财产，于是兵力益强，居于优越之地位，诸侯之雏形渐成，强国之君称王。汤灭夏，征服之土地不少，诸侯归顺者，当不能任意废置。武王克殷，《史记》言其大封诸侯。其所封者一为圣王之后，一为功臣同姓。《左传》言武王封兄弟同姓，又言周公所封，二说不相符合。《荀子》言周公封诸侯，而国数则与《左传》不同。著者于《中国史》第一册论周初封建制曰：

> 余疑武王一战克殷，商人尚未完全屈服。其政治上犹有不可轻

侮之势力,故武王迫而立纣子武庚,而以管叔、蔡叔、霍叔监之,以后周公东征,商人战败,其土地人民皆归于周,始能自由处置,故诸侯有武王所封、或其所承认者。亦有周公所封者,兄弟同姓诸侯,则多周公所封。要之,封建之起始,虽不可知,而周初采用封建制度解决政治问题,则为事实。

著者意见,迄今尚无修正之处。史称诸侯助周者众,当有先王之后,武王不能兼并其土地。其守中立者,亦不能遽夺其土地,乃予以承认也。周公东征,得有广大之土地,限于交通困难,统治不易,以之分封其兄弟功臣。人情之常,兄弟较可信任,封之以地,彼将抚绥其人民而不吾叛。臣下立有功绩,本于酬报及同享富贵之思想,而以新地封之。地为其土地,人为其臣属,彼常爱护而善守之,传之子孙。其境内遇有事变,亦得自由处置。此环境所造成也。公、侯、伯、子、男之称,见于卜辞。周初,诸侯有称王者,可见国君之尊称犹未确立。文王、武王之为在世之美称,今有彝铭为证。彝铭所见诸侯之尊称颇不一致。公、侯、伯、子、男,为古国君之通称,则为事实。后人视为五等爵位,以之分别其领地之大小,则不足信。王为天子尊称,盖在西周中叶,远国非周势力所及,其国君犹自称王。

新封之诸侯,地为商地,人为商民,新君为其国君,当有善战之周兵卫之。其人为新君之臣,为其所信,乃处于统治阶级之地位,享有特殊之权利。《酒诰》言:周人饮酒,须执而归之于周,由王命杀之。周以商亡由于酗酒,严禁周人饮酒,故有此令。是周人居于新封之国,非王命不能杀之也。旧谓大国之卿,多由天子任命,盖为事实。命卿为管理诸侯之一法。诸侯对于天子,有进贡服役之义务。西周盛时,诸侯苦之。《诗·小雅·大东》篇称:东方诸侯,"杼柚其空",葛屦履霜;西方之人则衣服鲜美,"熊罴是裘"。关于服役,《北山》言:地皆王土地,人皆王臣而或劳苦太甚,或饮酒无事,乃怨劳逸不均,待遇不平。王若出兵讨伐,其邻近诸侯当出兵从征。王与诸侯关系,尚有朝觐、奉朔等。宗周亡后,诗人感叹时事曰："邦君诸侯，莫肯朝夕。"其先，诸侯当朝见天子，所谓朝觐也。战国时，更有巡狩之说，不过纸上计划耳。奉朔谓诸侯奉行周历，后世以奉正朔为藩属之象征，其实际情状则不可知。邻近或王畿内之诸侯，得王信任者，可为王臣。不从王命者，则以六师伐之。

封建所以屏藩王室，组织上有重大之弱点。王室、诸侯之君臣关系，终难继续维持。其名称虽或依然如故，而实质与环境固无法久而不变也。封建制度下之国君皆为世袭，其卿大夫亦为世袭。余于《中国史》第一册论之曰："国君之始祖，为王之亲族与功臣，忠于王室。其后传至子孙，与王室之关系日渐疏远。其上卿由王任命者初或与王室接近，其子孙亦与王室疏远。此人情之常，亦环境之所造成。其明显之原因，则国君以为其位受之于父祖，人类爱其所生之子，常过于父祖，数传之后父祖变为曾高祖矣；再历数世，将更漠然视之。其对王室当亦如此，或尤其焉。国君治理一国，视其直接管辖之土地为其产业；人民为其臣属。其有食邑之士大夫，亦须服从其命令。其不称职者，当可予以处分，或诛杀之。换言之，一国之政权操之于国君。其有才能者，行使职权，当不稍受限制，对外亦可自由用兵，无异于独立国也。"此为制度上之弱点。后事演变，更出于武王、周公意料之外，兄弟之国，常以利害冲突而为仇雠，互相攻击，或侵地灭国，而人民备受其害也。此可为封建制度之结论。

诸王　成王一朝之大事，略见于上。《周本纪》言：王年长，"周公反政"。王没，子康王立。相传成康时，为周治平之世。王没，昭王嗣位。昭王迄于周亡，共有九王。其为吾人所注意者，前有昭王、穆王，后有厉、宣、幽三王。《周本纪》称昭王时："王道微缺。"王南巡狩不返，卒于江上。《竹书纪年》称：王二次南征，末年南巡不返。二说颇有出入，后人更创为故事，称王渡汉水，御胶船，中流而胶液解，王死。宗周钟铭称，王南征南夷、东夷，降者二十六邦。王之南征，实周势力南进之明证。穆王故事，后世颇多附会，言其得良马西游，乐而忘返。《国语》言王不听谏言，征西戎而远服不至，由于不务德而用武也。《周书·吕刑》称，王作刑以诰四方。实则《吕刑》为后人伪托之文字，不足信也。穆王四传而至厉王，期内大事，多不可知。后世言王室衰弱，而外患交至，盖有史实为根据焉。

厉王为无道之君，《国语》言其二事：一、好利，不听谏言，而用事之臣专利。二、王虐民，国人谤王，王使人监谤，告则杀之，民不堪其虐，三年流王于彘。其文简略，不少可疑之处。流王为非常事变，或别有造成之原因。《帝王世纪》称王"荒沉于酒，淫于妇人"，二者恐亦不足以使其失国，真今不可知。王既出奔，《史记》云："召公、周公二相行政，号曰共和。"此为一说。《竹书纪年》称"共伯和干王位"，又为一说。吾人今以史料缺乏，无法知其真相。《史记》纪年始于共和元年，其年为纪元前八四一年也。

宣王为厉王太子。《史记》言其父死，周召二公立之为王。古书记载，有与之异者。《史记》言，为中兴之主，曰："宣王即位，二相辅之，修政法，文武成康之遗风，诸侯复宗周。"其文简略，且未叙述具体之事实。《国语》关于王事之记载，皆为不善：一、王不修亲耕之礼；二、王师与姜戎战而大败，王料民于太原，其臣谏之，而王不听；三、鲁君入朝，王爱其少子，立之为嗣，致鲁内乱，诸侯不睦。《诗》大、小雅歌咏周王武功，《诗序》常谓宣王时事，而诗人并未提及宣王，当难信为事实。《国语》所记之故事，亦有可疑之处。史料缺乏，一朝大事，无可知者。

西周之覆亡 幽王为西周最后之国王，情状颇为恶劣，以天灾人祸交至也。《十月之交》之诗人言及日食，专家推算其为公元前776年事，即幽王六年也。其歌咏之史实，一、为大地震。诗人以为天意示警，而时人自逸如故。二、诗人列举达官七人卿士皇父虐民尤甚，使民作都于向，其余六人，当皆不称其职。诗人又言："艳妻煽方处。"乃指王之宠姬褒姒。七人进用，或与之有关。《诗·小雅·正月》云："赫赫宗周，褒姒灭之。"此以西周覆亡之责任归于褒姒。《大雅·瞻卬》云："哲妇倾城。懿厥哲妇，为枭为鸱，妇有长舌，维厉之阶。乱匪降自天，生自妇人。"诗人所言之妇人，亦指褒姒。幽王听从其言乃王昏庸无能，用人不当，政治致失常轨。《瞻卬》云:"人有土田,女反有之。人有民人,女覆夺之。此宜无罪,女反收之。彼宜有罪,女覆说之。"政治成此现象,大失民心,当难应付事变。饥馑亦为天灾,诗人一再言之。周地,去时季风发源地太远,雨量较少,周人未能利用灌溉,致成旱灾。旱灾为西周末年之大患,人民流亡于外,备受颠沛流离之苦,户口遂至减少。《大雅·召旻》中诗人言:边疆空虚,可想见灾情之严重。而徭役则未减轻,甚或以人口锐减之故,反而加重。人民不堪其苦,心怀怨望,既无余力,又无余财,为西周衰弱之一主因。

周之西北为戎狄所居之地,戎狄常为害于边疆。《秦本纪》言:秦仲为宣王大夫,与西戎相战,为戎所杀;子庄公得王所与之兵,破西戎。郑桓公为宣王母弟,《国语》称其以王室多,故迁其民于洛东,得虢郐所献之十邑居之。其地望在今河南新郑。周与戎狄作战,常处于不利之地位。王畿又有大臣封邑,邑归邑主治理,不便于军事行动,对外战争不利,当与制度有关。《召旻》云:"昔先王受命,有如召公,日辟国百里。今也日蹙国百里。"诗人虽形容过甚,然可见国势之危急。幽王不自振作,任用非人,亦有重大责任。

西周覆亡,《国语》称:幽王宠褒姒,褒姒生子伯服,王废申后及太子宜臼,而以褒姒伯服代之。宜臼奔申,申侯召西戎伐周。《史记》称:王举烽征诸侯兵而兵莫至。其先,褒姒不好笑,王举烽火以悦之,遂失信于诸侯。故事为好事者附会之辞。申在东南,戎在西北,相距辽远,难于合作也。举烽取悦褒姒,为怪异之说。西周之亡,盖由于政治经济情状之恶劣,一造成于天灾,一由于政治腐败,一为制度上之弱点。幽王适当其时并促成之,其有重大责任自无可疑。周末一般人士之苟安,亦所以造成祸患也。西戎伐周,幽王拒战不胜,为其所杀,卿士多罹于难,戎人大为暴于周地。其东都洛邑尚称安谧,西土人士有逃至东都者。宜臼为诸侯所立,都于洛邑,是为平王,时公元前770年也。

王之地位 西周王为最高之统治人,自称系受天命,统治天下,故称天子。天子位为世袭,土地人民为其私产,有无限制之威权。唯敬畏天命,诗人谓天命靡常,王应修德也。实则上帝无法表现其意旨，王司祭祀反得用以辩护其行为，借以巩固其地位。祭为大事，司祭为其重要职务，军国大事以及用人行政，皆由其决定。违反其意志与命令者，则处以严刑。对外用兵，王常为师或命其卿士为将，其虐民甚者，或将激起事变。厉王时之民变，则其一例。王为世袭，为传子制。其制始于商末而确立于西周初叶，父子相传可免争位之祸。实际上，同母兄弟，父常有所偏爱，诸子各欲求立，相争仍所不免。且周贵族采行多妻制，媵妾可先生子，立长或非后妃所欲。兄弟争位，其继父而为王者，将或报复怨仇，至于杀害。立太子制乃应需要而生。《公羊传》言其标准曰："立子以贵不以长，立嫡以长不以贤。"贵指母贵，所谓子以母贵也，为传子制演进之当然结果。西周共十二王，除一例外，皆父子相传。诸侯大夫亦适用此制。其官以世袭之贵族充任，卿士尤为要官。

疆域 周地视商疆域为广大，以其所据之泾渭流域非商所有，周自周公东征，尽有商地也。东至山东半岛中部，北达今北平一带之平原，山西中部、陕西北部尚不能为其所有，西境或达于甘肃，其在今河南，南至汝水，东南则限于淮水以北之地，此西周疆域之大概也。境内尚有戎狄，戎狄为文化较低之民族，非种族不同之称。其土地可别为二：一、王畿。初为天子直辖之地，其区域为周旧地，豫西沿黄河之地及河北一部分。二、臣属之诸侯。其所占之地颇广。周之敌国，一在东南，一在西北，西北之敌尤强。

东方 西北疆国之名称，先后不同，最早之古称为鬼方。王国维考证其地望，在周之西北、北方及东北一带之地，即今甘肃及陕西、山西北部。陇地旧为羌人游牧之所，羌人今为藏族，为西周患者，疑即藏人。山陕北部民族，后称匈奴，亦为游牧民族，战斗力强。周自大王以来，即与鬼方作战，小孟鼎铭记载，周之大捷获酋长四人，俘虏一万三千余人，馘数字有残阙，车马牛羊亦有所获。此事发生于何时，言者不同，要为昭王前事。鬼方强大，于此见得一二。其人生聚繁多，将再扰于周边。中叶以后周人称为猃狁。诗人一再歌咏出征猃狁之故事，《采薇》诗云："靡室靡家，猃狁之故。不遑启居，猃狁之故。"其为祸也若此，而周不能予以重创，猃狁乃待时而动。幽王为西戎所杀，其祸乃与西周相始终。

东南夷 南夷、东夷居于东南，以楚、徐为最强大，周之兵力逐渐经营。南国诗人歌咏其地之汝、汉二水，亦常言江。江为水之大者之称，诗人实指淮水。南国地望盖在汝汉之间，其南汉水中流一带之地，则为南夷，其东淮水流域则为淮夷、东夷。周于克殷之后，向南拓展土地，今有彝铭及诗可供参考。小臣语毁铭言：伯懋父以殷八帅征东国，其时当去克殷不久。彝铭尚言：王令其臣三人先后伐东国，亦有言王伐东夷者，常非一代之事。昭王南征南夷、东夷，服者二十六邦，可见其部落或国之多。周王采行羁縻政策，迄未将其征服，而有淮水流域之地。《诗·大雅·常武》歌咏征徐，盛称王师英武，徐人畏服。王师西归，徐人仍可叛乱。徐地在今江苏北部，距周太远故也。楚为南夷中之大国，周迭伐之，有彝铭为证。诗人歌咏征楚，但未言及战争。楚之实力未受损失，乃时叛、时服。周王于其叛时出师讨之。其苟安者则置而不问。然以历代经营之结果，领土颇有展拓。

社会情状 西周为封建社会，诸侯多而常相战争。城邑非敌人所易侵入，城筑于地势险要之区，或交通便利之地，或物产集中、人民众多之所。四周围之以墙，其墙以土筑成。城有悬门，敌人来犯，悬门即发，邑人登城防守。古代兵器恶劣，自下击上，常非易事，故城为安全之地。贵族居于城中，西周时，其人数不少，诸侯、卿大夫、士皆为贵族。国君或卿大夫之子孙无位可袭则降为士，士可仕为大夫家臣或为小吏。贵族生活有相当之奢侈，食品有五谷、兽肉、鱼类。周初严禁饮酒，后则视酒为交际物品，主人劝客，不醉无归。贵族宴客，据诗人记载，有乐人奏乐。国君进膳，亦奏音乐。惜其礼节繁琐，成为机械式之生活，徒借以维持其尊严而已。

士之下为农民，其田地之分配实不可知。《孟子》称周采行井田，根据薄弱，且不免于矛盾。据其所言，一夫授田百亩，收获能养五至九人，生产量并不甚高。考其原因，百亩周田约当今三十一亩而种植技术又不如今也。著者尝论井田制曰："古代人口尚少，地未尽辟。"周人克殷东征，又有相当之屠杀。其征服之地或收为王有，或封赐诸侯与卿士。诸侯受地于王，分赐其人口，一部分于大夫，作为食邑。土地为统治者所有，人民私有权尚未成立，其播种之地为统治者或地主所授当无可疑。一家播种百亩，亦不为多。其国内土地褊小，而人民众多，或亩大小不与周同者，当有违异，如《魏风》言十亩之间，则其例也。一夫授田百亩殆不能推行于黄河流域，而全中国一致也。著者之意见迄今尚无变更也。

农民耕地百亩，其生活情状颇为贫苦。男子播种，妻子送饭。女采桑饲蚕，缫丝染色，其红鲜明者，则为公子作裳。农事即毕，即入官服役。田猎，狐狸献于公子作裘。兽之大者，献之于公。暇日凿冰收藏，以供贵人夏日之用。农民终年勤劳，犹有"无衣无褐，何以卒岁"之语，所食仅为苦菜。其穷苦多由于税重役苦，盖政府征收什一之田税，而布丝、工役之征，及平日贡献犹不与焉。农民遇有战争，或大工程，则苦更甚，至不能种艺黍稷，养其父母，悲怨之语，常见于诗。其人乃为事养贵族而生存，劳苦所得之酬报，全为贵族所榨取，以致家无储蓄，遇有水旱之灾，则流离逃亡，所谓壮者逃于四方，而老弱转乎沟洫也。农民下为奴隶。奴隶来源，一为俘虏，一为罪人，地位同于财产，世为主人工作，绝无自由。其时，农民购买力弱，社会经济则物物交换。所谓以有易无也。农民除盐而外，日用品当能自给，贩运货物之商人，尚无重要地位也。

家庭方面，男子为家长，地位高尊。周人轻视妇女。诗人云："妇有长舌，维厉之阶。"足以代表其观念。贵族之视婚姻为合二姓之好，上承祖宗，下坐子女，子孙相传，至于万世，死者可享受其子孙之祭祀。婚姻既不立基于爱情之上，贵族之妻妾又多，乃重视妇女之贞操，用寺人服役于宫中。妇女外出拥蔽其面，民间尚未有此习惯。男女工作于外，接触之机会颇多，婚姻亦有相当之自由。《诗经·国风》中有不少之情歌，颇足以为证也。

周人迷信鬼神，以为人间一切命运，皆由其决定。神之高尊者曰上帝，其下为百神，各有专职，皆能降人福祸。人死为鬼，住于另一世界，其生活情状同于生时。其陵墓之工程浩大，有深至十余公尺，而四壁如垂者。更环筑四阶，预备棺穴，棺置穴中，殉葬之物皆列于棺外，且有以人为殉者。其重视祭祀，乃为意料中事。祭前斋戒沐浴，静坐深思，如见闻鬼神。祭品有牲牷鬯玉等。祭时尚有舞乐，贵族以地位不同，而祭乐亦有差等。祭祀所以求福于鬼神，国君遇有灾祸，求神尤为虔诚。《云汉》中所谓"靡神不举，靡爱斯牲"也。周人求福免祸，信用卜筮，征求鬼神之意向。其表示之兆，常影响大之决定。试举一事为证。殷人叛乱，周公将出兵东征，《大诰》记王告诸侯之辞称，宁王遗我大宝龟，绍天明，即命王用以卜，言其结果曰：朕卜并吉，"予得吉卜""今卜并吉"。卜而得吉，为其用兵之主因。诸侯臣工，亦以为东征必胜也。其迷信鬼神，当不下于商人。

西周凡十二王。《竹书纪年》言其年岁曰："自武王灭殷以至幽王，凡二百五十七年。"其所根据，今不可知。克殷之年，今有六种不同之说，当无决论其是非。《史记》纪周年代始于共和。共和以前之年岁，汉初已无可供参考之史料。西周大事除周亡以外，其发生之年，多不可知。周在西土，与西方诸国接触之机会较多。说者言周人重玉，而玉之出产地在今新疆。寺人制则受中亚民族之影响。商人分一月为三旬，周人则分一月为四分。一、初吉，自一日至七八日；二、既生霸，自八九日至十四五日；三、既望，自十五六日至二十二三日；四、既死霸，二十二三以后至晦。此王国维研究金文所得之结论。月四分制，系巴比伦所发明，周盖受其影响而然。三者皆非证据，作为建议可也。周克殷后，仿造其彝器，沿用其文字，采用其官名。西周制度影响于后世者，至为巨大，盖其接受他国文化之后而能适应需要，并创造或发展其文化也。

第五篇

东　周

王之地位——五国疆域——齐桓公——宋襄公——晋文公——秦穆公——楚庄王——晋楚之争——晋悼公——弭兵之会——小国担负之一斑

王之地位　公元前770年，周平王东迁于洛邑。西土为戎人所据，尚在纷扰之中，王乃以之赐秦。秦君历久战争，驱逐戎人，而有其地。司马迁言：秦以岐东之地献周，古人已斥其非。于是周之西疆，盖不出今豫西陕县，南疆距洛邑不足百里，即为雄峻之六山，地甚荒凉，有文化较低之部落居住，东疆达于虎牢，黄河以北亦有周地，后让于晋。其土地东西长，而南北狭，面积褊小，周遂降为弱国。然王本于过去之威望，尚有相当之重要。王初亦欲行使职权，出兵戍于南国。诸侯不庭者命其邻国讨之，乃以处理失当而不为其所礼敬。郑在周东，其君于东迁初叶，为王卿士，竟以信任问题与王发生冲突，积隙深而至于战，王师大败，王亦受伤，王之威权益不行于诸侯。诸侯违抗王命者，《左传》载有不少之事例，而王反居于不利之地位，乃不复问外事。

五国疆域　东周史料，今以《春秋》经传为最重要。其所记之事，始于鲁隐公元年（前722年），偏重于郑、鲁、齐、宋、卫国。

其政治活动区域，限于今山东、河南。郑在今郑州、新郑、荥阳一带之地，其西境与周为邻，南疆邻楚，东与宋接壤，北临黄河。及晋据有虎牢，滑国遂与之为邻；东南则为陈蔡。东周初期，郑以国有英主，颇居于重要地位。鲁在山东半岛中南部，东为莒国，南为邾国，北及西北与齐接壤，西与曹卫、宋为邻。齐在鲁东北，为东方大国；及东周中叶，其领地东至于海，西达今聊城、阳谷，南为泰山，西南与鲁接壤。就其地形而论，泰山、渤海为其天然屏障，渤海且有渔盐之利；齐地为冲积平原，宜于耕种，人民多能安居乐业，进而可以争霸，退而易于自守。宋为商人旧居之地，在今河南东部，西邻为郑东境，达于今江苏彭城萧县，南迄亳县，北与戴曹为邻，二国后皆为宋所灭。卫在黄河北岸，北境达今河北省，西为晋国，东境与齐、宋、鲁、曹犬牙相错，此五国疆域之大略也。

五国地在黄河下游，除郑而外，皆商人旧地，为文化发达之区域。郑地开辟于西周末年，据《左传》所记春秋初年之大事，郑庄公为王卿士，迭伐其邻国，足称一时之雄。庄公死后，五子争立，先后相继为君。其得国者或由于外援，或得强臣之助，旧君或死于乱，或出奔邻国，或据地与新君相抗，亦有复国者。鲁凡三君，一为臣下所杀，一为邻国所害，唯一终于天年。齐共三君，二君死于祸乱，桓公与公子纠争位，强鲁杀之，始得安然为君。宋凡四君，始而让位，继则争立，成为重大之祸乱。卫共五君，嬖子州吁杀君自立，卫人假手于陈杀之，二君不得其死；国人另立新君，及死，兄弟争立，一得齐援，失国复入，其已为君者，并得周王之承认与援助，竟兵败出亡。五国祸乱可谓多矣。其时国际关系几无信义可言，友邦时而变为敌国，敌国亦易成为友邦。其战争之目的，或为报怨，或为立威，或拓展领土，或掠夺人民，或托王命征讨不贡，要多唯利是图，而所苦者则为人民。内地尚有戎狄杂居。狄谓本居于远方之民族，而应驱除者。其人勇敢善战，但为文化较高诸国所鄙视。诸国自称诸夏，其名称之由来，不可确知。戎人与诸夏常相战争，诸侯力能拒战者，则自出兵抗战，其力不敌者，则乞援于邻国。兹引一二明例：北戎侵郑，郑设伏御之，大败戎师。后数年北戎伐齐，齐乞师于诸侯，郑师救齐，大败戎师，诸侯大夫于是戍齐。齐为大国，戎师败后，而诸侯犹留兵为之防御，其强可以想见，其为患也，恐不限于二国。孔子论管仲相齐之功曰："微管仲，吾其被发左衽矣。"被发左衽为戎狄服饰，是孔子承认若无管仲，齐鲁将同化于戎狄。霸国实应时而产生，其功绩为攘斥夷狄。旧谓霸主有五，曰齐桓公、宋襄公、晋文公、秦穆公、楚庄王。五人中，襄公兵败于楚，不合于上言之条件；秦僻在西方，政治势力不及于诸夏；楚为南方大国，周人斥为蛮夷，亦不合于条件。吾人不必拘于五霸之说，唯当略知前685年至前591年中之大事。前者为齐桓公嗣位之年，后者为楚庄王病没之年。九十余年之中，列国疆域有重要之变迁，强国益强而小国益弱矣。

齐桓公　齐桓公（前685—前643年在位）称霸，功在攘夷；另一方面，其会盟诸侯，则为贪其贡献之物。诸侯对于天子，贡献之方物甚多，为一弊政。及周东迁，诸侯莫肯朝贡。霸主会盟，小国迫而献其物产，霸主不居于天子之名，而得实惠，故亟亟于争夺诸侯也。桓公居五霸之首，盛为后世所称。实则其嗣位之前，齐已成为大国，桓公不过借以创造霸业。桓公初因内乱，与兄纠争立，曾败援纠之鲁师。管仲时为纠臣，射公几中要害，而公知其才能，释怨使之相齐，迄于仲没。公之知人善用，为其称霸之主因。管子所言治国方略，为后人所托之制度，不适于用。《史记》言其治国先使民足衣足食，而后教之。其具体办法殆不过充分利用天然环境，而使民富。齐饶鱼盐之利，而仲更增加其生产也。政治组织，亦应有所改善。齐富强称霸，多赖其力，《论语》称其有伯氏骈邑三百，伯氏穷约终身，并无怨言。是其功业，深为齐人所知也。

桓公嗣位之初，并灭其邻国。《春秋》经传称：齐灭谭、遂，取郜，迁阳。于是齐地益广，人民益众。民多则政府之收入多，而兵力益强。桓公初与鲁、宋、卫、郑作战，未有重要之成功。有先为敌国而变为友邦者，亦有先为友邦而转成敌国者，后皆奉齐为盟主。齐自桓公中叶以后援助诸夏，拒抗戎狄，并无侵夺其土地之野心，而为其邻国所信也。初，前661年，狄人伐邢。邢为小国，今邢台为其旧墟。狄人所居之地，盖在今山西东南山地，兵力甚强。邢不能敌，齐出兵救之。明年，狄人大败卫师，卫余民奔逃。齐出兵戍曹，阻狄师东下之路。狄人转而攻邢，齐会诸侯之师救邢，迁邢人于夷仪，并为之筑城，又城楚邱以封卫。燕在北方，受山戎之害，齐出师伐之，颇有所获。其时，楚向北方伸长其势力，一再伐郑。前656年，齐会诸侯之师侵蔡，蔡溃遂南伐楚。楚遣使来盟，桓公率师北归。就上事实而论，齐师未能击败狄人，伐楚未有功绩，楚灭与齐会盟之国，而齐限于交通，无法救之，戎为周害，齐遣管仲平戎于周。其势力所及之地，限于今山东及河南、河北各一部分。盖古交通困难，出军远征，给养既为问题，又非其国人所愿也。齐为霸国，迭与邻国会盟。会盟可别为二：一、兵车之会，指其用兵诸侯出师助战；二、衣裳之会，所谓寻盟修好也。二者合计数近二十。会有盟约，古书所言颇有出入。《公羊传》称阳谷之会，为大会，并言其约曰："无障谷，无贮粟，无易树子，无以妾为妻。"此前657年事也。障谷、贮粟，不利于邻国，本于互助之原则，当不许其发生；后二者旧为周制，时已破坏，而桓公欲予以维持，实际上未必有效。桓公内宠甚多，后且造成祸乱，则其一例。公没，匡乱，兵力始衰然；以地广人多之故，齐仍为大国也。

宋襄公 宋襄公（前650—前637年在位）嗣位八年，齐桓公始死。襄公以庶兄目夷贤而有才，用之为相，治理国政，兵力渐强。及齐内乱，襄公以诸侯之师伐齐。三传所言之故事不同。齐孝公得其援而为君，但未出师助宋。余疑襄公初殆利用其击败强齐之威而欲称霸，致为齐所恶也。襄公第一次会盟诸侯，而执滕君。第二次会盟，《左传》称：公使邾人执鄫子，用以祭祀，襄公复出师伐曹。其合诸侯也，与会者尽为小国，齐、鲁皆未与会。楚方伸张势力于北方，诸侯畏之。襄公求诸侯于楚，诸侯朝贡；亦楚所欲。楚王诱执襄公，出师伐宋；旋以无损于宋，释之。襄公怨楚，出师伐郑。楚师伐宋救之。二军将战，楚兵众多，轻宋前进。襄公未能利用事机，予以迎击，至于大败；旋因伤没。于是楚之势力大张。鲁不堪齐师之进扰，遣使如楚，乞师伐齐，则其例也。

晋文公 晋地初甚狭小，在汾水之东，文公父献公并灭其邻国，领土始乃广大。献公没后，祸乱迭起。文公得秦援助，始得为君（前636—前628年在位）。其时，晋地在今山西者，为汾水下流一隅之地，古人所谓不出平阳一府也。其河外之地，仅为今河南陕县。晋地表里山河，人民限于环境，刻苦耐劳。其东北二方与狄人为邻，常相战争。晋人习用干戈，勇于作战，强国之基础，业已树立。文公流亡于外，备受辛苦，即位之后，整理内政，又得向外经营之机会。初王室内乱，襄王出奔，文公出师勤王，王赐以河内之地。由是晋地益广。其时，楚师一再伐宋，宋公请救于晋。前633年，文公伐楚之与国曹、卫以救宋，而楚仍不撤宋之围。宋人告急，文公得齐、秦之援师，更设法怒楚，二军战于卫地城濮，楚军败退。斯役也，晋兵车七百乘，士卒凡七千人，楚军人数当亦不多。战争之结果，诸侯多服于晋。楚自经营北方以来，未曾挫败，而独败于城濮，晋之威望高于齐矣。

晋败楚后，伸长势力于河南南部，山东半岛诸国皆为晋之同盟国；文公许曹、卫复国，二国领土则较前削小。晋献楚俘于国，王赐赏甚厚，乃合诸侯盟于践土，周王亦至。据《左传》所记之盟约：一为尊王，一为诸侯相亲。俄而复会诸侯于温，天子应其召至，王室之地位并未提高。其时，邻近楚之诸侯唯许尚未服晋，郑伯怀有二心。晋以诸侯之师围许，许为小国，史未言楚出师救之。其君当求成于晋。郑近于晋，前630年，晋秦出师围郑。秦距郑远，围郑乃应晋请。郑以困势危急，乞盟于穆公。穆公不愿晋有郑地，留兵为之防守而归，晋亦退师，郑患晋师复至，求和于晋，文公许之。楚自城濮战后，不能与晋争霸。晋为诸夏盟主，而狄人尚为害于边邑，乃增加军队，与之作战，但未能将其驱逐于远方。所可惜者，晋秦为婚姻之国，文公为君，颇赖其力，竟以利害冲突，由友邦而为敌国，常相战争。文公没，子孙守其遗规，仍为霸主。晋初以公子争立，及内乱迭起之故，不容群公子留于国中。文公出亡于外，从者多才能之士，返国遂处于重要地位，政权渐归于大夫矣。

秦穆公 秦初为西周畿内之诸侯，及周东迁，秦有西周旧地，为一大国。秦君复并灭其邻国，疆域益广。于是秦有渭泾肥沃之平原，北为高原，南为秦岭，潼关在东，黄河为秦、晋本部之天然屏障。东南多险，敌人不易侵入。西为戎人旧壤，秦人常与之战，造成强悍之风气。其所缺乏者，则为才能之士。穆公（前659—前621年在位）称霸，多由于信用异国贤能，内政应有改革，惜史未有记载耳。秦至穆公，国势益强，更向外拓展领土。穆公夫人为晋献公女，秦晋为婚姻之国。献公死后，其大夫为乱，杀二幼君。公子夷吾求入，许重赂秦，秦、齐立之，是为惠公。晋请缓赂，致成嫌隙，二国之邦交转恶。穆公起兵伐晋，大败晋师于韩，获惠公。晋人忠于国君，征缮勤而甲兵益多，立惠公子为君，穆公乃许晋成。惠公死而质子逃归，秦怨之甚，以师纳文公于晋。秦晋相攻，秦虽处于有利之地位，然除得河东地外未有所获。文公立而晋益强，秦晋以利害冲突之故转为敌国矣。

穆公不听谏言劳师袭郑，途中为郑商人所知，未有所成；师还，晋人御之于殽，大败秦师，获其三帅。后二年秦复伐晋，败于彭衙。穆公欲复其再败之耻，增修国政，重施于民。晋及诸侯之师伐秦，以为报复，更增加秦人之怒。明年，秦师伐晋，济河焚舟，晋师不出，南渡黄河，封殽尸而还，遂霸西戎。此《左传》所记之故事也。秦地僻处西方，向东经营，限于河山之险，晋人扼守险要，则秦师难于前进。晋地广大，人口众多，秦晋相战，秦常处于不利之形势，其不能争霸中原者，势也。秦霸西戎，古书或言其益国十二，或言其灭国二十，真相要不可知。穆公没，殉葬者有子车氏之三子，皆秦之良，国人哀之，为之赋《黄鸟》。秦以良人侍奉死君于地下，而置人民于不顾，宜其不能胜晋也。

楚庄王 楚于西周时为周人之强敌。《史记》称其先祖为周所封，居于丹阳，当不足信。古地以丹阳名者甚多，楚所在地，今有三说，要皆出于附会。西周初叶之彝铭，数言伐楚。周王经营南国，其地望在今河南西南部，其南为南夷所居，楚为其强国，其地望盖在汉水中流肥沃之地。楚都于郢，后人言在江陵。鄀为楚别都，与郢相近。顾栋高言：鄀地，在襄阳府宜城县西南，若郢果为江陵，则鄀、郢中隔大山，相距过于古人所言之千里。余疑郢亦在汉水中流，近于襄阳。古书言襄阳发现楚王墓，获有不少之遗物，其事未有详细记载，致吾人不能视为强有力之证据。楚逐渐据有今河南西南部，进而与郑接壤，更向东拓展领土，并灭不少之国，东至皖北。大别山，古为蛮夷所居，且为交通之梗，楚未能逾越高山而南。其向北发展，乃为事理之当然。

楚于庄王嗣位之前，统治之领土有今湖北、河南、安徽各一部分。其疆域之广大，列国中莫之与京。庄王（前613—前591年在位）称霸，颇赖其父祖经营之力。庄王嗣位之初，国中祸乱迭起，幸皆平定。又遇大饥，山居之夷人，迫而出外掠食。蛮夷与楚为敌者，皆乘机伐之。楚之内忧外患交至，形势严重，庄王起兵拒战。蛮夷初以楚不能师，及楚师至，或惧而散归，或再请服，或为楚所灭。此为非常事变，而庄王谋而后动，处理得宜，为其胜利之主因。蒍敖为王信任之亲臣。楚之官制与诸夏不同，令尹为佐理国政之长官，蒍敖官至令尹，即世所称孙叔敖也。其政绩多不可知。《左传》言王推行之要政凡三：一、任用贤能，加惠于民；二、政有常经，民能安居乐业，使之而民不困；三、师旅编制有法，军队不戒而严。此皆含浑之辞，然舍此外，无可知者。庄王之事业，则为争诸侯于北方，而楚成为霸国也。

庄王整理内政而国益强，国际形势亦于楚有利。其时，晋君弱臣强，国力耗于对秦作战；对于同盟诸侯，唯责求其财赂，于是诸侯近楚者，多怀二心。前608年，楚师、郑师侵陈，及宋，晋会诸侯之师伐郑，楚师往援，晋人不战而退。郑有所恃，侵宋大获，俄又背楚即晋，庄王迭出师伐之。前595年，楚围师陷郑都，郑伯肉袒牵羊以进，王许之盟。晋出军救郑不及，中军帅荀林父欲还，而其佐不可，乃渡河南进。晋卿意见不一，军令不行，指挥不一，又不备战，为楚师所败，渡河而北，损失惨重。此世所称邲之战也。楚师胜晋，威望大增，晋暂不敢与之争诸侯矣。邲战之前，楚伐陈，灭之为县，王听谏言复陈，乡取一人以归，谓之夏州。楚又伐陆浑之戎。戎居于王畿南之山地，王因至洛，观兵于国疆；至是，兵力益强，欲伸长势力于河南东部，伐萧灭之。萧属于宋，宋出师赴援，又杀过境而不假道之楚使。庄王起兵围宋，宋人力守，而城中缺粮，王许宋和。鲁受齐人之侵扰，乞师于楚，欲以伐齐，而王值死，未能出师。楚之势力强大，亦齐所畏也。

晋楚之争 晋败于楚，犹不失为北方强国，其邻国仍奉为盟主。晋畏楚甚，不敢援宋，专力与狄人作战。狄人居于今山西东南部之山地，古书称为赤狄，潞为其强国，其君与晋通婚。其时，潞权臣酆舒无道，国人不附，晋起兵灭潞，以其君归。明年，复出师并灭其邻国，于是赤狄之地尽为晋有，勇敢善战之山民，皆为晋人。初晋与赤狄作战也，秦师侵晋，为其所败，相安者十余年，后复相攻，而晋仍胜。齐在东方，恃其强大，侵凌鲁、卫。二国告急于晋，晋出师伐齐，大败齐师。齐侯出其重器，归鲁、卫侵地以和。楚出师救齐不及，后更伐鲁，鲁惧而乞和。晋初不能与楚争胜，及国力恢复，再争诸侯。晋楚之师相遇，其执政皆不欲死亡其战士，避免主力战争，各有不战而退之事例。会晋释放楚囚，借以求成于楚。楚王遣使报之且请修好。宋大夫华元善于二国执政，促成会盟。前579年，晋楚遣使盟于宋国，不相侵害，同恤灾危，无壅道路。盟约本于旧有之思想，晋楚利害冲突非有深切之谅解与诚意，和平当难持久。楚先违盟北侵郑、卫。前576年，郑服于楚，晋以诸侯之师伐之，楚师救郑，二军战于鄢陵，楚师败绩。晋威复振，原足以伸长势力于南方，不幸内难作，而君不得其死也。

晋悼公 晋卿弑君，迎立公子周，是为悼公（前573—前558年在位）。公欲振作，《左传》言其逐不臣者七人；而主使弑君之强臣，反不与焉，仍得掌握政权，公室自此益卑。公即位之初，任用贤能，治理庶政，人民颇受其惠。其时，边区戎人请和，公许其请，乃以全力与楚争霸。秦为楚之与国，晋与之战，不胜；但未影响其对外政策。悼公争霸，常伐楚之与国；楚亦伐晋与国以为报复。宋、陈、郑遂深受兵祸。楚帅纳宋叛人于彭城，留兵戍之，宋出师围城，楚伐宋救之。晋侯应宋之请，出师往援，两军相遇，楚师引还，彭城请降。郑介于大国之间，其君德楚，不忍背之。晋以诸侯之师城虎牢以逼之，郑乃请服。陈近于楚，其君叛楚，晋以卒戍之，然以路远之故，陈复降楚。陈降楚而宋服晋皆受地理之影响而然。晋楚出师争郑，郑人不堪其苦。晋之策略，则欲惫楚，分师伐郑，以疲楚师。楚果不能争郑，当可谓为军略成功。实际上，吴崛兴于东南，运兴师伐楚，楚分兵拒战而不能兼顾北方。史称悼公复霸，岂以诸侯朝晋者多欤？

弭兵之会 悼公壮年病没，平公年幼，嗣位，政出权门，公室益弱。大族互相忌嫉，栾氏多怨，为执政所恶，祸至覆宗。楚内政不修，兵力耗于对吴作战。晋楚威望皆不及前，臣下亦无喜功好事之人。宋郑地当南北之冲，晋楚争霸之所必争。华元合晋楚之好，不幸归于失败，至是国际形势转变，和议易于召集。宋大夫向戍乃倡弭兵之议，向戍盖受华元影响而有此议。《左传》称：其善于晋上卿赵武、楚令尹屈建，提出建议。史未言其具体计划，据吾人所知，弭兵非废军备之谓，乃合晋楚之好。大国不侵伐小国，小国服于大国而不相害。其时，小国深受战争之害，弭兵为其急切需要。晋国许之，楚亦同意，小国皆无异议。前546年夏，十四国会盟于宋。诸侯之从晋楚者，议定交相朝见，齐秦则为例外及盟，楚人裹甲争先，晋卿让步。夫和会之成败，常视有无谅解及妥协之精神解决问题。楚人不顾信义，唯利是视，会盟之不足恃，为赵武所知，而竟苟安于现状。

诸侯交相朝于晋、楚，楚之所得多于晋国。小国国君、大夫朝于大国，多所馈遗，途中往来及居处等费，为一重大担负。向时朝贡一国，今有二国，费用增加一倍。小国领土若能保全，又无兵革之祸，出重大代价，尚无不可。时人批评向戍之倡弭兵，由于求名。吾人现勿论其动机若何，而弭兵会盟实古代人类有价值之尝试。其计划较华元更进一步，中原无大规模战争凡十数年，宋、郑未受兵祸，则受其赐。彼因弭兵而轻视武备者衰弱灭亡，乃其自取。盖好勇逞斗，为人类之天性，人类本于自私自利之心理，遇有机会常欲以武力解决，故自卫疆土之军备，应有相当之充实也。晋国衰弱，由于内政，于弭兵何尤？

小国担负之一斑　霸国之争,诸侯实欲小国为其私属。小国朝见制之成立为齐桓公以后之事。朝见例有馈遗,所谓贡献方物也。霸主贪得财物,以之责望小国,兹引郑事为例。晋人征朝于郑,郑大夫公孙侨称其君简公嗣位(前565年),即往朝于晋;明年,南朝于楚;后二年,又朝于楚。及楚不竞,郑尽其土实,重之以宗器,以朝于晋。前555年,简公朝晋;后二年,又朝,且曰:"不朝之间,无岁不聘,无役不从。"十数年中,郑伯朝于晋楚者五。朝聘须有礼物,公孙侨所谓"尽其土实"也。鲁国之于晋也亦然,其臣言之曰:"职贡不乏,玩好时至,公卿大夫相继于朝。"其他小国,亦莫不然。土实之数量,史无明文,当为小国之重大担负。郑曾以晋币重为患。弭兵之会,鲁使臣违命增加担负,左氏称:孔子非之。公孙侨尝相郑伯如晋,尽坏馆垣,以纳货财。输晋货物之多,于是可见。行者盖有千人。小国以大国伐之而乞盟者,所出之货财,当必更多;盟后大国出师,须出兵助战。小国供应大国之需索,当必榨取于民,其希望则为保全领土而已。实际上,霸国亦不能予以切实保障也。

第六篇

东周（续前）

大夫专政——公孙侨——楚灵王——晋宋诸国——吴之兴亡——越之崛兴——文化区域之扩大——封建之破坏——享受之不平——战争情状之一斑——农民之苦——工商——社会之不安——家庭生活

大夫专政 前六世纪中叶，诸夏政治情状已有重大之变更，即政权归于大夫而国君徒拥虚名也。《论语·公冶长》云："崔子（杼）弑齐君。陈文子有马十乘，弃而违之。至于他邦，则曰：'犹吾大夫崔子也。'违之。之一邦，则又曰：'犹吾大夫崔子也。'违之。"陈文子所适之国，皆政出于大夫，此封建制度演变之当然结果。楚、秦偏于一方，其采用之制度不同于诸夏，故未成此现象。大夫专政可分为两类：一、同姓或公族大夫；二、远支或异族大夫。前者有鲁、郑诸国，后者则推齐、晋。无论其为同姓、异姓，凡居于执政地位之卿大夫，无不握有政权也。其造成之原因，则为政治制度本身上之弱点。封建制度之下，天子、诸侯、大夫各有土地、人民。国君统治之地、人民多于卿大夫，原可行使政权。迨至后世，国君常以土地封赏其爱子亲臣，于是直辖之地益小，乃恃臣下之贡赋为经常用费。其弊之极，国君几无土地、人民。封建思想立基于亲属关系，而实违反人类之天性。盖宗族姻戚之情谊，历时久而益疏远，子孙唯欲夺取政权，而至残杀也。人事方面，国君妻妾众，而子亦多，常爱少艾之后妻，而欲立其子为嗣，或废嫡立庶，以致演成家庭之惨剧。公子有徒众或大夫为援者，将起而为乱，甚者祸及数世，大夫有因之夺得政权者。幼主嗣立，亦常增加卿大夫之权，以政事常由其决定也。大夫既得政权，往往设法保持禄位，忌嫉争夺遂为常事。晋国法云："始祸者死。"所以维持国内之治安，减少大夫之自相杀害。其弊之极，则国无是非曲直，政治将益黑暗。诸大夫相忍既久，祸乱一旦爆发，将至不可收拾之情状。郑鲁诸国祸乱较早，故国君非认识其境遇而安于现状者，将不能久于其位也。

公孙侨 大夫专政，其中当有不少才能之士。向戌为宋名臣，前已言之。郑公孙侨亦为杰出之士，孔子称其"有君子之道四焉。其行己也恭，其事上也敬，其养民也惠，其使民也义"。其言当有事实为之根据。《左传》记郑公族一再为乱，而罕氏厚施于民，民心归之，罕氏乃握政权。其时，罕虎（即子皮）执政，平定内乱，公孙侨（即子产）一再出奔，皆为其所止，更授侨以政。侨亦公族，幼时议论国政，多如其所言；及长，善于辞令，应对诸侯，颇有功绩，又有战功。郑伯曾赐之六邑，而侨仅受其三。其治郑也，深赖罕虎维持之力，所谓"虎帅以听，谁敢犯子"也。二人相得之深，虎之家事，亦听其言而行。侨对于大族多取敷衍免事之态度。盖非如此，将遭其反对，或酝酿而为祸乱也。

公孙侨治国，《左传》称其"使都鄙有章，上下有服，田有封洫，庐井有伍"。此为笼统之辞，而实施方案则不可知。其目的盖使政府之组织严密，增加土地之生产，且使上下有别也。行之一年，国人以为不便；比及三年，作歌颂之。郑人议论政治得失于乡校，子产不许毁之。其所持之理由，则欲以之为师，所谓"其所善者，吾则行之；其所恶者，吾则改之也"。然于国家大政认为必当推行者则不顾人民之反对。作邱赋，则其明例。邱赋盖为增加人民担负之田税。其时小国朝贡晋楚，费用增加。楚王有并吞邻国之野心，郑当有所储积，以备非常。其为时人所非者，尚有刑书。刑书为公布之法令，人民得知其行为犯罪与否，官吏处罚罪人亦有所依据，为政治进步之象征；然与传统思想不合。此前536年事也。郑事大国，未有二心。子产知国安全视国中之警备而定，从未废弛边防。其与大国交涉，以善于辞令之故，常居于理直气壮之地位。《左传》记其文辞甚多，但未必为其所作。子产为政二十二年（前543—前522年），国内鲜有祸乱，亦无外患，固杰出之政治家也。

楚灵王 宋、郑各有伟大之领袖。晋政权操于大族，其执政之上卿，与卿大夫之位相去无几。对于大政，诸大夫之意见不一，上卿将采取让步或妥协之方法，内部不能统一；大夫唯利是图，自不能有为。故自宋盟以来，对楚唯事让步，吴为晋之与国，楚之不竞，吴有力焉。弭兵之会，吴未与盟，晋楚言和，楚得以其全力对吴作战。晋对楚未有反对之表示，亦从未予吴援助也。其时，楚灵王（前540—前529年在位）颇欲利用机会，扩展领土。灵王名围，初为王子，贪而无信；后为令尹，羽翼益盛，而王幼弱孤立于上。围缢杀之，而自为王。灵王与晋会盟，仍在晋先。晋与国以盟约之故，往朝于楚，而王心犹不足。前538年，合诸侯于申，陈、蔡、宋、郑、许、徐、滕、顿、胡、沈、小邾、淮夷与会。诸国皆楚兵力所及，其地较远或亲晋者则未与会。王曾求诸侯于晋，晋虽许之，而固非其所愿。楚、吴久为敌国，灵王以徐贰于吴，而执其君；复以诸侯之师伐吴，吴旋出师报楚。二国相攻者数年而楚不胜，转而经营陈蔡矣。

陈有内乱，灵王出师围陈，灭之为县。楚为减少政治上困难起见，大规模迁徙新得土地之人民，其结果若何，史无明文。后三年，楚诱蔡侯，执而杀之，出师围蔡。晋侯遣使请蔡，而楚不许。楚师灭蔡亦以其地为县。陈、蔡赋皆千乘，于是楚地益广。王以其弟弃疾有功，命为蔡公镇守新地。王好女色，大兴土木，营筑伟大之章华宫，并以亡人实之，民不堪命，叛乱遂在酝酿之中。前530年，王以伐吴未有大功，而徐为吴与国，出师围之，以惧吴。天寒雨雪，士卒疲惫，而王不肯旋师。明年，丧职之大族及失望之大夫起而为乱，召出亡于外之王弟返国。蔡公与之盟而叛王。陈蔡新为楚灭，其国人存有复国之思想，起而助之。叛人据有楚国，使告于围徐之师曰："先归复所，后者劓。"众遂溃散，王自缢死。楚师为吴追击所败，丧其五帅。楚人以灵王未死，夜相惊扰。弃疾用以杀其二兄，自立为王，是为平王。王封陈蔡，复迁邑，保境安民，不复争诸侯矣。

晋宋诸国 楚灵王盛时，晋人不能援助其与国，而为诸侯所轻。及楚内乱，晋欲恢复其声望，乃有不可不示威之说。前529年，征会于吴，而吴使不至，乃治兵甲车四千乘以示威，合诸侯于平丘。周大夫及齐、鲁、宋、卫、郑、曹、莒、邾、滕、薛、祀、小邾十二国君来会，晋侯为盟主。十三国君会于一地，当为盛大之会盟。《左传》称：齐有二心，晋恫吓之，始肯听命。鲁国以侵凌小国不得与盟，上卿为晋所执。斯盟也，晋大夫有向诸侯取赂者。晋为盟主，已成强弩之末，袭夺戎人土地，竟不择手段。诸夏各国政治情状，亦殊恶劣。专政之卿大夫大为祸于民，宋乱尤其明例。宋大夫与宋公相攻，各乞援于外国。晋、齐诸国，出师助公，击败大夫，楚遣使迎叛大夫。斯乱也，首尾三年，宋赖诸侯之力，始能平乱。鲁、郑国君无权，卿大夫执政。尚有介于宋、鲁之间者，当无叙述之必要矣。秦在西方，不得与闻中原之事。吴、越在东南，政治情状异于诸夏，相继崛兴，争霸于中原矣。

吴之兴亡 吴地在长江下流，蛮夷所居，土地未尽开辟，人民勇敢善战。初无强敌侵扰，生聚日繁，乃拓展领土，逐渐成为大国。《左传》言：申公巫臣报怨于楚，自晋使吴，教其作战之法：子狐庸为吴行人，通于上国。吴地僻远，人才缺乏，诚为事实。其时，楚地与吴接壤，常相战争，互有胜负，楚灵王一再伐吴，迄未有所成功。平王嗣位初年，安抚人民，后虐民信谗，杀害忠良，伍员奔吴。吴楚相攻，楚数不胜，而平王又死，子昭王年幼，令尹专政，政治益为腐败。而吴王阖庐（前514—前496年在位）则为英明之主，任用才能，亲爱其民人，民乐为之用。阖庐伐徐，灭之，欲西伐楚，伍员请分三军，扰于楚地，以罢楚师，然后三军继之，吴王从之。楚始疲于奔命，而令尹犹求货于蔡唐，致为二君所恨，请吴伐楚。

前 506 年，吴师、蔡师及唐侯伐楚，此为大规模之用兵。吴师乘船溯淮西上，舍船于上流，步行而前，深入楚地，楚师拒战不胜。冬，二军战于柏举，楚师大败，吴师追之，五战及郢，昭王出奔。

楚师虽败，而国为大国，君犹存在，其臣申包胥乞师于秦。秦师援楚，楚散卒从之，军势复振。吴师胜楚而骄，纪律弛废。吴王弟归而自立，越复起兵入吴。吴王与秦楚之师拒战不胜，始行归国攻取之城邑，复归于楚。二国怨仇益深。吴再伐楚，大胜。楚惧而迁都，整理庶政，国遂安定。阖庐报越，率师伐之，败伤而死。子夫差嗣位，以复仇为念。不及三年，伐越败之，乘胜深入。越王勾践退保会稽，遣使乞和。吴王许之，转而经营北方，以陈初不从吴，伐之。楚王救陈，死于途中，其师不战而退，陈乃乞盟于吴。蔡侯导吴入楚，为楚所怨，楚常围蔡不下，吴迁蔡人于其地。夫差既服陈蔡，进而伸张势力于山东半岛。其师远征徒众运输粮食之供给，皆为问题。乃城邗沟通江淮。鲁畏吴，请服；而齐不徒，吴王伐之。齐人杀其君以说吴，吴舟师自海上攻齐者亦败，夫差乃还。齐以鲁服了吴，伐之。吴遂大举伐齐，鲁师会之。大败齐师。夫差乘其战胜之威，合诸侯于黄池，与晋争为盟主。初，越王勾践存有报吴之心；至是起兵袭吴，大败守兵，获吴太子。夫差自黄池归国，不能报越而与之和。楚师伐吴，亦不能报。其师久劳于外，而国力大耗矣。前 473 年吴为越所灭。

越之崛兴 越为吴之南邻，地望在今浙江北部，为河流冲积地。其南及西南部，多为贫瘠之山地。其人部落而居，未有严密之组织，不能大为越害。《史记》叙述越事，始于允常。允常为勾践之父，与吴相怨伐。勾践继父为王（前 496—前 465 年在位），初败吴师，后败于吴，而以重器、美女献吴，以求成。吴王许之，勾践心存报复，卧薪尝胆，厚抚其民。越之强大，乃由于任用贤士，促进生产。史言越王自耕，夫人自织，则其明例。其任用之范蠡、文种，皆非越人，而王能举国以听，当为英明之主，政治应有改进。其时，吴主杀害忠良，劳师于外，耗其国力。而越人则从事于休养训练，乃袭吴都。吴人一再战败，国力益弱。勾践复起兵灭吴，尽有其土地人民。《史记》言越之强曰："越兵横行于江淮东，诸侯毕贺，号称霸王。"勾践更伸长势力黄河流域，干涉邾、卫内政。初邾君无道，为吴所废，勾践复立之为君；又以其无道，执之改立其子。卫君辄在越，越出师纳之。卫人拒战，颇多死伤，乃赂越人，而严守备以纳公，辄不敢入。卫立新君，而奔于越。鲁哀公亦欲以越力逐其强臣，事不果行，而奔于越。越力足以易鲁卫之君，终以受赂而止。越初为蛮夷国，人才缺乏。勾践于灭吴后，不能容其贤才，其亲信大夫多为鄙夫。此其子孙不能袭其余威，而保持霸业也。

文化区域之扩大　　上为春秋时期之大事，吾人读后发生之印象有三：一、文化区域之逐渐扩大。东周初年，《春秋》所记之国，限于黄河下流一隅，渐而区域扩大，西至西周旧壤，南至汉水、淮水，北至于燕。后，吴越崛兴，展至江浙一带之地。政治中心区域则在黄河下流。列国所在之地，今为山西、河北、河南、山东、陕西及湖北、安徽、浙江各一部分。列国疆域初甚褊小，户口亦少，后乃兼并其弱小之邻国，拓展土地，国益大者兼并之国益多，二者交相影响，大国实兼并之结果也。国小兵力有限，兵车初为二三百乘。城濮之役，晋国方面，兵车七百乘，春秋末年，增至四千乘，为一明显之事例。诸夏境内尚有不少之蛮夷戎狄，渐而为其所同化。国与戎狄接壤者，兵力常强，以戎狄善战，其邻国非能拒战，将不能维持其生存也。列国组织比较严密，人口密度稍高，又互相援助，故能胜利向外开拓领土也。文化发达之国，人才较多。秦与吴、越偏处于一隅，其任用之贤能，则多来自他国。

封建之破坏　　二、封建之破坏。封建制之特征当为阶级政治统治者常借阶级维持其利益，而祸患亦由阶级而生。王公大夫各有土地、人民。王公土地大于大夫，然以分封之故，而益削小。大夫食邑，则无分封诸子之例。食邑及耕地之人民为其所私有，其所居之地位既为地主又治国政。大夫往往欲增加其食邑，以田邑多而收入益多也，耕于其地之农民皆其私属，男子有战争服役之义务，富而得众，人情之所欲也。大夫食邑，以士治之，为其家臣，家臣唯应忠于其所事之大夫，兹引一例为证。鲁季氏家臣南蒯，叛而失败，弄齐，尝侍齐侯饮酒。公曰："叛夫。"对曰："臣欲张公室也。"大夫韩哲曰："家臣而欲张公室，罪莫大焉。"韩哲之言表现其时之政治思想。大夫专政乃为自然之趋势；更有厚施于民或结援于外者，于是根深蒂固，而国君反无权矣。封建制遂在摇动之中。

享受之不平 三、贵族庶人享受之悬殊。贵族世袭其官位，其子众多而无官位可袭者，降而为士。其生活之享受全决定于阶级之尊卑，服用之衣冠、应有之妻妾、享受之音乐等，莫不皆然。不唯生人如此，对于死者亦然。祭祀之舞乐，天子八佾，诸侯六佾，大夫四佾，士二佾。葬礼则天子七月而葬，诸侯五月，大夫三月，士逾月。葬期之不同，由于古人以为人死为鬼，生活无异于生时，葬礼故极隆重。位益尊者坟墓之工程益大。遇有日蚀，贵族救日。《谷梁传》云："天子救日，置五麾，陈五兵，五鼓；诸侯，置三麾，陈三鼓；大夫击门；士击柝。"救日尚以阶级不同而异，他可想见矣。贵族之奢侈生活，乃由于榨取于民，其生活因社会之进步而益奢侈。其为先时所无者，尚有宴会、赋诗。赋诗所以言志，孔子教子及门人习《诗》，一再言其重要，盖受时代影响而然。庶人以其劳力所得事奉君长，并服从其命令。其下奴隶多由战争而得，生活殆同于牛马，专为贵人服役而生存者也。

战争情状之一斑 战争祸乱之多，更为吾人熟知之事。国际战争多由于侵夺土地与财货。其时小国众多，本于人类之天性大凌小强欺弱，而成不安之现象。其国内之祸乱，一由于制度之不善，一由于人事之不臧，上已论之。战争时用兵车，一乘有甲兵十人，作战宜于空旷平坦之地。兵器以铜制造，不甚锐利。作战之前，卜于先君，然后发命誓众。激战之时，尚有礼焉。试引晋楚鄢陵之役为证。晋大夫郤至，三遇楚王之卒，见王必下，免胄疾行。王遣使赠之以弓，郤至免胄受弓，并致谢词，三肃使者而退。晋大夫栾鍼见楚令尹之旌，谓其曾言晋之勇臣；好整以暇，请于晋公，摄而饮之。公许之。行人执榼，往饮令尹。令尹受而饮之，免使者而复鼓。郑伯从楚，颇濒于危，晋大夫韩厥不肯追而获之。郤至亦不肯伤郑伯，且曰伤国君有刑。左氏所言，若有所本，则战争实为儿戏。其所记之战争故事，类于此者尚多，余疑其非虚构。宋襄公谓："君子不重伤，不禽二毛……不鼓不成列。"亦同于此。吾人当知战争无岁无之，而决定大国命运之大规模军事行动，则数甚少。晋楚争霸，常彼进此退，全军而返。故其杀人尚不甚众也。

农民之苦 人民于斯现状之下，受祸深重。一家数口，耕种于狭小之地。政府有粟米、布缕、力役之征。布缕之征，史无明确之记载；粟米之征，初为什一，后鲁增至什二，犹感不足，尚有加重之意；力役之征，则为服役，其种类有筑城、修路、造屋、造墓及兵役等。贤君于农隙时，使民为之，暴君则不之顾。战时，农民征调为卒，有应霸主之召而远去其本国者，痛苦益甚。不幸死伤，妻子亦无抚恤。齐大夫晏婴估计农民之担负曰："民参其力，二入于公，而衣食其一。"力指税源之本源而言，政府有二，而民余一，其结果则宜礼敬之老者，犹不免于冻馁也。年饥，人民辗转流亡或死于沟壑。明君有发仓廪救济者。如不肯为，而任大夫为之，则国君将失人心。农民久受压迫，乃视穷苦为当然之事，惟自怨自恨而已。人民不堪其苦，间亦起而为变。此为非常之事，自不能多，农民诚驯服懦弱之良民也，其人非无力量，特以未有组织而无表现之机会。

工商 工商业稍有进步，而工人、商人并不甚多，乃居于重要地位。工指称专门技术人才，如铸造铜器之工匠等。普通建筑，则征农民为之；精致工程，则由专门工人为之。其社会经济情状初不能供养多数工匠；春秋末期，则有改善。货币初仍西周之旧习，沿用贝铜，人民往往以货易货。农民以实物纳税，小国贡献大国，亦为土物。迨至前五世纪初叶，铜为交换媒介物之用渐广，其单位为锊，或以钧计，产量不敷市场上之流通。时为农业自给社会，人民收入有限，生计困难，当无余力购买侈奢物品。商市盖为按期聚集交易货物之所。大商贩运之物，多为贵族服用之奢侈品，及人生日用必需之物，故与贵族常有往来。郑商于时颇有势力。弦高犒师救国，尤为后世所称。初，秦穆公会晋师围郑，与郑盟而留卒戍之，既而出师袭郑。郑商弦高将市于周，遇之，伪托君命以乘韦及牛十二犒师，并遣人乘遽告郑。秦师以郑有备而还。就故事而论，商人之营业当甚发达。郑地为交通孔道，便于贩运。其先君赖商人之力，开辟郑地，与之订约，予以保护，而不强贾，子孙亦能遵守也。春秋末年，商业以社会之激变而益发达。陶朱公以贸易起家，孔子弟子端木赐（子贡）以商致富，皆其明例。富商之地位当甚高也。

社会之不安 人民生计困苦同于马牛生活，其孔武有力并不肯坐而待毙者将为盗贼，各国皆有盗贼，人数应有相当之多。《论语》记鲁执政季康子（季孙肥）患盗，问于孔子。孔子曰："苟子之不欲，虽赏之不窃。"孔子严词斥责，当以其贪而无餍，多取于民，人民所余无几，一遇饥馑将铤而走险或流为盗贼也。贫穷为盗贼滋多之主因，国内祸乱与对外战争更滋长其势力。农民入伍，常增加其家人生计之困难。其战败分散，不得回归乡里者，更易为盗。盗贼既多，政府颇难维持境内之治安，尤以乡村为甚。宋人献玉故事，可以为证。宋人得玉，献于大夫乐喜（子罕）。乐喜不受，献玉者稽首而言曰："小人怀璧，不可以越乡，纳此以请死也。"此当本于经验之语，乐喜不能否认，而暂为之保存。盗贼势力强大，贵族至假其力杀其所恶之人。治国者乃以严刑维持境内之粗安。不求其本，自不能有解决之办法也。

家庭生活 时人家庭生活，就古籍所记之故事而论，殊为恶劣。贵族多纵情于色欲，尤以男子为甚，道德观念至为薄弱，妇女则处于被压迫之地位。《左传》所记关于婚姻之故事，余曾别之为三：一、父为子取妇，而以女美，自取为妻；二、子于父没后而以父妾为妻；三、朋友互相易妻。色欲为人类之天性，奇异之配合，各时代所难幸免，特不如春秋时代之盛。然自周初掠妻而论，婚姻已有相当之改革。读者应知，时代不同，男女之道德观念亦各有别，此非为时人辩护，乃欲读者认识社会进步也。其时，贵族采行多妻制，位益尊而妻妾益多。诸侯嫁女，同姓国常以女为媵妾。多妻制度下之家庭，往往演成惨剧。父子兄弟相杀，或成数世之乱。自婚姻思想而言，妇女专为生育子女。贵族家多妻妾，防范颇为周至，渐渐成为男女有别之礼教。民间婚姻，尚有相当之自由，唯须有媒耳。不媒而嫁，渐为人所讥矣。男子服役出征，妇女迫而从事于劳作，养育儿童、纺织布匹，则其平日应为之事。

时人深信鬼神，以为宇宙间之一切自然现象以及人类祸福无不有鬼神为之主宰。祭祀为求福之有效方法，天子亲耕，王后亲织，皆为祭祀之故。鬼神生活同于世人，其时，阶级森严，鬼神亦分阶级。天子诸侯大夫士所祭之神鬼不同，不应僭越，非其应祭之鬼神而祭之，鬼神亦弗能福。神之最高者曰上帝，余统称为百神，诸神中惟社神、稷神与民接近。社供奉土神，稷为谷神，故为社会所重视。贵族注重死后之生活，至杀人殉葬。其祭祀也，除牺牲、玉帛而外，尚有用人者。然其例不甚多，且为识者所非。祭时有鼓乐歌舞。社祭为民间大事，近于后世之神会。大军出征，先祭于社；凯旋而归，至社献俘；遇有水旱之灾，亦祭于社。时人为避祸求福之计，用卜筮以达鬼神意志。巫觋亦传达鬼神之意。识者对于迷信渐鄙弃之，当为思想进步之表现。

自周东迁迄于春秋末叶，诸夏疆域向外发展，蛮夷之国亦附托于圣贤之后。列国政治组织、传统思想，均在摇动之中，经济制度亦有不少之改变，文化视前已有相当之进步矣。

第七篇

战　国

战国——三国之疆域——变法之趋势——魏文侯——韩昭侯——吴起相楚——商鞅之变法——田氏篡齐——燕之形势——中央集权——称王——臣下之地位——土地之开拓

战国　战国时代起于何年，古人意见不同。著者曾以前453年为战国之始。其年，晋四卿相攻，而余韩赵魏三家，三国雏形于是成立。陈氏在齐，握有政权，篡位仅为时间问题。秦、楚、燕为故国，七国形势具成于斯年也。时代以战国见称，可见战争之激烈，参战人数之众多，所谓争城则杀人盈城，争地则杀人盈野也。其时，大国为秦、楚、魏、韩、赵、齐、燕七国，后世称为七雄。战国中叶，尚有不少之小国，如鲁、宋、郑、卫等。小国领土完整，自主其内政，后除卫外，皆并于强国。更就七国而论，秦、楚、燕立国已久，君皆一姓世袭；韩、魏、赵系由晋而分之新国；齐陈（即田）氏篡位，得国年代先后不一。吾人不必牵强合于字义，惟以战国为一时代，起自前453年，终于前221年，共历二百三十二年。

三国之疆域　"晋国，天下莫强焉"，系魏（即梁）惠王告孟子之语，用于春秋时，尚不可非；时至战国，则不适用。盖晋未分时，地广而兵多，于外患迫切之际，将以全力作战。秦先未能伸长势力于中原，此为其一主因。魏曾有争位之乱，韩赵伐之，大败魏兵。韩欲分魏为二，曰："魏分为两，不强于宋、卫，则我终无魏之患矣。"赵不听而罢。苟魏分为二国，军力减小，号令不一，其不强于宋卫为极可能之事。及晋分为三国，自主其政治，各欲拓展领土，乃以利害之冲突立于对敌之状态，甚至出兵相攻，而自耗其国力。及秦兵东出，魏先受祸，韩、赵未曾予以援助，则其明显之事例。魏地河东、河内，皆在黄河北岸。河东指今山西西南部，旧为魏之根据地，都邑在焉。河内为今河南省黄河北岸一带之地，北达漳河。二地为韩上党所隔，幸有河岸狭地交通。上党与韩往来，亦取道于此。其统治情状，则不可知。当魏盛时，黄河西岸尚有其土地。及魏丧地于秦七百里，徙都大梁，于是魏亦称梁，其地在今河南东部，何时为魏所有，史无明文。其地北临黄河，西至今荥阳，南与楚接壤，东邻为宋。宋后为齐所灭，魏因齐乱，取宋故地。此其疆域之大略也。魏地非完整一块，分散不易保护，对于作战，遂居于不利之形势。

韩地一在黄河南岸，一在北岸，南岸地甚狭小；西邻为秦，南邻为楚，皆为强国，韩可据险防守；东邻为郑，则为小国，终为韩所灭，韩地始广，堪以本部称之。其在河北之地，则为上党一带之高地，然非生产之区，与本部不相连接，交通之路若为敌国阻隔，则与韩断绝矣。就其土地而论，韩本部北临黄河，自郑州以西，其平坦之区，仅有沿河狭小之地，稍南则为贫瘠之高地。境内东有嵩山，西有殽山，西南又有雄大之熊耳山脉，肥沃之耕地，自不甚多，人民之生计，颇为困难。秦韩毗连之界线甚长，但为山区，军行困难，秦兵攻韩，须出函谷关而东。楚为南邻，自败于秦，不能大为害于韩也。赵初为弱国。《史记》称：三家分晋，赵地最广。赵之南境临漳河，与魏相望；北境在今河北省者，限于保定以南；其在山西，灭代而始达于其北部；东与齐为邻国；东南一隅与韩上党接壤；西南与魏地相连。其领土广大，始于并灭中山国，得地方五百里。

变法之趋势　三家自大夫而为国君，齐田氏亦由大夫而为诸侯，是七国中篡夺君位者，共有四国，封建制度之弱点当为新君所深知。其先，秦、楚采行之制度，不与周同，无类似国君世袭之卿大夫，国中祸乱较少。战国时代，政权集中于国君，乃当然之结果。庶人初无受教育之机会；孔子始倡有教无类之说。其弟子学有成就者，为极贫穷之颜回，于是风气一变；凡创一学说者，往往广聚徒众，受教育之人士既多，其中自有不少之人才。国君擢用贵族者，现可擢用奔走求官之贫士。战国时代之环境，乃与春秋不同。国君擢用才能之士，并欲变法图强者，颇不乏人。魏文侯、韩昭公、楚悼王、秦孝公皆其例也。兹略言之于下。

魏文侯 文侯（前445—前396年在位）好学，尊礼贤士，任用不少才能之士，李克、吴起尤负盛名。《史记》称"李克尽地力"，《汉书》则称李悝当系一人。克为文侯所信，对于军国大政，知无不言。其为后世所称之尽地力，据《汉书》所记，地方百里，凡九百万亩。除山泽邑居三分之一，为田六百万亩。治田勤，则亩益三斗；不勤，损亦如之。百里之增减，为粟一百八十万石。余曾斥为不合实际之计划，疑为后人所附会。《汉书》称克发明之平籴，亦有疑问。其尽地力之结果，魏国富力增加，兵力颇强。吴起善于用兵，自负其才，求为鲁将，而鲁认其妻为齐人，疑之。起乃杀妻，后入魏为将。起与士卒共甘苦，攻城有功，文侯命为西河守以拒秦，秦兵不敢侵境。魏用贤能之故，于新兴之三国中最为强大。

韩昭侯 韩为弱国，其强盛则在申不害相昭侯之时。不害初为郑之贱臣，好刑名之学，郑亡亦不得志；及昭侯立，以其学干之。昭侯信之，昭侯八年（前351年）用以为相。司马迁作传，仅以笼统之辞，叙其功业曰："内修政教，外应诸侯，十五年。终申子之身，国治兵强，无侵韩者。"韩不被兵之原因，多由于国际形势之变迁。秦方变法自强；魏与赵、齐作战；及魏败于齐，秦军乘机攻之，得地以和，皆无余力侵韩。昭侯且能事大国也。方魏盛时，昭侯往朝于魏，则其明例。此或出于申不害之建议，申子为一政治家，当能认清韩之国力，而有适当之应付方略也。

吴起相楚 楚为南方大国，其在战国初年之大事，以史鲜有记载，不为吾人所知。时越为东南大国，但以人才缺乏，日就衰弱，二国盖常战争。楚悼王颇欲整理内政。吴起与魏新君不协，去魏入楚。悼王闻其贤能，以之为相，其年当为前382年或前383年。《史记》言起治楚曰：明法审令，捐不急之官，废公族疏远者，以抚养战斗之士。遂为宗室、大臣所怨，王死起而杀起。吴起相楚，约有一年，推行新法之期太短，基础尚未巩固，起死而新法亦废，故无重要之影响。

商鞅之变法 变法功效昭著者，首推秦之卫鞅。秦为大国，风俗强悍，惟少才能之士。其俗：君死，以贤臣殉葬。孝公父献公令止从死，为一重要改革。公欲经营东方，徙都于栎阳（今临潼）；二次伐魏，史皆言其胜利。前362年，献公卒，子孝公立。孝公年富力强，以秦僻在西方，下令求贤以强秦。卫鞅负其才能不得志于魏，闻之入秦，孝公与之语而悦之。鞅欲变法，说公独行，以成大功者，不谋于众也。朝臣反对变法之言论皆为鞅所驳斥。孝公以鞅为左庶长，定变法之令。其推行之要政有三：一、什五之制。什五略同于后世之保甲，保甲盖鞅所创，借之严密民间之组织，而使民互相监视为奸贼者。二、奖民生产。秦人父子、兄弟同居，存有依赖之心，鞅奖其分居自立，更劝民耕织，使之增加生产，人民衣食有余，而政府亦可增加税收，以备战争之用。三、奖军功。奖民勇于对外作战，宗室以军功定其属籍。其所涉之范围颇广，执行当有困难，而孝公听信卫鞅，鞅乃推行新法，毫无顾忌，处罚犯法之宗室大臣，甚至太子犯法，刑其师傅。庶人议新法者，迁之于边。新法推行十年，功效大著。《商君列传》云："道不拾遗，山无盗贼，家给人足，民勇于公战，怯于私斗，乡邑大治。"

《史记》所言，盖有所本。民为盗者，常由于经济情状恶劣。增加生产，改善人民之生活状况，常能减少匪盗。且自什五制实施以来，盗贼不易有容身之地也。秦人本以勇敢著名，而新法又奖励其作战，于是秦兵益强。其他改革尚有迁都、设县、整理土地、统一度量衡，兹分别言之。一、鞅以秦都简陋，筑宫室于咸阳，而徙都之。咸阳土地肥沃，形势扼要，宜为新都。二、鞅并小都乡邑为县，全国凡三十一（一作四十一）县。县置令、丞，新县视前行政区为广大，其长官由国君任命，执行其命令。三、鞅整理经界。其目的在便于政府之征税，且使有田者必须纳税也。班固附会其事，称鞅破坏井田。井田为儒家之理想田制，即或有之，久已破坏矣。四、度量衡统一，便于政府、人民，后始皇帝推行之于全国。秦既富强，因魏败而出师攻之，袭取魏将，魏割地以和。鞅以功封于商，亦称商鞅。前338年，孝公卒，鞅以旧怨为秦所杀。而主持之新政，仍无变更，秦遂强于邻国。

田氏篡齐 齐为大国，于春秋末年政权归于其臣陈氏。陈氏一再弑君，进而诛杀异己之大夫及公族之强者；并以广大之地为封邑。其地大于齐侯之食田，更使其家人为都邑大夫，陈氏遂有齐国。陈氏一作田氏，二字古可通用，后其子孙迁齐侯，令其食一城以奉先祀。前386年，田氏始为诸侯，其初政事多不可知。前356年，威王嗣位，《史记》记其大事较详。威王（前356—前320年在位）为一英主，其任用者有驺忌、田忌等。驺忌为相，人不能欺。田忌善于用兵，数立功绩。齐乃为东方强大之国。

燕之形势 七国中，燕在北方，史鲜记载其国中大事。其疆域在今河北北部，其地初未开辟，文化较低，而与戎狄为邻，常相战争。前七世纪，燕困于山戎，齐桓公救之，戎人退走，燕当获得其一部分土地。燕本弱国，至战国而为七雄之一，其演变之史实，虽无记载，要为兼并之结果。其北有东胡、山戎，部落而居，勇敢作战。司马迁言其"各有君长，莫能相一"。燕人较有组织，盖其胜利之原因。燕之南邻为齐、赵二国。燕齐分界在滹沱河中部，及其下流燕赵分界则在易水。燕之西境与赵代地相接，其地高峻，交通阻塞，军行困难，二国战争多在其东平原。燕北筑长城，东北界至辽东，东至于海，颇有渔盐之利。大体而论，燕之领土多在长城以南，疆域虽不甚广，然多肥沃之平原。唯非诸夏之中心区域，文化犹未发达。国内缺乏人才，户口又不甚多也。

中央集权 列强采行之政治制度，皆为中央集权制，春秋末年之政治现象，为世袭之卿大夫专政。孔子为政于鲁，欲强公室，而归于失败，其尊君思想则未为之稍变。惜其主张倾向保守，而时政之恶劣乃封建制演进过程中不易避免之状态，故非政治组织变更，则积弊将不能改，而君仍无实权也。孔子没后，社会变化剧烈，儒家始趋于积极。公羊释经，言讥世卿，则其一例。政治家若卫鞅、吴起等，无不欲提高君权。此应环境需要而生之主张，亦迎合国君之心理。余尝论其原动力有二：一、旧制度造成之祸患。封建制度之下，国君大夫皆为世袭，各有土地、人民，不过面积大小及人口多寡之不同耳，卿大夫利用时机，外结强援，渐而夺取君权。其情状尤劣者，异姓大臣亦得利用其势力，而至夺取君位。韩、赵、魏之建国，田氏之为齐君，皆其明例。国君鉴于前事，将不愿其复演于将来，而有所改革矣。二、新制度施行之功效昭著。秦、楚无类似国君世袭之卿大夫。秦穆公任用之贤臣，皆来自异国，其子孙则未仕至高官。楚灭国后，以其地为县，其长官称公或名之曰尹，由王任免，须对王负责并服从其命令。其国中之祸乱，视诸夏为少。秦于卫鞅变法时，归并聚邑等为县，列国亦先后实行。于是县制成立，而为中央集权政治矣。

称王 国君决定政事，成为政治中心人物，其地位之高贵，为事理之当然。七国土地之广大，户口之众多，为前所未有，国君之威权，亦因而扩大，乃不满意于旧称，而欲称王。王自西周中叶，成为诸夏共主之称。僻远之国，其君亦称王于境内，然与诸侯无异。时人囿于传统思想，则以王高于公侯。楚旧称王兹不必论，六国称王，则在战国中叶。《史记》所记，先后不一。前四世纪中叶，魏、齐皆为强国。魏惠王初年，伐其邻国，兵力甚强，诸侯畏之；中年以后，东败于齐，西欺于秦，魏始衰弱。威王败强魏之兵，国威大振。二国先后称王以令诸侯。其次称王者，为秦韩燕三国；赵为最后。武灵王谓："无其实。"令国人称己为君后亦称王矣。强国之君称王，而地丑德齐，莫能相尚，名称虽改，国际上并无重要。其尤强者，乃欲称帝。称帝不能行使威权，亦不过名称之改变而已。王在国中，为其臣下所畏，维持尊严之威仪，日盛。王临朝时，盛服佩剑，坐于殿上。朝臣遵守礼节，不得有失常度。殿有宿卫之兵，警戒保卫。余于《中国史》第一册论集权制之利弊曰：

> 集权制度之主要优点有三：一、政权集中，法令统一，一切政治改革，凡为国王所主张者，皆易进行。二、军权集中，便于召征调遣军队，应付紧急事变，或对外作战。三、国内之祸乱减少。春秋之世，弑君夺位者，例不胜举；战国时，虽有其例，而数字则大减少，皆君权进步之征。其弱点则国君位为世袭，贤有才者，则为国家之□；其昏庸者，任用群小，兵败地削，人民深受其害。尤有进者，专制太严，人民对于政治毫无表示意见之机会，一切将唯官长之言是听，其生命财产将无有效力之保障，对于社会亦无创议之能力。行之既久，成为上下两截之社会，人民对于国家，将不能认识其责任与权利，视其存亡淡然，漠关于心，更散漫毫无组织。此中国所受之恶劣影响也。

臣下之地位　大帝国之雏形，树立于战国之世。其时，游士众多，其人为平民，奔走求官，迎合国君之意向，不过贪得富贵。苏秦谓其家有负郭之田二顷，将不出而游说，则其一例。其不得官者，或为达官所养。孟尝君田文等之食客，多为穷而无所归之游士，鸡鸣狗盗之徒杂于其中，常为国君及大臣所轻视。当时，卿相多出身于游士，臣下地位之降低，乃当然之事。孟子在齐告宣王谓：齐无世臣，王无亲臣，昔者所进，今日不知其亡。又告王曰："君之视臣如手足，则臣视君如腹心；君之视臣如犬马，则臣视君如国人；君之视臣如土芥，则臣视君如寇仇。"其主张与当时之环境事实相去悬远。孟子言：齐臣去位者，则君搏执之，又极之于其所往，是深恶之而欲绝其生路。臣下之地位殊为低劣，乃政治制度演变之结果也。其先，诸夏之卿大夫皆有食邑，为其专政之一因素。孟子所谓"万乘之国，弑其君者必千乘之家；千乘之国，弑其君者必百乘之家"也。国君对此当有应付之办法，否则其地位犹不甚巩固也。改革之困难，则为货币之量数不敷社会上之流通。政府征收粟米布匹，不能发给臣下货币，乃予以田里。田里见于《孟子》，赵岐注为"田莱及里居"。田莱当为征税之田地，政府盖以其收入作为官吏俸给。孟子记齐宣公欲居己于国中，而以万钟之粟养其弟子，是政府发给之粟当有定额。田里之大小，应以官位之尊卑而定。世家食邑，由王官治之。陈戴为齐世家，孟子言其盖禄万钟，盖当为其食邑。王驩为宣王幸臣，尝为盖大夫，其归王统治，可无疑问。魏文侯弟成，以贤见称，史称其禄万钟，魏制当同于齐。

另外，封建思想犹未尽除。国君对于功臣及其亲爱之子，亦常封以土地。秦孝公之封卫鞅于商，齐王之封田婴于薛，赵武灵王之封子章为安阳君，皆其例也。然皆不能传至数世。兹引《战国策》所记，赵左师触龙与太后问答为证。左师公曰："今三世以前，至于赵之为赵，赵王之子孙侯者，其继有在者乎？"曰："无有。"曰："微独赵，诸侯有在者乎？"曰："老妇不闻也。"左师言其原因为"无功"，乃有为而发，余尝论其尚有二因素焉：一、封地治理不与古同。周制对于食邑有统治之全权，家臣、农民知其主而不知有公室。至是国君对于封地征收地税，赵奢事可为一证。奢初为吏，收租税，而平原君赵胜家不出。奢杀其用事者九人。胜怒，欲杀之。奢以委婉动人之辞说其守法。胜以为贤，荐之于王。胜为贵公子，三为赵相，封有城邑，封邑仍须出税，故奢得以违法抗税而杀其用事者。夫有土地征税权者，往往握有其地之行政实权。其演变之结果，自与周制不同。二、封地与国土之大小，悬殊太甚。强国领土之广大，为前古所未有，而封邑并不甚多，所占之面积殊形褊小，财力兵力不如国王远甚，而王且有监视及征税权，其敢抗命或叛乱者，终亦败亡也。

土地之开拓 七国成为强国，固由于政治制度之变更，而领土之广大，亦为构成现状之因素。七雄中楚地最大，时人称为方五千里，一由于兼并其邻之小国；一由于驱逐或杀害蛮夷之君长，而有其土地人民。齐、燕、赵、秦亦莫不然。杂居于内地之夷狄，皆同化于诸夏。楚，初为蛮夷，自伸长势力于北方以来，文化大有进步，灵王且言其祖曾为周臣。列强向外发展之结果，则中国民族活动之根据地大于前古。商周土地，《孟子》言其盛时不过千里。春秋初叶，山东半岛东部尚为夷人所居，而齐逐渐夺取其地，其东境始达三海。河北为戎狄活动之区域,齐燕尝受其威胁,幸赖其邻国或同盟国之援助,而始将其击败。戎狄既不能胜,其各部落又不合作,齐、燕乃得树立大计,蚕食其土地,同化其人民,河北始为汉人耕种之土地。其西山西,晋初占据汾水下流一部分,后灭其邻国而渐强大;其东北二边,皆狄人所居之地,经历无数战争而始变为晋地,赵氏灭代,更深入北方。

其在西方,秦有西周旧地,而与戎人为邻,常与之作战,逐渐句外开拓领土。其北境盖达于陕北高原。《秦始皇本纪》言:迁罪人于临洮,其西疆当达于甘肃南部。秦之南境,为秦岭山脉,山脉高大,为交通之阻碍。秦初限于天然形势,未能向南开拓;战国初叶,方始进据南郑,作为经营之根据地;后遂灭蜀,四川一部分始为中国领土。楚在春秋之世,向外发展,灭国多而地益广,深入河南腹地及淮水中流之地。淮水流域为东夷之根据地,西周经营不止一世迄未能有。其南蛮夷之地,更非周政治势力之所能及。吴越之名见于古籍,始于春秋中叶,皆附托于中国圣贤之后。其地后并于楚。楚在长江上流,是否达于南岸,犹为问题。战国时人已知洞庭及其他地名,则为事实。夫知地名不足为统治之佐证,长沙,汉时犹多称王之蛮夷,即使楚有其地,亦不能为有效力之统治。湖北,北有大别山,阻隔与河南之交通,楚不能有湖北之大部分,限于天然之形势也。要之,列强向外发展,树立大帝国之基础矣。

土地开拓,人口亦有增加。春秋之世,荒地犹多。宋郑之间,有广大之瓯脱地;晋秦迁陆浑之戎于周室之南,常亦为荒地;晋侯赐姜戎以南鄙之田,为狐狸所居、豺狼所嗥之地,戎人除其荆棘,驱其狐狸、豺狼而居之,皆其明显之事例。荒地须待人力经营,始能生产五谷。人民之重要常过于土地。男子有纳税、服役、出征之义务,人口多者,政府之收入及军队之战斗力皆有增加,国君无不欲其人民加多。其时之伦常观念及宗教思想,皆足以促成早婚及人口增多之趋势。战国之世,遂有人口过剩之问题。苏秦盛称魏民之众,田舍庐庑之多,而无刍牧之余地。《孟子》言:齐鸡鸣狗吠相闻,达乎四境。七国中,秦楚地广人稀,土地分配尚无不足;燕、赵地边胡，辟地虽尚不难，然数被寇扰，人民难于安居乐业。列国制民之产，多不足其仰事俯畜。人民不能赡养其子女，遂有溺女之风，韩非所谓"生女则杀之"也。

战国之世小，国多处于无足轻重之地位，惟宋有图霸之企图。其事在战国后期，兹姑不论。小国介于大国之间，竭力以事大国以求苟安，犹恐不能免焉。其国君、有司，多从事于聚敛，而深为人民所恨恶。战国中叶而后，小国除卫而外，皆并于大国。其时，周王土地褊狭，已丧失其政治上之地位，然以习惯关系，其命令尚有礼节上之重要。韩、赵、魏之为诸侯，田氏之为君，皆求得周王之承认，而为合法之政府。战国中叶，周王地位日弱，土地分而为二，盖受外来势力之干涉。二周后皆为秦所灭。

第八篇

战国（续前）

秦惠王——齐之强大——合从[①]——连横——秦昭王——养客之风气——列国之情状——秦灭六国——文化区域——武备之进步——人民之生活——家庭生活

前四世纪中叶，为魏极盛时代。惠王（前370—前335年在位）赖其父祖经营之力，国势强盛，数以兵伐邻国，而徒耗其国力，多树敌国。魏兵后为齐师所破，损失惨重。时齐威王在位，《史记》言之曰："于是齐最强于诸侯，自称为王，以令天下。"齐虽胜魏，然不能乘其战胜之威，拓展土地，时机反为卫鞅所利用。鞅诱执魏将，袭破魏军。事出于魏人意料之外，城邑无备，惠王迫而割地七百里以和，更迁都避秦。秦出微末代价，得有广大土地，实一重大胜利；进而以河东新地为根据，经营今山西西南部矣。齐、秦为东西强国，一经营成功而一失败，兹分别叙述于下：

秦惠王 前338年，秦孝公卒，子惠文君立，后称王为惠王。王之功业，为开拓领土。秦北有义渠，西南有蜀，皆戎狄之国。义渠贪于货财，常扰秦边。惠王出兵伐之，得二十五城，为一大胜利。

---

① 合从，今写作"合纵"，下同。

蜀为秦邻国，而兵甚弱，秦因其乱伐之，其君惧而降秦，更号为侯，秦为之置相。后数年蜀相杀侯，秦诛相而并其地。秦之大欲，则为东征，成立霸王之业。惠王出师伐魏，蚕食其河东城邑，山西西南部遂为秦所并；更进而扰于河内。于是韩之上党、赵之边城，皆近于秦。黄河之南，韩地与秦接壤，秦自函谷关东征，韩为必经之孔道。宜阳为韩西陲重镇，秦后出兵取之。秦东南地与楚接壤，二国邦交初甚亲善，后楚怀王为六国从长，为秦所恶，怀王贪于土地，为秦所欺。秦楚相攻，楚兵大败，丧失不少之土地，而秦益强，此秦昭王事也。

齐之强大 齐威王病卒，子宣王嗣立。宣王亦为英主，招聚贤能之士。孟子自魏至齐，称王犹足以为善；遇灾，孟子请发粟救民，王即从之；孟子言其治都大夫不恤人民，王直承认其过，当为明辨是非之君。齐兵力甚强。其北邻燕有内乱，初燕王哙信其相子之，效法尧舜之禅让，奉子之为君，而反为臣；子之不忠于王，又无才能，国内扰乱。宣王出师伐燕，史称燕兵不战，城门不闭。齐师历时五十日，据有燕地。孟子称燕人以为拯己于水火之中，箪食壶浆以迎齐师为其胜利之原因。齐人竟杀其父兄囚其子弟，毁其宗庙，迁其重器，此足以激动燕人反齐之情绪。燕人果起而叛齐矣：立太子为王，是为昭王。二国遂为敌国。宣王没，子湣王嗣。湣王喜功好事，常伐其邻国。会宋康王图霸，虐用其民。前286年，齐灭宋。湣王益骄，多树敌国。后二年，燕赵合兵击之，齐几覆亡。

合从 秦齐为暴于邻国，邻国力不之敌，合从之议遂起。合从旧谓六国联合对秦作战，而韩非则曰，从者，合众弱以攻一强也。《史记》称诸侯害齐湣王之骄暴，皆争合从与燕伐齐。是诸侯伐齐，亦为合从，当以韩说为是。合众弱以攻一强，本于人类之天性，人欲维持其生存，力不能御外侮，常纠合家人或同志与之抗争。政治家乃运用之于国际战争，小国受大国威胁者，因而联合，与大国抗争，以求最后之胜利。其困难则各国之利害不同，彼贪于一时之利，而不切实合作者，计划即归于失败。要之，合从乃应需要而生。《史记》称苏秦倡之，然其所记之说辞与行事，不合于当时之情状，学者遂疑苏秦之有无。《史记》称，苏秦周人，初说秦惠王，王弗之月，困而返家；前334年，北说燕文公合从之利，文公信之，资助其往说赵肃侯，更说韩、魏、齐、楚之君，皆欣然从之。其计划则六国从亲以摈秦，秦兵必不敢出函谷关，以害山东诸侯。

六国互助之方案，系战国末年策士之纸上计划。前334年之先，秦未出兵函谷关以害诸侯，其所取者则为魏地。秦攻韩、楚，事属可能。其时，赵有魏、韩为蔽，燕、齐去秦更远，秦尚不能为害于三国也。《史记》称：从约既成，苏秦投书于秦，秦兵不敢出函谷关十五年。秦方攻魏河东，无绕道出关之理由，为策士昧于地理知识之辞。《楚世家》称：怀王十一年（前318年）苏秦约从，以王为从长。六国攻秦，至函谷关，不胜。《六国年表》则作五国，皆与《苏秦列传》所叙之经过不相合；在位之国君，亦非燕文公、赵肃侯。吾人姑不论苏秦约从为前334年，抑前318年之事，而六国仍未改善其邦交；秦兵东伐三国，其邻国亦未释嫌助其抗战。其时，政治道德犹未充分发达，国君唯利是视，从约维持长久，当为困难之事。合从不利于大国，为秦所知。荀子称：秦諰諰然带恐天下之一合而轧己。其言盖发于秦帝业将成之时，而其君臣犹患合从，其前将必更甚，故其破坏从约不遗余力。其后，言抗秦者，皆倡合从。合从见于古籍，凡五六次，除一次外，皆归于失败。

连横 合从利于小国，连横则利于大国。横一作衡，韩非称：连横为"事一强以攻众弱"。其说倡于张仪。仪为游说之士，时人言其"一怒而诸侯惧，安居而天下息"；仕秦为相，为之东出游说，破坏从约，说诸侯事秦。弱国事强，须服从其命令，强国处于主动地位，政策由其决定，军事指挥归于统一，益处在于优利之形势。弱事强者，原欲保全其土地之完整，而强国不过借以夺取其邻之土地而已。张仪欺楚，则其明例。楚怀王为六国从长，深为秦人所恶。秦欲伐楚，而患齐楚相亲，张仪说怀王与齐绝交，秦予楚地六百里。王贪而信之，遂与齐绝，遣使入秦受地，而仪言为六里。怀王怒其见欺，起兵伐秦。秦兵拒战，大败楚师，取得汉中之地。怀王怒，悉起国中兵袭秦，深入秦地，至于蓝田。秦兵拒战，楚不能胜。韩魏闻其相持，遣兵袭楚。楚兵惧而归国，益处于不利之地位。韩事秦颇诚，终亦为秦所灭。

秦昭王 六国不能合作，秦乃蚕食邻国之地，于是疆域益广而兵益强，此为昭王（前306—前251年在位）时事。昭王年少嗣位，太后与闻政事，以舅魏冉为相，诛杀其兄弟宗室之不服者。冉举白起为将，其开拓之领土：一、黄河北岸之地。秦攻魏河东，先后陷其蒲阳、曲沃，会以诸侯合从，与魏一二城邑以和，旋复取之，魏反失其与国之援助。魏兵数败，其王迫而献其故都安邑，河东之地，尽为秦有。于是秦地与韩上党及赵地为邻，进而断绝上党与韩往来之路，出大军攻之，志在必得。而上党史以地归赵，赵王受之，秦赵相攻，相持于长平（高平县西）。秦不能胜，施用反间计使赵王以赵括代名将廉颇。昭王以白起为将，括非起敌，为秦军所围，军中缺粮，迫而降秦。起坑杀降卒，赵人先后死者，史称四十五万。秦许赵和，攻取上党，俄复发兵进围赵都邯郸。诸侯有出师援赵者，秦军不胜而归。二、黄河以南之地。初，秦取宜阳，韩以伊阙为重镇，驻军守险。秦方北攻魏地，南与楚战，与韩和亲，使韩出兵攻楚，韩边暂得无事。后国际形势改变，秦复出兵，陷韩边境要城，与周接壤。西周畏逼，谋合从拒秦，昭王出兵攻之，西周君惧，尽献其邑。秦侵韩地，未有重大之发展，限于地形故也。秦在东南对楚作战，则有重要之胜利。楚新灭越国，尽有吴越之故地，疆域最为广大，竟以人事之不臧而致兵挫地削。怀王仍无一定之国策，时而合从，时而事秦，致引外兵而国益衰。昭王诱怀王会盟，留之。楚立顷襄王，与秦和亲。时人讥为事仇，要非得已；后复合从，为秦所攻。秦将白起沿汉水而东，其地未有防御工程；秦师进展甚速，东陷鄢、郢。顷襄王东逃，以陈为都，楚益居于衰弱之地位矣。昭王经营之结果，赵几不国，楚失国都，韩王入朝，委国听命，帝业之成仅为时间问题。王没，子孙继续经营东方。

养客之风气 魏迁都避秦，新都大梁，距河东辽远，指挥不易，遣军赴援，亦有困难。边将以一隅之力，拒强秦进攻之师，自无幸胜之理。魏兵屡败，其王或割地乞和，或与诸侯合从，或违约事秦，致为诸侯所攻。国中无人，更无一定之国策，杰出之士，唯一公子无忌，魏王封为信陵君。无忌谦和下士，礼敬贤者，门下食客三千。养客时为风气，齐田文为孟尝君，赵公子胜为平原君，楚黄歇为春申君，与信陵君，而四皆以养客称著于世。秦相邦吕不韦，亦有不少之门客，养客数千人，为前古所未有。客多穷而不遇之士，士指受教育者而言，为社会上一新阶级。其贤而能者，常为国君所厚遇，大师更为其所礼敬。时君求贤之殷急，足以促成士之增加。其穷而不得志者，乃为食客。食客盖少有为之士，然颇忠于其主。无忌得客死力，魏王疑之，不敢委以国政。及秦军进围邯郸，赵请救于魏，魏将奉命观望不前。无忌矫命为将，率精兵八万而前，楚亦出师救赵。秦兵不胜而去。后秦伐魏，公子为魏上将军请救于诸侯，赵、燕、韩、楚以兵来会破秦军于河外，追至函谷关而还。此为合从以来之第一次胜利，然未能削减秦之实力。公子竟以谗毁，病酒而没。

列国之情状　韩为秦邻，受祸初不若魏之深重；国都先为阳翟（今禹阳），后灭郑而都于郑（今新郑）。其西部山地与秦为邻；西北一隅，虽为平地，然有坚城要塞，足资防守。其上党以魏地为屏障。韩王不知辅车相依之势，积极援助其邻国。及上党危急，韩复予秦宜阳近地二百里，于是秦地达于阳城。秦复取之，更并取周地，韩乃尽力事秦。昭王卒，韩王衰绖入吊祠，执礼甚卑。赵初以韩魏为屏障，亦未予二国以援助；武灵王下令胡服骑射，兵力始强，灭中山而有其地，乃为强国之一。会秦尽有河东，与赵地接壤，二国时而相攻，时而言和。昭王欲得赵和氏璧，而不肯以城易之。赵使蔺相如竟能完璧归赵。秦王赵王会于渑池，赵亦不屈于秦。赵之人才，以此时为盛。后，赵败于长平，由于赵括徒读父书，不善为将，而王误用之也。秦兵围攻邯郸，赵赖魏、楚之援，始得不亡。燕以赵弱，出兵伐之，为赵将廉颇所破。楚国方面，郢都不守，及秦师西归，收复一部分失地；顷襄王再与秦和，遣太子为质，其傅黄歇同往。太子旋闻父病，变服逃归，父死为王，是为考烈王。王以歇为相，封为春申君。后，秦围赵，楚应赵请，出师救之；更伸张势力于东北，灭鲁得地方五百里，楚势复强。黄歇以秦侵略不已，约六国合从，奉楚王为从长，齐独不应。五国出兵攻秦，至函谷关外，秦师败之，楚之威望大受损失，黄歇固不善用楚也。

齐燕距秦辽远，互相战争。初，燕昭王复国以报齐为事。齐湣王方挥兵于外，灭宋而益骄，多树敌国。燕与赵相亲，燕君臣知魏欲得宋地，不肯出兵助齐。前284年，燕赵出兵击齐，大破齐师。燕将乐毅更率燕兵，乘其战胜之威，长驱直入，陷齐都临淄。湣王仓皇走莒。司马迁记伐齐之国，先后不一。《乐毅报燕王书》言二国。《荀子·王霸》篇称："及以燕赵起而攻之，若振槁然。"为一明证。楚、魏攻齐，盖在齐兵大败之后，取其所欲之地。楚达目的，且出兵援齐矣。燕兵入齐，存有报复之心，为害滋甚。齐人抗战，莒、即墨二城不肯归降。会王死，乐毅不容于新王。即墨守将田单乘燕将不备，夜以火牛进攻，燕兵惊逃，追击败之，齐城遂皆叛燕。湣王太子即位，是为襄王，入临淄听政，时前279年也。齐人由是恶其邻国，不肯与闻合从之谋，诸国亦无余力攻齐。燕在北方为七国中之弱国，及齐复国，燕之国力亦大耗损。燕、赵之关系尚称亲善，迨赵败于长平，燕未援之，后且出师攻赵，而为廉颇所败。六国残害，何竟至此。

秦灭六国 六国不能合作，予秦王政统一之机会。王十三岁即位，尊吕不韦为相邦，委以国政。其时，秦地广而兵力益强，复蚕食诸侯地不已，致韩、魏、赵、卫、楚合从击秦，秦出兵应战。此为最后一次之大规模合从，参与者皆秦之邻国。卫为小国，亦恐为秦所并，而与四国联合作战。秦方以远交近攻为策略，齐、燕距秦甚远，不肯合从。合从不能胜秦，关外诸侯势将为秦所并。会秦内乱迭起，其邻始得延长数年之命。韩在秦东，秦欲东征，患韩断其交通之路，视为心腹之疾。前230年，谓韩合从，起兵灭之，以其地为颍川郡。秦更出师伐赵，赵王乞和。前228年，秦王称赵背约，遣将王翦伐之。赵王信谗，杀其良将李牧，致为秦所破。明年，秦获赵王。赵公子嘉称王于代；后六年，为秦所灭。秦据赵地，与燕为邻。燕太子丹畏逼，遣勇士荆轲入秦刺杀秦王，事败。秦军击败燕师，陷燕都蓟，燕王逃居辽东。前222年，辽东陷而燕亡。其先，秦师伐魏，魏君臣坚守大梁，秦将引黄河之水灌之。前225年，魏亡，秦以精兵伐楚。楚时都于寿春，尚有广大之疆域，惜朝中无人，复有内乱。及是，秦军伐之不胜，王以王翦为将，出兵增援。王翦大破楚师。前222年，楚地尽入于秦。山东诸侯唯齐独存。前221年，秦师自燕攻齐，直趋临淄，齐王请降，于是中国归于统一。余于《中国史》第一册论其重要曰："七国纷争，生民涂炭。而今中国统一，人民可得安居乐业，固一伟大之功业。更自政治演进之迹而论，远古人民部落而居，继而嬗变为封建制度。封建崩溃，逐渐成为中央集权制。秦王更灭六国，开拓领土，中国成为统一之大帝国，实从古以来所未有。后世受其影响者，至深且巨，其功业当不可忘。前221年（始皇二十六年）固中国史上之重要年岁也。"

秦灭六国，非偶尔遽然之事。荀子入秦，盛称其民吏士大夫与朝廷之合于古；四世而胜，非幸也。规模立于卫鞅，后无重要之故变。秦王为不世出之英主，勤于政事，听从谏言。王曾下令逐客，楚人李斯亦在逐中，上书谏王，王即除令，复李斯官。逐客系应宗室大臣之请，乃鉴于其为祸于秦也。实则秦在西方，文化较低，才能之士不及邻国之多，富强由于任用异国之人才。卫鞅、张仪、魏冉诸人，各有大功于秦，皆非秦产。为秦开渠之郑国，亦非秦人。秦人勇敢善战，本于作战之经验，易为能将，白起、王翦皆生于秦。秦有良将，而异国人尚有仕秦为将者。其时，我国文化实已沟通，予仕于异国者莫大之方便。秦战斗力强为其胜利之一因素。其邻戎狄，皆善骑马，骑兵作战当非步兵之所能及，秦深受其影响。张仪言其骑兵曰："秦马之良，戎兵之众，探前跌后，蹄间三寻腾者，不可胜数。"秦骑非韩、魏诸国之所御，确然无可疑者也。

文化区域 人才影响一国之强弱。文化发达之区域，为今河南、山东。儒家之孔孟、道家之老庄、墨家之墨翟、法家之韩非皆生长于其地，秦任用之政治家，亦多来自其地。山西及河北南部亦有不少之人才。燕在北方，人才则感缺乏，昭王报复强齐，由于任用异国之才能乐毅，则其一例。昭王擢用毅于宾客之中，立之于群臣之上，不谋于父兄而以之为亚卿。后，燕遣入秦之荆轲，则为卫人。秦能任用异国之士，而燕有一乐毅，竟不能终其用，故一为强国而一为弱国也。其时，治人者以政治制度之改变而益尊，享受因社会之进步而益厚，更有暴敛于民、为其奢侈用者。墨子称：时君"暴夺民衣食之财，以为宫室台榭曲直之望、青黄刻镂之饰"。官吏之俸因而提高，仕为县令者，富厚足使子孙累世乘车。孟子尝称：堂高数仞，榱题数尺，食前方丈侍妾数百人，我得志而"不为"。穷士仕为卿相，固有以富贵骄其妻妾者，此岂其奔走求官之一原因欤？

武备之进步　七国战争唯求杀敌致果，损失之重，屠杀之惨，为前古所未有。墨子称，大国伐无罪之国，曰："入其国家边境，芟刈其禾稼，斩其树木，堕其城郭，以湮其沟池，攘杀其牲牷，燔溃其祖庙，劲杀其万民，覆其老弱，迁其重器。卒进而柱（当作极）乎门，曰，死命为上，多杀次之，身伤者为下。"孟子言杀人盈城盈野，同于墨子所言之屠城。兵器应时需要，颇有进步。初，远古以石骨制造兵器，商周以铜为之。战国初叶，铁之用始广，以铁制造兵器，锐利过于铜兵器。冑甲亦有所改善。攻城有新造之云梯。兵器既有进步，非经历长期训练之士卒，不善用之，专门化之士卒，应时而起。魏之武卒则其一例。荀子言其"以度取之，衣三属之甲，操十二石之弩，负服矢五十个，置戈其上，冠軸（冑）带剑，嬴三日之粮，日中而趋百里，中试则复其户，利其田宅"。据此，武卒力强技精，善于作战，政府予以权利，成一阶级。

防守之术亦有进步。守者以城为主要之防御工程。城以户口之增加，及工商业之进步，而益发达。孟子言"三里之城，七里之郭"，盖指普通城郭而言。国都、郡治、大县，当视之为大。城有门出入，便于稽查与防守也。城外掘有河沟，时人称之曰池，亦有利用天然河渠者，使敌人不易攻城也。城中储有粮食，敌兵至，则城闭门，兵卒登城拒守，城中男子须出助战。攻者死亡较多，乃常不择手段，或引水灌城，或穴土而入，或缚柱施火。公输般制造云梯，为攻城之新武器。守围之器亦多，故攻城非有重大之代价，常不能陷。乃为报复雪恨之计，多所屠杀。时君防御外患，常于边区筑造长城以限戎马之侵入。七国相攻，长城不足为强有力之防御物，以其长而防守不易也。堡垒颇能阻止敌兵之深入。二军战于广大之平原，死伤重多，而史所记之数字则令人难以置信。张仪称：魏卒约三十万；韩卒悉起，不过三十万。而白起九伐韩魏，《史记》言其三次斩杀之数：一、伊阙之战，斩首二十四万；二、攻魏华阳，斩首十三万；三、攻韩陉城，斩首五万。三战斩杀四十二万，超过二国军队之半。其他六役及别将所杀之数，尚未计入，而数字竟若此之巨大，当为策士浮夸之辞。要之，战争虽极残酷，而死亡者数不及策士所言之甚也。

人民之生活 战争增加人民之痛苦，统治阶级之奢侈费用，亦榨取于民。孟子言其同于强盗之夺取财货。其税收为布缕、粟米、力役之征。孟子称：征三者，父子不能相保。实则三者并征，为时已久，农民所余无几，一遇凶年饥馑，则老弱转乎沟壑，壮者散于四方。孟子一再言之，当为实录。治人者唯以严刑，强民服从其命令。人民困苦之另一原因，则为生产事业之发达不及人口增加之迅速。户口时大增加，时人以之为言，韩非且视为祸乱之主因。人民增加，土地不敷分配。孟子称：时君制民之产，不足其事父母养妻子，乐岁终身苦，凶年不免于死亡，救死而恐不赡。其具体建议，则一夫授田百亩。百亩所能给养之人口，不过五至九人。滕君接受其意见，而人民有未得地者。若有余地，列国之君，何不救其民免于死亡也。工人、商人，则处于比较优利之地位。工人以社会之进步，及王公贵人之奢侈生活趋于专门化，技术益为精巧。公输般尤为时人所称，尝为楚造新兵船以破越，造云梯以攻城，为王所尊。其以工业起家者：一为倚顿之盬盐。后人称其在今解县制盐。盐为人生必需食品，内地制盐当减少自海岸运盐之费用。盐价低廉，销路通畅，当能致富。一为冶铁之郭纵。自冶铁术发明以后，耕种工具以铁造成者，锐利而耐久。用途既广，需要殷切，当能博得大利。普通工业以制造武器为最发达，各有专门工匠为之。制造宫室、舟车及贵人衣服用具者，亦多专门工人。社会组织趋于发达，进入于分工合作之状态矣。

春秋末叶，商业已有相当之发达。及至战国，大国地方数千里，交通大有进步；且以土地开辟之故，户口加多，万户之邑，常见于古籍，市场之需要，过于先时。其时，货币流通之量数渐有增加。相传货币之制造始于春秋，以铜为之；至是，鼓铸渐多，然仍不足供给需要，乃沿用周初以铜为币之制。大贾因得购买大批货物之资本，其货转运贩卖于他地，获利当必甚厚。其人数当不少，而史则鲜记载。吕不韦、白圭见于古书，非以其为巨贾，乃以他事而史载之也。不韦为阳翟大贾，家累千金，后视秦王政父为奇货，为之奔走运动；仕秦官至相邦。白圭善于治水，自称功过于禹。《史记》称其善于"治生"，主张"人弃我取，人取我与"，此颇近于买贱卖贵之大囤商，又能薄食节衣，与僮仆共甘苦，遂雄于财，而为治生者所祖。富人家有僮仆，盖始于封建制破坏之起始。奴隶之来源，初为俘虏与罪人。富人家中之僮仆，殆购买而得。贫民生计困难者，常出卖其子女。奴隶为主人工作，只得恶衣恶食，生活无异于马牛。贫民不安于命运者，则为盗贼。盗贼颇多，报仇成为风气，更增加社会之不安。

家庭生活 生活未有改善，而礼教思想则益发达，男女遂失自选配偶之机会，婚姻专为生子、传后、祭祀祖先而已。儒家之礼，男女授受不亲，婚姻须待父母之命、媒妁之言。其由恋爱而成夫妇者，则斥为"钻穴隙相窥，逾墙相从"，父母国人皆贱其行。所可异者，儒家反对不媒而娶，彼国君宫有妇女千人，卿相侍妾数百，皆未必有媒，伺置而不问？不幸其思想觉为强有力之礼教，王公卿相之家庭生活，盖无幸福可言，以其姬妾太多，宠爱时有转移，影响太子废立，或为大祸也。其幸而免者，则宫中之阴谋，及爱憎悲惨之故事，则所难免。妻妾多者，自非家庭之福。庶人经济宽裕者，亦可买妾。其时，贞操观念尚未发达。春秋之世，姓氏之别甚严。姓为先世相传之族号，氏为新立之族号。女子称姓，礼教不许男女同姓为婚，后因事实上之困难，国君不能遵守。及至战国，姓氏之别紊乱，婚姻少一障碍。

宗教思想不若前入迷信之深。思想学艺则于下篇言之。兹引《中国史》第一册一段以做结论，其言曰："综观战国政治社会嬗变之迹，实将结束远古以来之政治制度而另为一新时代。其能成功者绝非一人一事之力。政治思想之演进、经济制度之改变、工商业之发展、新知识之利用、新军器之发明等，直接、间接莫不予以相当之助力。顾人类倾向于保守，安于故旧之境遇，国君大夫更以权利及利害冲突之故，欲以武力保卫其疆土，大规模之战争当难幸免。战争为统一中国必有之代价。其可非议者，则战胜之国多无远见，士卒常为暴于新得之土地，抗战之力量，因而加强。秦以优胜之兵力，登用异国之贤能，野战攻城几无不胜，犹历百余年之经营，始灭六国。大帝国之创始可谓难矣！"

第九篇

先秦学艺

学艺之发达——孔子略传——孔子学说——子思——孟子——荀子——老子——庄子——墨子——法家——文学

学艺之发达 自春秋末叶迄于战国，为我国政治、社会、经济情况之一剧变时代。学艺以环境之变迁，与古不同。先知先觉受其影响与刺激，创为学术，以求解决人生困苦之境遇。其前非无思想，特未能贯彻其主张而为精深之说明，成一学说也。儒家倾向于保守，其思想之泉源则本于古代之观念与信仰，而益以合理化之解释与说明，成为有统系之学说，则其一例。道、墨、诸家，亦受前代思想之影响。其时，学派甚多，《汉书·艺文志》分为十家，而称其可观者，只有九家，目为九流。其分类多而不扼要，盖学说未能蔚然成一统系或有精深之理论者，则不能常一家之称。九流中卓然成一学派者，儒道墨法四家而已。兹略叙述各家领袖之行事及其学说之要旨于下。

孔子略传 孔子为儒家之始祖，名丘，字仲尼。古书或称其生年为鲁襄公二十一年（前552年），或作二十二年。其先祖为宋贵族，因乱徙居于鲁。孔子生不久而父死，家境中落，自言其生活曰：

"吾少也贱，故多能鄙事。"十五岁始志于学，时人称周礼在鲁，因有多读古籍之机会，三十而学已有成就。其为学也，信而好古，凡有所长者，皆视之为师。为学之时，生活未有改善，迫而为吏，但不久去职。及学有所成就，开始教授生徒，以博学多能见称。凡自行束脩以上者，未尝不教诲之。于是门人渐多，收入殆能维持其家人之生活。前501年，出而为官。初为中都宰，境内大治；进而为司空等官。会齐、鲁二君会于夹谷，孔子为相有功，乃为君所亲信；欲强公室，堕三家都邑，而政策不行。值齐归女乐，执政受之，三日不朝；孔子去鲁，时前497年也。孔子自信心强，欲如周公平治中国，尝曰："苟有用我者，期月而已，可也，三年有成。"乃周游列国，欲有所遇，而道终不能行，备受艰苦，遂有归意，将专心于教育事业。前484年，孔子以鲁迎而返国，去鲁凡十三年。孔子老而为学不倦，自言其为人曰："发愤忘食，乐以忘忧，不知老之将至云尔。"其所谓学，偏重书本之知识，以《诗》《书》《礼》《乐》《春秋》《易》教其弟子，后人称为六艺。六艺为固有学问，孔子教其弟子，当有选择，后世遂有删正六经之说。晚年好《易》，又整理鲁史旧文，后世所谓修《春秋》也。前479年，孔子病殁。

孔子学说 孔子自言其学曰："吾道一以贯之。"其弟子曾参之解释则曰："夫子之道，忠恕而已矣。"其言所以晓喻尚未升堂入室之同学。一贯之道以仁当之为最相宜。仁为道德之最高原理，求其实现，不出修己、治人之二途径。修己为忠，治人为恕。曾子之解说殊为确当。孔子进而适用之于政治，其主张则为以德化民。其弟子记师言曰："其身正，不令而行；其身不正，虽令不从。"信如其说，一国治平之责任，全在统治者之修身。政令、刑罚不惟处于次要地位，而且使人心恶化。理想政治则为"无为而治"。其言曰："无为而治者，其舜也，与夫何为哉！恭己正南面而已矣。"其所处之环境则与其思想相背驰，国君多不能行使职权，而政出于大夫及其家臣，弑父与君为常有之事，孔子改善政治之主张则为"正名"，君、臣、父、子，各守名位，则可安定社会之秩序，国家治平矣，但不免视事太易耳。

孔子具有救世之志愿，知其不可为而为之。隐者桀溺尝以此讥孔子。门人子路以告，孔子怃然叹曰："鸟兽不可与同群，吾非斯人之徒与而谁与？天下有道，丘不与易也。"其伟大之精神，于此毕见；然终不能如愿以偿。其贡献不在其政治活动，而在教育上及学说上之成就。其在教育史上之功绩，一、为保存古籍。孔子以六艺教其弟子，弟子更传授其门人，辗转传习，六经遂传于后世。二、开聚徒讲学之风。孔子之前，平民无受教育之机会。孔子教人不问其为贵族、庶人，凡持菲薄之礼物而求教者无不予以教诲。弟子学成者，更教授生徒，士乃异于前古，为一新阶级。其学说上之贡献则以仁为一贯之道，而以忠恕为仁之方，求其实现于政治社会，成为深湛之学说，支配后世者二千余年。其指示修身之道，亦精审而不可易。另一方面，孔子思想倾向于保守，以远古为黄金时代，偏于虚渺。其教弟子也，注重古典礼仪，而疏忽新知识之探求，以致后世陋儒以传经为职任，牵拘礼文，几无生气，不能有益于国家，反为政治、社会进步之阻碍也。

子思　《史记》称：孔子弟子盖三千人，身通六艺者七十二人；颜回以贤见称，不幸短命而死。其弟子职业，以传授徒为主要，亦有出而求仕，或为贵人治丧，或司相礼，或从事于货殖。其正传弟子当推曾参，相传《大学》为其所说。其主旨则说明一贯之道。其为正统派之著作，当无可疑。其后，子思、孟子、荀子，皆为儒家大师。子思名伋，为孔子之孙。《史记》言其"尝困于宋"。孟子称鲁君知其贤而礼遇之，然不能用；又称其仕卫寇至不去。《史记》称《中庸》为其所作。其文字显为后人所增改，其贡献乃树立儒家之自然哲学。子思依据天人合一之思想，说明道之本源实出于天。其说之主意：性为天所赋，率性同于遵从天赋，亦即为人之道。换言之，天道即人道，人道即天道。子思称之曰"诚"，更进而以为宇宙间之万物本性为诚，人苟能充分发达其本性，将无往而不合于道。事实上，殊不尽然也。

孟子　孟子名轲，为鲁贵族之后，其书言其"自齐葬（母）于鲁"，当为鲁人。《史记》称为邹人，盖以其墓在邹也。孟子幼受良子之家庭教育；及壮受业于子思之门人；学成，教诲弟子。从之行者，常数百人。前336年，孟子见魏惠王，说其施行仁政。魏新败于齐、秦，惠王不听其言。王没，子襄王嗣立，孟子以为不似人君，当即去魏。俄东入齐，齐宣王遇之甚厚。孟子知无不言，及道不行而去，犹有依依不舍之意。《史记》称其与弟子作《孟子》七篇。然书称其门人为子，恐非孟子所书。全书七篇非尽孟子所作，中有门人所增改或篡入者。孟子学说深受子思之影响，以人性为善。其主旨以人之口耳目之官能相同，人心亦同，皆好义理。故其言曰："人性之善也，犹水之就下也。"此用演绎法而得之推论。孟子亦用归纳法证明其说，谓人乍见孺子将入于井，皆有怵惕恻隐之心，为其本性之发现，进而推论：人有恻隐、羞恶、辞让、是非之心，"恻隐之心，仁之端也；羞恶之心，义之端也；辞让之心，礼之端也；是非之心，智之端也。人之有是四端也，犹其有四体也"。四端为人性所固有，触机即发，不待教育而能。凡不待学而能而知者，孟子谓为良能、良知；其为不善者，则由于自暴自弃，及环境之恶劣也。自今论之，人性果为全善，物欲应无从产生。孟子又常言仁义，反对新奇之说。其政治主张则行仁政，使民衣食足而养生丧死无憾，民心归之，可王天下；其暴虐于民者，则众叛亲离。"民为贵，君为轻"为其当然之推论。然其政论之实质，仍为贵族政治，人民未有推翻政府之权利也。

荀子　荀子名况，字卿，赵人。初学于齐，学成教授生徒。《史记》称其"最为老师""三为祭酒"。《荀子》言其入秦，见昭王及其相范雎，并记其问答之语。范雎相秦，在前266—前255年。入秦为何年之事，则不可考。《荀子》又记其与临武君议兵于赵孝成王之前，王与临武君皆善其言。孝成王在位，为前265—前245年。其返国也，疑在王之中年。后，荀子适楚，楚相黄歇以为兰陵令。黄歇相楚，在前262—前238年。入楚，盖在歇相楚之中年。歇死，荀子废死于兰陵。吾人所知者，惟此而已。荀子学问渊博、思虑周密，蔚为战国末年之儒家大师。李斯、韩非皆其弟子，西汉经学家以荀派为最有势力。荀子观察当时之政治社会，以为人之性恶。其言曰："人之性恶，其善者伪也。"伪指人为，犹工人斲木而成器，木同于人性，不加工则不能成为器物，自不得称之为善。久亦犹是，其本性为恶，必俟人为修饰（伪）方能为善。人为指教育与修养而言，二者足以矫正性情，使人为善。其成就之深浅，将视功夫而定，圣人乃积伪而成。荀子重礼，而礼系圣人所制定。其功用可以矫正人类之恶性，谋求天下之治平也。自今论之，人性为恶，将不知其为恶，不能有向善之志愿；圣人将无法产生，更何能制礼。此其学说之弱点。荀子对于心理亦有研究，颇能说明其状态与作用。其所言之论理学，于儒家中亦最为进步。

儒家自孔子而后，偏重礼教，流于支离琐屑。唯孟子、荀子能阐扬孔子之教理。孟子发挥孔子学说之主观方面，树立仁义之标帜；荀子阐扬孔子学说之客观方面，注重礼义。二人对于儒学各有贡献。其最大之弱点，则为胸襟褊狭不能容物，凡与其意见不合者，即遭其诋毁，甚者欲其消灭。孟子排斥杨朱、墨翟之学说为无父无君，同于禽兽。荀子排斥墨学，则为望文生意之议论。其《非十二子》篇，竟攻击子思、孟子。孟子理论之出发点虽与之不同，而最后之目的，则仍相同。孟子阐扬性善，主张复性；荀子阐扬性恶，主张化性，目标固相同也。实则人性有善恶二方面，二子各见其半也。

老子 道家之学问家当推老子、庄子。其先，尚有杨朱为道家之先驱，其学说盛行于孟子时代，惜不传于后世。古书称其思想在保全个人之天性与生命不为外物所诱惑，而能自然发展，亦不愿其受人为之斲伤。及至老子，主张无身。庄子更进一步，主张同人我齐生死。由是老庄继承杨子之理论，更将其扩充与阐扬，杨子之声名后遂为老庄所掩。老子学说盛行于西汉，而司马迁为作传称其姓李名耳字聃，楚苦县人，尝为周守藏室之吏，孔子适周，问礼于聃。故事之疑点甚多：苦为陈县，陈时尚为独立国。周室东迁，复遭祸乱，文献丧失殆尽，其官为世袭，仕周当有疑问。孔子问礼为战国时人所创，不足信也。《史记》又称其去周至关，应关吏之请，著书言道德之意，五千余言而去，亦多附会之辞。《史记》称：楚老莱子"著书十五篇，言道家之用，与孔子同时"。又称："周太史儋见秦献公,或曰儋即老子,或曰非也。"汉时老子已有三人,而《老子》一书究为何人所作,实不可知,就其内容而论,则为战国时代之著作,书成当在孔子之后、庄子之前。

老子言道,道为宇宙本体,又为万物之本。本体与事物之现象不同,即超越相对境界,又无时不在,无地不在;然非吾人五官所能感觉,吾人将据直觉,而以其为虚无。实则天地万物皆从本体发生。其虚无思想,一经扩充,即主张抛弃一切礼法。其理由为,吾人当超脱有限之现象界,以求合于无限之本体界;抛弃专讲智慧之虚伪世界,而返于纯朴之原始时代。婴儿天真烂漫,世人欲求合于道,当复归于婴儿状态。圣人倡言之仁义礼法,徒增进世俗之纷扰。其思想适用于政治,则主张无为、自然。老子以为废除政治制度、礼乐、刑法,任其自然则国即可治平。老子言其理想社会曰:"小国寡民,使有什伯之器而不用,使民重死而不远徙。虽有舟车,无所乘之;虽有甲兵,无所陈之。使民复结绳而用之,甘其食,美其服,安其居,乐其俗。邻国相望,鸡犬之声相闻,民至老死,不相往来。"此为无为政治之极致。其主张破坏一切文物制度,而返于原始社会。原始社会固无若此之理想环境,乃对时代而发也。

庄子 庄子名周,蒙人,尝为漆园吏,盖为贫而仕。蒙为宋地,后并于魏。《史记》称"其学无所不窥,然其要本归于老子之言"。楚威王闻其贤,欲以为相,遣使厚币迎之,庄子不应。辩者惠施,为其至友,其书数记其论谈之事。惠死,庄子言其失一良友。吾人所知者,惟此而已。庄子本体论大体上同于老子,其说明更为精密,谓:道"无所不在",以道为宇宙本体,为万物之本源也。更运用之于人生哲学,而以生死为例。庄子以其为现象界中相对之关系,吾人若能超脱现象界,而与本体界合一,则生死差别将不存在。庄子初尚重视死生,后渐悟其无差别,以为人生若梦,人常有梦,醒后方知为梦。世人于大觉之后,将知人生为一大梦。由生变死,同于由一状态变为另一状态。吾人对生无所用其喜怒,对死亦然。于是庄子人生思想,进而成为生死如一之哲学。不惟生死如一,人物亦应平等。此为道无不在论之当然结果。其思想视老子更为彻底,老子尚谈政治，庄子则未论及。

墨子 墨子为墨家之元祖，名翟，为我国富于创造力之伟大思想家。司马迁仅以二十四字记其一生，且不能为肯定之语。或言墨子生于宋国，或言鲁国，今无直接证据，殊不能决定。其生卒年，皆不可确知。墨子活动盖在公元前五世纪末叶及前四世纪初年，即孔子以后，孟子以前也。其学说渊源，言者不同，要为后世附会之说。其思想中之一部分虽为古人所有，而墨子将其发展，成为有统系之学说，谓其富于创作性固无不可。墨子热心救世，而时战争惨酷，倡言非攻、兼爱之说；又创为防守器械，研究守城之技术。公输般为楚造云梯，将以攻宋。墨子闻之，自齐入楚，行十日十夜而至郢，说王罢兵；更与般斗械，而般不胜。其弟子三百人，持其守圉之器，入宋助其防守，楚遂不攻宋。墨子自苦为义，其故人劝而止之，墨子则以天下莫为，应益努力为之。其人格之高尚、服务之精神，实历史上伟大之人物。孟子诋毁墨子尝曰："墨子兼爱，摩顶放踵，利天下为之。"其言原为责之，而墨子牺牲精神，于此毕见。我国史上实少毫无自私自利之思想而如墨子为人者。墨子欲行其道，所至之国有宋、鲁、楚、齐，皆无所遇，越王欲封以地，而墨子以道不行，亦未往越。其弟子深受其师人格之熏化，皆服从其指挥，成为强有力之组织。墨子死后，其团体仍有领袖，即世所谓钜子也。

墨子为改造社会之思想家，以求人民幸福为目标，主张"兼爱"。兼爱为爱人若己，爱人之亲，若己之亲，所谓爱无差等也。其理由为乱起于不相爱，人能相爱，则祸乱之根源可得除去。其言曰："视人之国，若视其国；视人之家，若视其家；视人之身，若视其身。是故诸侯相爱，则不野战；家主相爱，则不相篡；人与人相爱，则不相贼。……君臣相爱，则惠忠；父子相爱，则慈孝；兄弟相爱，则和调。天下之人皆相爱，强不执弱，众不劫寡，富不侮贫。"此兼爱之效也。墨子适用其主义倡言"非攻"。战争妨碍农事，使民不暇治其生产事业，杀害无辜之人民。墨子谋求人民幸福，故力反对战争。其时，国君卿相讲求宫室、衣食、享受音乐、雕刻、建筑、烹调之乐，夺民衣食财用为之。墨子主张"节用""非乐"，欲民皆能丰衣足食。厚葬耗费财物，甚至杀人为殉，墨子主张"节葬"，实有见地。儒家主张三年之丧，墨子以其妨害事业，主张积极从事于生产。其政治主张则"尚同""尚贤"。墨子以人各异义，致成祸乱，宜选天下之贤可者立为天子；更选贤者为三公、诸侯等官。此其理想计划，而选立之方法，则无说明。贤者为政，应予以高爵、重禄，并任以处理之权。其改善社会之方案，全在人为"尚贤"为其当然之结论。墨子又尚鬼神，以为一国皆信鬼神，则上下不敢为非，国易人平；不信鬼神，则作恶者将无忌惮。其说同于宗教家之口吻。墨子实一救世之思想家与实行家也。

法家 儒家尊奉尧舜诸人，欲使社会返于黄金时代；道家主张破坏文化制度，成为无为之世，皆不适宜于时代之需要。墨家刻苦太甚，理想高而难行。后起之法家，则根据剧变之社会趋势，树立理想；更据现实，谋求社会之改革。法家以韩非为最重要。非为韩公子，初学于荀子，善刑名法术之学。非盖博览群书，而能融会贯通，采取诸家之长，而自阐扬其主张，卓然成一学派。其时，韩国益弱，非数上书，劝王变法自强，而王不用。后王闻秦攻韩，遣非入秦，说秦王存韩。非至秦，上书说王，为李斯所谗毁。王下非狱，死于狱中。《史记》称非口吃，而善著书。其学说深受儒道二家之影响，而又综合实行政治家之主张，及其治国之法术，成为法家之大学问家。我国法观念成立，盖在战国中叶。韩非之法治论，以性恶为出发点。其师主张以礼矫正人性，韩非则主张用法。其观察人类行为，全谋自身之利益，父子之亲、夫妇之爱，皆各为其利益。近世人口增加，过于生产事业之发达，致"事力劳而供养薄，故民虽倍赏、累罚，而不免于乱"。其推论则治国惟有用法而已，法之功效远过于教诲等。韩非又言人君治国之术，主张入主宜虚静自持，不令臣下知其好恶而能有所逢迎，庶能进用才能之士。凡登用者必求其尽职。不尽职者，固应受罚，而越职立功者，亦应治罪。以有司各尽其职，则国治平；越职将乱法也。人主更宜察其臣之行为，而防其奸；赏罚由己，则群臣服威而利其赏。

综就韩非之学说而论，其观察社会现象至为深刻，惟皆偏于恶劣方面。其所言之术，全为国君驾驭其臣之法，国君之威权提高，地位益尊。法家思想乃反映时代之趋势，中国不久成为专制帝国，而秦王政自称皇帝也。其言父子犹用计算之心相待，惟用法可以治国，实则恶劣现象之造成，多由于生计之困难，贫民自救其死，尚恐不赡，自不能兼顾其所亲爱之人。此乃违反人性，政治家不设法救济贫穷，或改善其生活情状，则酝酿之祸乱，终有爆发不可收拾之日。其所处之韩国，见逼于秦，有不可终日之势，而王不听非言，亦无适当之处置。非乃坐视宗国之削弱，而无奈何，发为忿激之言论。思想常为社会现象之反映，吾人读《韩非子》者，必当知其所处之境遇也。

文学 散文诗歌之传于后世者，始于西周。其前，商人典册不传于后世，《盘庚》三篇虽为较早文字，然非当时记录故也。《周诰》为西周文字，相传为史官所记，文有一定之体裁。彝器铭文亦多与之相类。余疑编记诰文或彝铭之史官为一阶级，幼受训练，长为史官。其纪事也，本于成法，其文虽无甚文学上之价值，然为西周之宝贵史料。东周之世，散文未有长篇著作。《春秋》保存史官所作文学之大部分，其文体与前不同，渐有自由变化之趋势。《论语》成立稍迟，而为文之技术，视前益有进步。及至战国，运用文字之技能，有重大之发展；而著作之量数，亦大增加。思想家阐扬其主张，常用铺张排偶之文或设比喻，或为寓言之故事。吾人读其文者，深明其旨，并感觉其饶有文趣。散文始有文学上之价值。叙事清楚、说理明晰，而文辞畅达之作家甚多，其中当以庄周之文辞最为美丽。其文设譬说明，变化莫测。读之，令人感觉其为有天才之作家。

古时存于今者，以周诗为最早。周诗以颂成立为早。周颂尽为一章，未有意境，韵或不叶，为诗之雏形。大、小雅及国风颇有进步，其成立之年代，先后不一。其中亦有文句简单而无意境者。战国之世，诗歌未有重要之著作，惟《楚辞》尤为我国文学之上品。其天才作家当推屈原。屈原名平，为楚宗室，任为左徒。怀王初信任之，后信谗疏之，致为秦所欺，兵挫地削，客死于秦。屈原眷顾楚国，系心怀王，而忧愁幽思作为《离骚》。顷襄王复信谗言而迁屈泵，屈原自投汨罗以死。《离骚》歌咏其怀才不遇，深思郁结，想入幻境，辞句美丽。他如《九歌》则为民间之歌。后人仿其体者亦称楚辞。

综上事实而论，儒道墨三家，各为蔚然独立之学说。孟子曰："逃墨必归于杨，逃杨必归于儒。归，斯受之而已矣。"孟子时代，三家成为鼎立之势。及道家思想进步，不谈政治，其徒渐少。战国末叶，儒墨并称，当为盛行之学说。韩非树立法家思想。《汉书·艺文志》所列举者，尚有名、阴阳、纵横、杂、农、小说六家。实则除名家稍有贡献而外，皆难视为独立之学说。名家原为研究论理学之学问家，不幸未有积极之建设，而反流为诡辩家也。自诸家势力消长而论，墨家学说不合于强国之兼并政策，其徒为主义奋斗而死者亦众，渐不能与儒家抗衡。儒家常为统治者辩护，法家更积极主张扩张君权，二家易与国君接近。其胸襟皆太狭隘，不能容忍异己之学说，为我国学说未能继续发展之一因素。文学家之伟大作品常赖天才，战国之世实有天才之作家也。

第十篇

秦

始皇为人——皇帝之尊严——官制——疆域——关中之经营——驰道——法令制度——文字——思想——安宁人民——北筑长城——南征——兴土木——始皇死——秦之覆亡——覆亡之主因

始皇为人 秦王政统一中国，成立从古未有之大帝国。初，前259年，王生于赵都邯郸，后八年返秦；十三岁嗣父为王，政事决定于太后及相邦吕不韦。国中数有祸乱，乃以严刑立威。王年稍长，益留心国政，其聪明才力渐使不韦有所忌惮；并能平定叛乱，免不韦职，时二十一岁也。王壮年亲政，有并灭六国之雄图，又虚心纳谏，尊用才能之士，前221年统一中国。王之劳苦过于常人，及为皇帝，仍极勤于政事，从无自逸之思想。方士言其不可求得仙药曰："天下之事无大小，皆决于上。上至以衡石量书，日夜有呈，不中呈，不得休息。贪于权势至如此，未可为求仙药。"此为非议，而始皇之勤劳，于此毕见。泰山石刻铭文言："皇帝不懈，于治夙兴夜寐。"琅邪台石刻称其"忧恤黔首，朝夕不懈"。铭文与方士所言相互证明，皇帝知其责任而勤劳至此，我国史上实无几人。

始皇决定政事可得为所欲为，然常征求臣下之意见，处理大政。

盖一人之知识经验有限，大政苟不从长计议，将或病民误国也。《始皇本纪》记其诏下群臣议者共有四事，兹引其一为例。秦灭六国，采行郡县制。始皇三十四年（前213年），置酒咸阳宫，博士七十人前而为寿，仆射周青臣称颂威德，始皇悦之。博士淳于越进言，皇帝不封子弟功臣为枝辅，缓急无以相救；青臣面谀，以重陛下之过，非忠臣。始皇下其议。初，中国统一，群臣请封子弟功臣，李斯力排众议，独言不可，始皇从之。郡县制行之九年，成效昭著，为政府确定之政策，乃以越言复下吏议。其态度之谨慎、乐于接受忠言，远过于后世之君主。越斥青臣面谀，是在群臣之前言皇帝之过。若在后世，将为大不敬，罪至不测，即仁厚之主，亦或将治越罪，而始皇淡然视之。李斯复奏，有持前议。始皇对于治国大计，往往先交群臣论其得失。大臣以其讨论之结果上奏。其与众议不同者亦可单独奏言。然后，皇帝审其所议做一最后决定。其所决定者就当时情状及流行之思想而论，多为英明之处置。

皇帝之尊严　始皇统一中国，其地位之高尊，过于先时。王时为国君之尊称，自七国称王以来，渐不为人所重。秦昭王尝自称帝，而诸侯不肯尊之，复去帝号。始皇并灭六国，不慊于王号，令群臣议定尊号。群臣请称"泰皇"，改命为"制"，令为"诏"，自称曰"朕"。王改"泰"为"皇"，采用帝称，号曰"皇帝"。余如群臣所议。帝为有天下盛德之君，皇作形容词用，有光辉盛大之意，始皇合而为一名辞。后人称其自谓德兼三皇，而以为号，乃附会之说。命令二字习用已久，沿用亦影响皇帝之尊严。朕为代名辞，古人上下皆得称朕，皇帝称朕，他人始不得用。皇帝制称：以行为谥，是子议父，臣议其君，废去谥法，自为始皇帝；后世以二世、三世计算，至于万世。此亦所以提高皇帝之地位。其君臣宴于宫中，犹能自由对语，或面陈皇帝之非。

官制　秦代官制，《史记》未详记载，惟称汉沿秦制，官名少所变改。实则官名虽同，而职权则以环境之嬗变，先后常不一致。兹据《史记》之片断记载，叙述秦之官制。据琅邪台石刻所记之从驾大臣，其侯爵有二：一曰列侯，一曰伦侯。列侯爵高于伦侯。封侯为秦旧制，吕不韦为文信侯，食邑十万户，则其一例。据此，始皇封立之侯，当有食邑。战国时，君侯虽有食邑，仅得食其税租，而政权则归于王。秦侯当亦如此。石刻所记之列侯：一为王离，一为王贲。离为王翦之孙，袭爵为侯。贲为翦子，以功封侯。铭文所记伦侯三人，史未记其功业，始皇优待功臣，重用其子孙。侯不为丞相，丞相分置右、左二人。后二世用宦者赵高为丞相，乃有中丞相之称。丞相佐治国政，位尊权重。其下为卿，卿为旧官，各有专职。统一后，政事繁重，人数当有增加。而石刻所记仅有二人，当有留于咸阳办理庶政者。卿下有五大夫二人。大夫旧为周官，位次于卿。五大夫为秦爵之一，位居第九，而铭言之，岂其所司重要邪？汉时御史大夫为帝亲臣，职近于后世之秘书长，位次丞相。班固言为秦官，而汉因之，铭文并未提及。大夫下为博士。博士七十人，与闻政事。秦王主兵之官，《史记》未有说明，惟称二世时，将军冯劫与丞相进谏。将军应为主兵之长官，而《汉书》称为人尉。岂郡置尉主兵，而遂以中央主兵之官为太尉邪？

地方官为两级制，上者曰郡，下者曰县。郡之面积大小悬殊，边地设郡较多：一由于边防重要；一由于并灭赵、燕，而未变更其行政区域。《史记》称"郡置守、尉、监"。其下，县之组织史无说明，后人言置令、尉、丞。郡守、尉、监之职权及其关系，史无说明。据吾人所知之事实而论，守为旧官，为一郡最高之长官；尉、监则其属吏。班固称：尉佐守典武职甲兵。监之所司则无说明，要不外佐守治政，兼稽察郡属诸县之吏治。令为一县长官，韩非言其待遇之优厚，过于古代之王，秦制当亦如此。尉丞皆令之属官。其下则以地方人士充任。长官由皇帝任命，执行其制诏，及公布之法令；并谋人民之利益，维持治安等。人民之登用、官吏之考核，皆以史料缺乏，不可确知。

疆域 始皇统治之疆域，琅邪台石刻云："六合之内，皇帝之土。西涉流沙，南尽北户，东有东海，北过大夏，人迹所至，无不臣者。"始皇并灭六国，尽有其土地。北边以匈奴为害，遣将伐之；三十二年（前215年）略取河南地；明年发兵南取陆梁地，为桂林、象郡、南海三郡。此《史记》所记之史实，当有说明之必要。战国时，燕东北境达于辽东地，尽为秦所有，史称其长城东起辽东。长城今起山海关，辽东古为空泛地名，临榆一带，亦称辽东。近人谓秦长城达辽东半岛，并无可信之根据。《史记》言秦东至朝鲜。汉初，其地望在今辽宁省东南部及朝鲜北部。此其王卫满经营之结果，其前将更狭小。至朝鲜，不过秦与之为邻而已。北境限于长城以南，其缘边诸郡皆沿燕赵之旧。陕北为蒙恬所开拓，所谓河南地，汉人称为新秦中，当在今长城以内。《史记》又称秦师渡河，取高阙等地。长城在黄河北岸者，今为宁夏甘肃一部分。长城西起临洮，临洮指临近洮水之城邑而言。其西段至嘉峪关，乃汉武帝所筑。古人称大夏在太原晋阳县。秦地当北过大夏，则无可疑。北户即《史记》所言之北向户。楚地或达于今湖南北部，秦有楚地，湖南为最南之土地。后人称北户为安南北部。其时，秦师尚未南征，何能至此。其他附会之说，皆不足信。其东境临海者，有今河北、山东、江苏及浙江一部分。此秦统一初年疆域之大略也。

《史记》称二十六年（前221年），始皇分天下为三十六郡，但未列举郡名，致后世言者不同。王国维为文考证，列举郡名；进而称三十三年（前214年），设桂林、象郡、南海三郡，又北拓地为九原郡；二世时，置陈、东海二郡，凡四十二郡。以前七国地望言之，秦地六郡，曰：巴郡、蜀郡、汉中、陇西、北地、上郡。取于胡越者，亦有六郡，曰：会稽、闽中、南海、桂林、象郡、九原。楚有八郡，曰：南郡、九江、泗水、东海、长沙、薛郡、黔中、陈郡。赵有八郡，曰：太原、上党、巨鹿、云中、雁门、代郡、邯郸、河间。燕有五郡，曰：上谷、渔阳、右北平、辽西、辽东。韩魏七郡，曰：河东、三川、东郡、颍川、南阳、定陶、砀郡。齐有二郡，曰：齐郡、琅邪。凡四十二郡。王氏又疑秦于齐燕地增置六郡，合计四十八郡。推论有不少可议之点，其明显者，郡多在边地，盖便于防御外患，内地置郡，是否若王氏所言之多，为一问题。其尤严重者，长沙、闽中是否如后人所言之地域而为秦郡也？兹以长沙为例，汉末长沙国有今湖北南部及湖南北部，凡四万余户；汉初，只二万余户，半为蛮夷，君长称王。秦时，当必更甚。

巴蜀为秦西南地，经营始于战国之世，始皇放逐罪人于其地。二郡在今川北及成都平原。平原为肥沃之盆地，而秦迁入多不愿往。汉人当不甚多，而地未尽开辟。巴蜀因大巴山而得名，地在川北，川东距之太远，乃逐渐经营之结果。黔中非今贵州湘西一带之地，盖距汉中不远。南郡地多蛮夷，长沙更甚。其南，史称陆梁地，后为三郡。秦亡，赵佗据其地，为南越国。自长江上流而下，南岸多未开辟，北岸户口并不甚多，淮南则较发达。东越、闽越、秦亦不能为有效力之统治也。要之，秦郡多在黄河流域，入口以其为最多；淮南则渐开辟，中国大规模之经营南方则始于始皇。南方之开辟，系长期经营之结果，而基础则立于秦。

关中之经营 始皇治国之思想，颇受儒家之影响，自知责任，不肯自逸，复主张以德化民，欲其富足。儒家提倡之礼教，始皇且欲严厉推行。兹举一二明例，说明其欲改善人民之生活。始皇嗣位初年，韩水利专家郑国，说秦凿泾水溉田三百余里。渠成，溉田四百余万，皆亩收谷一钟，钟为六石四斗。其地为冲积平原，土地肥沃，但以缺水成为荒地，一旦有水灌溉，其所含之植物营养料，多于耕种之地，生产量当必甚高，秦量且少于今日所用之量。于是秦益富强。及中国统一，关东户口太多，而关中地广人稀，尤以巴蜀为甚。始皇曾迁罪人于其地，一次四千余家。至是，《史记》称其"徙天下豪富于咸阳，十二万户"。户就五口计算，凡六十万人。咸阳久为王都，户口当已不少，盖无容六十万人之房屋，岂始皇迁之于关中而司马迁称为咸阳邪？后取匈奴之河南地，又徙十二万户于边邑。此所以解决人口问题，且防御外患也。

驰道 秦地广大，内外信息之传递，贵能迅速。战国时，大国地方数千里，交通非有重要之改善，则中央集权政治将遭遇严重之困难。其改善之情状，惜无记载文献。及始皇分天下为郡县，国内军国大政皆决定于皇帝。促进交通发达之需要当为其所认识。平定中国之次年，即治驰道。其碣石铭称"夷去险阻，地势既定"，则道路之建筑，乃化险阻为大道也。汉人言秦驰道曰：秦"为驰道于天下，东穷燕齐，南极吴楚，江湖之上，濒海之观，毕至道广五十步"，工程之浩大可以想见。始皇出巡，大臣从行，护卫之士甚多。驰道必甚宽大，车驾过后，当许人民使用。要之，驰道便于信使之往来，促进中央地方政府之关系，有助于民间行旅运输之发达，当为伟大建设工程之一。

中国既为统一之国家，法令制度之当统一，毫无可疑。其先，儒墨二家之学说盛行，政治主张皆大一统。其弟子散居各国，颇促进文化之统一。秦灭六国，关东各国旧制有与秦异者，始皇乃推行秦法于全国。兹言其重要者于下：

法令制度 战国之世，七国成文法数有增加，并渐趋于严密。秦灭六国，推行秦法于新得之土地，颇为有效，皇帝制诏同于法令，会稽石刻铭严禁淫泆，则其一例。制度推行于全国者，有车轨、度量衡、货币等。《史记》言秦与六尺且曰："车同轨。"车为交通工具，各国所制之车，初不相同。车之重量集中于车轮，易于毁坏道路。秦令车皆同轨则路可特别建筑，令其坚实，便于车行也。春秋时，各国度量衡不一。卫鞅划一秦之度量衡，并强制执行。始皇推行秦制于关东，《史记》所谓：一衡石丈尺也。秦尺长约英尺十分之九，里当为英里四分之一。石或斛之容量为一立方英尺四分之三，重四十五磅。石为一百二十斤。斤约有一磅五分之二。秦亡，汉沿用其制。秦之货币，班固于《汉书·食货志》称币分二等：一黄金，黄金为上币，以溢为单位；二钱，"文曰半两重如其文"。其鼓铸之量数，不敷全国之流通而时人仍多物物交换也。

文字 我国文字源出于商周。秦居西周旧地，沿用其文字。及战国之世，关东异形字渐多。秦灭六国，统一文字为不容缓之要政。汉人称秦所用之文字为小篆。许慎于《说文解字·序》称李斯等作小篆曰："斯作《仓颉篇》，中车府令赵高作《爰历篇》，太史令胡毋敬作《博学篇》，皆取史籀大篆，或颇省改所谓小篆者也。"实则小篆先于斯等作书而成立，传世之秦器上之文字，皆可为证。许慎谓史籀为周宣王太史籀，曾著大篆。大篆系沿商周之旧。世有史籀，不过如许氏所言斯等之作小篆。斯等之工作略近于后世之法帖，所以便利关东人士之学习，收同文之功效。相传隶书作于秦史程邈，许慎言：始皇使邈作小篆，其言先后歧异。隶由篆笔画减省而成，亦自然演变之结果。始皇统一文字，则大功告成。

思想 先秦诸子倡言一说，儒家大师不能容许异己学说之存在。韩非进而以微妙之言、上知之论、商管之法、孙吴之书，皆为无用；而为明主所必禁。其积极主张，则为统一思想。二家学说于时颇有势力，李斯乃实行其主张。其事之起，由于封建郡县之争论。博士淳于越请复封建，始皇下其议，李斯奏言：古不足法，诸生不师今而学古，非议时事，"如此弗禁，则主势降乎上，党与成乎下"，"请史官非秦纪皆烧之；非博士官所职，天下敢有藏诗书百家语者，悉诣守尉杂烧之"，"若有欲学法令，以吏为师"。李斯以为民间藏有书籍，为"非法教"之主因，别黑白而定一尊，困难即可解决。其建议影响学说之进步者至巨。焚书不能改变儒生之意见，而反增加其恨恶。后世儒生常以此为始皇之罪，但仍主张焚烧异端之书。民间之书焚烧，而宫中之书盖未焚毁。令下，民仍有私藏者。其明年（前212年），方士卢生等讥非始皇，后亡去。始皇使御史案问为妖言之方士，坑其犯禁者四百六十余人。其人皆望星气、求仙药之术士，而后入称之为儒，岂其服饰相同邪，方士创为怪诞之说，靡费巨款，其死殊不足惜。始皇平日信之，当有责任。始皇又信邹衍五德终始之说，以周为火德，秦代周兴，当为水德；旗帜尚黑，改黄河曰"德水"。

安宁人民 始皇所为，多因时制宜之举措。统一之初，颇欲安宁人民而欲国为子孙万世之业。兹引举二三事例为证。初灭六国，丞相王绾以燕、齐、楚地远，治理不便，请立诸子为王，以镇抚之。始皇下其议，群臣皆以为便。独李斯奏言不可，略称：周初封立诸侯，其后相攻如仇雠；今为郡县，厚赐诸子功臣，易制天下，为"安宁之术"。始皇从之，其见解实高于时人。郡县非创于始皇，特始皇用之于广大帝国。郡县制优于封建制，行之减少不少之祸乱，称为"安宁之术"，吾人当不能予以否认。七国初以战争之故，各建筑坚固之城郭以资防守。碣石铭云："初一泰平，堕坏城郭，决通川防，夷去险阻。"秦之堕城去险，以示不复用兵；决通川防，既减少水灾，又利于灌溉与交通，为惠民之政。其可附言于此者，尚有收兵器而销毁之。初，始皇收聚六国兵器于咸阳，贾谊《过秦论》称其铸兵以为金人十二，以弱天下之民。此为《史记》所本。其先，兵器以铜制造；战国时，改用铁造。铁铸之兵器，锋利远过于旧兵器，国君有销铜兵制造器物者。其时，已至铜铁交替时代，始皇以铜铸成𫓯锯金人当无可非之处。金人重量，古书所言不同，后为董卓所销毁。亦有言其未尽销毁，而有为苻坚所毁者，真相不可尽知。

北筑长城 国中安宁，始皇以为祸患或生于侵扰边境之戎狄。战国时，大国境内之戎狄，多已同化。燕赵边境，与匈奴为邻。其人以游牧为生，善于骑射，常为边患。燕赵筑长城防之。秦北边亦筑长城。秦灭燕赵，北边益广，当驻兵防其入寇。三十二年（前215年），方士奏录图书云："亡秦者胡也。"始皇使蒙恬发兵三十万北击之，此为附会之说。《蒙恬列传》则与之异，略称：秦并天下，"使恬将三十万众，北逐戎狄，收河南，筑长城，延袤万余里"，"暴师于外十余年"。恬传所记较近于真相。秦所筑之长城，《匈奴列传》称："因边山险堑溪谷，可缮治者治之。"司马迁尝游长城，记其所见曰："吾适北边，自直道归，行观蒙恬所为秦筑长城亭障，堑山堙谷，通直道，固轻百姓力矣。"据此，长城为恬所筑，当非燕赵之旧。长城之内，徙民居于新之土地，更驻兵于要邑，谨烽火以备胡人之袭击。城为古代防守之利器，胡马不能冲入自下仰攻，非有重大之代价不易陷之也。

南征 始皇出兵南征，《淮南子》称其发卒五十万，分五军前进，三年不解甲弩；又凿渠通粮道，竟为越人所败，乃发适戍以备之。故事可疑之点甚多，《史记》未采其说。《秦始皇本纪》云："三十三年（前214年），发诸尝逋亡人、赘婿贾人略取陆梁地，为桂林、象郡、南海。"陆梁初未见于古书，《高祖功臣侯年表》有陆梁侯，称其得"自置吏，受令长沙王"。其地当距长沙不远。新得之三郡皆蛮夷旧壤，地险林密，潮湿多雨。秦人所居，盖为冲积平原、交通便利之区域。其僻远或山林之地，则为蛮夷所居，非秦政治势力之所能及。无论若何，中国经营南方，则始于秦。其为我国疆域之一部分，基础乃立于秦，始皇之功，不可没也。

兴土木 咸阳为秦国都，城不甚大。及中国统一，政事益繁，官署之组织扩大，官员数有增加，宫殿当不敷用。秦工人技术不及东方，建筑物当亦不如。至是，可令关外工人入秦建筑宫殿。《史记》称：秦每破诸侯，辄仿造其宫殿。时方对外作战，始皇盖不愿大兴土木，即或有之，规模亦不能大。统一之后，始皇东出巡游，行宫遍于全国。《史记》称关中离宫三百，关外四百余。三十五年（前212年），始皇以咸阳宫小，营作朝宫于渭南上林苑中，即世人盛称之阿房宫。秦亡，工程犹未完成。建筑材料多运自远方，工人七十余万，分作阿房宫及郦山寿陵。始皇没，二世暂罢官工；葬后诏令复工，后为项籍所焚毁。始皇又好神仙，欲得不死之药，信方士怪诞之说，遣徐巿等率童男女入海求之，费以巨万计，终不能得；求古仙人，亦无所遇，终坑其有罪者四百余人，始皇可谓善于补过矣。

始皇死 三十七年（前210年），始皇东巡，左丞相李斯从行，少子胡亥请从，始皇许之。东至平原津而病。始皇未立太子，长子扶苏颇有才能，奉命监蒙恬军于北方。《史记》称其谏坑儒所致，颇有疑问。及始皇病甚，令赐扶苏书，与丧会咸阳。中车府令赵高行符玺事，未以书授使者。而始皇死于沙邱，李斯秘不发丧，惟胡亥赵高等知之。高尝教胡亥书与法令，后曾犯罪，蒙毅治之，当死，始皇赦之，并复其官。毅为恬弟，为始皇所信，位为上卿。及始皇病，使毅祷于山川，未返而始皇死。赵高欲立胡亥，李斯从之；乃诈为书赐扶苏、蒙恬死，立胡亥为太子。扶苏自杀，胡亥闻而大喜，至咸阳发丧，自立为二世皇帝，以高为郎中令，亲信用事。高恶恬兄弟，谗之。二世竟赐之死。

秦之覆亡 二世嗣位，信任阴谋奸贼之赵高，而徒以严刑立威，疑诸公子及大臣不服其为君，杀公子十二人、公主十人，财物尽入于官，相连坐者，不可胜数。公子高惧祸及己，上书称：先帝待之甚厚，"请从死，愿葬于郦山之足"。高为二世之兄，竟不能自全,出此下策,抑何可哀。胡亥大喜,"赐钱十万以葬",此《李斯列传》所记之故事,而《始皇本纪》所言则与之异,略称六公子戮死于杜,公子将闾昆弟三人,囚于内宫,二世令其自杀,将闾自言无罪,兄弟皆呼号流涕,迫而自杀。吾人限于史料,不知其真相。无论如何,二世杀其诸兄则为事实。赵高总揽大权,知宗室大臣怨己者众,恐其毁己,说二世不见大臣。二世居于深宫,赵高侍从,军国大事皆决于高。二世元年(前209年),陈胜起兵为乱。初,秦发卒北戍渔阳,陈胜、吴广当行,天雨失期,法当斩,起而为乱,诈称:公子扶苏、楚将项燕,自沛郡蕲县徇地;比至陈,人数大增;郡县苦秦吏者,皆欲应之。胜遣将分兵徇地,六国旧地遂在混乱之中。胜遣将西击秦,秦将章邯拒战,破之。其复西上者,亦败。秦军乘胜而东。胜为其下所杀,距其起兵为时六月。魏、楚、齐、赵、燕据地反秦者犹众,章邯击败魏、齐之兵,又败杀楚将项梁,引师围赵。楚将项籍统军援赵,数败秦兵;而章邯所部尚有二十余万,竟以赵高害己之故,胜负皆死,诈以秦兵降楚将。刘邦取道武关,深入秦地,秦事遂不可为。

祸乱之起,由于民不堪命,政府应即除去民间所苦之虐政,或可早平祸乱。而二世方急治阿房宫,聚狗马无用之物;又杀害其将相。其右丞相冯去疾、左丞相李斯、将军冯劫谏称:关东群盗并起,皆以戍漕转作事苦,而赋税重大。请止阿房宫作者,并减省四边戍转。三人鉴于时事之严重,合辞奏请,以为能有所成。二世大怒,下三人吏。去疾、劫自杀,斯为二世所杀。二世前杀蒙恬兄弟,后杀将相三人。其人皆杰出之士,朝廷上无出其右者。赵高乃为中丞相,以宦者故也。于是国中事无大小,皆决于高。相传高以鹿为马,验察二世左右,因事诛杀其言鹿者。事之有无虽不可知,而高固可为所欲为。其时,章邯围赵,恐为高所谗害,惧而降楚。秦之覆亡,二世、赵高各有重大责任。项籍率大军而西,刘邦亦自武关攻秦。赵高以二世责之,惧祸,使其党与为乱,逼令二世自杀;并谓秦应改号称王,立二世兄子婴为王,欲于受玺时杀之,与刘邦分王关中。公子婴杀高,灭其三族,为秦王四十六日而刘邦兵至霸上,迫而出降，时公元前 207 年也。

覆亡之主因 秦之覆亡，一由于胡亥之愚痴，一由于赵高之专横，负有盛名之将相，皆被杀死，章邯迫而降楚。秦兵败于外，而国中祸乱迭起，刘邦逼近咸阳，智者不可为谋，勇者不能为力矣。人民铤而走险之主因，则为徭役赋税之苛重。始皇统一中国之初欲使"黎庶无徭，天下咸抚"，后则役苦税重。徭役为旧有制度，其先国小，人民早出服役，晚可归家；地方千里，则多困难。徭戍于数千里外之边地，则始于秦始皇治驰道于国中，巡游四方，侍从之供给、行宫之建筑、阿房宫之经营、郦山陵墓之建筑，无不需用巨大之经费。其北筑之长城，尤为浩大。汉人言其运粮，"率三十钟而致一石"。计其所费，凡用粟一百九十二石，方致一石于目的地。凡此边防工程及开拓之新地，后人所得之利益，远过于时人。时人担负一切费用，自不胜其苦而思乱也。祸乱初在楚地。楚地广人稀，距秦甚远，统治不易，为群盗聚集之所。汉人称秦法严酷，不过供狱吏为非耳。其政治组织不尽适宜于新环境，无可否认者也。

秦灭诸侯，历百余年，而始成功。始皇统一，迄于子婴出降，历时凡十五年，祸乱三年而亡。祸乱起于所忽，猝然作难，响应者众，以致防不胜防，而成不可收拾之局势。始皇初堕坏城郭，乱起，郡守、县令多不能守城。人民助吏守城者，刘邦、项籍皆会坑之。此为盗贼残酷性之表现。秦亡，而屠杀益为残酷。兹引《中国史》第二册一段，以做此篇之绪论。其言曰："秦亡，汉沿用其制度。群雄举兵不过利用时机，而欲取而代之，原无改革救民之心。其人多为盗贼，吾人自不能以此责之。彼囿于成见之书生，讥议始皇，并抹杀其功业，则吾人实难接受其意见。始皇并灭六国，十数年中国中未有内乱，人民除税重徭苦而外，尚能安居乐业。始皇礼敬寡妇清（以矿致富），尊显乌氏倮（以畜牧致富），其欲民富，殆无可疑，乃因建设多而工程大，为人民所恶。祸乱既作，人民所受之痛苦，过于其在秦时，吾人所当深切认识者也。"

第十一篇

汉高祖

刘邦入秦——项王之威权——祸乱之复起——社会制度之变更——汉郡——诸侯王——列侯——天子之尊严——三公——九卿等官——法令——南方诸国——匈奴

刘邦入秦 初,群雄起兵反秦,扰乱之区域除韩而外,多非秦势力所及,楚、魏、齐、赵、燕皆自立国。其称王者,或为六国之后,或为部将所推,或豪士起兵杀秦官自立。其基础犹未巩固,部将常叛,兵为乌合之众,故为秦军所破。章邯攻赵,为项籍所破,惧而降楚。籍将大军西行入关,刘邦已自武关入秦矣。邦,少而无赖,家贫不治生产,后为亭长,尝至咸阳,见秦宫殿不胜羡慕;既而坐法出亡为贼,及陈胜起兵,其从已数百人。项梁先世为楚名将,起兵于江东,统之北上。邦往见梁,梁益以兵。梁败死后,邦率数万士卒攻袭河南城邑,不下者辄引兵去,辗转取道武关入秦。邦数诱说秦将,然后乘其不备袭破其军;次于霸上,遣使约秦王出降,秦王从之。刘邦西入咸阳宫殿,仓廪未受损失,自以为当王关中,禁士卒为暴于民间,军粮以仓廪之充实,无须征之于民,亦不受民献。邦以秦法严酷,与父老约法三章:杀人者死,伤人及盗抵罪,余悉除去秦法。此乃要结人心之临时办法，邦后据有关中，未有守其诺言。事实上，社会组织益趋复杂，法令应需要而增多，约法三章或可行于组织简单之社会，而不适用于领土广大之国家。刘邦欲王于关中，遣兵防守函谷关。无纳诸侯兵并征兵以自益。

项王之威权 前207年冬，项籍率诸侯兵破关入秦，军次于戏，欲击刘邦，赖籍季父解说始已，邦往谢籍，恐为其下所杀，不辞而去。籍旋引兵至咸阳，多杀人民，害秦降王，烧其宫殿，收其宝器、妇女而东。其先，曾坑杀秦降卒二十余万，秦人大为失望。项籍既握实权，尊楚怀王为义帝。怀王、楚后，为项梁所立。籍复强其迁都，使人杀之，自称西楚霸王，王九郡都彭城，乃以余地分封诸将。楚地尚有九江、衡山、临江三王。魏地一部分并入于楚。秦地分为四国，以刘邦为汉王，王巴、蜀、汉中郡。有卒三万，慕从者亦有数万。项王三分关中，王秦降将章邯、司马欣、董翳。三人深为秦人所恶，刘邦则为人心所归。赵分二国，一曰赵，二曰代。燕为二国，曰燕、辽东。齐为三国，曰齐、胶东、济北。魏为二国，曰西魏、殷。韩为二国，曰韩、河南。合计凡十九国。其封有三县及十万户者，尚未计入。封建制度之恢复，全为环境势力所支配。初陈胜败死，说者称其失败由于不立楚后，而自称王。项梁竟信其说，求立楚后。既而韩、魏、齐、赵四王，亦为前王之后；富于野心之豪杰，亦欲据地称王。时事之演变充分证明，六国后之为王者，皆无功绩显著于时，徒以贵族血胤而居于臣民之上，历时稍久，自不能维持其地位，将相之有才能者，将有取而代之之思想。项王所立诸侯，既非其同姓，又非其姻亲，特以一时之利害，服从其命令。诸王就国皆自主其内政外交，将视利害乱定其与国，大乱遂在酝酿之中。

祸乱之复起 诸侯中不满意于项王之举措者，有刘邦、陈馀、田荣三人。刘邦僻处秦岭之南，心怀怨望。陈馀为赵将军，与赵相张耳齐名，以不从入关，项王封以三城，而立张耳为王，馀愤恨不平。田荣初为齐相，不肯出兵援楚救赵，故不得王，亦怨项王。陈馀遣使说荣出兵，助其袭击张耳。荣从其请，张耳败走，馀有赵国，迎立前王歇复为赵王；馀为代王，以王弱而留赵傅之。田荣复发兵巨击项王所立之新王，又杀其故王，尽有三齐之地。燕分二国，项王以前燕王为辽东王，而王不肯就国，为新燕王所杀，复为一国。齐在楚北，为楚兵力所及之地。项王出兵伐齐，田荣败走，为下所杀。楚兵为暴于齐，齐人相聚叛之。荣弟横收聚散兵，与楚抗战。其时，汉王已定关中，率诸侯伐楚，入于彭城。项王闻而还师，齐乃复国。初，刘邦居于汉中，将士吏卒多欲东归，邦亦不欲居于僻远之地，听信萧何之言，拜韩信为大将军。信善于谋略，能忍小忿；至是部署将准备出兵，约七八万人，其势锐甚。前206年秋，汉兵出襃城北袭关中，攻取三国之地，势如破竹，距其就国仅历三月耳。项王限于交通，无法击汉，令郑昌为韩王，将兵居于韩地，距塞汉兵东进之路；而自引兵击齐。明年，汉王统军出函谷关，河南国降，郑昌亦降；另遣兵出武关，据有南阳一带之地，关中则留萧何治之。汉王于新得之地，改置郡县；旋复降魏、破殷，东与项王争夺天下。项王欲待破齐后击汉，而汉兵已入彭城，乃从间道归，击汉军，大破之。刘邦西迷，楚兵未即追之，因得收聚散兵。九江王叛楚，亦楚军不进之一原因。

汉王聚集大军固守荥阳，项王虽胜，而汉仍处于优利之形势。从汉诸侯于彭城败后，复与楚和亲。汉王遣韩信渡河击魏，平之。赵以张耳在汉，与楚和亲。韩信伐之，陈馀聚兵应战，败死。韩信乘其战胜之威，遣使约燕降汉，燕王从之。汉王于信攻取新地，辄使人收其精兵，南诣荥阳。于是汉地广而兵益众。楚之与国，唯齐为大。初田横复定齐地，立兄子为王，复与楚和。其时汉兵固守荥阳，项王求战不得，侵夺其运粮之甬道。汉军乏食，刘邦使人诈为王驾出降，而与数十骑乘间逃去。项王闻其在宛，引兵而南。汉军不与之战，军不得西上。会盗魁彭越扰于梁地，汉王拜为将军，越乃助汉，大为楚害。项王败越，复攻汉王于成皋。汉王败而渡河入赵，令张耳守赵，遣韩信击齐，而以精兵南援成皋。其作战之策略，则固守不与楚战，另遣兵入楚与彭越合作，绝其粮道，以困楚军。韩信将兵而东，汉王又遣使说齐叛楚，田横许之。韩信袭破齐师,齐乃乞援于楚。项王遣将赴援,为信所败。彭越又烧楚粮,项王亲往击之,令将固守成皋,而将不听,致楚军大败。项王闻而还师,汉军复守险不出。楚汉战争数年,死亡惨重。楚补充之士卒日少,军粮更为严重之问题。项王以韩信之力足以决定楚汉之命运,使人说其三分天下,而信不从。彭越又为楚心腹之疾,项王乃许汉和,中分天下,归汉王家人。楚汉约成,士卒皆喜,国中将无战事,人民可得安居乐业。项王罢兵东归,汉王听其谋臣之计,进兵追之;期约韩信、彭越击楚,而二人兵不至,汉军又为项王所败,复坚壁自守。汉王许益信封地,并以梁封越,更诱楚臣归汉。汉王五年(前202年),汉王与诸侯兵击楚。项王军壁垓下,众可十万。韩信将三十万众,击败楚军。项王困于垓下,夜闻楚歌,惊而谓汉已有楚地,溃围南驰,楚军遂败。项王为汉骑所追,自杀于乌江。项王恭敬勇捍,为汉王所不及,唯太重视爵、邑,而不为急功好事者所附。重用其亲友故人,为其失败之一因素。项王固豪杰之士也。

社会制度之变更 汉王灭楚而为天子,为事理之当然。诸侯请上皇帝尊号,汉王不许,而诸侯固请,遂即皇帝位。余于《中国史》第二册论其事曰:"此为匹夫为帝之始,前古所未有也……商周稍有可信之史料,而最高之统治者全为贵族,其所用之卿大夫亦为世袭之贵族……其礼乐车服及日常享受之生活,皆远过于平民。平民无上进或为贵人之机会,为一明确之事实。周末政治、社会、经济制度有激烈之改变,平民始有受教育之机会。才能之士遂处于重要之地位,仕至卿相,而国君仍为世袭,其夺位或篡国者,非贵族则不可能。秦并六国,向之贵族降为庶人,秦亡,其贵族亦全消灭。此为社会制度重大之变更。群雄之初起兵,犹欲立六国之后……战事进行之际,贵族子弟未有战功,亦无统治才能,渐而不为时人所重。项王所封十八国王,唯韩、魏、代三齐六国之君,为前王或宗室之后,占全数三分之一。汉王即帝位之年诸侯王七人,唯韩王信为韩庶孽,占总数七分之一。其余六人,唯吴芮曾为秦吏,余皆平民,甚者贫乏无以自存,其尤下者,则流为盗贼,英布、彭越是也。"要而言之,新制度之产生,常非一朝一夕之故。刘邦之为天子,值逢旺机而已，代价则极重大。初群雄攻城略地，人民拒守而城陷者，常不免于诛杀，即史所言之屠城也。二军作战，军粮财物将必征取于民。士卒多为壮丁，史未记其死伤数字。然就片断记录而言，章邯所破诸侯兵约近百万，围赵之役，双方死亡应有相当之重；项王复坑杀降卒二十余万；汉王起兵破降诸侯，死亡之数全不可知，其东入彭城所部五十六万，及为项籍所败，死于水者十余万人；楚汉桓持于荥阳、成皋，死亡更为惨重；韩信所杀诸侯之兵，亦数十万。垓下之战，楚军十万，死于战者八万，汉兵死亡当亦不少。余曾估计直接死于战争者，盖逾三百万人；间接死者，数必更多。壮丁不足，更以老弱运输军粮，致土地荒芜，而死于饥饿者甚多。户口减少，盖占总数百分之七十。

汉郡 刘邦既为天子，不欲变更政治制度，乃行郡国并行制。郡县制之优点，深为刘邦所认识，封立王侯非得已。《史记·汉兴以来诸侯年表》称：汉有三河东郡颍川南阳，自江陵以西至蜀，北自云中至陇西与内史，凡十五郡，而公主列侯颇邑其中。司马迁未曾列举郡名，所指者常为河东、河内、河南、东郡、颍川、南阳、南郡、巴、蜀、陇西、北地、上郡、云中、内史十四郡。汉中、上党见于纪传，则未言及。据此汉凡十六郡。后以云中属代，为十五郡；旋复云中郡，罢东郡、颍川，为十四郡。汉郡先后不同，十五郡则历时较久，故司马迁以之为言。班固称高祖置二十六郡，则不足信。就今地名而论，汉初直辖地为陕西、河南大部分，甘肃、四川、湖北、山西各一部分。高祖初都于雒阳，后徙都长安。丞相萧何营造宫殿，颇为壮丽。高祖又强本弱末，徙六国后及豪杰名家于关中，凡十余万口。《史记·货殖列传》称："关中之地，于天下三分之一，而人众不过什三，然量其富什居其六。"其言当有相当之根据也。

诸侯王 封立功臣为王国，非高祖之本意。其视经营之土地人民为产业，欲其为子孙万世之业，乃本于疑忌之心而杀功臣。功臣为王者，据有广大之土地，自主其国政，并有可用之兵，故为其所疑而欲去之也。其所立之王国有七：一、楚王韩信；二、淮南王英布；三、梁王彭越；四、韩王信；五、赵王张耳，耳时已死，子敖嗣立；六、燕王卢绾；七、长沙王吴芮。诸王中以楚王韩信功高多才，深为高祖所忌，乃先失国。高祖以韩地扼要，徙韩王信王代，而以其地为郡。信为匈奴所攻，不胜降之。张敖帝婿，高祖遇之如奴。其臣怒欲杀帝。事发，敖降为侯。彭越为人所告，帝遣使掩捕越，赦为庶人，旋为吕后所杀。英布惧而亦反，帝亲督兵与战，败之。于是异姓诸侯王唯燕及长沙尚存。长沙蛮夷居半，地盖吴芮之所经营，又潮湿气重，非北方人士之所愿居。卢绾与帝同里，幼相亲爱，壮从出入，亲信过于萧何，故得为王；后亦惧罪，不敢应召入京，帝遣将击之。帝更立南武侯织为南海王。织为部落酋长，殆不过予以名义。异姓诸王，次第翦灭，高祖立宗室子弟代之，以为将能比隆周室。诸子未成年留养于京师，帝命相国代治其国。其地大者，或五六郡，连城数十。王至壮年，皆自亲政，置百官，宫观僭于天子，乃为祸乱之因素。

列侯 国之小者曰侯，一作通侯，或称列侯。帝初封大功臣，其余争功未得行封，有谋反之意。帝听张良之言，促丞相急定功行封。《史记·高祖功臣侯年表列举》所封之功臣一百三十七人。司马迁序曰："天下初定，故大城名都散亡，户口可得而数者十二三，是以大侯不过万家，小者五六百户。后数世，民咸归乡里，户益息，萧、曹、绛、灌之属，或至四万，小侯自倍。"户口增加不尽由于民归乡里，而多由于安居乐业，生殖众多也。萧、曹诸人，皆高祖功臣，而为大侯。列侯食租税，岁率户二百。千户之君，收入二十万钱。封爵之誓曰："欲国以永宁，爰作苗裔。"不意百年之间，功至子孙陵夷衰微，为侯者只有数人。其下有关内侯得食税如侯而已。王侯得自置吏将士有功者进爵。高爵应有田宅，然以人众之故，有不能得者。帝下诏严责长吏，其效果若何，则不可知。

天子之尊严 高祖即天子位，诸子为王，功臣各有赏赐。天子地位益高，为演变之当然结果。其宫殿壮丽，冠于全国。帝父太公尚在，帝往朝之，犹遵父子礼。太公臣说：如此，威重不行。太公于帝往朝时，拥篲迎门，却行。帝惊而下扶之，太公言：不可以我乱天下法。帝尊为太上皇，秦死人之尊称也。太公如此，家人当必有所顾忌。帝平日不拘礼节，其召见郦食其于传舍也，踞床，使两女子洗足见之。九江王英布归汉入见，帝方踞床洗足。此皆称帝以前之事，为帝自不能变更其常态。将相与之相处，当亦如此。《史记》称："群臣饮酒争功，醉或妄呼，拔剑击柱。"儒生叔孙通知帝患之，请定朝仪。帝令朝臣律从之习礼，七年（前200年）采行。诸侯王莫不肃敬；设席置酒，朝臣无敢欢哗失礼者，帝乃知皇帝之尊。

三公 高祖信用之长官，皆乡时之军吏。汉代官制沿秦之旧，丞相为最高之行政官，后称相国，位在诸侯王下。惠帝废相国而置右左丞相二人。吕后虑大臣为变，诏梁王吕产为相国。相国之位高于丞相，所以辅幼主也。吕氏亡而相国废。后置丞相一人，初以列侯有功者任之；后儒生亦可仕至丞相。丞相居百官之首，课其殿最，奏行赏罚，谏说皇帝，匡其不逮；并保举官吏、受理郡守计簿等。其职权之行使，常视其才能、所处之境遇及与其君之关系而定。汉初，丞相多有大权；景帝以后，徒拥虚名。丞相职权先后不同，其属员当有增减也。御史大夫位居丞相之次。御史掌文书，在帝左右，备其咨问，兼治文书，因得与闻国事。其长官同御史大夫，其主要职务则传转诏旨、监察百官。兹引一二事例为证。周昌为御史大夫，高祖欲废太子，昌廷争之，且曰："陛下虽欲废太子，臣期期不奉诏。"昌素口吃，期期乃形容之；不奉诏，则诏无法传于国中。其所居之地位，略近于后世之秘书长，拟定诏策，并由其将诏传于丞相，其与皇帝接近之机会较多，而易为其所信。及中书谒者出纳王命，御史大夫传达之权为其所夺。课考地方长吏，乃为其主要职务。凡遇国家大事，皆与丞相议之，共同受郡计簿。御史大夫多由九卿或郡国守相升任。丞相出缺，常由其升补。太尉治理军政。高祖初与项王作战，自将大军于外，太尉徒拥虚名。吕后时，太尉节制警备京师之南北军。后恐其死后，不利于诸吕而夺其兵权。后事演变之结果，太尉复主兵政。文帝嗣位，复夺太尉兵权，太尉后废。武帝末年，诏霍光为大司马大将军，受遗诏辅少主，大将军之威权至重。元帝以后，皇帝庸弱，大将军以外威或亲信大臣任之，于官中决事权力，常在丞相之上。丞相、御史大夫、太尉为朝廷最高之长官，时人称为三公。三公初非官名，而为长官之尊称。西汉季年，始为法定官名，而以大司马、大司徒、大司空当之。大司马即专政之大将军，大司徒系丞相之改称，大司空旧为御史大夫。其上太傅，位高而无实权，当不足论。

九卿等官 三公下为九卿。卿为古官，九卿犹言众卿，初与三公对举，御史大夫以下之长官，皆得称之；后乃以朝廷九长官为九卿也。九卿：一曰奉常，后更名太常，掌宗庙祭祀、陵邑，又为星相、卜筮等学问之集中地。其所属博士，教授生徒，太常遂亦主持考试。二曰郎中令，武帝更名光禄勋，职司禁卫官殿，有可供调遣之卫士；又有议论政事之大夫，为其属吏。三曰卫尉，职掌卫护宫门之卫兵。四曰太仆，掌车马。五曰廷尉，掌刑辟监狱。六曰典客，后更名大鸿胪，掌诸侯朝见封爵之礼，兼管归顺之蛮夷。七曰宗正，后更名宗伯，掌录宗室亲属及犯重法之宗人。八曰治粟内史，后称大司农，管钱币粮谷。九曰少府，司天子之奉养，为其亲臣，宦者、掖廷等官，皆归其管理。其地方政治，则为郡国并行制。郡沿秦制，其长官曰守，后改称太守。郡下为县，万户以上者，长官称令；不足万户者，曰长；边地有蛮夷者为道。此地方政府之组织大纲也。其长官之待遇，颇为优厚，而秩低者，则极菲薄。其秩俸为钱谷两给制。长官出身，汉初皆为军吏，后渐登用儒生。亦有纳赀，或以技能、军功、恩荫为官者。

法令 汉代法令，初亦本之于秦。高祖入关，与民约法三章，过于简单，不适于用；及与项王争夺中原，非法重威严，将不能继续大规模之战斗。其推行之法，当为秦法。班固于《刑法志》称：萧何取秦法之宜于时者，"作律九章"。秦法不传于后世，九章法亦复散失，致吾人不知其真相。同时，皇帝之诏策亦为法律之一来源。时人言：三尺法出自人主，前主所宣示者为律，后主所公布者为令，为一明证。令应环境而生，所以纠正时弊，历时既久，不免前后不同，非典之者，不能遍睹，奸吏因得弄法受财。编纂法典为汉中叶以后之要政，但终未有编订之企图。刑罚见于《汉书·刑法志》者，颇为残酷，盖为原始社会之遗存。其种类有大辟、肉刑、苦役、笞、流等。每一种类有不少之名目，如大辟有斩、腰斩、弃市之类。杀人例在冬季。汉初耕地有余，人民衣食丰足，犯法者少。其后户口大增，生活渐难；更以对外用兵征发，增加其担负，贫民犯法者众，而刑罚益严矣。

南方诸国 高祖为帝，统治领土视秦为小，精力多耗于诛灭异姓诸王，其仅存之王国唯一长沙国。末年，封织为南海王，以亡诸为闽粤王，立故秦吏赵佗为南越王。初，高祖封吴芮为长沙王。后赵佗覆文帝书称：南越西北有长沙，其半蛮夷，亦称王。长沙境内之蛮夷众多，部落酋长有自称王者，佗言当为事实。吴芮旧为番君，其地为山越居住之区域。吴芮遂渐经营其地，降服越人，长沙国之成立，盖其经营之结果。高祖封以广大之地，而实多为南越国之领土，非其所能有，汉不过承认其为王而已。其立南海王、闽粤王，殆亦不过如是。南越旧为始皇开拓之新地，赵佗仕秦，为南海郡龙川令。及中原大乱，南海尉任嚣病且死，召佗，令行南海尉事。佗以法诛秦所置长吏，而以其亲信代之；更起兵击并桂林、象郡，自称南越武王，自主其国政。高祖于灭楚后，以佗地予长沙国而其王不能有，佗称王如故，高祖无如之何。十一年（前196年），道使陆贾立佗为南越王，诏称：佗治其地甚有文理；秦所徙之中原人士故未耗减，越人相攻亦止。此言佗治南越有功。北方迁入不若土著之众多，南越王直接统治之区域，当不甚广。佗厚待汉使，受封称臣奉约，然仍自主其内政，一如往日也。

匈奴 长沙、闽粤、南海、南越皆汉藩属，高祖树立经营南方之基础，当可谓之成功。汉初，外患则在北方。长城以北，地为高原，距时季风发源地太远，雨量少而土壤贫瘠，气候又冷，植物生长之时期较短，农业自不能发达。人民生长于此天然环境，往往从事于畜牧事业，食肉饮酪，体壮多力，善于骑射，常为患于中国北边。秦汉时，称为匈奴。始皇遣兵逐之，而北建筑长城。及中国扰乱，秦戍卒逃归，匈奴乘势南侵。其君长曰单于。汉初，单于曰冒顿。冒顿颇有才能，东破东胡，西败月氏，南并楼烦、白羊河南王，更侵燕代，悉收复秦所夺地，成一大国。其大臣皆为世袭，以左右贤王为最高，各有土地臣属。其在外作战，各私其所获之财物，以俘虏为奴婢。然无大志，故未利用时机，大伸长势力于中国也。高祖既定中原，而匈奴仍掠夺人民财物于边邑，乃徙韩王信于太原以北以备胡。信数为匈奴所攻，又为高祖所疑，惧降于匈奴。七年（前200年），帝北击信破之。信走匈奴，与冒顿合谋攻汉，汉兵击之。匈奴诈败，高祖进至平城。汉军多为步兵，又无御寒之设备，堕指者什二三。冒顿以骑兵攻击汉军，汉军死亡惨重。高祖困于平城七日，用谋臣陈平计始得归国。其事秘而世不知，此司马迁于《陈平世家》所言，当属可信。冒顿亦未乘胜占领汉城，唯数侵扰代地。高祖遣使和亲，奉宗室女妻冒顿，而厚赠以礼物，匈奴始少为寇。

　　总上事实而论，高祖无所凭依，竟能于三年之中入关降秦，更与项王争夺中原，四年灭楚而为天子。其为帝也，共有八年，精力耗于诛杀异姓诸侯王，及对外用兵。其推行之政策，则欲巩固皇帝之地位。而使其经营之产业，为其子孙万世之业。其观念若是，自不能为人民谋求幸福。其为人也，不学无术。其政治制度甚至官名、官名，皆沿秦旧，任用之大臣皆为军吏，当不能望其有所改革。另一方面，帝有坚决之意志、勇敢之精神、指挥之能力，临大事决大疑颇能审辨利害，而有适当之处置。其知人善用，亦其成功之一原因也。

第十二篇

惠帝至景帝

政治现状——吕后专政——诸吕之乱——文帝与大臣——重农业——减刑罚——礼遇大臣——短丧——七国之乱——政治上之改革——封建制度之失败——户口之激增——游侠之风——对外之关系

政治现状 高祖于十二年（前195年）病没，太子盈嗣父为帝，是为惠帝（前194—前188年在位）。惠帝之为太子也，母吕后无宠，高祖宠爱戚夫人，欲立其子如意，赖大臣力谏而止，乃立如意为赵王。惠帝嗣位，年十六岁，尊母为皇太后。世人之相亲，莫过于母子。汉世重孝，子常不愿违反母意。吕后于高祖时诛杀韩信诸人，与闻政事，惠帝则无政治经验，吕后决定政事、握有大权，为事理之当然。其时，朝中制度鲜有变更，大臣皆前有功之列侯，不学无识，自不能认识政治社会上之需要，而有所改革也。且值大乱之后，户口大减，耕地有余，人民丰衣足食，大臣自以为无改革之必要。自思想而言，道家无为而治之政治哲学最为盛行。无为而治本为传统思想，孔子曾以为言，表示人君以德化民，而民从之之意，为正统派之解说。道家主张抛弃礼法制度，而返于纯朴之原始社会，树立其无为之新学说。法家亦以无为为最高原理。秦汉之际，道家思想颇有势力。秦之覆亡为儒法二家一部分思想实践之失败。深谋远虑之士鉴于前事，接受道家无为之学说，固其所也。兹引曹参事为例。

参为高祖将，以功封侯，为齐相国，至齐召长老儒生，问以安集百姓之法，诸儒所言不同。参无法定其是非，闻盖公善治黄老，厚币聘之。黄老指黄帝、老子，其成仙故事为方士所盛称也。盖公应参之问，答称："治道贵清静而民自定。"参用其言，相齐九年，齐人安集，时称贤相。惠帝二年（前193年），汉相国萧何病死，帝以曹参代之。参遵前相约束，法令一无变更。其用人也以忠厚讷于文辞者为属吏，罢去深刻欲求声名者；更日夜饮酒，有欲谏者，辄饮以醇酒，使不得言而去。其舍后园近吏舍，吏饮酒高歌，园吏恶之，请参往游，欲其按治醉吏，而参反取酒坐饮，歌呼与之相应。帝怪相国不理政事，使参子归谏其父，参怒而笞之。及参入朝，惠帝让之，参免冠谢曰："陛下自察圣武，孰与高帝？"帝曰："朕乃安敢望先帝乎？"参曰："陛下观臣能，孰与萧何贤？"帝曰："君似不及也。"参曰："陛下言之是也。且高帝与萧何定天下，法令既明。今陛下垂拱，参等守职，遵而勿失，不亦可乎。"惠帝称善而罢。

上为极端之事例，参为相国不治政事，更不能望其决定政策。惠帝年壮，方恣于情色，史称其深受刺激而然。初，吕后修报旧怨，囚戚夫人，并召赵王如意入朝。如意将至长安，惠帝自往迎入宫中，同居共食，吕后不得杀之。会帝晨起出猎，王少未起，吕后使人鸩而杀之，更残害戚夫人为人彘，帝见而惊哭成病，遂纵于淫乐，不听政事。此《史记》所记之故事，不无可疑之处。惠帝为中庸以下之主，太后因得行使政权而益无所顾忌，削弱宗室，欲其母家之地位与刘氏相等。七年（前188年），惠帝病死，年始二十三岁，纵于酒色为其早死之原因。其皇后张氏系其姊所生之女，太后欲其重亲故也。汉世婚姻亦常不问行辈。皇后无子，而后宫美人所生之皇子已有六人，太后取其一而杀其母，令皇后养之以为太子。帝死，太后哭之无泪，丞相请拜后侄为将，居南北军，诸吕入宫居中用事，其哭始哀。

吕后专政 太子即位，年幼，吕后称制（前187—前180年），大小政事概由其决定。帝年稍长，闻其母死，口出怨言。吕后恐其壮而为变，幽之，诏称其久病昏乱，其议代之。朝臣奉诏废而杀之，立惠帝子弘为帝。太后称制如故；欲立诸吕为王，而格于故事。初，高祖刑白马誓告国中，非刘氏而王者，天下共击之。太后临朝以之为问，借以验证诸大臣之意向。右丞相王陵以高祖誓盟为对，太后闻而不悦。左丞相陈平等转言无所不可，太后始喜，乃夺陵相。大臣尽为阿意曲从之人，太后乃立其侄吕台为吕王；台死，更以其弟产为梁王；又立吕禄为赵王，台子通为燕王。诸吕侯者，时有六人。太后疑忌大臣，以酷吏侯封监之。《史记》称其刻轹宗至，侵辱功臣。其时，右丞相陈平无权，左丞相为辟阳侯审食其，食其为后幸臣，居相位而不治事，监官中如郎中令，大臣皆因之奏请决事。陈平忧思不知所出，乃交欢太尉周勃。

诸吕之乱 吕后于八年（前180年）病甚，拜赵王吕禄为上将军将北军；以梁王吕产统南军。二人握有兵权，可防大臣为变也。太后旋死，少帝以吕产为相国，禄女为皇后，于是政权、兵权归于禄、产，列侯群臣莫自坚其命。齐王肥子章，时在长安，封朱虚侯，妻为吕禄之女，兄襄嗣父为王。章遣使说兄起兵西诛诸吕，而己与大臣为应。齐果发兵，琅玡王刘泽应之，而兵为齐王所夺。齐王遗书诸侯，称讨"不当为王者"。吕产闻变，遣将灌婴击之，婴反与齐连和。禄、产欲发难，而多顾虑，犹豫不决。二人分将南北军，周勃不得入军门主兵。大臣强人给说禄归上将军印，而以兵属太尉；请产归相国印，与大臣盟而之国。此为解决问题之一法，无奈大臣机诈无信。禄受其欺，欲以兵属太尉，使报吕产及诸吕老人，其意见不一。而禄以为无事，出而游猎。会使者西归，具以东方事告产，说其急入宫定大计。事为大臣所知，周勃以为事急，命主符节者持节矫纳大尉入于北军。其时吕禄已解上将军印，而以兵授太尉，故周勃入将北军未受阻碍。陈平使人告卫尉，毋入吕产殿门。产不知禄去军，至未央宫而不得入。勃予刘章卒千余人，遣之入宫卫帝。章击产，杀之。大臣患产难制，及闻其死，以为事已大定，悉捕杀诸吕，遣使告齐罢兵。斯变也，刘章功为最大，欲迎立其兄为帝，不成。

文帝与大臣 诸吕既灭，大臣安然保其禄位，然犹顾虑少帝为诸吕所立，将来或有报复之举，谋立诸王中最贤者为帝；以高祖子代王恒仁孝宽厚，母家谨良，议定立之。王母薄氏无宠，封地北边，王以贤称于时也。大臣遣使召迎代王为帝；王臣皆言汉臣诈不可信，惟中尉宋昌劝王勿疑。王遣使往见汉大臣，使请王行；王使宋昌先行观变，然后南行。群臣拜谒称臣，周勃跪上天子玺符，王辞谢。大臣固请即天子位，始乃许之。刘章弟兴居，请入除宫，载少帝出。大臣奉法驾迎王入宫，夕即帝位，是为文帝（前179—前157年在位）。文帝夜拜宋昌为卫将军，镇抚南北军；以张武为郎中令，行殿中。二人旧为代臣，侍从入京，兵权归于文帝，其心始安。斯夜有司杀少帝及其三弟，为汉初皇室之一惨剧。文帝大赦天下，赐民麋牛酒，酺五日；有功诸臣益封、赐金有差。唯刘章兄弟功高赏薄，心怀怨望。

文帝为勤俭爱民之主，在位二十三年，宫室、苑囿、狗马、服御，无所增益；尝欲作露台，召匠计之，费值百金，帝以百金为中户十家之产，遂不肯筑；所幸慎夫人衣不曳地，帏帐不得文绣；治其寿陵，亦崇尚节俭。府库大有羡余，乃减轻人民担负，令郡国无献，并迭减免赋税。文帝鉴于前事，不甚信任大臣，罢去太尉。周勃以功任右丞相，而不知其所司，惧祸及身，谢病去官，后复为相。及帝诏列侯就国，而归者不多。明年，诏丞相率列侯之国，勃遂免相就国。列侯居于长安，为高祖所定之制度，恐其为乱故也。及中央政府之地位巩固，诸侯王奉命唯谨，祸乱反起于留住长安及为长官之列侯。问题先后不同，制度应有改革，说者称：贾谊首为此议。谊言古制，文帝则欲解决现时之政治问题，诏以邑远运输费重为言，当亦为其变更制度之原因。勃就国后恐诛，常被甲令家人持兵，有告其欲反者，帝下廷尉治之。俄又赦之，复其爵邑。刘章与弟兴居后皆封王，然不得志。其为人也，志大无信，敢于犯上作乱。刘章早死，兴居王于一郡，闻帝出伐匈奴，起兵为乱，能王之于广大之国乎？后世讥文帝刻薄，而诸大臣之欺诈行为亦有以促成之也。

重农业 文帝惠民之政，首为谋求农民之利益。汉为农业社会，耕种为其生产事业，人民衣食所资，帝重农业。前元十三年（前167年）诏"除田之租税"，赐天下孤寡布帛絮各有数。帝曾定法令：年八十以上，月赐米一石、肉二十斤、酒五斗；九十以上，增赐帛二匹、絮三斤。养老之政受古制影响而生，为惠民之新政。其劝农也，亲耕以供粢盛；又率群臣耕以劝民；县官贷民种食，而民未还及还而不如数者，诏免其罪。帝后遣谒者劳赐三老、孝悌、力田帛各有差。三老以乡镇中年高德劭之人充任，孝悌、力田则无须说明。遇有水旱之灾，帝即诏丞相等议商佐民之法。其时，人口增加，耕种之土地益广，谷价降低。汉初，米石曾值万钱，至是贱至数十钱，限于市场之需要、运输之困难故也。对于农民，当为不利之事。

减刑罚 减轻刑罚，亦为文帝之惠政。汉沿用秦法，有收孥相坐律。史称：吕后时，废之；旋复采行。文帝嗣位，诏朝臣议废收孥令，而大臣不欲有所变更，覆议不便。帝诏责之，有司始肯奉诏，除收孥诸相坐律，此汉书所记之史实。但后犯大罪者，仍有族诛或夷一族之制。惜帝未能贯彻主张，终始如一也。刑罚惨无人道，肉刑当为其一，其种类有断趾、黥、劓、宫刑。文帝诏除肉刑，由于孝女缇萦之上书。其父坐法当刑，缇萦悲泣随父至长安上书，言：死者不可复生，刑者不可复属，愿入为官婢以赎父刑。帝悲怜之，诏废肉刑。大臣议定：当黥者，髡钳为城旦春；当劓者，笞三百；当斩左趾者，笞五百；当斩右趾者，弃市。新法视旧律为重，笞至三五百者，率不能活，不死亦为残废。文帝有仁民改革之心，而大臣则为鄙夫。景帝始定棰令，减少笞数。文帝又废宫刑，但未有何影响于后世，限于环境故也；帝又诏除诽谤、妖言之罪。其他惠民之政尚有免官奴婢为民，及除关无用传。关吏稽查出入，有传者始得通过；无用传，则交通益便。

礼遇大臣 文帝待遇大臣，除所疑忌者外，殊为优渥。贾谊好言古制，说帝礼敬大臣，引古刑不上大夫为证。其言系对周勃下狱事而发，其理由则大臣初为帝所礼敬，一旦下狱，狱吏亦得辱之；

榜笞髡囚非待大臣之道。士自小吏仕至大臣，平日必恭谨事上，忠于职守，或功绩昭著，一为人所告发，即下廷尉治之，是十数年或二三十年之功，不如人之一言。贾谊论其非待大臣之道是也。文帝颇然其说，亦勇于改过。大臣犯法不忍加诛，而强其自杀，后遂成为故事。大臣下吏，多即自杀，徒为野蛮制度。司马迁称：张武等受赂事觉，帝弗下吏，而发御府金钱赐之，以愧其心。史未记其经过，致吾人不明真相。自政治道德而论，大臣应廉洁奉公。文帝不问其受赂，殊失政刑；然下之吏，则同于杀之，不免刑法太严。中郎署长冯唐尝言：边将上功，文吏以法绳之，一言不相应，赏即不行。且曰："臣愚以为陛下法太明，赏太轻，罚太重。"小知小察，有害于政，当为事实。与其因偶尔失检而诛大臣，无宁置而不问。张武等受感化，文帝亦得保全有用之人才，其处置自不可非。

短丧 后元七年（前157年），文帝病死，享年四十有六。帝曾言其夙兴夜寐，勤劳天下，忧苦万民，证以平日思想行为，当为事实。帝有痼疾，身体弱而不能支持也。帝受道家思想之影响，视死为自然现象，遗诏短丧。儒家言三年之丧，汉初，帝没，其嗣位者强民奉行，深使人民不便，为帝所知，乃毅然有此改革。文帝死后，群臣议，称"德莫盛于孝文皇帝"，尊为太宗，郡国立庙。皇太子嗣位，是为景帝。

七国之乱 景帝（前156—前141年在位）三十二岁嗣位，遵守文帝之遗规，颇能休养生民；然受晁错之影响，刻薄寡恩。错学刑名之学，为太子家令，有知囊之称，数上书言事，文帝虽不尽听从其谋，固奇其才。至是，景帝拜错内史。错常数请间言事，而所言辄听。丞相欲借事杀之，而不可得。错迁御史大夫，前元三年（前154年）请削诸侯土地，致成七国之乱。七国以诛错为名，帝与错议。错本于法家兵权不可下移之说，请帝亲征而已，居守为帝所疑，后为人所谗，为帝所杀。错死，战争继续进行，七国兵败，于是，汉帝直属之土地益广，威望大增。中央政府之军力，非诸侯合从之所能胜，为一明显之事实。诸侯边郡，更为汉所有，大国不过十余城，小侯不过数十里，遂不足以复为祸乱矣。

政治上之改革 景帝对于宗室刻薄寡恩，其待遇周亚夫亦足以为证。亚夫为周勃子，统军平定七国之乱，然为帝家人所恶。会帝废太子，亚夫进谏，为帝所疏。帝欲立皇后兄为侯，亚夫言其无功，帝默然而止。后匈奴王降，帝欲侯之，而亚夫不可，帝遂不用其谋。亚夫为丞相，及言不用，乃谢病免。帝召之食，而不置箸，致不欢而散。会亚夫子买御葬物，帝下亚夫吏。吏责问之，亚夫不对。帝怒召诣廷尉。吏侵之益急，亚夫不食而死。景帝一朝，丞相五人，二人欲行使职权而不得其死。帝欲独断独行，自为丞相也。对于政治制度，并无重要之改革，唯改易官名耳。其差强人意者：一、改定赃法官。吏买贱卖贵，皆犯赃罪，物收没入官，吏视所犯轻重定罪。仕为官者，旧为军吏，纳赀者亦可为官。旧令：赀算十以上乃得官，后人解说不同。余疑丁税有贫富之差，贫者一算，富者数有增加。十算始有为吏之资格。景帝以其限制人严，改令赀算四得为官。贫士受新令之影响而为官者，数有若干，今不可考。二、慎刑法。帝严禁吏为奸，令平疑狱。既而诏称：有司所不能决之疑狱，多送廷尉；谳后而理不当者，不得以谳人为有罪失。欲治狱者，务从宽也。疑狱复谳而所谳者理不直，亦不为罪，是予人民上诉之机会，为我国司法上之一改革。帝又诏减笞数，改三百为二百、二百为一百；又定棰令，长五尺、宽一寸，以竹为之，并平其节，笞臀不得更人。于是笞者得全。三、劝奖农业。帝本于传统之思想，"欲天下务农蚕，素有蓄积，以备灾害"；又以户口增加、耕地不足，许民自狭地徙于宽大之区域。要之，景帝遵行其父文帝之遗规，不失为有道之君。后元三年，帝死，在位凡十六年。

封建制度之失败 自惠帝嗣位，迄于景帝病没，凡五十三年，为治平之世，其政治问题则为如何削减诸侯王之势力。初高祖剪灭异姓诸侯王，而以子弟宗室代之，各有广大之土地，以为谊为家人，可成辅车之势，缓急当能援助。而后事之演变，竟与其初意相去悬远。天子诸侯非立于平等之地位，天子有无限制之威权，得自由处置诸侯之领土，任免其大臣，订立限制王权之法令，甚或以其有罪而杀之。诸侯未有保障，兵力、财力皆远不及中央政府，人才亦不之如，合从又不可能，历时久而益处于次要地位，演变之当然结具也。高祖所封诸子，多未成人，大权握于相国。相国由天子任命，倾向于扩展中央政治势力。于斯现状之下，爱子不能保全，固其所也。赵王如意，则其一例。国王生命尚无保障，其领土政事，汉廷更得自由处置。会齐王肥来朝，惠帝与之燕饮，如家人礼。肥，高祖微时外妇所生之子，惠帝兄也。吕后怒，欲杀肥，赖帝救之，始免。肥恐，献城阳郡于太后长女，乃得归国，此为侵夺诸侯土地之起始；后，更夺齐地，封立二国。封建制度不能维持，已一昭著之事实。后事演变之结果，高祖三子不得其死；惠帝死后，诸子先后为王；诸吕王者三人；太后长女之子亦得为王。及文帝嗣位，新立之诸王或诛或废，土地尽入于汉，复以前夺齐、楚地归之。

文帝应朝臣之请：立皇太子，并封诸子为王。乃封宗室，立赵王遂弟辟为河间王，朱虚侯章为城阳王，其弟兴居为济北王。河间为赵地，城阳、济北，皆为齐地。齐、赵时为大国，文帝分裂其领土以王其弟，既可削减其国力，又得厚待宗室及有功者之名。帝三子封王，各有广大之土地。贾谊为帝筹划治安之策，请多建诸侯而少其力。文帝分赵为二，齐为三，盖受其影响而然。谊并请益帝子封地，以防祸乱。是以亲防疏，离间其兄弟家人，十数年或二十年后，亲者将又疏远，徒散播不安种子，而促成其为祸乱。诸王心怀怨望，尤以刘章兄弟为甚。章死，兴居为乱，兵败自杀。后数年，淮南王长谋反。长于帝为弟，入朝称帝为大兄，勇有材力，骄恣不用汉法。会谋反事觉，帝诏置之蜀地。途中，长不食死。帝三分其国，立长三子为王。会齐王病死无后，帝立其弟六人为王，皆肥子也，合城阳计之，共为七国。吴为大国，其王濞为高祖兄子，善治其国。吴太子入朝，侍皇太子，饮博争道，为其所杀。濞怨望不朝，帝赐以几杖。楚亦大国，为高祖少弟交之封国；及其孙戊嗣位，骄横无礼。诸侯王之势力已不如前，文帝尚疑忌而严防之。

景帝听信晁错之说，诸侯有罪者，削其支郡；更令三十章，诸侯欢哗。错奏言赵、楚、胶西三王罪过，削其郡县。吴王濞恐削地及吴，约诸侯举兵。前元三年（前154年），吴王起兵，胶西、胶东、甾川、济南、楚、赵六国响应，为汉军所败，王皆自杀。景帝诏以多杀为功，且曰："斩首捕虏比三百石以上者皆杀之，无有所置。敢有议诏及不如诏者，皆要斩。"无辜之吏民受害者，当必不少。七王家人之未死者皆为官奴婢，土地尽入于汉，中央政府之威权大为增强。汉廷更为预防祸乱之计，管理诸侯之法令益严；王官由朝廷派遣者益多，王所自除者，尽为小吏。汉廷任命之长吏违反王意，而王无如之何；甚者上书告发王短。汉廷大臣往往请治王罪，更以污秽不堪之故事，议论诸侯王于朝廷，而斥为禽兽行。此实有失帝王之尊严，更非待宗室之道，况未必实有其事，而笞服其臣以证实之邪！列侯于七国乱时，忠于天子，从军作战，事变境迁，帝乃省列侯之国令。

户口之激增 政治趋于中央集权，入于进步之途径。社会则以户口继续增加，渐为严重之问题。初，汉于大乱之后，户口大减，财力不足，政府采行之政策，则欲人口增加，土地开辟。高祖奖民生子，产子者勿复事二岁。事为徭役，最为人民所苦，产子者免役二年，当为重大之奖励。惠帝进而使女子早婚，年十五以上至三十而不嫁者，五算。汉人岁出一算，为一百二十钱。贫民收入有限，深以为苦。女子至法定年龄而不嫁者，增至五算，当为重大之担负。自法令而论，女子年未十五，即当出嫁。妇女年在三十内者，生产力强。我国伦常观念以无子为不孝，为父母者皆欲其子早婚，故民间婚姻常早，法令且欲女子于发育未全时出嫁。惠帝之张皇后，婚时殆不过十二三岁，景皇后母仪天下，而以身作则邪。十数年内，人口数字当有重要之增加，荒地亦多开辟，人民丰衣足食。后渐成为问题。文帝崇尚节俭，府库充实，一再加惠于民，迭诏奖民农桑，而民食仍有不足之虞。诏称："以口量地，其于古犹有余。"乃由于人口之有隐瞒，而帝不知也。其时，谷价低廉，颇有谷贱伤农之现象。景帝遵行其父之遗规，劝民农蚕。汉至景帝，治平数十年，肥沃耕地之人口密度增加，一遇水旱之灾，即有饥寒之虞。景帝于嗣位之初，许民徙于宽大之地，人口已为问题矣。

游侠之风 汉帝方欲扩张君权，而游侠之士于社会上有擅作威福之势力，当为其所深恶。游侠盖起于战国之世，其时，游士生计困难，有知己而擢用之者，往往愿为之死。汉初此风未革，季布则其一例。布任侠，为项籍将，楚败，高祖求之，布赖大侠朱家之力，得免于死；且至尊贵，朱家遂不之见。《史记》称朱家所藏活豪士以百数。"其人言必信，行必果，已诺必诚，不爱其躯，赴士之厄困"，为其盛称于世之原因。文、景时，剧孟以侠显名，《游侠列传》称，七国乱时，周亚夫至雒阳，见孟喜，曰："吴楚举大事，而不求孟，吾知其无能为已矣。"天下骚动，宰相得之，若得一敌国云。大侠之威权地位于此可见一斑。景帝受法家影响，凡阻碍或削减其权力与威望，或迹近与国君争权者，皆杀之无赦，自不能容忍大侠。《史记》称其遣使尽诛此属，侠风气并未改变，以造成游侠之社会、政治因素依然存在，而继起者尚多也。

对外之关系 汉自平城败后，对外不欲大规模用兵，采行保境安民之政策。其邻国南为南越，北为匈奴。吕后时，南越与汉不能维持亲善之邦交，赵佗发兵北攻长沙国，汉军赴援，病者甚多，师久无功，文帝嗣立，二国罢兵。帝擢用佗从昆弟，并修治其先人冢，遣使南行，诏其通，使如故，毋为寇灾。佗愿奉诏，长为藩臣，并献珍物，南方遂无兵革之祸。北方则匈奴为害滋甚。初，高祖与匈奴和亲；吕后时，冒顿遗以傲慢之书，而不能报，匈奴为害于陇西。文帝复修和亲，赠与之物甚多。前元三年（前177年），匈奴右贤王入居河南地，大为边害。文帝书责单于，遣军出征，会内乱而止。明年，单于书言右贤王败约，罚之西征，败灭月氏，降二十余国，复请和亲。文帝许之，厚遗匈奴。会冒顿死，子嗣，文帝遣宗室女妻之，而匈奴寇边不已，曾逼近长安。文帝发兵，严之备，并欲亲征，为皇太后所阻而止。匈奴岁入为寇，文帝患之，再请和亲。单于许之，但无遵守信约之意。汉军对于入寇之匈奴，迄未能迎头痛击，予以相当之损失。匈奴虏获之人畜多于和亲之所得，宜其继续为害也。景帝嗣位，遣大臣前往和亲，邦交转而亲善；末年，匈奴又常盗边，然与文帝时相较，则祸稍轻。

汉兴至景帝没时，凡六十余年。诸帝自高祖而后以文帝为最伟大,其勤俭为民之心,非后世国君之所能及。六十余年之中,政治问题,内则分削侯王之土地并减少其权力,外则防御匈奴。汉土地人口多于匈奴,财力更非其所能及,但以边地辽远,及作战技术不同之故,而匈奴反居优利之形势,汉乃处于被动之地位,而遂多所损失。削弱诸侯,则汉郡增多,而兵力益强。诸侯地小,而管理监视之法益严。其影响所及,则中央政府巩固,无内顾之忧,武帝因得以全力对外作战也。

第十三篇

武　帝

养士风气之丕变——取士之方——汉与匈奴之关系——西域之经营——通西南夷——灭南越——徙越人——并朝鲜——十三州——农民生活之一斑——财政之困难——政府之收入——刑罚与叛乱——晚年之境遇

养士风气之丕变　景帝病没，太子彻立，是为武帝（前140—前87年在位）。帝年十六，以明年为建元元年，是为年号之起始。其祖母太皇太后窦氏、母王太后，皆得与闻政事。窦太后自景帝即位，意见常能左右政治；至是，朝政无不奏之，王太后为其儿媳，不敢违其意。及死，王太后亦得干涉朝政，但不若窦太后之专。帝年已壮，亦欲自行决定国事也。其时，大臣好养宾客，客忠于所事之主，而不知有天子。齐辩士蒯通尝说韩信叛汉，其自辩护则称：跖狗吠尧，各为其主，当时，独知韩信非知陛下。则其一例。武帝深恶臣下养士，大将军卫青答属将招请贤者之请曰：“自魏其、武安之厚宾客，天子常切齿。彼亲附士大夫，招贤绌不肖者，人主之柄也。人臣奉法遵职而已，何与招士。”此本于见闻之言，魏其、武安争养宾客，为武帝初年之事。齐人主父偃学纵横之术，不遇于诸侯，入京见青，青数言之于帝，而帝不用。偃以资用困乏，上书自荐，朝奏而暮召见，官拜郎中，一岁四迁，尤其明例。

大臣养士之风日渐衰微，而诸侯所养之宾客犹众。梁孝王为景帝母弟，有功，据膏腴之地，窦太后赏赐不可胜计。王召延豪杰，自山以东，游说之士莫不毕至。王求为汉嗣，不得；怨发言反对之汉臣，使客杀之，宾客自为天子所恶。淮南王安、衡山王赐于武帝时皆好宾客。安以过削五县，深以为耻，与客谋乱，客言不可，王流涕而止；事发，诛者数千人，而冤者甚众。衡山王旋为汉吏所告，汉为之置吏二百石以上。王怒，与宾客谋反，事发自杀，家人皆死，与王谋者族诛。二王地小又无兵权，长吏皆汉所置，不过因其失望而与所善宾客谋商，借宣泄其不平之气，并未有所行动，而竟成此大狱。武帝为严防诸王交结宾客之计，作左官之律，设附益之法。左官谓仕于王朝者，不得官于汉廷。附益盖取《论语》厚敛于民而富私家之义，其法今不可知。汉臣更不得与诸侯王往来，受其赂遗者，将致不测之罪。新法实施而后，诸侯之宾客益少。

取士之方 于斯情状之下，才能之士自愿奔走仕于汉廷。汉之得人，以武帝时为最盛。班固云："儒雅则公孙弘、董仲舒、倪宽，笃行则石建、石庆，质直则汲黯、卜式，推贤则韩安国、郑当时，定令则赵禹、张汤，文章则司马迁、相如，滑稽则东方朔、枚皋，应对则庄助、朱买臣，历数则唐都、落下闳，协律则李延年，运筹则桑弘羊，奉使则张骞、苏武，将帅则卫青、霍去病，受遗诏则霍光、金日磾，其余不可胜记。"班固所列诸人多出身微贱，武帝擢而用之，可谓知人。其取士之法有三：一、微举。高祖曾诏求贤，文帝数诏举贤良方正、直言极谏之士，但未成为定制。武帝嗣位，诏举贤良，更创为新制，令郡国举孝廉各一人；又诏贤良对策。诏下，郡守有不奉行者，帝令朝臣议之。朝议：不举孝，为不奉诏，当以不敬论罪；不察廉，为不胜任，当免官。帝可其议。于是郡守莫不奉行。帝征吏，民有当世之务、习先圣之术者。后遣博士循行国中，谕其举独行之君子。州郡又奉令察吏，民有秀才、异等，可为将相及使绝国者。武帝用人不求全责备，礼聘衰老之文人学者，当足以鼓舞时人，而有相当之影响。二、访察。帝策问征举之士，亲览其对，尝擢下第之公孙弘为第一。上书自言为帝擢用者，有主父偃、东方朔等。审察文辞，为帝察士之一法；亦有审察其行为而重用之者，霍光、金日䃅皆其明例。光自郎仕至光禄大夫，出则奉车，入侍左右二十余年，甚见亲信。晚年，帝欲立少子为嗣，令其辅政。日䃅本匈奴王子，以父不降，没为官奴养马。帝以其行动异于常人，拜为马监，后迁光禄大夫，为汉名臣。武帝接触之人虽不甚多，然已尽其力之所能为矣。三、其他。汉初为吏者或以赀补，或以荫任，或以技能进身，或以军功任职，武帝继续行之。要之，人才之养成非一朝一夕之故，武帝值逢其时，并能充分运用制度，选用才能之士。其人各得发展之机会，亦云幸矣。

汉与匈奴之关系 汉至武帝，中央政府之巩固，有如磐石之不可动摇，乃利用其国力对外作战，并开拓领土。其时，匈奴为汉之邻国，武帝初与匈奴和亲，遗之甚厚，而匈奴仍为边患。元光二年（前133年），汉屯兵三十万于马邑，诱单于深入，起而攻之；另遣将取其辎重。事败，匈奴遂绝和亲，大为害于边境。元光五年（前130年），武帝遣卫青等各将万骑，分道出击匈奴。汉军初无经验，损失重大而所获甚微，后则胆壮而技渐熟，颇有所获。卫青于八年中出塞五次，胜利均在攻击匈奴西部。汉得朔方，自远方运输军粮，费极昂贵，山东咸被其劳。大军凯旋而归，府库为之空虚。汉军斩杀数万，而匈奴之战斗力犹强。其作战之计划，则北去汉边，欲极疲汉军而击破之，但仍乘间盗边。元狩二年（前121年），帝拜霍去病为骠骑将军，出征匈奴。去病系卫青姊子，从青出征，善以少击众，以功封侯；至是，将万骑西行，深入虏地，大获而归。帝复遣将与之出征，独去病深入，逾居延海至祁连山，所获多于前役。西部为浑邪、休屠二王所居，为汉所破，恐单于诛之，降汉。休屠王中变见杀，浑邪王以四万众降，西北边地遂无胡寇。汉徙关东贫民于河南新秦中，减北地以西戍卒之半；分徙降人，居于边郡，分其故地为武威、张掖、酒泉、敦煌四郡。匈奴之在东方者，仍为边患。元狩四年（前119年），帝发军北征，卫青、霍去病各将一军，而勇取之士皆属去病。去病欲当单于,而单于精兵遇青部于漠北,两军激战,死伤相当。单于以汉兵犹强,遁去。汉军亦归。去病未遇劲敌,绝沙漠而北封狼居胥山,临翰海,捕获七万余人而归。两军出塞,马十四万匹,入塞者不满三万匹,士卒死者数万。财匮,战士颇不得禄。斯役也,为汉军之重要胜利。匈奴远遁,漠南遂无王廷。汉度河,自朔方以西至令居,往往通渠置田。

匈奴远去汉塞,武帝转而经营南方;及南方已定,复出师北伐,师行二千里,不见匈奴而还。帝亲至朔方,遣使告单于来战,不战则臣服于汉。单于不听,唯请和亲,如故约。汉廷公卿欲其臣服,单于不从;更议商单于入汉及遣太子为质事,亦无所成。二国互留使者以为报复。会匈奴内乱,汉将出塞迎其降者,竟不得归。光禄勋徐自为于五原塞外,筑城障列亭,屯兵卫之。匈奴破坏新筑之城障,又寇于酒泉等地。其时汉新诛大宛王,武帝意气方盛、诏言复仇。天汉二年(前99年),汉将李广利出击匈奴,为其所围,所部三万人死者十之六七。李陵出居延北,败降于匈奴。后二年,汉大发兵出塞,岁兵多于骑卒,仍不能胜。匈奴转盛,一再扰边,杀掠吏民。征和三年(前90年),李广利奉诏将兵七万出征,败降,得还者千中一两人耳。单于遗书于汉自称强胡、天之骄子,欲汉如故约和亲。武帝遣使报之,不再出兵矣。匈奴骑兵驰射之技,非汉兵之所能及。汉军出塞,军食之运输,最为严重之问题。另一方面,汉文化之高为匈奴所羡,单于好汉财物,厚待汉将及使臣之降者;汉以宗女妻之。汉人、匈奴固同为黄种也。

西域之经营 汉与匈奴作战,互相胜负,其通西域,则如愿以偿。初,武帝闻月氏为匈奴所破,而欲复仇。月氏始居于今甘肃西部,败而西至中亚。帝募能使月氏者。张骞以郎应募,建元三年(前138年)西行,道经匈奴地,为其所留;后西走大宛,历康居而至大月氏,其王无报复之意,不得要领而迁;途中复为匈奴所得,俄亡归汉。及浑邪王降,骞请招乌孙居之,与之和亲,以断匈奴右臂;并招大夏诸国为臣。帝乃以骞为使。骞至乌孙,其王不肯迁徙。骞使人至大宛诸国,说其事汉。元鼎二年(前115年),偕乌孙使者归国，西域诸国遂与汉往来。顾其路远，逾越沙漠，非常人之所愿往。使者多为外国所恶，或禁予食物以苦之，或攻劫之。汉因出兵伐其近汉为暴之国。西域地多沙漠，人民居于水草之地，或引雪水溉田，户口不多，遂成小国林立之现象。其民少者一千余人，兵无训练，器又恶劣，汉军胜之，原为易事。其时，乌孙与汉往来，献马千匹，请尚汉公主。汉以宗室女妻之。帝闻大宛有善马，产葡萄、苜蓿，遣壮士千金求之。其王不听，又怒汉无礼杀之。太初元年（前104年），李广利奉命率军西征。途中，小国不肯给食，汉兵饥疲不堪，败而引退，广利上书请且罢兵。武帝禁其东行，且以诸国将轻汉，大发兵西行。转运粮食者，人徒相连蜀。广利兵多，复西行，进至大宛，围攻宛都。其贵人杀王，献马请降。汉立贵人前善遇汉使者为王，罢兵东归，小国闻而遣子弟入朝为质。前后四年，始得罢兵，所得不如所失远甚。

通西南夷 张骞初请自西南夷通大夏。夷人在蜀西南之山地，部落而居，不相统属。唐蒙前使南越，上书称：蜀之牂牁江可通南越，请通西南夷以制之。帝从其言，使蒙通夜郎。蒙发卒数万治道，以财物诱其酋长，为之置吏，称其地为犍为郡。蜀人司马相如言：邛筰等近蜀，可置郡县。其酋长贪汉赏赐，请置吏故也。为置一都尉、十余县，属蜀。其时，巴蜀人士治通西南夷道，转运粮食不堪其苦。夷人数叛，吏发卒诛之，悉巴蜀租赋，不足供给费用而罢。及张骞归自西域，请自蜀通身毒。武帝从之，遣使入滇，莫能通。后，南夷杀汉吏为乱。汉兵诛之，以其地为牂牁郡。其邻闻而请服，其不听命者，发兵灭之。新置七郡，犍为、牂牁、益州，均在南方，为南夷旧居；西设越嶲、沈黎、汶山三郡，为西夷旧地；其北武都在今甘肃。新设之郡时称初郡。《史记》称："以其故俗治之，毋赋税"；故郡担负其费用。初郡时时小反，汉发吏卒诛之，"间岁万余人，皆仰给大司农"。夷人多居山地，户口不多，其归降为民者，仅其中之一部分，改设为郡，当有夸大喜功之意。后，七郡并而为五，户口仍少。

灭南越 武帝久有并灭南越之意。初，赵佗建国称王；及死，其孙胡立，会闽粤侵扰，汉出兵援之。胡遣太子婴齐入侍。婴齐娶樛氏女，生子名兴；及胡病，归国嗣父为王，立妻为后，兴为太子。婴齐没、兴立，母为太后。太后初与人通，帝遣之为使，谕兴入朝，比诸侯屯兵于边以胁之。使与后私，后劝王内附，而相吕嘉不从。后欲诛嘉，而王不可，相持未发。汉遣兵往，嘉遂起兵为乱。元鼎五年（前112年），武帝出兵十万，分三路进攻。汉军陷其要塞，资其船粟向番禺而行。降者赐以印绶，令其相招。守兵皆降。吕嘉夜与徒出亡，被杀，粤地遂平。汉分其地为九郡。

徙越人 长江以南，为越人旧居。吴王濞反，遗书诸侯言其事南越三十余年；其王、君分其卒助战。南越即《史记》所言之东越，其王曾发兵助吴。吴王兵败逃往东越，越人杀之于丹徒。丹徒为今镇江无锡一带之地。汉初，当有越人居住于山地也。越人部落而居，强酋称王，小者称君。东越又称东瓯，其南则为闽越。武帝初年，闽越进攻东越，汉应东越之请，出师救之；未至，而闽越兵退。东越王请内徙，帝处其众于江淮之间。此盖一部落之北迁。后三年，闽越南攻南越，武帝出兵讨之。闽越王守险，其弟余善杀之请和。汉另立王，而余善威行于国，乃立为东越王。汉伐吕嘉，余善持两端。嘉平，汉屯兵于边，将欲攻之。余善知之，袭败汉军。武帝命将督师，分四路进攻，一军自海道而往，余皆步行，有为越兵所败者。而海上之师非越人始料所及，惧而杀王请降。武帝以东越狭、多阻，闽越悍、数反，诏军吏将其民徙处江淮间。

并朝鲜 东北方面，武帝并灭朝鲜。据《史记》所述之故事，燕人卫满亡命，聚党居于塞外空地，稍役属蛮夷，兵力渐强而地益广，创为朝鲜国也。满死，传子至孙右渠。武帝曾招降东北夷人，设苍海郡；旋复罢之。史称其糜款甚巨。及汉平定南方，转欲经营朝鲜，遣使往谕右渠内附。右渠不从，遣贵人送汉使至浿水，汉使竟杀其贵人。武帝拜使者为辽东东部都尉，右渠发兵杀之，遂成战祸。汉军分道进攻，一出辽东，一渡海而往，皆不能胜。帝复遣使往谕，右渠请服，献马馈粮，众至万余。汉将疑之，战祸复起。汉将不和，师久无功，武帝必欲取之。朝鲜将士惧而归降，地入于汉。武帝分为四郡，曰真番、临屯、乐浪、玄菟。其所在地史无明文，盖在今辽宁省东南部及朝鲜北部。乐浪郡则在朝鲜，以有汉墓为证也。

十三州 武帝开拓领土，疆域广大。其先好事者托为古制、创立九州之说。武帝受儒书之影响，又欲因时制宜，于元封五年（前106年）置十三州。《武帝纪》云："初置刺史，部十三州。"《地理志》云："武帝攘却胡、越，开地斥境，南置交趾，北置朔方之州，兼徐、梁、幽、并，夏、周之制，改雍曰凉，改梁曰益，凡十三部。"部指刺史监察区域，州部当可互用。汉儒以《禹贡》为夏制，其九州曰：冀、兖、青、徐、扬、荆、豫、梁、雍。武帝改易雍、梁名称，而仍为九。汉人以《周礼》为周制，其九州曰：扬、荆、豫、青、兖、雍、幽、冀、并。《周礼》少徐、梁而多幽、并，合计十一。所谓夏周之制。凉、益地多武帝所开辟，岂其易名之故欤？合交趾，凡十二州。其一州究为司隶抑为朔方则不可确知。刺史秩六百石，为监察官。朝廷据其报告，黜陟地方长吏，是欲其为急功好事之人，庶能当鹰犬之任也。

农民生活之一斑 土地开辟，而边郡数目并无重要之增加，内地则于数十年内增至三四倍焉。人口集中于黄河下流之地。汉为农业社会，农民收种常视雨量而定。关中雨量较少，田赋收入不足以供给朝廷之费用，乃引渭穿渠，便利漕运，近渠之民，得以溉田。赵中大夫白公作渠，引泾水，溉田四百五十万亩。民赖其利，所谓白公渠也。开凿之渠尚多，皆所以备旱也。关东则黄河为害，《史记·平准书》称：武帝中年，"山东被河灾，及岁不登数年，人或相食，方一二千里"。政府发仓廪赈之，不足；募豪富人相贷假，亦不能相救。乃徙贫民七十余万于关中新拓之地。此为我国史上有计划之大规模移民。农民耕种技术于武帝晚年始有进步，以搜粟都尉赵过之功为多。田地生产量有增加，而剩余之粟则无运销之市场，农民生活情况仍不易有所改善。况其无田者多耶！其尤贫者，则沦为奴婢。

财政之困难 武帝劳民伤财者，尚有二事：一、多所好。初，帝喜田猎，自击猛兽，驰骋于耕地，大为民害。后于元鼎四年（前

﹝13年），游幸河东，为立祠求福也。其守不意车驾猝至，供给不办，惧罪自杀。嗣后十九年，出巡十五次，甚者一年两次。其留于长安之年，由于对外战争及国有乱也。其游行之地，北至北地九原，西幸陇西，南迄长江，东至海岸，尤以至海岸及泰山为多，欲求遇仙人也。此本于方士之说。方士创为神奇之故事，栾大尤敢于大言。帝拜为五利将军，数月封侯、佩六印，赐甲第、僮千人、车马器物等，又以女妻之。后以其方不验，杀之。凡此求仙，靡款甚巨。二、大兴土木。其出巡也，修筑离宫、驰道，建筑桥梁，无不需款。方士言仙人好楼居，帝筑高楼、广大宫室，其工程尤巨者，当推建章宫。帝又经营寿陵，不遗余力。其储藏物之丰富，过于祖考。合军费等计之，政府收入，自不足用。

政府之收入 初，武帝嗣位，廪庾皆满，库有余财。汉沿秦制，田税征收十五分之一；后减为三十分之一，而受其惠者，常为地主。又有稿税，为饲养牲畜之用，疑为武帝所创。高祖初因秦制，有卒更、践更、过更之赋。古者正卒无常，人迭为之，一月一更，是为卒更。其不愿自为，而月出二千钱，雇贫者为之，是为践更。人须戍边三日，诸不行者，出钱三百，官给戍者，是为过更。更赋为民之重大担负。此外，尚有算及口钱，皆创于汉。算为成人之丁税，口为未成人之丁赋。年二十七钱。武帝经营四夷，陈藏钱尽，赋税已竭，犹不足以奉战士。其解决财政之方法，一、卖官鬻爵。纳赀为官，不始于武帝之世。武帝则充分予以利用，置武功爵十一级，募民纳奴婢为郎增秩，开入羊为郎之例。或言世家子弟与富人以博戏为事，帝命征诸犯，令相引告，名曰："株送徒，入财者得补郎。"司马迁讥为"选衰"，乃卖官之当然结果。二、造新币。汉初许民铸钱，后以钱轻，始有禁令。武帝时，鼓铸者多，专为牟利，流通于市者，皆为恶货币。帝恶富人不助国，与公卿议造新币以赡用，并摧浮淫兼并之徒，乃以白鹿皮方尺，缘以藻缋为皮币，值四十万。诸侯朝觐、聘享，必以皮币荐。更杂铸银锡为白金，分为三品：上品值三千，中品值五百，下品值三百。又令县官销毁旧币，铸三铢钱。人民盗铸者众，五岁中，死者数十万人，其未发觉诛杀者不可胜计。帝下赦令，史称："赦自出者，百余万人，然不能半自出。"可谓多矣。政府改铸五铢钱，复造恶货币，而民不用，乃禁郡国铸钱，专令上林三官司之；及铸钱多，令天下非三官钱不得行使，废销前所铸钱，输其铜于三官。于是盗铸者少，货币归于统一。

三、创行新税。商人于货币变更时，积货逐利，所获甚多。公卿请算轺车、贾人缗钱，于是定为法令：凡取利者，各以其货物自占，率缗钱二千而一算；手工自造而出卖其所余者，率缗钱四千而一算；轺车一算，商人轺车二算；船五丈以上一算。匿不报告及报不实者，罚戍边一岁，资财充公。有告密者，以其半畀之。贾人及其家属不得置田。敢犯令者，没入田僮。史称：法令实行，告遍于天下，得民财物以亿计、奴婢以千万数；田，大县数百顷，小县百余顷；宅亦如之。由是富人不敢储蓄矣。四、经营商业，政府为增加收入之计，专卖盐、铁。二者为人民所必需，势必出重价购又也。政府又榷酒酤，其为大宗收入，亦无可疑。后，更扩大范围，买贱卖贵，此为桑弘羊之建议。弘羊贾人子，工于心计，利析秋毫，为帝所亲信。其目的为平定物价，史所谓"平准"也。大司农以政治力量买贱卖贵，使物价无涨落之悬殊，对于国计民生，实有利而无害，唯商人处于不利之地位耳。武帝应弘羊之请，许吏入粟补官，民得入粟赎罪等，山东漕运遂增至六百万石。官营商业，亦大获利。于是民不益赋，而国用饶。

刑罚与叛乱　武帝采行之新税制，除平准、榷酒而外，多可非议。人民不堪其苦，轻于犯法。政府乃以严刑多杀以立威；改定法令，以酷吏张汤、赵禹之属主之。法令增多，事例尤甚，简文盈于几阁，典者不能遍睹。狱吏因得为奸，多杀无辜之人。朝廷奖励官吏恶狠，宽厚不多杀者，常坐软弱罢免，终身不用。酷吏坐法免者，尚得复用。武帝方榨取于民，非法严威重，将不能达于目的，实则构成犯罪之环境更甚于前，刑罚终不能维持治安也。其时贫民相聚为盗，尤以南阳、楚、齐、燕、赵贼盗为多。大者数千人，擅立名号，攻取城邑；小者数十百人，劫掠于乡里。武帝遣吏治之，犹不能禁；更遣使衣绣衣、持节、虎符，发兵击之，多者斩首万余级，并以法诛其与之往来通饮食者；余盗逃亡，复聚党守险，乃作沉命法以治之：官自二千石至小吏不发觉群盗，觉而捕治不如法者，主者皆死。《史记》称：畏诛隐盗，当所不免。然为小盗，故未成为大乱也。

晚年之境遇　武帝晚年，家庭惨剧尤使其失望与悲哀。帝颇放纵于声色。初，皇后陈姓，为其姑女，骄贵、无子而妒，闻卫子夫大幸，恚而几死者数矣，坐祝诅事被废。子夫初为讴者，入宫，尊宠日隆，生子名据。帝立为皇后，据为太子。及卫后色衰爱弛，帝之宠姬多以娼见。太子长通宾客。帝信左右皆为蛊道诅之，皇后亲属坐巫蛊事死者甚众。朝臣江充与太子有隙，时治巫蛊事，于太子宫掘得木人。太子惧而收捕充等，白皇后发兵。帝令捕斩反者，发兵与太子兵战，死者数万。太子不胜，出亡自杀，皇后亦死。明年又以祝诅事，杀大臣及其家属，以其谋立李夫人子昌邑王为帝也。王为帝子，大臣谋立为太子，而告发者则过甚其辞。帝甚痛心家庭之变，自言日一食者累月，后知太子冤，灭江充宗族、党羽。其党莽何罗惧祸，竟欲入卧室杀帝。事败，帝穷治其狱，当增加其情绪之不安。后元二年（前87年）疾病，立少子弗陵为太子，旋没，在位五十四年。

武帝虽有不少之弱点，要为汉代伟大之皇帝。其重要之事业，无过于对外用兵。时人感受重大之痛苦，而其成就之功业，则垂于后世。时人乃为后人担负一切费用，至于流亡。夏侯胜于廷议时论武帝曰："多杀士众，竭民财力，奢泰亡度，天下虚耗，百姓流离，物故者半。蝗虫大起，赤地数千里，或人民相食，畜积至今未复。"其言发于宣帝初年，当必有所根据。然其子孙因其余威，或其经营之力，而无强大之外寇扰边，政治势力远达于异方，亦事实也。

第十四篇

昭帝至平帝

昭帝——废立之变——宣帝——元帝——成帝——哀帝——平帝——政治现状之一斑——人民之疾苦——祸乱之主因——匈奴之降服——西域之归顺——羌乱之平定——乌桓之臣服——向外经营之影响

昭帝 初，武帝病危，始立太子，命霍光辅政。次日，帝没，太子嗣位，是为昭帝，年八九岁。光为大司马大将军，领尚书事；金日䃅、上官桀副之；丞相、御史大夫亦奉遗诏辅政。尚书初拟诏令，出纳王命，渐演变而为国家枢机，时人称为政本。光领尚书事，决定军国大政，丞相备员而已。后金日䃅死，上官桀等与光争权，谋欲杀光及帝，迎立燕王旦。事泄，光尽杀其宗族、党羽，以立威。吏承其指更多所株连。丞相女婿徐仁，官至少府，坐逆意下狱死。光之威权震于国内，官吏甚至事其家奴冯子都。于是，朝臣非光属吏，即其亲友。霍氏旧居平阳奴客，持兵入市扰乱，而吏不敢禁问。昭帝在位十三年（前86—前74年在位），为光专政时代。光未废除武帝兴办之新税，惟未从事于侵略战争，军费少而府库足。时无水旱之灾，人民颇能安居乐业。政府遣使问民病苦，贤良对策皆以官言盐、铁病民为言，政府利其收入，不肯变更；但能轻徭薄赋，予人民休养之机会，其生活情状优于武帝之世。

废立之变 前74年，昭帝病没，无子。群臣欲立广陵王胥。霍光不从，以皇太后诏：迎立昌邑王贺。贺，武帝孙，嗣王位十三年，未有失德，其臣有明经知名之士。王不听信忠言，与其臣二百余人同行；即帝位后，仍亲信之。霍光恶帝与其亲信，议商废立；议定，告知丞相。然后召列侯公卿大夫博士议于宫中。群臣先不知其事者，莫不失色，迫而从之。光与群臣俱见太后，奏言昌邑王不可以承宗庙状，太后诏：诸禁门毋纳昌邑群臣。后为光外孙，盖先已商得其同意，因令贺归昌邑。光悉杀其故臣，惟二人得免，以其前曾谏王宜敬事大将军也。贺即帝位二十七日而废。光与公卿议立新君，以前事故，不立广陵王胥。或言卫太子孙病已在民间，贤仁节俭，可为昭帝后，光从之。昭帝为武帝子，病已为武帝曾孙，以之为昭帝后，是视孙为子也。病已养于民间，为一匹夫。霍光奏请太后立之，以为绝不能夺其权，子孙亦能享受富贵也。

宣帝 病已即位，是为宣帝（前73—前49年在位）。宣帝幼坐巫蛊事系狱，为掖庭令张贺所奉养。贺以私钱供其读书，及壮，为之娶妻，许广汉女也；十八岁为帝。帝畏光甚，谒见高庙，光从骖乘，帝若有芒刺在背；及有人代光，帝从容肆体焉。政事皆先关白光，然后奏闻。光每朝见，帝虚己敛容，礼下之。其妻进位婕妤。霍光小女与皇太后有亲，公卿议更立皇后，皆心附向光女。帝诏求微时故剑，大臣知指，始白立许婕妤为皇后。故事：皇后兄弟封侯，后父广汉当封，而光称其不宜君国，岁余，始封为昌成君。光妻显欲贵小女，毒杀皇后。光纳女宫中，帝立为皇后。广汉于光死后封侯。帝力不能保其妻，又无用人之权。光女婿亲友皆居要职，握有兵权。地节二年（前68年），光死，帝始亲政。凡前受光处分之朝臣，皆言宜损夺霍氏之权。许伯（即广汉）与之接近，终乃影响霍氏之命运。帝以亲信主兵，出霍氏亲属为郡太守，并夺霍氏政权。朝臣承指，更予以难堪。霍氏恐而谋乱，帝尽杀之，亲属皆弃市，连坐诛灭者数千家，霍后亦废。光故吏诛死或罢斥者甚众。张安世位次大将军，兄贺养帝有功，亦为帝所忌。

　　宣帝信用之人，为前所依之史许。史谓其外祖母家，许为妻族。亲贵臣中，许伯最为帝所信。魏相反对霍氏，初因许伯上书，始得进用；及为丞相，遇有大事，上书陈说，犹言愿陛下与平恩侯等详议。平恩侯，许伯封爵也。帝鉴于前事，总理万机，令群臣上书奏事，五日一听事。自丞相以下各奉职奏事，丞相仍无权也。帝对于近支宗室，存有疑忌之心，密诏监视故昌邑王，后远徙之，并削其户。王死国除，又借事迫广陵王胥自杀，废其诸子为庶人。帝之治国也，持刑太深。太子曾以为言，可见其受法家影响之深。《汉书》称其赏罚必信也。帝承户口减少之后，颇以休养民力为事。大司农中丞耿寿昌以善算兴利，得幸于帝，尝请三辅等郡积谷，以省漕运，事果便利；更请筑常平仓于边郡，吏于谷贱时增价买入，谷贵则减价出卖，仓使谷价常平，人民称便。寿昌以功赐爵关内侯。遇有灾荒，政府救济颇力，流民还归者，吏奉令假以公田，并贷种子，又暂不出算、不给徭役。胶东相王成招来流民八万余口，帝进其秩，并赐爵关内侯。于是，郡守知其所务，以贤称者甚众，朝廷进其秩，以宠异之。帝在位时，为汉极盛时代，人民安居乐业，富力增加。制造器物之技术，颇有进步，精巧称于后世。

　　元帝　宣帝病没，太子嗣位，是为元帝（前48—前33年在位）。元帝生于民间，年幼失母，孤峭寡欢，柔仁好儒；嗣位后，崇尚节俭，罢不急之官，在位十六年，积钱八十余万万。惜其体弱多病，无决断之才，而为宦竖所欺也。初，宣帝病危，遗诏以史高、萧望之、周堪辅政。高，卫太子妻兄子，以旧恩封侯，为帝亲臣。望之及堪皆太子师傅，为元帝所尊敬。弘恭时任中书令，石显为仆射，二人少坐法腐刑，久在官中，善伺人主意志，明习法令、故事，又与史高相善，其言常能左右朝政。望之恶其专横，请中书改用士人，帝不能定。恭、显谮之，望之下吏自杀，堪及党羽废锢。后，恭死，显为中书令，权势益重，史称：政事无大小皆因之白决。其时儒生于政治上居于显要之位，其仕为高官者，多为保全禄位之鄙夫，丞相匡衡则其一例。衡以明经见称，史高荐之，超迁为公卿，及为丞相，不敢违失显意；元帝没，即与御史大夫奏显旧恶，致为司隶校尉所劾，惭而乞退，优诏不许，坐盗封田四百顷，免为庶人。儒生无行，横有患得患失之心，自不能守正也。

成帝 元帝病没，太子嗣位，是为成帝（前32—前7年在位）。成帝幼为宣帝所爱，少好经书，宽博谨慎，后幸酒色，几为元帝所废，年二十嗣位。帝以元舅王凤为大司马、大将军，领尚书事。凤兄弟封侯，族大势盛，礼敬贤士大夫，仕者多出其门，专政同于国君。帝以刘歆通达有异才，诏见而甚悦之，欲拜为中常侍。左右谏言未白大将军，帝称小事，何须关白，左右叩头争之。帝语凤，凤言不可而止。后凤被劾，帝亦不平其专横，意欲罢之。凤上疏乞退，辞意甚哀，太后为之垂涕不食。帝诏凤视事而杀言者。凤死，帝次第进用诸舅或其子辅政，而恣情于声色。初爱许皇后，继宠幸臣张放；后见舞女赵飞燕，悦之，召入宫中，大幸；其女弟亦入宫为倢伃。皇后为其所谮而废。帝立飞燕为皇后，其妹绝幸，宫女生子者，皆为其所害。绥和二年（前7年），帝死。其政治改革有二：一、罢中书宦官，置尚书员五人；二、改称丞相为大司徒，御史大夫为大司空。合前置之大司马，是为三公。地方官制，改刺史为州牧。三公名称之改易，并无若何重要。州牧秩高权重，为一州之行政长官。

哀帝 成帝无子，先立弟定陶王子欣为太子。至是，嗣位，是为哀帝（前6—前1年在位）。哀帝鉴于先世，禄去公室，政权外移，颇欲强立主威，屡诛大臣。是为太子也，深赖祖母傅太后之力；母丁姓，后皆上尊号曰太后。傅氏侯者六人，大司马二人，九卿二千石六人，侍中诸曹十余人；丁氏侯者二人，大司马一人，将军九卿二千石六人，侍中诸曹亦十余人。傅、丁暴兴，然帝不甚假以权势，远不及王氏之在成帝之世。王氏为官者，或以罪免官，或遣就国。政事由帝决定，唯求治太急、督促太严。丞相王嘉请帝择贤、记善、忘恶、容忍、勿责臣子以备，深切其弊。其尤恶劣者，则纵于情欲，宠幸侍中董贤，进用其亲属，为贤起第，穷极技巧，又为之起冢，工程浩大。帝赐贤珍宝，皆为上选，而乘舆服用乃为其次。凡不慊于贤者，帝即罢免其职；尝与贤宴，笑言欲法尧舜禅让。百官皆因贤奏事。帝初崇尚节俭，并欲救济贫民，限制吏民名田，不得过三十顷，奴隶亦有限额，竟以新贵不便之故，寝而不行。帝以纵欲之故，体弱多病，元寿二年（公元前1年）病没，年始二十五岁。

平帝 哀帝无子，及死，王太后临朝，不欲政权归于他人，招用其侄王莽，迎立元帝庶孙衎为帝，是为平帝（前1—公元6年在位）。衎幼丧父，嗣位为王，母曰卫姬，九岁为帝。王太后上尊号曰太皇太后，总理朝政。太后修报旧怨，傅、赵二后不得其死，已死者发冢。诏以王莽为大司马，领尚书事。太后老而平帝幼，大权归莽。《汉书》所谓百官总已以听于莽也。莽鉴于前事，不许帝母卫姬等至京师。及帝稍长，公卿承指，请聘莽女为皇后。元始五年，帝没，无子。莽征宣帝玄孙，欲立年始二岁之刘婴，托以卜相最吉。公卿承指，奏请立为"孺子"，莽居摄，如周公相成王故事。会起兵讨莽者，不胜而死。莽以国中不敢再有所动，始建国元年（公元9年），自称皇帝。说者称西汉亡于初始元年（公元8年），实则平帝即位大权即归于莽，其篡汉自立，不过国号之变更而已。

政治现状之一斑 汉季九十余年，政治制度颇有变更。其最明显者则丞相无权，办理例行公事而已。公卿一再坐不礼遇丞相免官，丞相之地位迄未提高，以其不能行使职权，徒有虚名也。长官治理例行公事，天子所是者承指附和；所非者议定其罪，从容取禄，对于国事民生皆无裨益。汉自武帝以后，实无伟大之政治家或杰出之人才。其主因凡三：一、专制政府下之恶劣势力，政治全无是非，惟以皇帝之意志为决定。二、褊狭之教育不易养成有用之人才。三、职业之种类太少，为官者存有患得患失之心理，重视习惯故事，不易有所改革也。其与先时不同者，丞相十人而儒生六人，乃尊崇儒术之结果；公卿议论政事，狱吏决狱，常附会于经义。汉世儒生依据星象术士之说，以为灾异与人事有关，乃天所以示警。成帝时，有星变，以为人君当之，然可移之于相，成帝因强其丞相翟方进自杀。此实骇人听闻之事，竟附会于经义焉。

人民之疾苦 汉末，社会问题益趋于严重。贡禹于元帝时，以明经絜行征为谏大夫，上书论皇室及贵族奢侈，造成人民大饥。其悲痛之言曰："今民大饥而死，死又不葬，为犬猪食。人至相食，而厩马食粟，苦其大肥。"禹以责任归于国君，元帝听信其言，崇尚节省，终不能转移风俗。禹言其老贫，妻子糠豆不赡，僮竖衣褐不完；有田一百三十亩，应征时，卖百亩，以供车马。禹有田百余亩，家有僮竖，犹自言贫；卖田百亩，以供费用，虽曰路远，而实奢侈太甚。奢侈成为风气，以之为非之儒生，尚陷溺其中。统治阶级之奢侈生活，无不榨取于民。哀帝时谏大夫鲍宣上书言：国家空虚，用度不足，吏为残贼，人民流亡，盗贼并起。且曰："民有七亡。阴阳不和，水旱为灾，一亡也；县官重责，更赋租税，二亡也；贪吏并公，受取不已，三亡也；豪强大姓，蚕食亡厌，四亡也；苛吏徭役，失农桑时，五亡也；部落鼓鸣，男女遮迣，六亡也；盗贼劫略，取民财物，七亡也。七亡尚可，又有七死。酷吏殴杀，一死也；治狱深刻，二死也；冤陷亡辜，三死也；盗贼横发，四死也；怨雠相残，五死也；岁恶饥饿，六死也；时气疾疫，七死也。令贫民菜食不厌，衣又穿孔，父子夫妇不能相保，诚可为酸鼻。陛下不救，将安所归命乎？"

七亡，天灾仅占其一；七死亦然。人事不臧，为贫民死亡之主因。鲍宣分析详尽。吾人读宣文后发生之印象，一为政治黑暗，一为社会不安。官吏之榨取，水旱之为灾，已足以成此现状，而经济势力更促成之。汉为农业自给社会，富贵之家视田地为安全之投资，并有优厚之利息。于是，田地为豪富所兼并，造成富者田连阡陌、贫者无立锥地之现象。贫民出卖其妻子，或自卖为奴婢。奴婢、田地均为财产，得辗转贩卖，人命同于牲畜，自不能为官吏所注重。贫民死亡，无人掩埋，至为狗彘所食。其强有力者，则流为盗贼，大乱已在酝酿之中。哀帝初年，师丹辅政，深知时局之严重，奏请限制民田奴婢。廷议：诸侯王、列侯得名田国中，在长安之列侯、公主名田县道，关内侯、吏民名田皆不得过三十顷；诸侯王奴婢二百人，列侯、公主百人，关内侯、吏民三十人；贾人不得名田为吏；诸名田、畜奴婢逾限者，皆没入县官。限制虽为消极禁令，不能增加生产，或解决民生问题，而固有价值之试验。惜哀帝竟以董贤等故，不肯推行。

祸乱之主因 祸乱之造成，由于户口增加过于生产业之发达。汉人结婚年龄甚早，其伦常观念本自儒家，以有子承宗继后为孝。女子出嫁，多在身体发育之初，生产力强。苟其衣食有余，婴儿营养充足，疾病有医药治理，则人口之增加，当甚迅速。富贵之家，妻妾多而子孙亦多。贫民或无力娶妻，但妇女可以再嫁，故无子女者，数盖不多，贫穷对于人口之增加，并无决定性之影响。汉自昭帝以后人口继续增加，宣帝末年，已至无可再加之情状，而生产事业，则无重要之进步，乃为社会不安之因素。兹据《汉书·地理志》所记郡国户口数字，做十三州户口表于下：

十三州户口表

州	户	口
司隶	1 519 857	6 682 602
并	707 374	3 321 572
凉	382 636	1 517 573
豫	1 341 866	6 944 353
兖	1 565 478	7 877 431
青	959 815	4 191 341
冀	1 133 099	5 177 462
幽	937 483	3 993 410
徐	1 150 238	5 241 242
扬	710 821	3 206 213
荆	668 597	3 597 258
益	972 783	4 548 654
交	215 448	1 372 290
合计	12 265 495	57 671 401

上表所列之总数，系计算而得，稍异于班固所言之数字。《地理

志》称：此为元始二年（公元2年）之户口。汉之疆域自郡县而论，北达长城，西迄敦煌，东北有今辽宁及朝鲜各一部分。长江流域，自汉淮二水以南，则户口渐少，长江以南，荒地益多。今以三河流域论之，黄河流域户口约占全国百分之七十五，长江流域占百分之二十三，西江流域占百分之二。黄河流域为汉族发展之根据地，于此得一确证。户口最多之区域，为今河南、山东，其地为冲积平原，文化最为进步；边郡限于地形、土壤、气候，开辟之地不广，而户口仍少。长江流域，徐、益之户口较多。淮南之地，犹多荒芜，武帝一再迁越人于其地。长江以南，除一小部分而外，多未开辟；去江益远者，更为化外之地。西江流域开辟之地，多在冲积平原，而蛮夷甚多也。自户口均数而言，每家凡四点六人，当有以多报少之弊。每家以五口计算，全国当有六千余万人，集中于黄河下流之地。饥馑死产之惨状，乃如贡禹所言，天灾更增加痛苦。黄河以淤泥多而数决口，元帝建昭三年（前36年）之灾尤重，史称其泛滥充、豫，流入四郡三十二县，水居地一千五百余万亩，深者三丈，坏败官亭、室庐约四万所，当为非常之灾。治河乃为急务，政府唯塞决口，增高堤防而已，黄河仍时为害。人民于此现状之下，犯罪者众，民变亦时有所闻。

匈奴之降服　汉季对外关系，以武帝之经营、士卒之力战，威望高于其邻国。其人口之众多、财力之充裕，更非其邻国所能比拟。匈奴世为边害，宣帝时亦请臣服。初，匈奴徙居西方，兵力犹强，其单于以作战疲苦，常欲和亲，归汉使之不降者苏武等。宣帝初年，汉大发兵击匈奴，所获不多。匈奴与乌孙作战损失惨重，遂大虚弱；俄而国中乱作，五单于争立，自相杀害，其部落酋长有降汉者。甘露元年（前53年），呼韩邪单于兵败，降汉，入五原塞，请参与正月旦之朝会。宣帝发骑迎之，单于朝见，汉待之甚厚，许其居于塞下，出兵助诛其不服者；运粮赠之，单于兵力复振。其政敌郅支单于惧而西迁，匈奴复为一国。汉与之盟，盟约言：和亲相助。既而汉使杀郅支于西域，呼韩邪复入朝，娶汉女为妻，深感汉恩；及死，遗训子孙，勿受降人，其后世颇能遵守。其贵人欲降汉者，汉亦不受。单于间入汉朝贡,要之,武帝曾于长城外开拓广大土地,然限于环境,未能利用。宣帝以之居呼韩邪所部,汉在长城以内,匈奴则在城北。六十年内北边未有寇患。

西域之归顺 匈奴西为西域,其地诸国曾属匈奴。及汉征大宛,后威振于西域,小国惧而入贡。汉使至西域者益多,其国王或不堪供给使者之苦,或贪夺其财货,有辱杀汉使者。汉使富于权略,有立功于绝域者。其成功由于为诸国地小、人少,士卒有限,武器恶劣,三五人始当一汉兵也。傅介子刺杀楼兰王则其一例。介子偕勇士、赍财物至楼兰,诈言赐王。王喜,与之饮而醉。介子使勇士杀王,另立新王,声称汉兵方至。其贵人惧,听令。新王请汉屯兵,汉遣司马卒吏士四十人,镇抚其国。西方大国,时推乌孙,初属匈奴;后其王与汉相结,汉妻以宗室女,曾应其请,出兵击匈奴。龟兹杀汉使,汉发诸国兵击之,其王闻而请服。车师叛汉,汉吏击破其兵。其时,匈奴于西域北道,尚有势力;及其内乱,其在西方之王降汉。汉置都护,镇抚诸国。会郅支单于争国不胜,逃往康居,诸国畏之。副校尉陈汤擅发兵击杀郅支。汉之政治地位,益形巩固,然实得不偿失。汉廷本于柔远人之意,赏赐朝贡国之物,多于其贡物之所值;其遣子入汉者,汉厚养之也。

羌乱之平定 汉西北境与羌地接壤。羌人为藏族,居于高原,以游牧为生,善于骑射。其人部落而居,常相战争。先零于诸羌中,为一强大部落,其酋长请北渡湟水,畜牧于荒地。湟北为汉所有,羌人渡湟,郡县禁之不得,乃因冲突而生怨恨。诸羌谋欲为变,匈奴复利诱之。至是,羌酋乞援于匈奴,而事为汉所知。宣帝遣使行视诸羌,杀先零不顺之酋长及羌人千余。降羌闻而亡去,与先零相合,进扰汉地,杀害官长。汉军战败,损失颇重。宣帝以老将赵充国督师讨之。充国将万骑至边,坚营固守,招降羌人。帝以充国不敢应战,大发兵西上。有请深入击羌者,充国上书论其不可,而朝议不从。充国仍持前议,招降不少之羌人。帝以运输军粮徭役苦重,会闻充国病,命将副之,出兵击羌。充国则请屯士卒耕种,收获之谷可益积蓄,而大省费。帝许其请。同时,又许他将击羌之请。汉兵出而斩获颇众，充国所降者，数亦不少。帝诏罢兵，独留充国屯田。明年，乱平，汉置金城属国以处降羌。惜未改善其生活状况也。

乌桓之臣服 匈奴西迁，或由于乌桓之兴起。乌桓为游牧民族，古人称为东胡。秦汉之际，服于匈奴。及匈奴为汉所败，乌桓起而叛之，并为害于汉边。汉兵出塞击之，运输军粮备极艰苦，未能予以重大之损失，惟发罪人屯守辽东。其根据地自当时情状而论，盖在今辽宁西部及热河附近。昭帝后，史鲜记载乌桓。惟《汉书·匈奴传》称：王莽辅政时，汉使令乌桓酋勿献财物于匈奴，是乌桓已服于汉也。其时，匈奴宾服，西域入贡，西羌叛亦不胜，汉有余力防守辽东之地，乌桓岂有所惧而臣于汉欤？

向外经营之影响 西南方面，汉自武帝以后，不再并夷人土地。初郡夷人常起为乱，政府以兵力平之，往往得不偿失。初郡户口无几，有归并或放弃者。汉末疆域除西域属国不计外，视武帝时稍小。开拓领土，贵能利用。初郡归化之人民不多，土人本于恨恶之心理，及利害之冲突，常因偶尔事故，造成祸乱。政府劳民费财伐之，结果不过诛杀叛人，维持乱前之现象。内地人民，不惟未得实惠，反而增加担负。另一方面，汉人经营远方，亦有重大之影响于后世。西域植物种子先后传于我国，佛教亦自其地传入。学者谓《史记·历书》所言之历，及武帝太初历，皆受西方影响。其言虽乏证据，要为可能性之建议。我国工艺技术亦有传入西域者。汉以宗室女嫁于异国，汉将降于匈奴，单于亦妻之以女。汉人匈奴通婚，时为常事，二族固同为黄种也。

第十五篇

王　莽

专政之经过——惠民之政——称帝——官制之变更——驭下之严厉——大规模之改革——六管——货币政策之失败——对外战争——天灾与盗贼——晚年之境遇——覆亡——功罪之评议

专政之经过　汉世皇太子嗣立，尊其母为皇太后，太后常得干与政事。王莽专政，至于篡汉，深赖成帝母王太后之力。初，成帝以元舅王凤辅政，诸弟封侯，为王氏专政之始。莽，太后侄，少孤。其群兄弟皆将军列侯子，崇尚舆马、声色、逸乐。而莽独因父兄早死，折节为恭俭，从名师勤读，被服如儒生，事诸父有礼，诸名士皆盛称之。成帝贤莽，复以太后之言，追封莽父为侯，莽嗣爵为新都侯。王氏侯者九人，亲属居于显要之位。莽旋进位大司马辅政，其节操愈谦；以财振施宾客，推荐贤士大夫，声望出于诸父之上。辅政一年，而成帝死。哀帝嗣位，王氏失势。莽奉诏就国，颇能杜门自守；子获杀奴，即责令自杀。吏上书讼言莽冤，贤良对策称莽功德。帝征莽入京，然不之用。莽在京岁余，而哀帝死。

王太后于哀帝死后入宫取帝玺绶，遣使召莽，并诏"尚书、诸发兵符节、百官奏事、中黄门、期门兵，皆属莽"。尚书为政之本，兵符用以发兵，节所以昭信，中黄门、期门兵为皇帝之侍卫，于是政权、兵权皆归于莽。太后更以莽为大司马，领尚书事，迎立平帝。帝幼，太后临朝称制，委政于莽。莽修旧怨，杀害政敌，援用其党，朝臣皆其亲信。汉季大司马主政，士之欲富贵者，往往奔走门下。太后临朝，莽于王家最以贤称，深为太后所信，其威权为诸父所不及，士大夫之为莽用原不足怪。会益州塞外蛮夷进献白雉，好事者称为成王时之瑞祥，而以莽比周公，公卿盛陈莽之功德，请赐号曰安汉公，益户畴爵邑。太后从之。而莽固辞，但请赐赏共同定策之六臣。太后许之，更以年高不欲过问庶政，诏称：封爵乃闻，他事曰安汉公决定。莽鉴于前事，禁帝母入京。子宇恐其为患，使人为变怪以惧莽。事败，莽兴大狱，言宇与管、蔡同罪，自比于周公。莽以女为皇后，自号宰衡，位在诸侯王上，三公对宰衡言事，称敢言之，其去皇帝，不过一间而已。

惠民之政 莽握政权，颇欲救济贫民，数以家给人足为言。莽素崇尚节俭，至是遇有水旱之灾，辄菜食以表示其同情及谋救济之意。太后受其影响，衣无花纹之帛，减损御膳；又省所食汤沐邑属大司农，别计其租入，以赡贫民。莽上书称：愿出钱百万、献田三十顷付大司农，助贫民。朝臣从而效之者二百余人。顷之青州大旱，蝗虫为害。朝廷使捕蝗，民捕蝗诣吏受钱，免其租税，病疫者舍空邸为置医，赐死者家人钱，募徙穷民于边郡，又起贫民宅于长安。莽为增加生产之计，设官劝民农桑，效果则不可知。莽遇士大夫亦厚，有司选举，不得论及赦前罪过；老而致仕之长官，给与故禄三分之一，终其身；治辟雍，为学生筑舍万区，为前古所未有。乃益博士员经各五人，其先只有一人；又广征通一艺之士，儒生莫不视为盛事。其筑明室、灵台，亦为儒生所欲。及成，群臣颂功，吏民上书请赏安汉公者，前后四十八万余人。太后加莽九锡。莽以国中无事，系其德化所致，四夷中羌人尚未归化，遣使诱其酋献地内属，置西海郡。既而平帝疾病，莽效周公请以身代。帝死，元帝世绝。莽选宣帝玄孙婴为帝，年始二岁。

称帝 莽权力同于皇帝，泉陵侯刘庆迎合其意，上书称：成王年幼，周公居摄。今帝富于春秋，宜令安汉公行天子事。群公奏称：宜如庆言，会平帝没而罢。至是有献符令者，文曰：告安汉莽为皇帝。太后斥为巫罔，而力不能禁其不为，乃称：符令所言系"摄行皇帝"之谓，"其令安汉公居摄践祚，如周公故事"。莽遂服天子，启冕黻，南面，朝群臣听政事，出入警跸，皆如天子制，名曰摄皇帝，称刘婴为孺子。莽假借名义，居于最高之位。宗室颂其功德者多非得已。及莽将代刘氏，宗室之权利势将丧失。安众侯刘崇首先起兵，讨莽兵败而死。群臣承旨，言摄皇帝权轻，致刘崇谋逆，宜尊重之，以镇海内。太后诏莽朝见，称"假皇帝"。其先，称臣也。明年，东郡太守翟义起兵，立宗室刘信为天子，聚众十余万。莽抱孺子告祷郊庙，仿造大诰，以安人心；遣使宣称返政之意。更出大军东征，三辅空虚，盗贼大起。会翟义败死，诸将还击盗贼，灭之。莽更以为获得天人之助，谋为真皇帝矣。

官制之变更 广汉人哀章时学于长安，诈为符命，言莽为真天子，辅佐十一人，自列名姓于其中。莽得其书，御王冠，谒太后还，坐未央宫前殿，诏言：钦承天命，即真天子位，国号曰新。遣使求传国玺，太后涕泣与之。莽以符命尊后为新室文母太皇太后，封孺子婴为定安公。莽为天子，自谓受命于天，若不得已者然。汉时，儒生蔽于天人相感之说，常以灾异解说政治事变。莽深受其影响，又信鬼神，乃以符命为真，据之决定用人行政，盖陷溺于迷信而不自知也。其所设之四辅、三公、四将，为十一公，系据哀章所献之符命，其中八人为莽亲信，余为哀章、王兴、王盛。哀章以献符命为公，兴、盛亦其所书，而朝中并无其人。莽求得同名者十余人，而言二人合于卜相，自布衣而为长官。兴，故城门令史；盛，则以卖饼为生。公下为卿。莽置九卿，或更改汉官名称，或为其所创，分属三公。每卿置大夫三人，一大夫置元士三人，凡二十七大夫、八十一元士。又置六监，郡县官名亦皆变更。其名目多于汉代，大部分系据后人伪托之书。其变更之名，使人难于记忆，岂用圣世之官名，即为圣德之世耶？莽又信儒家国无二王之说，改称汉诸侯王为公，降四夷王号为侯。

其地方官制，尤为复杂。莽为宰衡时，以汉十三州不与古合，汉地广大，不可为九，请以经义正十二州名分界，以应正始。后莽改为九州，称：周有东都、西都，新亦如之，其以洛阳为东都，常安为西都。常安即汉长安。诏文继称：州从《禹贡》为九，爵从周氏有五，诸侯千有八百，附城之数如之。公，地方百里，众一万户；侯伯，方七十里，五千户；子男，方五十里，二千五百户；附城则地益少。受封者，凡二千余人。莽以汉宗室之为诸侯者，数为叛乱，遣使授诸侯及蛮夷君长新室印绶，并收汉印绶，因强汉诸侯悉上玺绶为民。其新封之诸侯，面积户数皆有规定，然为纸上计划。其地方高官首推州牧，其数凡九。公作州牧，侯作卒正，伯作连率，子作属令，男作属长，皆世其官。其无爵者，郡称大尹，县为宰。其制乃折合封建、郡县制而成，无如诸侯多而郡数少，乃分大郡为小郡，更以古有五服，分九州为五服。其后，改易郡名，一郡甚至五易其名，吏民或不能记，每下诏书，辄系其故名。其后乱作，莽诏言效法其祖黄帝，置前后左右中大司马之位，赐州牧为大将军，郡卒为正连率，大尹为偏将军，属令长为裨将军，县宰为校尉。其名目之多，徒见其官制之混乱。

驭下之严厉 莽为帝后，严防其臣下，以为用人行政赏罚之大权，不可旁落于人，亲信大臣乃至不得其死。凡言大臣过失者，辄拔擢之。公卿入宫，属吏数有限制，太傅平晏从吏过宫门，仆射苛问不逊，从士系之，莽怒发车骑围太傅府，捕士杀之。大司空士夜行，亭长问其符传。士以策击之，亭长斩士，亡去，郡县逐之。莽言亭长奉公勿逐，大司空斥其属士以谢。晚年信用宦官，政事皆自决定。《汉书》言：莽治理政事，"常御灯火至明，犹不能胜"。尚书因是为奸寝事，上书待报者，连年不得去；拘系郡县者，逢赦而后出；卫卒不交代，三岁矣。莽时五十余岁，欲以衰弱之身，总管一切，致成此现象。莽方以制定礼乐为要政，尽心力而为之。史称"公卿旦入暮出，论议连年不决，不暇省狱讼，冤结民之急务。县宰缺者，数年守兼，一切贪残日甚"，亦一原因也。

莽之家庭情状，亦颇恶劣。即位前，二子不得其死；及为摄皇帝，群臣请封其子，乃封安为新举公，临为褒新公，兄子光为衍功侯，孙宗为新都侯。会光以其私怨，请嘱吏杀人。事发，莽严辞责光，光与母自杀。始建国元年（公元9年），莽即帝位，立妻为皇后；以安年长荒忽，立临为皇太子。后皇孙宗自画容貌，被天子衣冠，刻三铜印，辞意不善。其舅家前以罪徙合浦，宗私与之交通，事发按验，宗自杀。其姊妨为卫将军王兴夫人，祝诅其姑，杀婢以绝口。事闻，莽遣使切责，其夫妇自杀。地皇元年（公元20年），大风为灾。莽以临为太子所致，并称：其为太子，久患疾病，所居宫室又为风所破坏；临有儿而称太子，为名不正。近时灾旱，百姓苦饥，咎于名不正，其立安为新迁王，临为统义阳王。皇后先以子孙数被杀害，涕泣多病，莽令临侍养。临通于莽曾幸之侍者原碧，二人共谋杀莽。及临贬号为王，出居外第，闻母病困，书言不能保全，莽见而大怒。后死，不令临会葬，收原碧杀之，临亦自杀；安旋病死。初，莽于哀帝时就国，幸侍者三人，生二男二女留于国中；及安病甚，始遣使迎之入京。莽时六十有七，犹据符命，征求淑女于郡国，立史氏女为皇后，聘礼黄金三万斤，车马珍宝以巨万计，嫔妾一百二十人。其时，盗贼群起而莽犹纵于淫乐焉。

大规模之改革 王莽为人，虽有可议之处；然有救民之心，其改革计划足当政治家而无愧色。汉自宣帝以来，户口增多，疆域虽称广大，而户口仍集中于黄河下流之地。据《地理志》所记全国户口数字而论，黄河流域人口多于长江、西江流域，将近三倍。前者耕种之土地，不及今日之广大；耕种之技术，亦不若后世之进步。而耕地所出之食物，给养四千余万之人口，当有困难。贫民恶衣恶食，犹不能得饱暖，遇有凶年，常致饿死，穷苦遂为汉末社会之严重问题。儒生数以为言，其人以为民之穷困，一由于皇帝官吏之奢侈生活，一由于官吏与民争利。二者虽有相当影响，然不如所言之甚。与民争利，指官吏经营生产事业，或贩运必需品之类，更有私自牟利经营生产事业者。贡禹曾请：近臣家无得私贩卖，违者免官削爵，不得仕宦。元帝不肯采行。其时，田产为最安全之投资。达官贵人无不争购良田，使其奴婢工作，出卖其余布、余粟。其兼并之结果,贫民遂无立锥之地,沦降为奴婢;或为人佣做佣工,尚有自由。奴婢同于财产,可辗转贩卖。为其主人工作无异于牲畜也。奴婢之待遇,常视其才能容貌,及主人之性情而定,不得其死者,数当不少。成帝、哀帝皆欲有所改革,但无所成。王莽秉政,施行小惠,而时未有大灾,人民尚能安居;及为天子,始为大规模之改革。始建国元年诏曰:

> 今更名天下田曰王田,奴婢曰私属,皆不得卖、买。其男口不盈八,而田过一并者,分余田予九族、邻里、乡党。故无田、今当受田者,如制度。敢有非井田圣制、无法惑众者,投诸四裔,以御魑魅。

诏以土地为公有,故曰王田;奴婢为人,异于马牛,政府不承认其与主人之关系,故曰私属,皆禁买卖。禁卖奴婢,所以限制其来源,久则自行废止。农民耕地一家百亩,为儒家之理想计划。实则土地有肥瘠之异,生产量不同;黄河流域之地,不敷每家之分配,故非大举徙民,则无法求其实现。莽不许买卖田地,田逾限者,予其族人,无田者授田。授田为一幻想,分田非豪富所欲,新政推行,当多窒碍。莽后诏曰:"诸名食王田皆得卖之,勿拘以法。"名田指吏氏购置之田地,食田盖为封地,诏许其出卖,为减少实施新政之一有效举措。出卖者,多为富贵之家,地价,当必甚贱。然与分予相较,则易为人接受。关于奴婢,莽初无将其解放之意,来源断而需要犹殷,价当上涨,违法卖买者众。莽赦其罪,后令上公以下诸有奴婢者,率一口出钱三千六百。汉制奴婢算钱二百四十,莽增为十五倍,蓄奴婢者无利可图,为减少奴婢之一方法。后盗贼大起,莽欲废除新政。实则盗贼之起,非由于改革,而别有造成之原因也。莽更奖励生产,令有田而不耕植者出三夫之税;城郭中宅不树艺者,出三夫之布;浮游不事生产者,出夫布一匹。不出者罚作工役,县官食之。其效果则不可知。

六管 王莽受《周礼》影响,欲安定物价,立五均官于长安、洛阳、邯郸、临淄、宛、成都，皆户口多而商业发达之大城。后遍设于各郡。五均评定物价，民出卖物而不售者，以本价买之，毋令折钱；物价贵过平价者，则以平价出卖政府所贮之物；市价低于平价者，听其买卖。凡卖货物者必报告于官，除其资本，计其赢余，而以所获什一为贡。其不报告，或报告不实者，尽没取其货物，并罚作劳役一年。物价稳定，富贵兼并之家及豪富巨商，无利可图，《汉书》所谓"民怨"者，即其人也。莽又下六管之令。六管为盐、酒、铁、名山大泽、五均赊贷、钱布铜冶。盐铁久归政府专卖。酒先许民卖买，莽令官作酒卖之，郡设酒士一人，督察酒利。名山大泽初为豪富者所专利，莽始设官司之。钱自汉中叶以来，由政府鼓铸发行，莽沿用其制，而大增加货币之种类。五均上已论之；赊贷指贫民贷款以治生产事业，除其费计所得，受息毋过岁十一，亦为五均所司。五均赊贷专谋贫民之利益，其实施情状，则不可知。其时小吏禄薄，为奸致富者众。莽乃明六管之令，每一管下，添设防禁科条，犯者死罪。后盗贼大起，始欲废之。

货币政策之失败 货币为六管之一。汉季货币量数不敷市场之流通，贫民盗铸犯罪者众，朝臣有请罢钱不用者。王莽好古，遂变更币制。居摄时铸造大钱，一当五十。又造刀钱：一称契刀，一当五百；二称错刀，一值五千，与五铢钱并行。奸民盗铸牟利者众。及为天子，诏罢五铢及刀钱，另铸小钱，重为一铢，与大钱并行；旋更造金银、龟贝、钱布之品，名曰宝货。钱分六品：金一品，银二品。龟分四品，贝分五品，布分十品。布为钱币之一，以铜锡造成。合计二十八品，不便于记忆。史称"百姓愦乱，其货不行"，盖为事实。新币多为恶货币，龟、贝易于破碎，不适于用，民贪利，铸钱抵罪者众。莽乃令行值一小钱与值五十大钱；龟、贝、布属且寝。既而复申金、银、龟、贝之货，罢大小钱，改作货布。金银为贵金属，沿用之。龟、贝不合于货币之条件，人民不愿使用。货布重二十五铢，当二十五货泉。货泉重五铢，枚值一钱。货布亦恶货币也。莽数变更币制，鼓铸恶货币，徒使物价高涨，增加贫民之痛苦。犯罪者众，莽以严法治之，终不能有所改善。

对外战争 新政失败，由于复古思想之浓厚。对外战争，更促成新室之覆亡。汉末四夷归附，边邑无事。莽为天子，进而干涉匈奴之事，致成怨恨，匈奴复为边害。边郡自呼韩邪降后，数十年内未受兵灾，防务废弛，民畜被掠者不可胜记。莽宣布匈奴罪状，发卒三十万，十道并进以讨之。其计划不适于用，转运粮食尤为艰苦之事。士卒先至者，屯于边郡，俟全军准备就绪，始出。吏士无所事事，故纵为非，而内郡愁于征发，民有流亡为盗者，大军终未能出塞。会单于病死，其弟咸立。咸主和亲，遣使告边。莽先杀其子登；至是，遣使往贺，并厚遗之，请送还叛人。单于从之，后知登死，复寇于边。然其规模不大，边兵减少。咸立五岁而死，弟舆嗣立，贪利赏赐，复与新和亲。莽欲另立单于代之，舆怒发兵为寇。莽大募士卒，欲攻匈奴，而兵终未出塞。后莽被杀，汉使至匈奴。单于言其"出兵击莽，空其边境，令天下骚动思汉，莽卒以败，而汉复兴，亦我力也"。其言虽涉夸张，而寇掠影响之巨大，亦为不可否认之事实。

乌桓臣服于汉，又事匈奴。单于曾以其酋不予以皮布税，遣使责而辱之。乌桓北为秽貊，高句丽为其强国，初属于汉。莽伐匈奴征发其兵，致成叛乱，乃诱杀其侯，更名高句丽为下句丽，秽貊仍为寇于边。其在西方，莽诱羌酋献地，致成祸乱。羌西地为西域，汉置屯官于其地。莽秉政时，不问官吏处置之失当，唯以诛杀以立威；及为天子，遣使至西域，尽改其王为侯，授以新室印绶。使之侍从众多，小国供给甚苦。莽旋拜甄丰为右伯，当出西域。车师后王闻而欲亡入匈奴，被杀。王兄率众降于匈奴。新吏亦杀长官，降之。后莽出兵西征，亦不能胜，西域遂不服属中国。西南夷时以句町王邯为强大。新吏以邯不服改号，诱而杀之。王弟起而作乱，州郡击之不胜，叛者益众。莽遣将往击，而士卒疾疫死者十六七，益州虚耗，更出兵伐之，仍不能胜。要之，王莽对外全为失败。其影响所及则缘边之郡县，皆大虚耗；调兵防守，军粮运自远方，于是国用不足，横敛于民。奸吏因而致富，人民愈苦。

天灾与盗贼 天灾促成新室之覆亡。汉末，黄河大为民害。莽秉政时，广征能治河者，而言者意见不同，工程又极浩大，终未兴工。莽为天子，方患旱灾，黄河之水量减少，史少记载河灾。后世称河于始建国三年（11年）决于魏郡，为有史以来黄河之第二次改道。惜班固未详记载，致吾人不知其真相。旱为大灾，则为确定之事实。莽于地皇元年（20年）诏云："即位以来，阴阳未和，风雨不时，数遇枯旱，蝗螟为灾，谷稼鲜耗，百姓苦饥。"灾情尤以关东为严重，贫民至食人肉。明年复有旱灾，贼盗增多。莽开诸仓赈贫，赦免盗贼，其不尽解散者，则诛灭之；又遣使教民煮草木为酪、作食，弛山泽之禁。其时，关中旱情较轻，蝗自东方飞入，蔽天盖日。流民入关者数十万人，死者十之七八，壮者沦为盗贼，以饥寒穷愁而起。初欲于岁熟归还乡里，众至万数者，犹无尊号，亦无旌旗，又不略取城邑，惟劫掠求食而已。莽不认识真相，令长官严敕属下并力除贼，其妄言饥寒所为，辄捕众议罪，更遣将督大军讨贼，徒增加人民之担负。又以遮击将欲解散之贼，降贼惊而复叛，旬日之间，更十余万人。官军数战不利而贼益多，其渠帅之欲望转高，局势益为严重。

晚年之境遇 大乱将发之际，王莽之才不足为适当之处置，而方崇尚礼节，效仿西周经营雒阳。及盗贼大起，营筑明堂、大庙；顷之，更崇大其制度，广征工匠。莽以黄帝为太初祖，其庙宽东西南北各四十丈，高十七丈，余庙半之，以铜为橡，饰以金银，雕文穷极百工之巧，费至数百巨万，卒徒死者万数。岂媚于鬼神，以求福邪？旋立皇后，聘礼多，而从嫁者至一百二十女。其前后所为，判若二人。盖莽先与名士甄丰等旦夕谋议朝政，及为天子，疑忌大臣，丰竟不得其死。莽左右无人横有成见，独断独行，以致个人之弱点暴露无遗。人至风烛残年，记忆力弱，了解力低，当疑惧之时，应付事变，往往失其常态也。

覆亡 初，荆州乱起，汉宗室刘縯举兵讨莽不胜；与贼帅合作，数败新兵。地皇四年（23年），诸渠帅共立刘玄为帝。莽大赦贼众，并以兵力杀其不解散者。玄兵攻下昆阳诸城，莽发郡兵百万讨之，会于雒阳者四十二万，余在途中。兵多，指挥困难，反将偾事。大军将南击宛。宛,玄之根据地也。路过昆阳,守兵欲降,不得;又不能逸出。会缤弟秀将数千人来援,莽统帅轻之,令诸将勿动,独将万人出战,不利,诸将不敢援之。秀乘胜逐敌,昆阳守兵复出助战。大军以主将一死一逃而乱;会大风雨,皆散归本郡。斯役也,汉兵以少击众,又得天时,人民以为天欲亡新复汉,思想一变。莽官无法维持治安,亲臣且欲共劫莽降。关中豪士起兵讨莽者,沓自称汉将,争先攻入长安,莽竟为其所杀。

功罪之评议 王莽自立为帝,凡十五年而新亡。余于《中国史》第二册论之曰:"后世以其篡位,及其覆亡之速而诋毁之;实则篡位仅为皇帝之易姓,而与民众之利益无关。惟皇帝有无才力,始乃影响国事人民。吾人常以民众之利益为前提,而不必以篡位为立论之出发点。莽有中国,而复失之,其处理失当为一原因。而困难之症结,则人口太多,非当时开辟之土地所能维持其生活,加以生产事业握于富豪之手,贫富不均,大祸久在酝酿之中。旱灾饥馑促成其爆发。祸乱既起,政府失其威信,人民不肯遵守法令,收拾殊为不易。国中非有伟大之政治家,则悲惨之屠杀流离死亡,盖难幸免。儒家之教育及汉代之政治,不易产生伟大之政治家。汉末人才缺乏,为一事实。莽为境遇知识所限,初固尽其力之能为救济贫民,我国史上如其人者,尚不甚多。即以篡位而论,对于刘氏宗族力欲保全,而刘氏之为侯者,一再叛乱,始免诸刘为民,其附事之者,仍居高官。后世篡位者,若刘裕之辈,远不及其尚有人心。其制作之九锡,亦为后世谋篡者所仿行;惟莽才能不足以应付非常之事变而失败也。"上文尚称公允,故引用之,以做此篇之结论。

第十六篇

光武帝

大乱之复起——全国之扰乱——关东之平定——陇蜀之经营——死亡之惨重——朝官——诸侯——地方官制——仕途——祸乱之防范——奴婢之待遇——对外关系——光武之评论

大乱之复起 王莽败死，系豪士、贫民暴动之结果。王宪尤有大功，众至数十万，为刘玄将所诛。隗嚣据有凉州大部分，拥精兵十万，刘玄征之而嚣即至。赤眉聚众数十万，其渠帅亦应召而降。时人以为汉之复兴，系得天助，国内从此太平矣。实则严重之社会问题并未解决，且当祸乱初定之时，政府失威信。起兵者多居高官，不得意时将召聚旧部为乱。贼众于荒年之后，无以为生，仍从事于劫掠。农民不能安居，耕种收获之五谷，不能为其所有。其结果则土地荒芜，人民无食。此非莽死而刘玄代为天子所能解决。玄为庸才，其举措之乖谬，及推行政策之失当，反而煽动大乱之复起也。

玄初亡命为盗，志在财物。刘縯兄弟则与之异，其宾客仍为劫夺财物。縯初战不胜，与贼合作，击败官兵。贼帅与玄相善，立为天子，而縯反对无效，遂成嫌疑。玄即帝位，建元更始，刘氏中唯二人居于高位，而余皆贼帅。縯与弟秀各有大功，更始借事杀縯。

其所据者仅有一隅之地,幸豪杰响应,杀其牧守,用汉年号,以待诏命,旬日之间,遍于天下也。玄迁都洛阳,以刘秀为破房将军,行大司马事。更始二年(24年)春,迁都长安。初,新亡,唯未央宫焚毁,宫女钟鼓、帷帐、舆辇、器物犹在也。诸将掠夺财物,戴贼者之冠,衣妇人之服。更始王其功臣,其人多出身庸伍,所谓"资亭长贼捕之用,而当辅佐纲维之任"也。玄纵于酒乐,时局恶劣与时俱增。玄遣使者持节巡抚州郡。使者往往滥用威权,亡命之徒仅以同乡之关系,一朝可为长官。《刘玄传》称:"诸将出征,各自专置牧守,州郡交错,不知所从。"可见政治情状之恶劣,乱因而大起。《光武纪》言更始二年之情状曰:"是时,长安政乱,四方背叛。梁王刘永擅命睢阳,公孙述称王巴蜀,李宪自立为淮南王,秦丰自号楚黎王,张步起琅邪,董宪起东海,延岑起汉中,田戎起夷陵;并置将帅,侵略郡县。又别号诸贼铜马、大肜、高湖、重连、铁胫、大抢、尤来、上江、青犊、五校、檀乡、五幡、五楼、富平、获索等,各领部曲,众合数百万人,所在寇掠。"

其先,尚有王昌之乱。昌诈称成帝子,赵大豪立之为帝,史称"赵国以北,辽东以西,皆从风而靡"。刘秀方巡行河北,时适在蓟,而蓟应昌。秀狼狈南逃,幸有郡守出兵助之。真定王刘扬聚兵十余万,秀深结之,娶其甥郭氏为妻,乃攻昌都邯郸。更始出兵助之,城陷乱平。秀焚吏民与昌交通文书,于是冀州吏民乐为之用。冀州为国中户口众多之一州;幽州缘边诸郡,有著名之马队,皆为秀所有,为其削平群雄之一原因。更始以秀有功,立之为王,征之入京。秀不应召,并杀其任命之长官,盖鉴于祸乱之大起,而欲争天下也。其时,据地自主之群雄,均有为帝之思想。滋扰于黄河流域之盗贼,或以山川土地为名,或以军容强盛为号,或以浑名见称。其渠帅各有党羽,劫掠之区域益广。际此群雄逐鹿之时,非才能者,将无成功之希望也。

全国之扰乱 铜马贼时自青、兖侵入冀州。刘秀亲督师击之,绝其粮道而不与战,贼食尽,夜遁,追击破之;降者,封其渠帅为列侯,其众犹不自安,乃轻骑巡行,以分配诸将,战斗力由是增强。

会赤眉别将与大肜、青犊十余万滋扰，秀击败之；更袭杀更始将于邺，而并其军。幽、冀二州尽为其所有，遂公然反抗更始矣。秀平冀州诸贼，乃应诸将之请，即皇帝位，是为光武帝（25—57年在位）。群盗中，时以赤眉为最强大。其酋樊崇西攻长安，更始驻大军于洛阳防守。更始三年（25年），赤眉出间道西至华阴，立刘盆子为帝，击败拒战之兵。刘秀复乘其危出兵，取其河东。更始兵败于外，君臣意见不协，至相攻击。叛臣引赤眉入京，更始请降，旋为贼所害。隗嚣于长安乱时，返其故居，搁地自立。张掖属国都尉窦融为吏所推，行河西五郡大将军事，各同于独立国。赤眉居于三辅，迄未改其劫掠之习惯。汉中贼延岑乘机北上，屯于杜陵，亦欲扩张势力。光武闻知赤眉西入长安，诏封更始为王，遣大军渡河围攻洛阳不下，招而降之。帝徙都洛阳，遣将下其邻邑，驻重兵以待赤眉出关。

赤眉据有长安，人民不敢入城，城中饥饿而死者众。贼帅乃约束其部下，三辅翕然，民归长安。贼复大掠，焚宫殿而去，北出遇雪，转而西上。为隗嚣所败。光武将邓禹与赤眉争据长安不胜，延岑与赤眉战亦败。其时，人民不能耕种，饥至相食，城郭皆空，白骨蔽野。赤眉掠无所得，建武三年（27年）东归，众犹二十余万。帝遣将冯异据守，复亲统兵邀其走路。赤眉饥不能战，迫而归降。关中则在纷扰之中，豪士据城者甚众。延岑势最强大，自称武安王，拜置牧守。冯异入关破之，岑走南阳。异击杀抗命之豪士，尽有三辅之地。光武向外发展，幽、冀复有盗贼滋扰。五校、檀乡兵力尤强，皆先后败降。太守为乱者，亦不能久。真定王刘扬方欲为乱，见杀。于是幽、冀大定。

黄河以南，刘永据有梁地，自称天子。永初起兵讨新，后诣洛阳，归顺更始，封为梁王。及乱复起，永发兵攻陷邻郡。董宪据有东海郡，张步北有齐地，永欲其助邑，拜为高官，遂得专制一方。李宪据淮南称帝。宪初为新吏，平贼有功，乱时自主同于一国，乃上尊称也。董宪、张步初皆豪士，各于乱时据有土地。荆州原为盗贼滋长之所，更始大臣有复归故地为盗者。其先，大盗去而小盗广聚党羽，亦为渠帅，分据南阳、南郡城邑，兵力、财力皆有限制。群雄中，地广兵强者，首推公孙述。初于益州为吏；乱时，据有蜀郡，兼领益州牧。更始遣兵入蜀，为其所败。述自立为王，都于成都。益州未受兵祸，人民安居乐业。述更自为天子。隗嚣自长安亡归其故邑天水，复聚其众，自称西州上将军，境内安堵，三辅士大夫多往避乱。嚣以西伯自居，未曾利用其精兵，兼并城邑。汉定三辅，颇赖其力。凉州西部为窦融所据。卢芳诈称武帝曾孙刘文伯，自为西平王，据有安定与西羌、匈奴和亲，单于数出兵助之。

关东之平定 群雄割据自疆域户口而论，光武为最强大。赤眉降时，其疆域西达三辅，南临南阳，东至今河南东部及山东边地，北至长城，东北迄于辽东，乃其逐渐经营之结果；更欲讨伐群雄，成为统一之大帝国。刘永方据睢阳，其地平坦，无险可守。荆州贼渠土地小而兵力弱。建武二年（26年），光武出兵南征荆州，东伐刘永。汉将东陷酸枣、封邱，遂去睢阳不远；更下其附近城邑，进围睢阳。永惧而出逃，其部将来援，战亦不胜。既而睢阳人叛而迎永，汉军围之，城中食尽，永出亡，被杀。部将立其子为王，兵败东归董宪。宪以一隅之地，当强汉之兵，自无幸胜之理。会汉将庞萌叛而与之合作，势力转盛。帝亲征败之，宪、萌走入山中，旋复据城邑，建武六年（30年）始平。汉将进攻李宪，其都城舒以无援而陷，扬州诸郡始归于汉。汉地既与齐接壤，光武遣将进攻张步。步败归降，东方归于统一。荆州战争，初以汉将叛与贼合，久而无功。帝亲出征，渐而击败劲敌。秦丰降而被杀，田戎兵败西亡入蜀，荆州亦平。长江以南，诸郡皆降。

陇蜀之经营 建武六年春，光武尽有关东之地，转欲经营陇、蜀。部将数上书言蜀可击，帝示隗嚣。嚣书称不可，竟成敌国。嚣先归顺更始，几致被杀。其下以往事为说，复以杀使、劫物，致成更深之嫌疑。帝西幸长安，遣军假道伐蜀。嚣军拒战而胜，又与蜀连和。汉军旋复进攻，嚣乃处于不利之势；九年（33年），病死；明年子降。初，窦融闻帝伐嚣，率五郡兵来会。至是，凉州尽为汉有，光武遂以全力对蜀作战。其时，公孙述称帝，备百官公卿，军政费浩大，国用不足，鼓铸铁钱。述初出兵援嚣，及凉州平定，汉大发舟师攻蜀，更遣军出武都。武都入蜀，山高路险，行军不易；溯江西上之师，已有重大之胜利，深入敌境，逼近成都。述亲出督战，重伤而死，其下以成都归降。益州平定，时十二年（36年）也。群雄相继灭亡，唯卢芳尚为寇于边郡。汉屯重兵于边，筑亭候、修烽火、厚赏士卒。于是守固而人心益振。芳战不胜，亡入匈奴。十六年（40年），遣使请降，帝立为代王。后，芳惧而复叛，出亡匈奴。

死亡之惨重 中国纷扰十数年，受祸惨重者，初为户口繁密之诸州，盗贼抢劫，田地荒芜。史称"黄金一斤，易粟一斛"，关中仅易豆五升。冯异经营关中，士卒采食果实以充饥。饥民或食果实，或食草木，或食野谷，其饥饿而死者甚众。饥贼常以人为食，兹引一事为例。琅邪魏谭为饥贼所获。人民为贼所缚者，尚有数十，以次当烹。贼以谭谨厚，令其主炊，复恐其逃去，暮辄缚之。贼有哀之者，密解其缚，嘱其急去。谭曰："谭为诸君爨，恒得遗余。余人皆茹草莱，不如食我。"贼义而免之。以人为食，时为通常之事。将士每至一地，无不劫掠财物，吴汉为将，所部尤为暴横，南阳为帝家乡，而汉亦不之顾。臧宫入蜀，连屠大城，耿弇为将，平郡四十六，屠城三百。屠杀死亡，致成野无烟火之现象。光武减省官吏，十置其一。吾人虽不能据以推论人口死亡百分之九十，而死亡之估计，则有百分之七八十。中原人士有避难于凉、益及长江以南者。凉、益人民死亡，后亦有相当之惨重。人口增加过于生产事业之发达，为祸乱根本原因，残杀竟至于此。光武令兵屯田故而其军粮无虑，亦其所以战胜也。

朝官 光武于十二年内统一中国。统一减少人民之痛苦，为一伟大事业。帝曾就学长安，受儒学之影响，深信谶文，常欲据以决事。官制本自汉末，帝鉴于王氏之专权，不甚信任大臣，三公徒拥虚名。其先，大司马录尚书事者，权力过于丞相，吴汉为大司马在外作战，而调遣军队及作战计划，则由帝决定。后改大司马为太尉。大司徒原称丞相，久已无权；大司空亦然。后以不合于经典，皆去大字。三公不为天子所信,乃以循常习故者充任。太傅位为上公,职掌教导天子,光武以后,尊荣益甚,然亦无权。而权则在外戚,太傅承指白事太后而已。光武不信三公,朝臣朱浮谏言其弊,曰:"即位以来,不用旧典,信刺举之官,黜鼎辅之任,至于有所劾奏,宜下三府覆案,便加免退,覆案不关三府,罪谴不蒙澄察。陛下以使者为腹心,而使者以从事为耳目,是为尚书之平,决于百石之吏。故群下苛刻,各自为能,兼以私情容长,憎爱在职,皆竞张空虚,以要时利。"

浮言切中常弊,而帝不欲改变政策。一人总揽政权,限于精力,乃以使者为心腹。州牧之权益重,郡守、县令之黜陟,视其一言。天子不易有所平反,唯以严刑立威。其于大臣也,一事之咎,一言之失,或为其所疑,或不合其意者,即受诏责,甚者罪至于死。大司徒坐事死者甚众,范晔于《后汉书》有"难居相位之叹"。帝既多疑,不欲功臣拥众京师,罢其兵权,以侯就第。列侯中唯邓禹等三人,与公卿参与大政。远方贡献珍甘,帝先遍赐列侯。列侯安享富贵,亦无过失,故无诛谴。三公无权,尚书遂为要职。尚书出纳王命,批阅章奏,为天子近臣,渐而得其信心。帝严监之,而仍有擅作威福者。后,尚书之权益重,所谓"选举诛赏,一由尚书"也。其秩为六百石,而三公九卿威权反在其下。三公不得治政,而名义上仍为国中最高之长官。天子责以理阴阳、顺四时,遇有灾异后且免官就国。九卿沿西汉之旧,亦失重要。

诸侯 汉行郡国并行制。王莽复古,建国益多。更始先封宗室六人为王,后立异姓功臣为王,非汉旧制。光武即位,宗室封王者后降为公侯。及统一功成,吴汉一再请封皇子,帝令朝臣议之。群臣议称宜封皇子,乃封皇子十人为公;后二年,皆进爵为王,各食一郡,唯东海王越兼食二郡。越系郭皇后所出,初为皇太子,后废,越亦逊位,奉诏兼食鲁郡。公主各有食邑。王国长官除特诏许可者外,皆朝廷所置。王无政权,衣食租税而已。其下为列侯,初皆功臣,大者四县,后独胶东侯贾复食六县。县之面积、户口不一,六县或未必大于四县也。小侯计户为封,少者数百户,岁食租税,以所封之户数为限。列侯居于京师，虽有归国之例，然为具文；后有罪者，始遣就国。自政治实状而论，郡重于国，为中央集权制。

地方官制 汉代疆域广大，由于武帝之开拓。畿内置司隶校尉，州设刺史。刺史秩卑而权重，王莽改为州牧。东汉初未变更，十八年（42年），始复刺史。刺史为监督官，其言郡守、县令不胜任者，故事先下三公案验。光武不复委任三公，而以刺史报告为决定，其权力因而提高，有统兵出征边夷者。其后，祸乱迭起，刺史有为贼害者。朝廷于祸乱之州，以中二千石为州牧，其权益重。州下为郡，郡置太守一人，唯京都洛阳称尹，皆二千石也。郡下为县、邑、道，有蛮夷者曰道，邑为公主所食汤沐邑，而县为数最多。令长皆沿旧制。光武初以州牧为耳目，郡守、县令有纤微之过，必见斥罢。朱浮书言其弊，帝令廷臣议之。其意见多同于浮，牧守代易，始少于前。

仕途 光武起自南阳，将相多其故人亲友。并州牧郭伋尝言：选补众职，宜简天下贤俊，不当专用南阳人。《伋传》称帝纳之，而南阳人仕为长官者，已不少矣。列侯封地传之子孙，其未封侯而至高官者，可荫其后。其为国死，或有义行者亦得如此。纳赀入仕，东汉初叶尚不甚多。其主要仕途则为选举与辟召，二者皆有悠久之历史。选举一称察举，由天子下诏兴办，或为贤良方正或为直言极谏之士，或为孝廉等，皆由诏定。东汉据郡国人口比例，选定人数，其成立盖在中叶。郡国率二十万口，岁举孝廉一人；四十万二人；多则类推；不满二十万，二岁一人；不满十万，三岁一人。边郡限于人口，应选者少。改令缘边各郡口十万以上，岁举一人；不满十万，二岁一人；五万以下，三岁一人。于是选举成为入仕之要途。辟召指士以才力或德行显著，而为统治者所知，召用而尊显之之谓。其制始于西汉，至东汉而用益广。世家子弟及有名之儒生，皆易于入仕。

祸乱之防范 大臣中骄横无道者，当为宗室外戚。光武时，其人皆遵礼守法。光武初无大志，及为天子，自奉甚俭，朝礼亦甚简单。马援奉隗嚣命见帝，帝亲迎之，笑作戏语。援称其"恢廓大度，同符高祖"。及统一功成，尚与功臣宴语饮酒，此其过于常人之处。大臣违诏与犯法者，则不肯恕其罪。大臣交通宾客，诸侯养聚游士，皆有碍君权之发展，并为政治上不安之因素。帝诏有司申明阿附蕃王法，后更捕杀王侯宾客，其思想则臣下惟当守法，忠于职守而已。其疑忌太甚，防范太严，反足以促成叛乱，尤以降人为然。樊崇降而以谋反诛死；张步降而徙居洛阳，后率妻子欲逃入海；卢芳降而惧祸复叛，皆其明例。更始降将叛乱；亲信有功之将军，有与贼合兵者；降酋众已解散，犹不顾生命危险而作乱。朝臣桓谭尝言其原因曰："臣谭伏观陛下用兵，诸所降下，既无重赏以相恩诱，或至虏掠夺其财物。是以兵长渠率，各生狐疑，党辈连结，岁月不解。古人有言曰：天下皆知取之为取，而莫知与之为取。陛下诚能轻爵重赏，与士共之，则何招而不至，何说而不释，何向而不开，何征而不克？"

帝不肯接受谭之意见，盗贼仍为患于民间。帝伐隗嚣，曾因其为乱，驰归征之。十六年（40年），郡国大姓以政府核田增加其担负，怨而与兵长、群盗并起，所在攻劫、杀害长吏。郡县出兵讨之，即行解散；兵去，贼又屯集，尤以青、徐、幽、冀为甚。此为严重之事变，不善处理，将为大规模之祸乱。帝令郡国：听群盗自相纠摘，五人共斩一人，即除其罪；吏坐逗留、回避、故纵者，皆勿问，听以禽讨为效；牧守令长坐不收捕界内盗贼，及畏慄捐城委守者皆不以为负，但以获贼多寡为殿最，惟罪其蔽匿者。其用意一为分化盗贼之势力，一奖励官吏多所捕获。政府之威信昭著，军队之战斗力强，行之当能有效。其善后问题，则为如何解决降贼之生计。其时，户口少而荒地多，办理善后，未为困难之问题。政府徙其魁帅于他郡，使与其徒党隔绝。彼能安居乐业，亦无他欲望矣。惜帝不肯早听桓谭之言，能弭祸于无形也。

奴婢之待遇 光武生于民间，深知奴婢之痛苦。奴婢同于财产，得辗转贩卖于市，为其主人工作，稍违其意，即受杖责，命运悲苦，待遇恶劣，诚人间地狱也。王莽欲废除奴婢制度，以祸乱起而作罢。光武亦欲改善奴婢之待遇，惟不若王莽之彻底，岂鉴于推行之困难邪？《光武纪》称：帝于十三年（26—38年）中，诏免奴婢为庶人及改善其待遇者，凡九。庶民、奴婢身份不同，主人杀奴婢者减罪，炙灼奴婢，成为习惯。帝诏，论主人如律，免受害之奴婢为庶人。据诏书所言，奴婢之来源：一、购买而得，下妻为变相之婢，属之；二、犯法为官奴婢；三、被掠之人民。释放之官奴婢，史未记其人数。奴婢免为庶人之数字，亦不可知。史称：官吏私买奴婢者，至受处分。诏令之宾行，当无疑问，惜其子孙未能继续推行也。其惠民之政尚多，如遇灾免民田税；廪给高年鳏寡孤独等；老幼妇人从坐，非不道与诏所名捕者，皆不得系；女徒出雇山钱，许其归家。帝又本于爱民之心，诏：郡国毋献异味。其时，厚葬成为风气，帝诏告臣民薄葬。其陵制地二三顷。帝没，遗诏称："如孝文皇帝制度，务从约省。"

对外关系 光武统治土地，初除北方边郡而外，凡前汉直接治理之郡国，皆为其所有。匈奴拥立卢芳，帝遣使厚遗单于，而单于骄慢不逊。汉击卢芳，匈奴为之报复，深入河东，州郡不能拒战，乃徙幽、并边人于内郡，匈奴更徙居塞内。汉增兵严为之备，而祸益亟，边郡无复宁岁。会单于忌杀贵人，其王比欲归汉，又值旱灾，赤地数千里，草木尽枯，人畜死耗大半，单于始乞和亲。帝遣使报之。比率所部四五万人归附，以大父依汉得安，袭用其号，曰呼韩邪单于，是为南匈奴，时二十四年（48年）也。次年，南北匈奴相攻，北匈奴不胜。南匈奴居于云中，遣子入侍，汉厚赐之，并运转米粮、牛羊给之。会南单于兵败，汉徙之居于西河，出兵卫之，冬屯夏罢，习以为常；更分徙南匈奴部众于缘边诸郡，为侦逻耳目。北单于惧而遣使乞和亲，汉亦与之往来。于是，民得安居矣。东北为乌桓、鲜卑居住之所。乌桓乘中国乱时为害于边，其游牧之地在今察哈尔、热河一带。汉出师伐之不胜，乃赂以币帛，并厚赐其入朝之酋长，而封之为侯王君长，令其招降同种，为汉侦候。后数十年，乌桓未为边患。鲜卑初未见于古书，《后汉书》称其在辽东塞外，不常通于中国。其游牧地在辽东以北，盖为铁岭附近之地。数为边患，光武为之增兵，防守，辽东太守曾败其入寇之兵，更招降其大人，而厚其赐赏，岁费钱二亿七千万。

西羌居于今青海、甘肃大部分，陕西、四川各一部分，从事于游牧，以勇敢善战著称。隗嚣待之甚厚，因发其众与汉相拒。嚣死，地入于汉，汉吏不善抚之，致成边患。其部落强大者，首推先零，数为寇掠。汉将击之，降者甚众，徙居之于天水、陇西、扶风三郡。羌人虽败而兵力尚强。西州旧壤，东汉初年，尚能统治也。益州边地，蛮夷多而叛乱时起，皆为汉兵所平。荆州亦多蛮夷，南郡、长沙、武陵等地，皆其明例。其时，武陵夷特盛，酋长为杰出之士。汉将一再督兵击之，皆无功绩，后许其降，还师。荆州南为交州，蛮夷更多，官吏从未设法改善其生活。光武时叛乱大起，汉兵击而政之，徙其归降之渠帅于武陵，交州始定。要之，东汉初年之外患以匈奴、鲜卑、乌桓为烈；西羌次之；南蛮又次之，以其人数不多，又无骑兵故也。汉兵平定南方，尚非难事；应付北方之外寇，则多困难。凉州地与西域接壤，小国遣使朝贡，请设都护。帝以中国新定，不许其请。

光武之评论　光武自平民而为天子，初曾入太学读书，其大臣亦颇好儒。帝于中国尚未统一之时，即兴太学，厚赐博士弟子，又表彰气节，擢用贤士；晚年，起明堂、灵台、辟雍等。惟信谶记，是其所短。帝鉴于往事，亲总万机，大军在外作战，计划亦由其拟定；勤于政事，始终不懈。《光武纪》称："每旦亲朝，日仄乃罢，数引公卿、郎将讲论经理，夜分乃寐。"皇太子承间说其"颐爱精神，优游自宁"。帝曰："我自乐此，不为疲也。"当为事实。中元二年（57年）病没，享年六十有二，在位三十三年，庙号世祖。其为人也，虽有一二可议之处，而固我国史上伟大之皇帝也。

第十七篇

明帝至质帝

明帝——章帝——和帝——安帝——顺帝——梁冀专政——太后听政——选举制——户口分布之情状——北匈奴——羌乱——西域

明帝 明帝嗣父为帝（58—75年在位），幼甚聪明。其兄弟争位，皆交结宾客，广求声誉。光武遣诸王就国，并杀其宾客，以巩固皇太子之位；病时，诸王皆在洛阳，及死，太尉赵熹典丧，横剑殿阶，扶下诸王，以明尊卑。藩国官属入宫殿，初与朝臣无别，熹表奏：谒者分别。并令诸王就邸，"唯朝晡入临"。梁松时统卫兵，予属吏大权，警备非常，有"见非，勿有所拘"之令。明帝母弟荆欲为祸乱，则其一例。后，荆不得其死。楚王英以交通方士，迫而自杀，朝臣及英宾客冤死者甚众。其坐事削地之王，尚有二人。帝对于诸子，唯欲其安享富贵，岁给以二千至八千万钱，不得与闻国政。帝防范外戚亦严，贵戚莫敢犯法，而"诏书切切，犹以舅氏田宅为言"。其弱点则为性情褊急，好用小慧，以耳目所发为明；并以小吏、宦官为耳目，致大臣数被诋毁，近臣尚书以下，亦常受辱。官吏从事于苛察，而反为害于民也。

明帝幼受儒家之教育，完成其父所筑之辟雍。及成，帝祀光武明室，登灵台以观物变，临辟雍行大射礼与养老礼。此皆本于儒家思想，徒为繁文缛节，对于国计民生并无重要。其出游巡，亦奉于儒家之说，在位十八年，巡狩六次，并征诸侯来会，实为劳民伤财之事。其伟大功业，则为治河。黄河于平帝时败坏，迄未兴工治理，东汉初年雨多，河复为害。光武欲修堤岸，而言者称今民少地，新被兵革，民无余力而罢。于是河无堤防，东侵之地益广，沃肥之低地，同于湖泊，兖、豫人民怨望。永平十二年（69年），帝遣使者王吴治河，王景佐之。景善治水。史称发卒数十万治河，河自荥阳东至海口，长千余里，景度地势筑堤，一年功成。帝巡河诏云："今既筑堤理渠，绝水立门，河汴分流，复其旧迹。"门谓断绝河汴合流之工程，言其功用同门，将水关闭也。河水流于新道，水深而流畅，力足以挟泥沙而东行。帝诏置河堤员吏，以时修理，并令滨渠土地给予贫民，诚我国史上伟大工程之一。其时，边郡无事，人民尚不甚多，乃诏：边人徙居于内郡者归还；并赐装钱，人各二万。又徙罪人于边。许其妻子同往，附名籍于边县；后更优待妻之家人以奖励之。此为增出边郡户口之一有效方案。

章帝 永平十八年（75年），明帝病没。其为帝也，勤于政事，崇尚节俭，病时遗诏：无起寝庙，藏神主于母更衣别室；陵置吏卒数人，供给洒扫，勿开修道；敢有兴作者，弃市。当为不易多得之天子。皇太子炟立，是为章帝（76—88年在位）。章帝幼受良好之儒家教育，年始十六曾在曲阜说经。帝非马皇后所出，而后抚育劳悴，过于所生，帝亦爱之如母。及是，后进位皇太后，与闻政事。其家人居于显要之位，富有资财，问候其起居者，至车如流水马如游龙。后没，马氏失势。皇后窦氏有宠。兄宪居于要职，至以贱值夺公主田园。事发，帝切责之，皇后毁服深谢始已。帝虽为外戚所蔽，然为聪明有为之天子。尚书承旨决事，不敢有违。然能鉴于往事，颇崇尚宽厚，诏去毒刑；许前坐藩王狱，徙于边郡之家，还归本郡。帝读儒书，本于儒家思想，常出巡狩，乃以国用不足，复置盐铁官。好名复古，不知古今环境之不同，及后人伪托之古制，贸然行之，徒病人民而已。其惠民之政，当推救济贫民。遇有灾荒，则诏勿收田租刍藁，并令有司以见谷赈给贫民。复以其往返领谷，有碍农耕，令核其尤贫者，计所贷一次予之；流人欲归故乡者，郡县给食，听止宿官亭。又诏：以上林禁苑田与贫民；后许无田之民徙居肥饶之地，赐给公田，为雇耕佣，借与种饷、田器，勿收租王岁，除算三年，其后欲还本乡者勿禁。其实施情状，今不可知。内郡户口增加，土地不敷分配，则为事实。帝诏：诸怀孕者，赐胎养谷三斛，复其夫勿算一岁，以减轻贫民之担负。婴儿无父母亲属，及有子不能食之者，亦令有司廪给。于是人口增加过于生产事业之发达，复为严重之问题。

和帝 章帝病死，窦皇后无子。梁贵人有子，后谮杀贵人而养其子。至是，嗣立，年始十岁，是为和帝（89—105年在位），尊窦皇后为皇太后。太后以帝年幼听政，诏其兄宪供养两宫，宿卫左右；以太尉邓彪为太傅，录尚书事，百官总己以听。彪仁厚委随，为宪所喜，故居此职。宪在宫中与闻政事，进用大臣。史称其有所为，辄令彪奏白，无不许可。宪弟亦居于亲要之位。宪能进用贤士，公卿阿附唯恐不及，刺吏、守令多出其门，尚书仆射至以忤意自杀。宪旋以罪求击北匈奴以自赎。永元元年（89年），汉军及羌胡兵出塞。大败北匈奴。宪拜大将军，位次太傅，高于三公，旋归洛阳。三年，复征北匈奴，又大破之，单于西逃，宪之威名大盛。帝恶其专横，隐与亲信宦官议商诛之。及宪班师还京，帝遣使收宪印绶，迫令自杀。其党羽多死。和帝年始十四，竟能诛杀权臣，其谋虑之深、计划之周、出动之速，有足称者。中常侍兼钩盾令郑众，与谋有功，迁官封侯。宦官用事，始自郑众。帝颇崇尚节俭，留心民事。晚年，始南巡狩。其前十数年中，皇室用费，当大减省。又令太官勿复受献。帝在位十七年，亲政凡十三年，遇有灾荒，无不有恤民之诏。据诏书所载，贫民生计困难，一由于蝗害，一由于水灾，蝗害二见，水灾较多。其造成之现象，则人民流离，死亡惨重也。政府救济灾民，减收田租，或给种子或与廪食，或开放离官园囿，恣民采取果实，或开放山林、川泽，或诏郡国给食所过流民。其有贩卖者，矜免其税。汉人深信天人相感之说，灾异乃天所以示警。遇之，帝辄延问公卿政事得失，或求直言极谏之士，借明了民间疾苦，亦沟通上下之情之一法也。

安帝 元兴元年（105年），和帝病死。其皇后初为阴氏，不得其死；后立邓贵人为皇后。帝有二子，长曰胜，少曰隆，皆非后出。至是，邓后称胜痼疾，废之不立；立隆为帝。隆生始百日，是为殇帝，太后临朝听政。明年帝死，胜为和帝仅存之子，当立。太后商于其兄邓骘，迎立清河王庆子祜为帝。祜，章帝孙也，时年十三，是为安帝（106—125年在位）。太后专政，安帝徒拥虚名，朝臣以之为言者，即致不测之祸。后从兄康惧有后祸，托病不朝，为宦人所诳，致免官绝属。太后亲信大臣为其兄弟，实则皆为庸才。骘以贤称，太后处置军国大事，当征求其意见，因得推荐亲信之士大夫。骘尝出征叛羌，大败而还。太后反重赏之，惟知其家人，而不问其才能与功过也。后颇崇好节俭，遇有灾害，无不下诏赈济贫民。其推行之政治，则本于儒家之思想，如诏举明经之士，续封功臣之后，设学校传授宫人与邓氏子弟，强令小吏行三年之丧，又亲自决狱。此皆与国计民生无关。其时，严重之问题，则水旱之灾迭至，而户口已大增加，贫民无食者，竟至相食。政府又以全力与羌人作战，致寇贼纵横也。

建光元年（121年），邓太后病死。安帝在位已十四年，其怨望诸邓，为事理之当然。诸邓免官就国，多不得其死。帝乳母王圣与闻国事，其女伯荣出入宫中，受赂为奸，政治益坏。皇后阎氏甚见宠爱，无子，妒杀皇子保母而立保为皇太子。后兄弟皆居显位；复以前杀太子母，心不自安。太子乳母与属官，又与王圣不协，共谮太子。帝怒，废为济阴王，朝臣争之不得。其时，帝年三十，仅有一子，竟以虚构之辞废之；又信用宦官。宦官先为侍中、中常侍者，人少。邓太后称制不接公卿，而以阉人为常侍，小黄门通命两宫，由此权倾人主。宦官李闰与王圣相结，帝封闰为侯。小黄门江京以前迎帝于邸，亦封侯。延光四年（125年），帝南巡狩，阎皇后从行。帝死于途中，皇后与兄显商于宦官，诈言帝病，驰驱入京，然后发丧，迎立章帝孙北乡侯懿为帝。太后称制，阎显辅政，诛杀异己之大臣，王圣亦下狱死。显无才能，嗜酒常醉，不孚众望。懿立二百余日而死，太后欲另立帝。中常侍孙程等十九人为变，迎立济阴王为帝，捕杀阎显。

顺帝 济阴王为帝，是为顺帝（126-144年在位），年始十一，政权归于宦官、乳母。孙程新立大功，与闻政事。乳母宋娥，亦纳贿干政。大政往往决定于一人之毁誉而不问事之真相。吏民上书，帝置之不问，兹引一事为证。宁阳主簿诣阙诉其县令，积六七年，书百上而不省。主簿不堪在京久待之苦，上书曰："臣为陛下子，陛下为臣父。臣章百上，终不见省。臣岂可北诣单于，以告怨乎？"此实骇人听闻之政治现象。帝年稍长，颇放纵于情欲，欲立皇后，而贵人有宠者四人，欲探筹定之。朝臣谏言不可，乃以梁贵人为良家子，立为皇后。后父商渐居于显位，而为宦官所忌，谮之于帝并陷害中常侍曹腾。帝不之听，谮者竟矫诏缚腾。帝知其事，诛之。帝平日放纵其为非，成此现象，当为昏庸之主。宦官无子，帝许其以养子为后袭爵。其宗族家人求官者益多，受赂请托，为祸益烈，致盗贼群起，久始平之。

梁冀专政 顺帝病死，梁皇后无子，先以虞美人子为皇太子，嗣位，是为冲帝（145年在位），年仅二岁。太后临朝，大权归于后兄梁冀。冀少为贵戚，暴戾自恣，太傅李固与之不协。其时，盗贼大起，至掘发顺帝陵墓。冲帝嗣位百余日病死。李固以清河王蒜年长而贤，说冀立之。而冀不听，迎立渤海王子缵为帝，年八岁，是为质帝（146年在位）。太后听政如故。梁冀为后亲兄，居大将军位，与闻政事，其意见多为太后所接受，益专横为非。质帝少而聪慧，尝朝群臣而目冀曰："此跋扈将军也！"冀毒而杀之。固与司徒、司空致书说冀，立君宜访公卿。冀召公卿列侯，议商所立。三公言清河王贤，又最尊亲，宜迎立之。而冀隐欲立章帝曾孙蠡吾侯志。太后欲以女弟妻志，值志在京也。曹腾夜往说冀立志可长保富贵，冀然其说；明日复会公卿，言立蠡吾侯。李固坚持前议，冀说太后诏免固官，迎立蠡吾侯，是为桓帝。

太后听政 东汉自光武而后，迄于殇帝，嗣位之君为时益后，而死亡益早。光武在位三十三年，享年六十有二。明帝在位十八年，四十八岁而死。章帝在位十三年，三十三岁而死。和帝在位十七年，二十七岁而死。殇帝二岁而死。安帝非和帝子，在位十九年，三十二岁而死。安乡侯在位数月而死，史未记其年龄。其兄顺帝嗣位，年始十一，侯年当必更小。顺帝在位十九年而死。冲帝二岁为帝，质帝八岁，皆不久即死。诸帝早死，除婴儿及被毒死者外，史未记其得病之由。其婚姻太早，当为一因素。皇帝纵于情欲，宫女因而增多。皇后色衰而爱弛者，往往不得其死。所可异者，东汉皇后多未生子，影响皇室及政治者颇巨。妒为妇女常情，皇后无子，常妒杀生子之贵人，宫闱之内，直为人间地狱。汉人以皇后母仪天下，位次于皇帝，达官大族常欲纳女宫中，视皇后为大尊贵。皇后生子本于子以母贵之说，当为皇太子也。

太子嗣父为帝，尊母为皇太后。其年幼者，则太后听政。东汉不信任大臣，皇子、王孙不得与闻政事，又无摄政法令，太后临朝，遂为事理之当然。太后亲信母家，重用其兄弟家人，既为人情之常，亦为环境所促成，以其居于宫中，不与朝臣往来，一旦听政，势必听信家人之言，并重用之也。家人居于显要之位，本于患得患失之心，将尽其力之所能为，以保全其利禄与安全；废皇子而外求君，亦所不顾，乃祸发于其所防。外戚之家鲜有能保全者，盖外戚所恃者唯一太后；太后听政，非皇帝之所欲，久则积嫌益深，乃于太后死后，处分其家人，甚者与亲信之宦官相结，诛杀权臣。东汉用人，以察举、辟召为要津，权臣握有用人之权，士大夫出于其门，常至高官，公卿多为其党，天子自不愿与之协商也。另一方面，宦官专权亦由于太后听政。太后本于礼教，不欲与士人多所接触。邓太后重用宦官，则其明例。宦官居于宫中，深知皇帝太后之性情，投其所好，渐而得其信心，听从其言也。

选举制　东汉政治情状益趋于恶劣，复仇行动更增加政治上之不安。儒生解释《春秋》谓：大复仇人民相杀，国法荡然，生命财产皆无保障。汉代政治组织殊不健全，缉捕罪人常不能获，政治令人失望。其唯一贡献，则为选举制度之成立。选举为登用贤才之一法。世家子弟与儒生常居于优利之地位，上者修名求官，下者贿赂请托，然无较善之办法代之。及根据人口选举，郡国及边郡人士各有入仕朝廷之机会，下情可以上达。而边郡人士所读之书，亦同于内郡，为促进我国文化统一之有效方案。选举由地方长官办理，历久弊当难免。阳嘉元年（132年），顺帝以尚书令左雄之请，诏令：被举之孝廉，须年满四十；并各就所长，先试之于公府，复试之于端门。于是郡守畏栗，莫敢轻举。久复成为具文。要之，选举制之实行，未能多得才能之士，褊狭之儒家教育、风气之恶劣，皆与之有关也。

户口分布之情状　政治黑暗促成祸乱，而户口增加，耕地不敷分配，则为祸乱之根本原因。东汉之世，淮水汉水以南之荒地，未尽开辟；长江以南，为王侯坐法徙封之所。江南设置郡县已久，而刺史视渡江为畏途，多不视察其地。淮南尚有不少之森林，蛮夷犹多。九江郡多虎，为害于民。其太守宋均言："江淮之有猛兽，犹北土之有鸡豚。"荆州、南郡江夏亦多虎狼为害，蛮夷迭起为乱。其南，蛮夷益多。西南夷内附，汉稍得其土地，而治理仍与内郡不同。西方边郡，大受羌害，汉放弃其一部分土地。北方长城以北，则非汉人之所愿居。兹据《续汉志》所载户口数字，列十三州户口表于下：

州	户	口
司隶	616 355	3 106 161
并	115 011	696 765
凉	102 491	419 268
豫	1 142 783	6 179 139
兖	727 302	4 052 111
青	635 885	3 709 803
冀	908 005	5 931 919
幽	396 293	2 044 602
徐	476 054	2 791 683

续表

州	户	口
扬	1 021 096	4 338 528
荆	1 399 394	6 265 952
益	1 525 257	7 142 028
交	270 769	1 114 444
全国	9 336 695	47 792 403

上为顺帝永和五年（140年）全国户口之总数，视西汉末年户少三百万，口少九百余万。其原因一由于隐瞒，二由于流亡，三由于祸乱。黄河流域户占总数百分之五十六，视前减少百分之十九；长江流域户占百分之四十一，视前增加百分之十八；西江流域占百分之三。黄河流域八州户口，以豫州为最多，冀州次之，兖州又次之，最少者则推凉州，视西汉不足三分之一。并州更甚，存者户约六分之一；司隶减至一半以上，由于羌乱也；兖州户口大减，由于盗贼之滋扰。长江流域益、荆、扬三州，户口颇有增加，开辟之土地较广。徐州则为盗贼久扰之地，死亡众多，户口降居末位；扬州亦深受其害也。要之，汉人耕种之区域有限，贫民之衣食困难，或流离死亡，或降为奴隶。其孔武有力者，则铤而走险，致盗众贼多。政府益严其法，一人犯罪一宗坐之。徐、扬多所屠杀，则其明例。贫民为减轻其担负之计，有溺死婴儿者。然其违反人类之天性，非万不得已，殆不肯为，当不能解决人口过剩之问题。东汉人口盖以和帝末年为最多，其后，死于祸乱者数已不少，而问题犹未解决。其土地之广大、户口之众多、财力之雄厚，犹远非其邻国所及也。兹略言其与邻国之关系于下。

北匈奴 南匈奴于光武时归附，汉给其岁费一亿九千万。北匈奴惧而遣使和亲，汉不遣使报之。北单于离间之计不售，乃于明帝时数为寇于边。朝廷患之，遣使报聘。南部贵人怨汉欲叛，请北部出兵迎之。事为汉所知，北匈奴不得志而去，更为害于边郡，河西城门昼闭。汉大发兵击之，北部远徙，汉将无功而还。南匈奴则人口增多，马羊蕃殖，战斗力增强，掩袭北部，颇有斩获。章帝章和二年（88年），北匈奴大乱，南单于上书言：北单于兄弟争立相攻，诸部多欲内附；彼与诸贵人议商，宜出兵讨伐并为一国，令汉家长无北念。其作战计划则聚兵于河上，分三路前进，并请汉兵助战。书上，值和帝新立，窦太后听政，窦宪主张出兵。而三公九卿则持异议，宪不之从。执金吾耿秉亦请出兵。太后拜宪车骑将军，耿秉佐之。明年，发国中精骑及羌胡伐北匈奴。南匈奴凡三万余骑，而汉军仅及其半，乃以匈奴为主力军，进攻北匈奴，激战于稽落山。北匈奴大败，溃散，其单于遁走。汉军追击，斩首万余，获牲畜百余万头，降者三十余万。宪登燕然山，刻石铭功。此役也，为汉对外用兵以来极大之胜利。

窦宪班师归国，以北匈奴犹众，遣使说其单于归降。单于许之，会闻汉军入塞，改遣其弟入朝。宪怒，遣归其弟；永元二年（90年），亲屯凉州。南单于利其覆亡，遣将分道袭之，夜围王廷。北单于仓卒遁走，弃其妻子、玉玺。南部连胜，降者益多，精兵至五万余人。窦宪原许北单于入朝，及其再败，转欲灭之；明年，遣将围攻之于金微山，大破其众。单于西逃，诸部贵人不能尽去，其弟请降。宪请立为北单于，朝廷从之。会宪被杀，北单于逃去，汉将诱而杀之。北庭无主，更有自立者。南匈奴迄未返其故居，其首倡大谋之。单于病死，国中祸乱迭起，南部遂不复振。北匈奴破亡为汉重大胜利。不幸善后之处理不善，致漠南未入版图，后为叛人游牧之所；漠北仍为北匈奴余众所有也。匈奴东为乌桓、鲜卑。光武召降乌桓大人，其愿留者，居之于缘边诸郡，为汉守塞，并助击北匈奴。汉亦厚遇鲜卑，岁给钱二亿七千万，鲜卑为之保塞。及北单于远逃，漠南地空，鲜卑徙据其一部分，匈奴余众十数万附之。由是鲜卑转强，为害于边，汉兵迄未能予以重创也。

羌乱 西羌为祸转烈，以烧当都为最强。其先，史称先零传至烧当而复强，子孙因以为号。光武平定陇西，羌人入寇，汉军迄未能报复。明章二帝之世，其祸益甚。和帝诏征西将军刘尚将精兵讨之。羌酋惧而出塞，汉军追击，死伤惨重，遂不复追。尚坐畏懦，征下狱免。汉兵既无长期作战之准备，又无增强战斗力之计划，处于被动之地位。仓卒调聚大军，欲败强敌，自非易事。羌人势强，由于诸部解仇、合兵，汉官则以离散诸部为得计。永元十三年（101年），羌酋自相杀害，烧当扰边，为汉兵所败，降者六千余人。汉复置西海郡县，广设屯田。田在湟水肥沃之地，而气候雨量均不宜于耕种；后诸羌叛而罢之。其叛由于羌骑不欲远征，而诸郡发兵遮捕，或覆其庐舍，致诸羌起而为变也。邓骘督军往讨，为烧当酋滇零所败。滇零自称天子，东犯赵魏，南入益州，百姓死亡惨重。朝廷再遣将伐之，仍不能胜，乃徙边郡民于三辅以避之。滇零病死，汉与烧当作战，仍未能胜。统将任尚听信识者之言，以步兵无益于事，改置骑兵，战事始有转机。汉骑钞击，颇有斩获，匈奴助战，大破烧当。更募降羌，刺杀强酋，其乱始已。范晔称十余年间，军费用至二百四十余亿；并凉二州为之空虚。政府未能改善羌人生活，不久而乱复起。初顺帝诏徙民各归旧县，广增屯田于湟中，羌酋畏逼，复于永和五年（140年）结合为乱也。朝廷遣名将马贤击之，不胜，贤与二子皆死。羌势益盛，侵扰之地益广。汉将赵冲抚剿兼施，颇有所成。冲后战死，羌亦衰耗，降者五万余户，陇右复平，此冲帝永嘉元年（145年）也。用费八十余亿，死者白骨相望，仅得苟安耳。

西域 明帝取伊吾地屯田，复通西域。汉军俄入车师，向西伸张势力，复置都护等官。其长官遣属吏班超使西域，至鄯善其王初礼敬而后疏之。超知北匈奴使者新至，夜与从吏三十六人攻使营而杀之，其王惧而请服。明帝诏超为军司马，出使西域。超至于寘，诈杀其巫，王惧，降汉。龟兹恃北匈奴为援，尝破疏勒，立其国人为王。超知疏勒不服，劫缚其王，改立故王兄子忠为王，疏勒归汉。会焉耆攻没都护，车师围攻汉吏，龟兹亦发兵攻疏勒，章帝不欲劳师远征，诏超归国。而疏勒、于寘皆不欲超去。超亦欲立功于绝域，复还疏勒，诛杀叛人，旋发兵击莎军；疏勒王又叛超，复定疏勒，降服莎车。其时月氏据有印度西北，成一大国，求汉公主不得，永元二年（90年）出兵七万攻超。超知其运粮困难，收谷坚守以拒之，其帅乞和。时北匈奴为汉所破，诸国畏惧，龟兹及其与国皆降，和帝拜超为都护。惟焉耆王以前隙不服，超发诸国兵讨之，杀王。于是五十余国皆服，和帝诏嘉其功，封超定远侯。后数年，超归国，任尚代之。大月氏方伸张势力于天山南路，诸国叛汉。值羌乱大起，汉无余力经营西域，诏罢都护。后复经营西域，而基础仍甚薄弱。顺帝时内乱外患交至，西域复叛。

长江以南未开辟之地犹广。官吏虐取于民，常致祸乱，兹引一二事例为证。武陵蛮夷纳税甚少，其太守请比汉人，增其租赋。尚书论其不可，而帝弗听。其冬，蛮夷以多贡而反。益州阆中板楯夷，勇敢善战，亦以赋役重而叛乱。政府于平乱之后仍无建设，蛮夷生活情状一无改善，祸乱之原因仍然存在，故祸乱时起也。

综之，汉为大国，于其极盛之世，武力业已不竞。光武晚年，太子问以兵事，帝不之告。盖受儒家影响且欲休养人民也，士卒乃无严格之训练，常以罪人充之；能战之兵，多为归顺之羌胡。任尚久与羌人作战，不胜，初犹不知骑步之势不敌。东汉政治偏于维持现状，实少伟大之政治家也。

第十八篇

桓帝至献帝

桓帝——灵帝——党锢之祸——黄巾之乱——董卓之乱——献帝——袁绍雄踞河北——曹操之活动——徐州之祸乱——荆益之情状——曹操专政——北方之平定——南征之失败——刘备据有益州——刘备之失败——三国之成立——死亡之惨重——外患

桓帝 桓帝嗣位（147—167年在位），由于梁冀之力，时年十五。梁太后犹临朝听政，后数年以病归政。冀以定策功，增封三万户，得举茂才，官属倍于三公，子弟封侯，妻孙寿封君。冀听信妻言，夺诸梁在位者，以示谦让；重用孙氏宗亲。孙氏为长吏者十余人，无不贪横。冀嗜财为非，视之更甚。官吏贡献，皆先输其精者于冀，天子次之。冀广求珍物，大起宅第，史称其苑囿将及千里。桓帝以其有援立之功，待以殊礼，入朝不趋，剑履上殿，谒赞不名，朝会与三公绝席，十日一入，平尚书事，机密大事，皆待其决定。宫卫近侍为其所置，百官迁召，皆先诣冀谢恩，后至尚书。冀所恶者，往往不得其死。桓帝为昏庸之君，贪于淫乐，博采宫女五六千人。梁皇后为冀之妹，渐而失宠，忧患而死，帝始恶冀专政为非。延熹二年（159年）密与宦官单超等图冀，御前殿下诏捕之。冀与妻自杀，宗亲皆死。公卿二千石死者数十人，坐故吏宾客免黜者三百余人，朝廷为之一空。

梁冀之诛，宦官单超、具瑗等五人有功，同日封侯，世称五侯。单超早死，四侯贪污纳赂，皆富于财，大起第宅，穷极技巧。其兄弟姻戚宰州临郡者，皆为民蠹，范晔称：民不堪命，起为盗贼滋蔓，常由于恶劣政治。水旱之灾，更促成祸乱之爆发。其时，户口多而内郡土地不敷分配，农民耕于褊狭之地，仅免其家人于冻馁，一遇凶年即无以为生。《后汉书·桓帝纪》迭称饥民相食。其流离死亡者当必不少，于是壮者铤而走险。贼酋势强者，创立名号，或称真人，或称皇帝，或称皇帝子，或称太上皇帝，或称太初皇帝，或称太上皇。其无名号者，数亦不少。政府用兵讨之，连岁不定；外而蛮夷为寇，兵费浩大、府库空匮，帝假公卿俸禄、王侯租税。有司禄少，势将纳赂。而皇室费用，则仍有增多。帝诏国亩敛十钱，耕地姑作七八万万亩，收入增至七八十亿，而民苦矣。

灵帝　桓帝病死无子。窦皇后上尊称曰皇太后，临朝听政；与父武协商，迎立章帝玄孙解渎亭侯宏为帝，是为灵帝（168—189年在位）。武拜大将军居禁中，决定政事；一门三侯子弟皆居显位。武与名士甚善，征起用之。太傅陈蕃欲诛宦官，因日食上书，请罢斥宦官，退绝帝乳母赵娆及女尚书。武白太后，请诛贪暴之宦官，太后不尽从之。宦官先行发难，诈称武欲废帝、劫夺太后玺书，遣使者捕武。武拒战不胜自杀，宗亲皆死。陈蕃亦为宦官所杀，征用之贤士，或诛死或免官。灵帝不知事变之真相，而以宦官新立大功，与之同享富贵。其时，帝年尚未成人，及长，唯放纵于情欲，采女至数千人，为人昏庸同于桓帝。其臣面对其"何如桓帝"之问，曰："陛下之于桓帝，亦犹虞舜比德唐尧。"董卓尝曰："每念灵帝，令人愤毒。"皆可为证。政事乃以宦官言为决定。帝尊张让为"我公"，赵忠为"我母"，二人皆中常侍也，亲之如父母，宦官自无所畏忌也。帝贪而无厌，自蓄私藏。郡国贡献时，须先输道行费于中署，始得上达。其敛财之法尚有鬻官。其榜卖官爵也，富者先行入钱，贫者到官后倍输，有因中常侍阿保以求通达者，三公亦须出钱。羊续为守，清廉至不能养其妻子。后帝欲拜续为太子尉，时拜三公者，例输钱千万，令宦官督之，名曰左骓。其所至，辄得厚赂。续坐之于单席，举缊袍示之曰："臣之所资，唯斯而已。"左骓白帝，遂不厌续。卖官为有利可图之投资，得官者将多取于民，势致促成祸乱。会南宫灾毁，帝令亩税十钱，修筑宫室；强买材料，十给其一。地方长吏迁除，皆责助军费修宫钱，大郡二三千万。当之官者，先与宦官商定钱价，然后出京，输钱不足额者，甚至自杀。贪者则以官至富。

党锢之祸 宦官乱政，士大夫羞于为伍，进而为其政敌，为事理之当然。东汉时，太学发达，学生多至三万。其人入京求学，为中产阶级或世家子弟，在其本郡有相当之势力；学成归者，易于入仕。其在太学也，国有大事或征询其意见。其好活动者，除上书奏请而外，尚有聚众请愿之事例。冀州刺史朱穆，发赵忠父墓，收其家属。桓帝罚穆为徒，太学生数千人诣阙讼之，帝遂赦穆。仕不得志之公卿，乃与之相善；河南尹李膺尤为太学生所称，于是互相标榜，讥议异己，原欲借以求官，而宦官反居于显要之位，乃深恶之。宦官欲提高其社会上之地位，愿与名士交结，附之者无不贵显。而名士则多予以难堪，其偏激之行为终成党锢之祸。其祸先后二次，第一次由于李膺之杀张成。成善推占，教子杀人；遇赦，李膺杀之。其徒上书，告膺等养太学游士，交结诸郡生徒，共为部党，诽讪朝政。宦官证实其说。桓帝诏郡国逮捕党人，收执膺等。其供辞所连及者二百余人，逃者购捕。窦武上书极谏，尚书亦为之言，乃诏出膺等于狱，时永康元年（167年）也。党人放归田里，禁锢终身。其徒标榜其领袖，为之创立号称：上为三君，次为八俊，再次为八顾，又其次为八及，下为八厨，凡三十五人，其贤名益高。会桓帝死，窦太后临朝。其父武辅政，引陈蕃为太傅，征用名士李膺等。武、蕃旋为宦官所杀。灵帝听信其言，禁锢名士，双方处于利害冲突之地位。建宁二年（169年），第二次党锢之祸遂起。其事由于督邮张俭与中常侍侯览为仇。俭为八及之一，览深怨之，证实俭等为党人，将为祸乱也。灵帝下诏捕俭等，俭自逃亡，李膺等被捕者百余人，皆死于狱中。合徙废禁锢者六七百人，其宗亲尚未计入。亦有赖宦官张让之力而获全者。初让母丧，独名士陈寔往吊，让甚德之故也。后黄巾乱贼起，党锢之禁始解。徙者归其故郡，而国家之损失大矣。

黄巾之乱 祸乱之势力潜伏已久，政府以武力平乱，并未认识耕地不敷分配，致贫民衣食困难，铤而走险也。汉人重视鬼神，民间迷信深痼，妖巫一再起兵，而风俗迄无变更，终成张角之乱。角初以符水、咒语治病，广收弟子，百姓信之；转相诳惑，十余年间众至数十万，分置三十六方。方，犹将军之号，大方所部万余人，小方六七千人。利用流民为害，又与宦官交通。中平元年（184年），角谋起兵，事泄，乃令诸方同时举兵，皆着黄巾为识。角自称天公将军，弟宝地公将军，弟梁人公将军。其所在地，长吏多逃，诚所谓旬日之间天下响应也。灵帝命将屯兵严守要害，大赦党人，唯张角不赦，遣将讨之。官军进攻邻近京师之城邑，初战不胜，后得援兵破之。冀州为贼根据地，出征之将，战不能胜，一再易人。会角死，弟梁代为渠帅，大败。梁死，死者八万余人。张宝尚有十余万人，旋亦败死。据史所记，黄巾贼死于战者，约二十万人，官军亦有相当之死伤。祸乱起后，政府失其尊严，人民易于为乱，黄巾余众犹滋扰于各地也。灵帝尚敛民钱，以修宫室，贫民走险者益众，郡长吏数为贼所杀，朝廷乃以九卿出任州牧，刺史之权亦因祸乱而提高。

董卓之乱 祸乱方兴未艾，值灵帝病死。其先，何皇后生子名辩，不慧。王美人生子，名协，帝生母董太后养之，号曰董侯。协幼聪明，帝久不立太子，当为意未能定。皇后兄进握有重权，史称帝病甚时属协于宦官蹇硕，硕为上军校尉故也。帝死，硕谋杀进，奉协为帝，而进严为之备。辩乃嗣立，时年十七，愚痴不能理政，何太后临朝，何进辅政，诛杀蹇硕。其下劝进诛杀宦官，进白太后，太后不从。进弟苗又受宦官赂遗，而为之间。进招猛将入京，以胁太后。宦官因进入宫杀之，进所部将士攻宫捕杀宦官，张让强帝及协北逃,及兵追至,宦官皆死。朝廷之威信大受损失。何进所招之猛将又将入京,祸乱当所难免。其时统兵诸将以皇甫嵩及董卓所部为精强。嵩平黄巾有功;卓部羌胡,以善战著称。灵帝曾诏卓为并州牧,而以所部委嵩。卓不肯从;至是,将兵入京亲往迎帝,帝恐怖涕泣。卓与之语,帝不能答;与其弟协语,协年九岁,能道祸乱之事。卓以为贤,遂有废立之意。卓既入京,京中士卒归其统制,自为司空,召集公卿议商废立,公卿不敢违反其意,更胁太后策废帝为弘农王,立协为帝,是为献帝。卓复杀何太后。废帝、杀后,为汉鲜有之事,卓有部下为之效力,故可为所欲为。

献帝 献帝(189—220年在位)嗣立,年幼孤立。卓为太尉,伐更称相国,入朝不趋,剑履上殿,司徒、司空皆其擢用之人。卓颇好名,进用时贤,待以不次之位,追理窦武、陈蕃诸人之冤,复其爵位,并擢其子孙。其所亲爱之人并不居于显位,惟所部羌胡贪于财物,大为民害耳。范晔于《后汉书》更以恶意解释其所为,铸钱则其一例。汉季五铢钱不敷流通。灵帝修筑宫殿,铸造铜人、黄钟等物,铸钱之铜益少,货币缺乏成为严重问题。卓坏五铢钱,更铸小钱,熔化洛阳、长安铜人、钟物等为之。其时,朝廷命令尚能行于国中,卓新任命之州刺郡守甚多。其人与卓初无关系,乃听侍中周珌之言,以为贤才而进用之。初平元年(190年),东方州郡起兵讨卓大会于酸枣,推渤海太守袁绍为盟主。牧守所部,多为乌合之众,互相疑忌不能合作,逗留不敢进攻。卓初不知虚实,徙都长安,不欲以洛阳资敌,尽徙其人民,焚毁建筑物,发掘陵墓。诸将西攻之者,多为其所败。卓益无所忌惮,进位太师,在诸侯王上。其至长安也,服饰近于天子,百官郊迎拜揖,家人居于显位。卓与公卿往来,尚书令王允诈为恭顺,卓以为心腹,迁为司徒兼尚书令如故。允密谋杀卓,潜结其部将吕布为内应。三年(192年)杀卓,尽灭其族。卓在长安之部曲失其领袖,不敢为乱。

卓大军时方东为害于陈留、颍川,及知卓死,无故惊扰。卓婿牛辅时为统帅,惧而出逃,为其左右所杀。其下校尉,唯欲保全其生命,若朝廷善为处理,则祸乱可免。不幸王允多杀凉州人士,而卓部能战之兵，皆凉州人也。卓将李傕、郭汜遣使入京乞赦，而允不许诸将率军西行，卓旧部应之，攻陷长安，大掠财物，多所杀害。允死，吕布出逃。李傕等皆为将军，各欲专政，大乱方酝酿之中。马腾复将兵至。初，腾与韩遂为乱，朝廷无如之何。董卓诱之以利，说其共谋山东，二人从之。兴平元年（194年），腾将兵入朝，有所请求。李傕主持朝政，不许其请。腾怒攻之，未有胜负。韩遂闻而率众援腾，傕援兵亦至，腾遂大败，将其余众西归凉州。其时，关中徭役繁重，关东州郡鲜有贡献，以一隅之民力，兴大工程，人民之担负奇重。李傕等部更为害于人民，马腾之战历有时日，人民所受之痛苦益深。战区农田，多致荒废。关中雨量较少，旧赖河渠灌溉，非时加修浚，则水常不足用，战时无法顾及，致成荒年。谷价一斛值五十万钱，人民相食，白骨委积。会卓旧部相攻，或迎帝入营，或质留公卿，战争连月，死者万数，乃听和解，许帝东还洛阳；俄复出兵追之，卫军大败。帝乞援于贼，旋复为追军所败，余众不堪一战。帝自陕夜渡黄河而北，幸于安邑，东行历时六月，备极艰苦。关中以天灾人祸之故，死亡惨重。

袁绍雄据河北 关东诸州，情状亦极恶劣。袁绍起兵，谋另立帝，自无忠于汉室之思想。诸将讨卓者除孙坚小胜而外，无不大败，其调发人民强令出其所有供养军士，而徒增加其痛苦。后事之演变为祸益烈。袁绍地少，威胁冀州刺史，以州让之。时人称冀州带甲百万，谷支十年。绍颇任用才能之士。北与公孙瓒战，瓒初奉诏北讨乌桓，破黄巾贼三十余万；因事怒绍，自幽州起兵攻之，互有胜负。战事持久，军粮缺乏，士卒疲惫，百姓逃亡，田地荒芜，瓒终不胜而退。幽州牧刘虞有惠政于民，为瓒所杀。虞属吏起兵攻瓒，并诱乌桓鲜卑为援；绍又攻瓒，瓒后为绍所平。绍境内盗贼众多，勇于作战，但以不能合作之故，终为绍所破灭，绍乃据有黄河北之大部分土地。

曹操之活动 青州黄巾贼为乱，值当群雄聚兵讨卓。官吏征发，人民不堪其苦，逼而从贼，贼势大盛。史称其入兖州者，众至百万。州郡各欲保境，不相援助。贼杀刺史，兖州无主，吏迎曹操为刺史。操有才能权术，于灵帝末为校尉，及董卓专权，弃官东归，旋起兵讨卓，不胜，复东归招兵。其军纪律严明，刑赏必信，失败所以增加其作战经验，旋击败东郡盗贼，自为太守。至是，得州兵援助败降黄巾，收其壮者为兵，遣散余众归农，于是操有兖州。其遇旧吏也，颇为严峻，人怀不安。会徐州刺史陶谦属将杀害操父，夺其财货。操起兵伐之，多所杀害，攻陷之城，无复人迹。值陈留人守张邈等叛，迎吕布为兖州主，操还军击之。陶谦庸才，不敢追击。操时仅有三城，乃以全力攻布；复得袁绍之援，始能转败为胜。其年旱灾谷少，民至相食。布败操，遂复有兖州户口，财力皆大损耗。

徐州之祸乱 徐州先无匪乱，曹操、袁绍曾安置其家人于其地。操以父怨，多杀徐州人士，陶谦乞援于刘备。备，汉宗室，少孤，家贫，后从讨黄巾，以功为尉，旋弃官去，复入宦途，而官仍不甚高，故未能据有土地。其部兵虽不甚多，而战斗力强。备应谦招至徐，谦俄病死，其属吏奉备为主。曹操、吕布方争兖州，不能过问。袁术据有淮南，出兵争夺徐州，战不能胜，诱请吕布袭备。布新败归备，竟出兵袭败备军。备南逃广陵，士卒饥至相食，请降于布。布怒术未履行条件，迎备为豫州刺史，屯于小沛，自为徐州刺吏。术不能得地，患备、布相结，出兵攻备，布救之，始各解兵。布为骁将，善用骑兵，曹操目之为虎然，煞为反复无常之小人。术为世家子弟，仕至虎贲中郎将，诛宦官有功；及卓专政，出奔南阳。讨卓兵起，长沙太守孙坚杀害长官，归附于术。术兵抄掠南阳，欲攻荆州不胜；转而经营淮南，自领扬州，欲取徐州，不胜；长江以南之地，亦非术有，而术竟欲称帝。

荆益之情状 荆州初有贼乱，袁术不知利用时机，取而有之，乃为刘表所得。表奉诏为刺史，招诱贼渠，袭取其众，或招降之；贼平，治兵于襄阳。孙坚奉术命南攻刘表，欲夺荆州，为表将所杀，南阳遂亦归表。表能维持境内之治安，北方人士避难于其地者甚众。荆州西为益州，灵帝时盗贼为乱，太常刘焉奉命为益州牧，平定叛乱，俨然为一州之主；及卒，州吏奉其子璋为刺史，璋优柔不断，不能禁其部兵为暴于民。大姓与州吏起而为乱，璋兵破之，益州复

183

定。张鲁奉其祖所倡之道教，得刘焉之助，据有汉中。亦叛璋独立，然能保卫其民，关中人民徙居其地者数万家。盗贼从事于劫掠者尚多，全国皆在扰乱之中。

曹操专政 兴平二年（195年），献帝东归，都于安邑。州郡贡献者少，帝至食枣栮；遣使与李傕言和，傕始归还公卿、宫人、乘舆、器服。明年，帝归洛阳。其宫殿先为董卓所焚毁，修治之宫室未成，帝住于故中常侍赵忠宅。百官或无栖身之所，尚书郎以下，或至饿死。侍卫诸将中，董承最为帝所亲信。承力不足以有为，潜召曹操护驾。操统军至洛，朝见天子，廪给公卿以下，自领司隶校尉录尚书事；又以洛阳残荒，请帝幸许。建安元年（196年），献帝迁都于许。操为司空，行车骑将军事，政事由其决定。帝血气方刚，不甘徒拥虚名，密诏董承杀操。事泄，承为操所杀。承女时为贵人，帝以其有孕，屡请免之，而操不听。伏皇后与父完书，欲其图操，皇后后亦为操所杀。宿卫兵皆操党姻戚，朝臣言时策者，多见诛戮。操尝以事见帝，帝恶其专曰："君若能相辅则厚，不尔，幸垂恩相舍。"其言出操意料之外，失色而出，遂不复朝请。操更自为丞相。伏皇后被杀之次年，帝立操中女节为皇后，宫中事无大小，无不为操所知。

北方之平定 自献帝迁许，迄于赤壁之战，曹操以全力统一北方。其时严重问题，则为若何筹得军粮。自乱起后，人民锐减，耕地荒芜。操募民耕地，给以耕牛。民持官牛者，官得六分；有牛者，与官平分。政府之地位，同于地主。行之数年，仓廪皆满，故能统一北方。其土地初为兖、豫二州，出兵经营南阳，未能据有其地。其在东南，则有重大之胜利。其时，袁术自上尊称，置公卿百官，与徐州吕布时而相攻，时而和亲。布畏刘备之逼，攻之，备西归操。操使备至沛防布。建安三年（198年），布攻备，操亲赴援，大破布兵。布困守下邳，部将执之，出降，徐州郡县皆下。袁术数与操兵相攻，无不失败，江淮间大为虚耗。术欲取道北往青州，为刘备所阻。术死，其庐江太守率众降操。据有南阳之张绣亦降。朝廷西遣使者诛杀李傕，命侍中钟繇镇守关中。马腾、韩遂皆遣子入侍。于是，操地广而兵益强。

刘备畏操且欲图之，叛据徐州，为操所败，北归袁绍。时绍据有幽、冀、青、并四州，地广兵强，绍能任用才能之士，惟矜愎自高，短于从善。操强非绍所愿，疑忌而生嫌隙，积久成为怨恨。绍有机会而不知用，建安五年（200年），始起大军南进。北军多骑，南军多步。绍军至官渡合战，操军不利，坚守营壁。绍约刘表出兵，而表不应，汝南县邑有叛而应绍者，绍遣刘备将兵助之。二军相持，操食少、卒疲，处于不利之形势，遣军钞焚绍之运粮。会绍粮车大至，操留军守营，亲将精兵往击。绍遣军往攻操营，营不得下；粮车又为操所焚。绍将有降操者，军心大乱，绍弃军渡河北遁，其众八万降操，为操所坑。刘备略据汝南，操还军击之，备南依刘表。后二年绍死，长子谭与少子尚争立，操起兵伐之。二人合作，操未能略取其地而退。会二人争据冀州而战，谭降于操。操军攻邺陷之，冀州遂为操有。谭据青州，复欲扩展势力，操击杀之，青州尽降。并州于邺下时，归降。其刺史高干复叛，为操所平，幽州郡县亦降。河北四州皆为操有。初，乌桓居边，绍善待之，至是尚兄弟归之。建安十二年（207年），操袭乌桓，杀其单于，降者二十余万。尚等出奔辽东，为其太守公孙度所杀。西州之经营，历九年（199—207年）而始平定。

南征之失败　北方既定，操转而经南方。刘表据有荆州，坐失进取之机会；有一刘备亦不能用。建安十三年（208年），操亲南征。值表病死，众奉其少子琮为嗣。长子琦则为江夏太守。琮闻操兵将至，听其属吏之说降操。刘备自樊南行，欲至江陵，为操轻骑所袭，败于当阳，东至夏口，与琦合兵，所部不过万余人，拒战，当无幸胜之理。遣其谋臣诸葛亮往结孙权，共抗操兵，权据江东，系其兄策经营之力。策为孙坚长子，袁术以其父旧部归之。策治军严明，渡江与扬州刺史刘繇作战，败之，据有江东诸郡，更置长吏，后为其仇所杀。弟权代之，信用周瑜、鲁肃诸人，经营山越，所居之地设置郡县。于是，耕地增加而兵益强。及操南伐荆州，鲁肃奉命吊丧，因说刘备合力拒操。备遣诸葛亮东下。权决定抗战，以周瑜为将，统精兵数万西上，与刘备连合拒操。北方士卒不利舟楫，冬，操军次于嘉鱼县之赤壁，初战不胜，退于江北。联军次于南岸，瑜将诈降，纵火焚毁操船，延及岸上营落，火烟蔽天，人马烧溺死者甚众。操引军北还。联军西陷江陵，权拜瑜为南郡太守。备表刘琦为荆州刺史。

刘备据有益州　荆州为孙刘所欲。刘琦旋死，其下推备为荆州牧。备力不足以与权争地，东往见权，商借荆州。权妻以妹并许其请。备有土地，遂成三国鼎立之基础。荆州西与益州接壤。刘璋庸才，初有归操之意，及操北还，与备连好。建安十六年（211年），闻操将伐汉中，遣使迎备入蜀，欲其北伐张鲁。备统军入蜀，有取而代之意。璋后知之，令诸将勿复与通。备怒攻之，荆州兵更西上赴援，益州城邑多降。十九年（214年），璋亦出降。备自为益州牧，任用贤能之士，蜀人归心焉。益州北为关中，操以马腾子超及韩遂等不服，出兵讨之。历久战争，超等大败，西走凉州，关中始定。后超败于凉州，出奔汉中，俄归刘备，韩遂亦为操将所破。二十年（215年），操亲征汉中，张鲁战败，归降。其时益州已为刘备所有，操以远征疲惫、粮运困难，自引兵归，留将夏侯渊屯守汉中。

刘备之失败　备、操各得土地，孙权索荆州不得，袭取三郡。备引兵东下，将以武力解决。会闻操入汉中，复寻盟好，改分荆州之地。备归益州，而操已北还矣。权攻操地不胜，操引兵攻权亦无大功，乃复修好。刘备与操有不两立之势，边将争夺土地皆无大功。二十四年（219年），备亲统兵进攻汉中，杀夏侯渊于定军山。曹将固守待援，操亲将兵南至汉中。备敛众守险，不与之战。操以粮运困难，求战不得尽，徙汉中民于三辅，引军北还。刘备遂有汉中。同时，备将关羽自荆州北伐。羽有虎将之称，善抚士卒。刘孙以争夺土地，发生争执。羽驻荆州，不肯与权通婚。及羽北伐，大胜黄河南岸，豪士应之。操欲迁都避羽，以谏而止。权遣将西袭荆州，守将降之。羽率众南退，而部卒以其家属安全皆不欲战，逃亡几尽，羽遂为权所杀。刘备出兵报复，舍舟陆行，全以步兵作战，结营于崎岖之山地，致为吴所败。方权以全力与备作战也，恐魏袭之，遣使奉贡；及其战胜，不再应其责求。魏起兵伐之，临江而还。三国之疆界，于是定矣。

三国之成立 初，操迎天子都许，自为丞相，政事由其决定。丞相旧居京师，而操居邺，政令乃自邺出。献帝命操子丕为五官中郎将，为丞相副，当为操意。后帝策操为魏公，并加九锡，诸将皆受魏官号。二十一年（216年），帝进操爵为王。其未称帝者，盖于多所顾忌。操性躁暴、多疑，好以严刑立威，置校事稽察群下，毁操者往往不得其死，故人为其所杀者，数亦不少。然颇能用才能之士，并不问其遗行。二十五年（220年），操死。子丕嗣为魏王；不及一年，迫献帝逊位，自为天子。刘备闻之，自立为帝。后孙权亦自为帝。

死亡之惨重 大乱二十余年，黄河流域始乃平定。士卒盗贼，皆民间之壮丁。官吏征发民粮，同于盗贼之劫掠，所谓"稽迟则夷灭宗族"也。时人称讨卓之役，众钞略于荥阳、河内，致人民死者且半，此可证明战区死亡之惨重。攻城屠杀人民，时为常有之事。操有"围而后降者不赦"之令。其征服之地赋税视汉时为重。盗贼滋扰之区域，田地荒废，加以蝗虫为灾，农作物为其所食，灾情益为严重，饥贼至掠人为食。人民相食者，亦所难免。官吏维持境内治安，使孑遗之民耕种，当有大权，地方官常多所诛杀。避乱徙居于边郡及长江流域者，数亦不少。人民少而战争不息，士卒时有逃亡，乃重其法，亡者罪及妻子，受聘礼之女，尚未与夫相见者，亦应弃市；后始减轻为官奴婢。徭役之重，亦远过于汉。人民生存，全为服役，贫民家无余财，生子无以相活，率皆不举。其死于疾疫者亦众。要之，饥荒疾疫、苛税、流亡、战争、屠杀，造成汉末户口之大减。仲长统言：死亡人民，多于东汉初年，"名都空而不居，百里绝而无民者，不可胜数"。蒋济奏称：魏地民数，"不过汉时一大郡"。虽或言之太甚，而死者盖约百分之八九十，剩余仅为百分之一二十。全国人民不足一千万，诚人类之悲惨史也。

外患 汉季外患以西羌、鲜卑之祸为烈。段颎、皇甫规、张奂与羌作战，各有功绩，为时名将，而叛羌仍时为患。桓帝尝问平羌之计于颎，颎主讨之。其计划：骑五千、步一万、车三千辆，三冬、二夏，足以平之，费用约五十四亿。其见解与规、奂不同，为一勇敢之军事计划。帝用其言，拜之为将。建宁元年（168年）春，颎将兵万余，齐十五日粮，掩袭先零羌，破之获生畜二十八万，为东汉从未有之大捷。夏，颎复轻兵击羌，一再败之，余众四千落，散入汉阳（天水）山谷间。明年，颎又讨羌，所至皆捷，所获甚多，分置降人于边郡，羌乱遂平。用费四十四亿，军士死者四百余人。盖汉轻骑袭击，事出羌人意外，成功之速，过于其所豫计。羌人不敢扰边者，凡十数年。黄巾乱起，降羌叛而为乱者，不久即平。鲜卑精骑为时所称，常寇于边境。桓帝时，其酋长檀石槐英勇有才，诸部畏而服之，推为大人，兵马甚盛。范晔称其尽有匈奴故地，大为害于北边。张奂一再击之，皆无大功。朝廷封之为王，欲与之和。而檀石槐不受，为寇益甚，分其地为三部，各置大人。幽、并、凉三州均受其害。灵帝中叶，遣将及南单于分三道出塞击之，其三部大人率众逆战。汉军三万骑，死者十七八，亡其辎重。檀石槐更寇于缘边诸郡，后数年死，祸始少。

东汉之覆产非一朝一夕之故。其统治者自和帝以后，多为庸才，桓、灵尤为昏庸，所负之责任更为重大。献帝年幼嗣位，已至无可挽回之境遇。朝廷上无伟大之政治家，政治环境亦不易于产生；时人自不能认识社会经济问题，而能有所补救，乃听其演变而为大乱。东汉极盛时代，力不能平定羌乱，亦不知其失败之原因。段颎以轻骑作战，处于主动之地位，战无不胜，诏称其功有"洗雪百年之逋负"之文。此可证明政事多在人为，而汉实无人也。

第十九篇

两汉学艺

学术工具——学术之不发达——董仲舒——刘安——王充——保存古籍——统一文化——两汉风气之不同——郑玄——司马迁——班固——科学——散文——司马相如——诗歌——美术

学术工具 自始皇统一中国迄于汉亡,学术工具有重要之进步。纸之发明,及文字趋于简易,皆其明显之事例。《后汉书》称纸系蔡伦所发明。伦为宦监,造器物,用树皮、麻头及敝布、鱼网造纸。纸之发明,非偶然之事,乃逐渐改进之结果。真纸始于和帝元兴元年(105年)造成。于是书籍之传抄益便,影响人类知识之传播、文化之保存,为我国伟大贡献之一。文字为事物之符号,由象形而益趋于简单。汉人所用隶字,系由篆字演变而成;由隶字更演变而为楷书。相传东汉时王次仲作楷,盖同于世传李斯之作小篆。文字书写便利,既省时间,又增加书之产量,读书、为文视前益便,笔墨亦有进步。社会环境更与前不同,帝国疆域之广大、户口之众多、政治组织之进步、财政收支之巨大,皆为前古所未有。内乱外患视封建社会既大减少,人民安居乐业,亦为时较久。学艺应有相当之进步,乃竟不如吾人之希望,尤以学说思想为甚,其原因至为复杂，兹略言其要者于下。

学术之不发达 儒家倾向于保守，不能认识古今环境之不同，本于其所受之教育往往是古非今，更不能容忍违道非圣之异说。学说之进步常赖公开之讨论、自由之研究。儒家排斥异端之思想，有碍于自由研究学说之精神，或阻碍其发达，为无可讳言之事实。其人信奉师说，不敢稍违；对于非其所素习之儒书，亦不容其并行于世。今文学家反对古文典籍，则其一例，此为儒家本身之弱点。汉人迷信深痼，亦为学说发达之一阻力，怪诞之方士创为神奇之故事，并谓可得不死之药。秦皇、汉武皆信其说，设法求仙，靡款甚巨，终无所得。然在社会上之势力依然存在。阴阳、五行、星象、术数之学因益发达，天人有感之说遂为汉人所深信：灾异星变皆与人事有关，乃天所以示儆人。可据之豫言后事，谶纬之学于是产生。谶为寓言，纬乃说经义之著作，杂有术数之言；其后，附会者神其说，遂与谶合。纬书后经焚毁，其一二散见之遗文直同于痴人说梦。士大夫之精力时间多耗费于此，自不能于学说上有所贡献。

黄老思想流行于汉代，亦无新建树。黄帝为方士所盛称，《史记·封禅书》记载其所言之故事。老子为《道德经》之著者。黄老并称，盖以二人皆成仙也。西汉之世，信道家之说者，《史记》载有不少之例。道家于战国末年，尚有一部分势力，有以其道传授生徒者。汉于大杀之后，人心欲得安慰于休养，道家之主张，益为时人所欢迎。张道陵所倡之道教亦因环境而生。惜道家未有伟大之思想家，不过反复称述前人之说。佛教据《魏略》所言，于西汉末年传入我国。佛陀之省称为成道先觉了解真理之义，今指释迦牟尼，佛教即其所说之教法也，初自印度传入中亚，自西域而入我国。佛教徒附于黄老，为人求福，故与黄老并称。汉人称其道崇尚无为，亦合于老子之教。高僧渐而开始译经。汉人所重者非其高深之思想，佛教故未发生重要之影响。秦汉思想家实少杰出之士，其比较重要者，则为董仲舒、刘安、王充数人而已。

董仲舒 董仲舒为研究《春秋》之学者，景帝时为博士，弟子甚多。武帝嗣位，举贤良凡三次，对策皆据《春秋》，论述天人之道。其第三书请罢黜百家，尊崇儒学。其先，大臣已请：罢归贤良之习申韩等术者。不许异己学说之并行，为儒生共同之意见。武帝拜仲舒为江都相，后为胶西相，皆不甚得志。仲舒深信天人相感之说；进而求《春秋》所记灾异与人事之关系，据之议论时事，获罪几死；然仍不改变其主张。其学说以天为万物之本，人为万物之灵，人体与天相类。其言曰："小节三百六十六，副日数也；大节十二分，副月数也。内有内脏，副五行数也；外有四肢，副四时数也。乍视、乍瞑，副昼夜也。乍刚、乍柔，副冬夏也。乍哀、乍乐，副阴阳也。心有计虑，副度数也。行有伦理，副天地也。"更以政治组织亦应象天；进而适用其说于伦理，谓：道出于天，千古不易。其理论除三纲五常外，并无新颖见解。三纲取诸阴阳之道，为君臣、父子、夫妇；五常则为仁、义、礼、智、信。前者合于三才，后者合于五行。全由迷信而生，后竟成为定说。

刘安 道家思想家，西汉时当推刘安。安封淮南王，雅好琴书，博洽能文，广致宾客，坐事自杀。安初与宾客讲论道德，辑之成书，后世所谓《淮南子》也。自大体而论可目为道家之书。其宇宙本体论，同于老庄，以本体为道。道始于一分为阴阳，阴阳和合而生万物；唯人得其精气。安复受天人合一之说谓：头圆象天，足方象地，四肢、五脏等物，皆合于天；天有风雨寒暑，人亦有取与喜怒。此同于董仲舒之见解。其论生死，谓：人生最高目的在求与道合一；能实现者，须无为、自然、超然物外，与宇宙合为一体，适情而行，将置生死于度外。其说出于老庄，为当时之流行思想，并无新颖之见解。安富于政治欲望，又好方士神仙之说，自不能发扬光大道家之学说也。

王充 儒家自武帝后，于政治上有莫大之势力。道家思想则流行于民间。扬雄调和二家，自成一家之言：仿《易》作《太玄》，其思想则本诸老庄；又仿《论语》作法言，则为儒家之说；又受阴阳五行说之影响，对于学说遂无新颖之见解与贡献。王充于谶纬盛时，著成《论衡》，排斥阴阳五行神仙怪诞之说，当为非常之士。充，东汉初人，好读书，曾学于太学，学成返里，教授生徒，尝为郡吏，与太守不合，去官，著有《论衡》《养性书》，唯《论衡》传于后世。其思想本于老庄，而立论则同于《淮南子》。略谓：气为宇宙本体。气生阴阳，由其化生万物，人与万物同于气，其差异由于所禀受之气不同。其论人性，并无新颖之见解。其推崇黄老则过于其尊孔孟。道家主张自然，扩充即为命运论。充以世人之富贵、贫贱、贤愚、夭寿等，皆本之于命，不可强求。对于当时天人相感而生之灾异及鬼神力能祸人之说，则加驳斥；更进而言世无鬼，有鬼乃人思念或存想所致。此其思想之大略也。自今论之破除迷信，全为常识，其思想本诸前人，实无建树，亦难目为伟大之思想家也。其学说迄未减少迷信之势力，汉末始有剧烈之变化。徐干为其重要之先驱思想家。干幼聪明好学，善为诗文，其所著之《中论》以儒家思想为议论之出发点；对于神怪之说则以有验无征破之。其言曰："事莫贵乎有验，言莫弃乎无征。"思想上得一解放。其始倡于一二人，而渐成为强有力之学说矣。

保存古籍 汉人思想虽不甚发达，然对于我国文化有伟大之二功绩焉。一曰：保存古籍。初，秦焚烧书籍；汉初沿用秦律，尚有挟书之禁，惠帝去之。收藏之古籍，渐而流传于世。政府求书，藏于秘府，其书聚而复毁，流通不广，未有重大之影响。书籍多赖学者之力保存。儒家久握教育权，其人尊奉孔子，以《诗》《书》《礼》《乐》《春秋》教授生徒，称为六艺，亦称六经。说者称：古无《乐经》。《尚书》系伏胜所传，凡二十九篇，以隶写成，是为今文《尚书》。古文《尚书》出于孔壁，不传于世。今传之古文《尚书》系晋人所为。《诗》为韵文，便于记诵。《易》为卜筮之用，秦未焚烧。《春秋》乃孔子所修，为儒生所重。《礼》为战国至汉诸儒之说，皆未散失。及古文《尚书》《周礼》《左传》等书，次第发见，诸儒本于门户之见，反对其立于学官。东汉之世学者往往兼通古文之典籍。后世所称之十三经皆成立于汉。经书之保全，汉儒实有大功。先秦诸子，传于后世，亦赖其力。

统一文化 二曰：统一文化。初，秦令民奉吏为师，其实施之情状今不可知。汉初，边郡人士无受教育之机会。景帝末，文翁为蜀郡守，以地僻陋，有蛮夷风，选小吏敏捷有材者十余，遣诣长安，从博士受业，供给其费用。博士本于秦制凡七十人。武帝改置五经博士，初为七人，后增至十四人。博士专习一经或讲说一家之说。儒生于时掌握教育权，受教育者皆当读经。儒家自武帝后于政治上颇有势力，易于为官，所谓取青紫如拾地芥也。公孙弘以儒生为丞相、封侯，应时需要，奏请为博士置弟子五十人，二千石选可者，诣太常受业，予以优待，其学有成就者，得入仕途。其先生徒应出束脩，而武帝应弘之请，博士弟子当可免费。后应需要，弟子额数增多。王莽曾为学生筑舍万区。东汉时，太学学生增至三万余人。太学由博士弟子演进而成，为国中最高学府，为一国文化所寄托。其学生来自全国，学成归郡或仕为郡吏，或教授生徒，或应辟召。太学学生增加，而所读之书相同，儒家伦常观念成为全国民间道德之标准。我国为文化统一之国家，基础之树立虽不始于汉代，而汉人促进其发展、巩固其势力则为明显之事实。名儒广收生徒，亦有相当之功。东汉时，其弟子常至千人，著录者一万余人。著录盖为慕名而列于门墙之弟子。儒家教育，可谓盛矣。

西汉风气之不同　西汉儒生多治今文典籍，好言灾异，董仲舒则其明例。其人专习一经，甚者不能尽通；兼通二经者，则数不多；通五经者，唯有一人。东汉得书较易，经师兼通数经者成为常事。非其聪明才力过于前人，乃其所处之时代不同，文具、书籍，皆视前便利，风气亦不同也。其专心研究，孳孳不息，有足多者。东汉古文家之势力较盛，其人深信谶纬，仍未脱阴阳五行家之影响，而附会之甚，亦不让今文家独美于前。盖限于时代不能脱离其势力也。大体而论，古文家迷信色彩不及今文家之深重，则为事实。其为学也，注重训诂。训诂所以求得原文之真义，认识经典之真面目为研究学问之初步。若止于此，则流于支离琐屑。古文家之时间精力多耗于解释文字，不能进而阐明儒学。尤有进者，西汉经师鲜有撰述，东汉则著作丰富，其写成数十万言者，数并不少。论者称其过于前人之原因，为风气益开、性灵渐启，实则经师勤于工作及文具进步亦有关系也。

郑玄 郑玄为汉季伟大之经学家，集训诂学之大成，生于顺帝永建二年（127年），家贫为乡啬夫，不乐休归，常诣学官。父怒之，而不能改其所好，遣之入太学受业。玄师事名儒，所习之书范围颇广，今古文并重。玄通其所学，以关东无可从之师，入关师事马融，在其门下三年，犹不得见。玄不肯去，诵读未尝怠倦；一得见融问以疑义，辞毕东归。其时，年过四十，从师学习十余年矣。玄返里养亲，而弟子渐多；会党事起，而遭禁锢，益专心经学；禁除，不应选举辟召，自言其志曰："念述先圣之元意，思整百家之不齐，亦庶几以竭吾才，故闻命罔从。"玄无入仕之意，唯从事于著作，声誉高而弟子益多。北海相孔融敬玄，屣履造门，为之特立一乡，曰郑公乡。俄玄避难于徐州。复还本郡，已至风烛残年，犹以其书与学不传于后世为虑，志趣可谓高尚。袁绍时在河北，遇之以礼，朝廷以安车征为大司农，玄以病乞还。建安五年（200年）病死，享年七十有四。玄享高寿，以研究学问为终身事业。其所著之书繁多，不尽传于后世，吾人自无法知其内容与价值。自其所存之经注而论，其学以古文学为宗，兼采今文家说。其笺《诗》行，而今文三家《诗》皆废；《尚书》注行，而今文欧阳、大小夏侯《尚书》废；《仪礼》注行，而今文大小戴《礼》废；《易》注行而诸家说废；《论语》注行，而齐鲁《论语》不行。其说本于心得，参酌今古文家之说，树立比较公允之见解，于是士大夫翕然从之。王肃反对郑学，无非出于个人之好恶，博取高名而已。肃以晋武帝外祖之故，其学立于学官，而郑经注犹为较善之本。要之，经籍赖汉人保存。十三经中，汉人注有六经，魏晋人亦注六经，唐玄宗注《孝经》。近人谓：魏晋人注，不及汉人。魏人不轻信纬有足多者。汉人所注六经中，《诗》及三《礼》出于郑玄，可见其成就矣。

司马迁 汉代史籍为后世所称，《史记》《汉书》皆其明例。《史记》为司马迁所作。迁生于景帝末年，父为太史，幼得良好之教育，壮而游于四方。初仕为郎中，奉使巴蜀，凡其所至之地，无不访问其风土人情，及关于达官要人之故事。父死后三年，为太史令，得见秘籍。方从事于修史，后遭李陵之祸。陵败降匈奴，迁为之言,下狱,受宫刑。其忍辱而不死者,以书未成,文采不显于后世也。后为中书令,仍不改其初志,死年今不可知。《史记》起于五帝,终于西汉中叶。迁利用其能得之史料,尽心力而为之,其贡献不在其创立纪传书表之体,而在记秦代汉初之史迹,既为宝贵之史料,又为优美之文字。先秦纪传同于账簿式之记载,且多抄自他书,甚者误解原文,而致纰谬。其言秦汉之际之史迹,则迥然不同,《陈涉世家》《项羽本纪》,皆其例也。其叙述汉初之大事,颇为详尽,吾人虽不尽知其史料之来源,而其形容逼真,非有所本及知其底蕴者则不能为。说者称迁遭刑,发为怨诽之论,其所指者,则为封禅、游侠、货殖诸篇。史贵叙述真相,古人多信鬼神。平准、货殖诸篇,为宝贵之经济史料;游侠于社会上占有势力。若皆去之,则所谓史者范围极狭,后人将不知整个社会情状。迁才识高于常人,后人妄加猜测,徒见其陋而已。

班固 《汉书》叙述西汉新莽大事,其著者班固(32-92年)幼受良好之教育,善于为文。父彪欲续《史记》,迄于汉末未成而死。固续作之,为人所告,收系于狱。会事得理,明帝见其文而奇之,诏其续成。固专心为之,历三十年而书成。合纪表志传计之,共一百篇。范晔于《后汉书》记其成书及被杀之年,书系固作,未有问题。乃晔于《列女传》称,其八志及天文志未成,而固卒,和帝诏其妹昭续成,书出,多不能通,马融从昭受读,又诏融兄续继昭成之。二说自相矛盾。《列女传》所记之故事颇有疑问,当以《班固传》为是。其作书之计划与彪亦不相同,当非彪之旧作。固坐窦宪党羽系狱,死于狱中。《汉书》体裁自大体而论,仿自《史记》,惟名称不尽相同。后世以《史记》为通史,《汉书》为断代史,或推崇断代史而贬通史,或盛称通史而毁断代史。其所持之理由自今论之,皆非知言也。

科学 汉人迷信深痼,又无自由研究学术之风气,自无科学原理之发明。实用科学本诸经验,尚有进步之可能。比较进步者:一为科学仪器。张衡所造之浑天仪及地动仪,尤负盛名。衡善机巧,尤精于天文阴阳历算,仕为太史令。其所作之浑天仪,史称其妙尽玑衡之正。其所造之地动仪可验地震方向,及其所在,合契若神。倘如《后汉书》所言,当为极重要之制作,何竟不传于后世,岂文人形容之辞太甚邪?二为医学。医药至汉大有进步,医书《本草》始见于《汉书》,盖汉人所著;《素问》托于黄帝,《玉海》称为汉人张机所作。机为伟大之医学者,而史籍并无其名。《四库全书总目》称:机撰《金匮要略》。且《郡斋读书后志》称:"机,南阳人,尝举孝廉,建安中,官至长沙太守。"此书"上卷论伤寒,中论杂病,下载其方并疗妇人",自宋以来,医家奉为典型,与《素问》《难经》并重,得其一知半解,皆可以起死回生。《难经》盖亦汉人所作。我国医术本诸经验医书,乃积古经验而成也。

散文 文学至汉变化益多,有散文、骈文、辞赋、诗歌等。文字之优劣,常视用者之技术,善为文者,用字确当,形容逼真,并无勉强之处,所谓出于自然也。其成功一由于天才,一由于了解力,一由于技熟。作者更应有热烈之情绪,或高尚之思想,而将其所怀,发为文章,成为美丽感人之作品。此为伟大文学家不易产生之主因。秦汉承战国之后,受诸子影响,或为议论文,或为记事文,或为说理文。说理文不甚发达,议论文亦无显著之进步,惟记事文以司马迁之运用,颇有发展。迁报友书言,其受宫刑之辱而不死,恐没而文采不显于世。此可见其自信心强,其文采亦有过于人者。其所作之秦汉英雄纪传多饶有文趣,兹引《项羽本纪》一段为证:

> 项王即日因留沛公与饮,项王、项伯东向坐,亚父南向坐,亚父者范增也。沛公北向坐,张良西向侍。范增数目项王,举所佩玉块以示之者三,项王默然不应。范增起,出召项庄,请曰:"君王为人不忍,若入前为寿,寿毕,请以剑舞,因击沛公于坐,杀之。不者若属皆且为所虏。"庄则入为寿,寿毕,曰:"君王与沛公饮,军中无以为乐,请以剑舞。"项王曰:"诺。"项庄拔剑起舞,项伯亦拔剑起舞,常以身翼蔽沛公,庄不得击。于是张良至军门,见樊哙。樊哙曰:"今日之事何如?"良曰:"甚急,今者项庄拔剑舞,其意常在沛公也。"哙曰:"此迫矣,臣请入,与之同命。"哙即带剑拥盾入军门,交戟之卫士欲止不内,樊哙侧其盾以撞,卫士仆地。哙遂入,

披帷西向立，嗔目视项王，头发上指，目眦尽裂。项王按剑而跽曰："客何为者？"张良曰："沛公之参乘樊哙者也。"项王曰："壮士，赐之卮酒。"则与斗卮酒。哙拜谢，起立而饮之。项王曰："赐之彘肩。"则与一生彘肩。樊哙覆其盾于地，加彘肩上，拔剑切而啖之。

上为鸿门会宴之一段，司马迁记其经过用字不多，而会宴情状活现于纸上。其叙诸人言谈与行事，皆恰合其身份，如见其人。行文之妙，有如绘声、绘色，读之饶有兴趣，同于后世之小说，固记事文之上品也。其时，辞赋益为发达，散文受其影响，渐趋于排比铺张。班固所作之文，整齐同于骈文，为后世骈文之先驱。习骈文者，常读固文，并盛称之，无庸引例为证矣。

司马相如 汉人重赋，赋为文体之一，为美丽之文学，言物、论事无不为细腻之形容与描写，即旧所谓赋者，铺也。汉赋受《离骚》之影响，而更有所发展，为赋极盛时代。其伟大之作家当推司马相如。相如，成都人，于景帝时为吏。会梁孝王来朝，其宾客多善为文，相如见而悦之，以病免官，客游于梁数岁，文益进步。会孝王没，相如归蜀，家贫无以自业。其友王吉时为临邛令，为之延誉。富人卓王孙，有女文君新寡，相如诱之，文君归心焉。王孙初不肯分与之财。相如卖酒，而与妻操贱役，王孙不得已，始与文君财物，乃为富人。武帝读其赋而召之为郎。后奉使巴蜀，太守郊迎，卓氏以为荣，多与之财。相如口吃，常有消渴病，又饶于财，不乐与闻国事，益得专心为文。其赋存于今者不足十篇，《子虚》《上林》尤有盛名。相如在梁，深受枚乘影响。乘善为故事，化之问答，联属而有意义。相如运用其作法，若一气呵成，其天才甚高也。其赋"绮丽朴茂、刚健柔媚、兼有各种风韵"，允称汉赋第一大家。其后扬雄、班固、张衡等皆承其风，而益趋于靡丽，开骈四俪六之先声。辞赋影响散文者颇巨，其描写山川而使其成为有价值之记叙文，则其一例。

诗歌 诗歌注重音律之谐和，初无一定之规则。《诗经》为最早古诗之总集，其句多为四言，汉人奉为典型。仿之者多不足观，以其过于整齐，缺乏变化之妙；且其字数太少，发表复杂思想，常苦不足也。民间歌谣，则取音节和谐，使闻者欣然悦耳。歌句时有增改，而益优美。武帝爱好民歌，设立乐府。乐府同于后世之教坊，为民歌之征集所，供天子娱乐者也。西汉季年，益为发达，其歌有不少之杰作。其写成定本，当出于曾受教育之人士，渐而成为风气，仿作者益多。其不能歌唱者，亦称乐府，或为新乐府焉。要之，乐府诗歌，由简单而益趋于复杂。描写之技术，由天真烂漫而细腻深刻，其影响于诗者颇巨，诗体则自四言变为五言。后世以五言诗创自苏武、李陵。二人之诗盖后人所伪托。古诗十九首为何人所作，今不可知。汉人作五言诗者，不过偶尔为之，而传于世者，当为其精品，历时久而不知其作于何人也。五言诗盛于汉季，曹操父子三人，皆为名家。操诗保存乐府音乐，而又悲凉慷慨。其子丕、植，皆天才甚高之文学家。丕诗有不朽之价值。植为天才诗人，尝言古曲多谬误，异代之文不必相袭，欲独立创为文学。其见解既高，而才亦足以创作，其诗故不为乐府所拘。其先，植度优闲生活，交游广而宾客多，其诗表现娱乐豪侠之情绪；入魏后，几获大祸，环境全非，诗颇表现其哀痛之意。植诗意真挚，情谊缠绵，其描写之事物，无不深刻而极细腻。吾人读其诗者，无不爱其一往情深，缠绵悱恻，此其伟大之成功，亦其天才之表现。其四言诗，亦为后人所盛称。天才高者，固不受诗体之束缚与限制也。世所谓建安七子，其文学史上之地位，实不及曹氏父子也。诸人中王粲天才甚高，然不能创新歌。陈琳之《饮马长城窟》，亦为世所称，余无论及之必要矣。

美术 美术进步，可见工艺之技术、贵族之崇尚及一般人士之生活状态。秦汉宫殿，据史所记，宏巍高大且极美丽，不幸尽毁于乱。其幸存之瓦当，常为好者所珍视。汉画不传于后世，唯于石刻中，尚仿佛见得一二。以石刻先绘画而后刻之也。其艺术遗物多发见于汉墓。享堂、碑阙为墓之一部分。享堂又名墓庐，供展墓享奠之用。其壁石大抵皆刻图画。存于今者，以孝堂山祠为最古。东汉时益多，其规模宏大、雕刻精美者，当推山东嘉祥县东南武宅武氏祠之石壁画。其石阙及墓前石狮子，犹完整无缺。阙在门之两厢，左右成对。在庙路前之石狮，建立最早，制造精巧。阙及祠之壁石，皆刻有图画。其所刻者，有古帝王、孝子、刺客、列女等故事，及祠人、奇禽、异兽、车骑、人物、楼阁等。其刻法为阳刻，即像凸出也。孝堂山祠则为阴刻。

刻画分布之区域颇广，黄河流域姑置不论，四川、云南皆有汉冢发见，亦有刻画焉。

综而言之，秦汉大帝国树立中央集权制。其开拓之领土，虽不能为有效力之统治，而其基础则立于斯时。大一统之思想于是实现。秦汉为农业社会，四邻之国文化较低，乃不愿接受外来思想，故佛教传入初附于道家方士，而未产生若何重要之影响。儒家自武帝以来，政治上之地位增强。其人幼受褊狭之教育，知古而不知今，全为传统思想所支配，一代学说遂不发达，其功绩则统一我国之文化。文化工具时有进步，复以环境需要，受教育之人士增加，其所习之文字同，所读之书同，信奉之师说又同，东汉已为文化统一之大帝国矣。

第二十篇

三　国

三国称帝——魏文帝——明帝——司马氏之专政——诸葛亮——蜀之微弱——吴国大事——三国之亡——三国疆域——官制——人民之负担

三国称帝　曹丕篡汉，刘备、孙权亦先后称帝，所谓魏、蜀、吴也。初，丕与其同母弟二人争为嗣子，久始得立，深受家庭影响，疑忌之心迄未泯除；父死，即欲称帝，汉献帝迫而逊位。丕为文帝，胸襟狭隘，颇纵欲娱乐；对于朝臣，一事之咎、一言之失，或忠言不顺其意者，常处以死罪。刘备称皇帝于成都，国号曰汉，后人以其建国于蜀，称为蜀国；及死，其下尊为昭烈帝，后人称为先主。先主无尺寸之势，奋斗而为国君，为一人杰。孙权据有江东，亦改建年号，为独立自主之国，229年称帝。

魏文帝　魏凡四十五年（220—265年），其第一君曰文帝，防范宗室甚严，又鉴于东汉女主、外戚之祸，诏禁太后与闻政事。魏代，后族无辅政者，"曹氏自好立贱"，后族卑微，朝臣轻之；其后，政权归于权臣，外戚更无专政之机会。文帝改革，尚有三事：一、诏勿以灾异劾三公；二、禁复仇，汉世复仇成为风气，大乱之世，人民相杀者众，子孙若皆复仇，成为无法纪之国家，诏以为禁，为政治进步之表现；三、禁民"妄相告"，所以安定人心，免其诬陷也。

明帝 226年，明帝嗣父为帝。初以生母见害，父子不协；父好文学，而子重经学，罢斥浮华之士。明帝减轻刑罚，予乞恩者传递文书之便利，奏上，多蒙矜免，惟谋反及手杀人者不能乞恩。惜帝太恣于声色之欲，所选宫人之多，文帝犹不之及；又劳民费财，大筑宫室。其大臣司马懿统军作战，除不能胜蜀而外，所向有功；久掌机密之亲臣，皆与之善。239年，帝病甚，立子齐王芳为太子，以其年幼，欲诏叔父燕王宇为大将军，辅政。宇以限于先帝之令，谦辞。亲臣谗其不堪大任，请用曹爽代之，并请速召司马懿，懿方出征辽东也。帝意不定，最后从之，以爽为大将军，与司马懿辅政。

司马氏之专政 爽为宗室，辅政；进用名士何晏等，夺司马懿权。懿称疾，阴蓄死士谋乱。爽信其将死，不为之备。249年，帝谒陵，爽兄弟从行。懿起兵为变，胁太后罢爽。爽无自全之策，固为庸人，党羽皆死；都督扬州诸军事之长官谋立长君，懿知而执之，穷治其事，悉杀其党。懿死，长子师辅政。天子久拥虚名，因谋收复政权，事败，致兴大狱，亦为师所废。师迎立明帝侄髦为帝。255年，镇东将军毋丘俭等以身受国恩，起兵于淮南讨师，渡淮西行。师自将大军拒战，遣将往袭其根据地，复绝其归路，叛军遂败。

乱平，司马师死，弟昭代之。257年，淮南复乱。其大将军诸葛诞与前叛人相善，疑惧不安，倾财施舍，养死士数千人。昭遣使劳军，言及禅代，而诞不从，朝廷征为内官，惧而起兵，乞援于吴。昭以事变严重，将兵奉帝及太后东征，复征师会于淮北。魏师初战不利，而援兵益多，吴将后至者败逃，叛将死而淮南平。淮南防吴，为精兵所在之地，故乱迭起。昭归京师，魏帝不堪其逼，以为不免废辱，发宿卫僮仆讨之。其臣驰而告昭，昭为之备。帝死于军中。昭迎立燕王宇子奂为帝。历五年而晋代魏。

诸葛亮 初，蜀先主病笃，召其臣诸葛亮属以后事，至称：嗣子可辅则辅之；不可，君可自取。亮泣而言其尽忠辅之。先主敕太子禅：事亮如父。亮先隐居南阳，安贫乐道，先主三至其庐，始得见之，问以当世之事，所对悉合机宜，出而为之驱驰。先主称帝，亮为丞相，录尚书事，辅太子留守成都。禅即帝位，益州边夷叛乱，蜀、吴关系尚未改善。亮先遣使聘吴，结为与国；后，亲征叛夷，夷败而归顺，出供官赋。227年，亮率大军北驻汉中。其时，魏边防弛懈，将军魏延请将万人越秦岭而北，直袭长安，亮以为危，不从；明年，西攻凉州，三郡应之，关中响震。魏明帝西镇长安，遣将拒战，蜀军不胜，三郡复失。亮徙魏民千余家而还汉中。其先后伐魏五次，皆无大功，多以粮尽而归。汉中为军事重镇，地小民少，不能供给军粮，其一部分运自成都平原。相传大车系亮所发明，资以运输军粮；种类今有增加，其初，车以人推之，行于山地，备极艰苦。其军利于速战速决，而魏据城固守；其撤退也，未受损失，当为指挥有方。惜少冒险进取之精神，且当魏盛之时，众寡不侔，攻守异势，故未能有所成。其治国政绩过于其为统将，其思想本诸法家，以察察为明，赏罚本于至公，政治、军事皆有规模。其胸襟光明，并能以身作则，为其不为人怨之主因。其忠事后主，始终如一；魏臣致书说亮举国称藩，亮严词斥之；晚年，不辞劳瘁，全为兴复汉室，诚所谓"鞠躬尽瘁，死而后已"也。其人格之高尚、情谊之真挚、忠君忧国，时人未有出其右者。

蜀之微弱 亮死，后主据其密表，以丞相府长史蒋琬为尚书令，俄迁为大将军，录尚书事。琬为人好善，不肯以谤言罪人，旋以尚书令让于费祎。祎尝奉命使吴，应对不辱使命，为孙权所器，为蜀名臣。蒋琬出屯汉中，后主进其位为大司马，大政由其决定，后数年还蜀；及死，帝以费祎为大将军。魏大举攻蜀，不胜而退。祎复屯汉中，为降人所杀。董允继握政权。三人皆亮擢用之人，相继执政，亦能行使职权。后主欲多采女，允不之从。后主爱宦官黄皓，允数责之，皓不敢为非，位不过黄门丞。允卒，皓始豫闻政事，操弄威权。蜀臣陈寿于《三国志》称，蜀亡由于皓之"奸险"，当必有所根据。

蜀将姜维亦有能名，数率偏师伐魏，互相胜负；又征服叛乱之边夷。费祎死后，维大举伐魏，初败魏师，后魏将邓艾御之，始不能胜，并有相当之死亡，遂为国人所恶。艾为人杰，谋略较优，且攻守异势，劳逸不同也。维以功业不立，心不自安，黄皓意欲废之，不敢复还成都。朝中无人，后主从事于娱乐，又妄改防守边地之计划，乃为魏所并。

吴国大事 三国中，吴立国最久。孙权晚年疑忌大臣，信用校事。校事同于特务，始为曹操所立，吴亦仿之，用以稽察其臣罪过。权妻妾多而子众，子为父爱常视其母宠爱而定，妃嫔年长色衰乃影响其子地位。嫡庶之争、太子废立遂为吴国大事，大臣因而受祸。其时，吴蜀和亲，订成盟约，共同对魏作战。吴与魏战，互有胜负，胜利多由于施用诈谋，但未获有土地。吴恃长江之险，水师较强。252年，权卒，太子亮立，年幼，大臣诸葛恪辅政。恪罢校事、原逋责、除关税，国人悦服。会吴出兵攻魏，值逢大疫，死亡者半，迫而退师，致怨黩兴，恪为吴宗室所杀，国中祸乱迭起。魏有淮南之乱，吴出兵伐之，皆不胜归。亮亦为权臣所废。权臣立权子琅琊王休为帝。帝忍小愤，杀其权臣，聪明才力足以有为，不幸所用非人，未有成就；唯欲偃武修文，足民衣食，人民颇安居乐业也。及魏大举伐蜀，吴出兵伐魏援蜀，而后主已降，吴军复退。吴新失与国，交趾又叛，休值病死，太子年幼，大臣议立贤能之长君，迎立权孙皓为帝。

三国之亡 三国相较，魏地大而兵多，人才推其最盛。司马懿固为人杰，其二子承继父业，能用其众，谋臣、大将如钟会、邓艾皆一时之杰。会博学多能，为司马氏谋臣，算无遗策；艾数败蜀兵。263年，司马昭遣大军伐蜀，使邓艾出攻姜维，遣别将断其归路；钟会率大军南袭汉中。维兵数败，又闻钟会深入汉中，还而固守剑阁，会不能克。艾自甘肃南部山径前进，行无人之地七百余里，突入蜀境。其守将不意敌至，惧而归降。后主亦不据险固守，遣将与冒险深入之孤军作战，败而请降。维部四五万人奉命降于钟会，于是蜀亡。魏主初封昭为晋公，蜀降，诏拜昭为相国，俄进其爵为王。昭立子炎为世子，副贰相国。265年秋，昭死，炎嗣相国、晋王，冬即帝位。蜀、魏亡，而吴主皓不知振作，忌讳既多，又好酒色，宫女增至数千，犹遣宦官外出取女，广筑宫室，杀害贤良，复立校事，监视其下。其人民役苦，死亡众多，农桑普废；将士复以防地广而劳苦，国中祸乱迭起，交趾之乱，最为严重，晋自海上援助叛人，八年乱始平定。吴将叛而降晋者时有所闻。279年，晋大举伐吴，所向皆克；明年，皓降，中国归于统一。

三国疆域 东汉凡十三州，曰：司隶、豫、衮、青、冀、并、凉、幽、徐、扬、荆、益、交。黄河流域之八州及长江流域之徐州，皆属于魏。荆州北部户口较多之郡县，扬州之九江、庐江，亦为魏地。魏、吴地界颇难划定，大体而言，长江在吴疆域之内，魏地则在江北。吴地不限于江南，江北亦有其地。魏、蜀接壤之地，在今甘肃南部及秦岭一带，其地多山，易于防守。魏之西境达于西域，北境迄于长城，东北达于辽东半岛及朝鲜北部。史称：魏有五都，洛阳为中央政府所在，政令所出之地。曹操晚年，居于洛阳，文帝经营宫殿，明帝更大兴土木，洛阳益形发达。

吴地初为扬州江南之地，为会稽、吴郡、丹阳、豫章、庐陵五郡，在今江苏南部及浙江北部之大部分，安徽南部、江西北部各一部分。其僻远之地则为山越所居。权命将平定其滋扰为乱者，而越人群居之地尚未归顺。《三国志》记吴将常与之作战，贺齐、诸葛恪最为有功。齐迭平会稽为乱之越人，设立县邑，选出精兵万人，转讨上饶（江西东部）越人，分其地为县；后讨平安徽南部山越，分其地为六县，名曰新都郡。会吴郡余杭民为乱，齐讨平之，分余杭地为县。后，江西东部山越为乱，齐讨平之，择其精壮者为兵，次为县户。山越所居之区域，今为江西、安徽、江苏、浙江毗连之山地，其山以在皖南者为高峻。吴将所平者，多为交通较便之区域，越人仍时为患。234年，诸葛恪请为丹阳太守三年，可得甲士四万；权从其请。恪令所属长吏各保疆界，归化越人屯居，然后遣将守险，不与之战，候其谷熟，纵兵刈之。越人饥而出降，皆抚慰之，徙居外县；敢执拘之者，辄斩以徇。于是越人多降。恪选其壮者为兵，自领万人，余分给诸将。237年，山越平定，以其地为耕地，人为兵民，国力益强。扬州西为荆州，其南部后为吴有，交州亦然。权分交为二州，曰广州、交州。吴都秣陵，改称建邺。

刘备初据荆州西南部，后入蜀夺取益州。汉中旧为益州属郡，曹操攻取之；后，备往争，操尽徙其人民而退，汉中乃为备所有。备将关羽北攻襄阳；师退，地复归魏。荆州又为吴所夺，先主唯有益州。其南边郡为蛮夷所居；后叛，诸葛亮平之，然其统治情况未有重要改善。自蜀地势而论，北有秦岭，东北有大巴山，西北为高原，西南为夷人所居，其东与吴地接壤；蜀地以成都平原为最肥沃，古人称为天府之国，但其区域并不甚广，交通以高山湍流之故，颇感不便，对于政治、军事皆有不良之影响。成都时为大城，为蜀所都。

三国争夺郡县，力不能有之土地，常徙人民而去。其时，户口少而土地有余，得民耕种则生产之五谷增加，妇女纺织，户须出布或绢，男子有服役或为兵之义务。户口增多，对于财政、国防皆有裨益，掠夺人民，成为常事，边境乃无居民，攻者往往野无所掠。时承大乱之后，复以战争频繁、税重役苦之故，为中国史上户口最少之一时期。魏地旧为户口众多之区域，而时人言其户口不如往昔之一州，或言其当汉盛时之一大郡。据七世纪所作《晋书·地理志》所记：晋平吴时二百五十一万户；蜀降，益州不足三十万户；吴国约有七十万户，是旧魏地应有一百五十万户，占全国总数百分之六十以上。黄河下游久为中国文化发达之区域，故魏国人才最盛。曹操迭令举才能之士而不问其遗行，才能之士亦多能展其才。吴国所用者虽多长江以北之士，而江南尚有不少英杰。益州开拓较迟，汉时始有文学之士，教育犹不发达，故感人才缺少，户口少而财力不足。蜀兵约十数万人，吴二十余万，魏五六十万，三国中，魏最强大也。吴有开拓土地之功，增设新郡县甚多，荆州蛮夷之地，亦有开拓者。夺地尚非难事，其难则为同化其人民，非历悠久之时间常不能成功也。人民少而利用水力，杜预发明水碓，用以舂米，至晋，其用甚广。

官制 三国初叶之主，均能行使威权，决定大计。魏明帝从事娱乐，恶公卿进谏，不欲其知后宫人数，所谓"国家不与九卿为密，反与小人为密"也。专制帝王不知责任，固易至此。孙权初知人善用，晚年变更常态，功臣竟有以嫌疑迭受责让、愤恚而死者。刘备重视义气，关羽为其共患难之将士，待之情若兄弟；后羽为吴所杀，先主不顾一切，伐吴报复，则其一例。国君家庭环境对于政治常有重大之影响，曹丕为帝，诸弟封王，实同于丧失自由之政治犯，为其明例。三国官制，大体上本于汉代，而运用之实际状况则不尽同。魏太傅、三公皆沿汉制而无实权，增设之太保亦然；惟都督中外诸军事、录尚书事之大将军，权为最重，后以权臣任之。九卿更居于次要之位。东汉尚书权重，演变而为行政官署。中书乃专司文书诏令，初称秘书，文帝改为中书，其长官曰监令，与闻机密要政。其为先时所无者，尚有校事，专察群僚之过失，后始罢之。吴以丞相为最高长官，然不过治理庶政。其重用校事，颇与魏同。校事于吴，初盖典理文书，渐而为孙权所信，因得报告群臣之短而擅作威福也。

蜀君臣相得之深，魏、吴皆不能及。先主与诸葛亮情好深密，尝曰："孤之有孔明（亮字），犹鱼之有水也。"后主嗣位，政事概决于亮。蜀地小、税少，设官不多。亮于北伐时，《表》言：现任侍中、侍郎皆志虑忠纯，为先帝所简拔。且曰："愚以为宫中之事，事无大小，悉以咨之。"侍中、侍郎皆天子亲臣，而位并不甚高，机密大事咨之，是无御史大夫等官。亮出，丞相府长史及尚书令皆为要职。亮没，录尚书事之大将军几同于丞相，政权集中，指挥统一，便于作战也。督或都督为军事行政官，都督边州者，其权尤重。吴大将甚多，因有上大将军之设。魏将独当一面，有监军监之。吴、蜀皆有监军，但不如魏权之重。纷扰之世，牧守常有大权。应时而设之官，尚有典农。典农督屯田之士民耕种，专为增加生产、储积军粮也。曹操设之，魏后令诸典农皆为太守。其下都尉，则为令长，郡县因而增加。吴、蜀分设之郡县亦多。官士之法，汉为察举、辟召。大乱之后，世族迁徙流亡，郡国选举有不少之困难。魏尚书陈群创九品官人之法，其法自选举及月旦评演进而成。月旦评为汉末名士核论乡党人物，每月辄更其品题之称。州郡各设中正品士，就其所在之地，别为九等，定其高下也。吴、蜀人才较少，长官子孙出仕，常居于优利之地位。

人民之负担 户口大减，物力艰难，官吏之待遇菲薄。魏吏有著新衣、乘好车者，谓之不清。其时，地多无主，曹操兴屯田，政府同于地主，屯民同于佃户，征租当其生产量百分之五六十，视汉田税增加十五或十八倍焉。民耕私有田者，亩税四升，户出绢二匹、绵二斤，其税视前亦有增加。吴、蜀以养兵及战争之故，税亦苛重；徭役更使民不堪命，贫者至生子不育。其时，货币不敷流通，吴、蜀使用恶货币；魏曾令民物物交换，谷、绢成为市易之媒介物。要之，祸乱之世，人民常苦也。

第二十一篇

西　晋

疆域与户口——改革——官制——军制——人才之缺乏——长官之奢侈——人民之痛苦——羌、氐之祸——武帝之家庭——祸乱之迭起——怀帝——愍帝——天灾之严重——北方之扰乱——流人之乱——死亡之一斑

疆域与户口　280年，中国复归于统一，九十年之混乱告一结束。东汉十三州，晋增为十九州，或沿蜀、吴之旧，或晋所新设。黄河流域或华北凡十一州，长江流域或华中六州，西江流域或华南二州。此其大略而言，其中有介于二流域者。著者论其户口，则就诸郡所在，分别计之。《晋书·地理志》称：平吴时，户二百四十五万。著者据诸郡户数计算而得之数则为二百五十一万。就其分布而论，华北凡一百三十五万户，占全国百分之五十七点七；华中九十九万户，占百分之三十九点六；华南六万户，占百分之二点七。户口少而耕地有余，原易成为治平之世，惜政治腐败，未能予以利用也。

改革　武帝在位二十五年（265—290年），幼受良好之儒家教育，为帝年方三十，勤于政事，乐于听受谏言，自言其克己为政。

其善政影响人民生计者有二：一、崇尚节俭，皇室费用减少；二、约法省刑，魏末修正《刑书》，本于刑宽禁简之原则，268年公布施行，史称"天下便之"。惜帝不能认识古今环境之不同。其采行封建制，封宗室二十七王，受邑多者四万户，少者一千七百十户；皇子、皇孙封邑五万户，有多至八万户者，与《地理志》所言体制不合。王国长史由朝廷任命，武帝特诏诸王自选令长。公、侯封爵，《晋书》先后所言不合。其时，户口大减，行之当有困难。实际上，王公居于京师，徒有国名，土地既未分割，国中亦无军队，治理同于郡县，何必多此纷扰！令长虽可由其选任，而朝廷仍行使监察权。王公封邑以户计算，所谓食租税也。诸王禄多，居于显位，握有重权，乃为祸乱之本。

官制 官制沿汉、魏之旧，复受儒家影响，益形复杂。丞相旧为最高之行政长官，魏、晋以丞相或相国篡国，武帝废之。其后，居此官者，皆为权臣。太宰、太傅、太保时称上公，以疲耆者充任，稀入朝见。太尉、司徒、司空为汉三公，亦为闲官。大司马、大将军原为一官，后别为二，皆上公也。晋皆设之，是为八公。其下为卿，九卿毫无实权，武帝以其不信任者居之。尚书遂为政事之本，分三十六曹，统理政事，其长官曰令，威权高于三公。三十六曹系逐渐添设所致，于是国中政事无不在其管辖之中。中书乃司天子文书，其长官曰监令，典理机密文件。中书监有迁尚书令者，以为失势而至怅怅。侍中在帝左右，亦朝臣之所欲得。时人称侍中总门下枢要，盖以其侍从天子，掌居门下，由仆役而演变者也。

军制 晋代魏兴，由于司马氏为大将军，都督中外诸军。京师系政治中心，重兵所在之地。中领军统领宿卫，尤为要职，必以亲臣为之。在外，持节假黄钺之大都督为最尊之统帅，节制诸军；次为都督一二州诸军事之长官。其时，士卒出于士族，古代男子有服兵役之义务；及社会进步，武士变为专门职业，人民不愿戍边者，出钱由官雇人为之。羌胡善于骑射，东汉雇用其归顺者为兵。汉季之乱，群雄广收盗贼作扶，其人久历戎行，富有作战之经验，与征发之农民相较，强弱相去悬远，士卒成为特殊阶级，即史所称之士族也。士族专服兵役，父死子嗣，其无妻者，政府为之选配。275年，武帝以将士应娶者多，诏家有五女者，免其徭役，是为将士配偶计也。兵不足用，老者犹不免役；平吴之后，边兵大减，始许老疲归休。士卒保卫统治阶级，而所受之待遇颇为恶劣：承平时，政府给以田地令其耕种，并自供给其家人衣食；持官牛者，官得生产量之六分，士得四分，士有牛者，与官半分，士卒不堪其剥削，甚至生子不育。法严禁其逃亡，亡者罪及家人。后，帝诏州县去兵，然未实行；其国中可用之兵既少，壮丁更无人愿为兵者。

人才之缺乏 武帝自魏臣而为天子，其佐命元勋，多为贪于权利之鄙夫，帝厚遇之，臣下无所忌惮，至于纲纪废弛。其时，严重之问题首为人才缺乏。武帝封宗室功臣，擢用其子弟。其人生长于富贵之家，不知民间疾苦，徒以父祖之庇荫而居于显要之位。寒士非有贵人或名士为之延誉，常不易进身。贤士无法表现其才能，实国家之损失。九品中正制之产生，亦与之有关。其选举法行之于魏，晋沿用之：郡置小中正，州置大中正；小中正分别士之高下，上报大中正，大中正为本州人，以公卿至一省郎吏有德才者任之，为朝官之兼职，以人才集中于京师，得就近访察也；并据报告，品题士及已为吏者。吏部尚书据以进士，并黜陟官吏焉。事实上，州郡之士中正不能一一识而品高下。其解决之法有二：一据属吏报告，一列大族之子弟于上品。前者实行将有不少之困难，中正乃与世族相结，时人所谓"上品无寒门，下品无势族"也。其品士之标准，依据儒家之道德观念。士因一时失检或为人口实者，将致终身废黜，当为社会上之损失。其先，名士不得其死，生者畏祸，不言时事，转而崇尚清谈，亦为朝中无人之一原因。

长官之奢侈 官吏待遇菲薄；统一后，收入增加，长官俸给视前优厚，而小吏仍难维持其家人之生活。其时，朝臣奢侈成为风气，上公何曾，则其一例。曾服用之物穷极绮丽，膳食滋味过于王者，一日之食，费至万钱，犹曰："无下箸处。"其子劭，亦极豪奢，衣服玩好至为精美，食尽四方珍异，一日之供以二万钱为限，时人称："太官御膳，无以加之。"钱之购买力高，而浪费至是。达官、贵戚有以争豪富为事者,其财富及费用之来源,多由于贪污、贪财受赂成为习气,贤者犹不能免。武帝知之,复置而不问。时人鲁褒痛世疾俗,著《钱神论》以刺世,钱诚通神,事无钱而不行也。官吏除纳赂而外,尚有经营生产事业或侵夺民财者。其无忌惮,武帝亦无若何,更无改善之计划。

人民之痛苦 设官治民,而官反为民蠹,晋户口视汉大减,而置吏反多于前,人民生存徒为供养官吏,抑或可哀。政府奖励人口增加,273年下诏:女年十七而犹不嫁者,使长吏配之。新法较汉加重算钱为严酷,竟干涉人民婚姻之自由。其时,土地分配有余,《晋书·食货志》云:"男子一人占田七十亩,女子三十亩。其外丁男课田五十亩,丁女二十亩。次丁男半之,女则不课。"此为纸上计划,未曾施行。其田制可别为二:一、私有田,每亩征粟四升;二、官田,屯耕之士卒所得无几,至不能偿种。时人言农民务多而工不修,生产反而减少。其户口迄无重要之增加,以其榨取于民之政策使其无人生之乐趣,或愿早死,或溺弃子女,其身体以饮食营养之不足,亦易于病死。时人常以乐岁终身苦,一遇凶年即无衣食为言。识者归咎于官,人民则为长官服从,或尽其所有,供贵人奢侈费用。此实近于部落酋长政治。晋为统一之大国,政治道德太低,基础甚为薄弱也。

羌、氐之祸 西晋盛时,关中即有羌、氐之祸。其地承大乱之后,户口甚少,政府徙归降及战败之氐羌居之,而不改善其生活习惯,羌人先起为乱。秦州刺史为时名将,兵败而死;凉州刺史俄亦败死,武帝有"忘寝与食"之诏。后宿卫小将自请募勇西讨,亲往武库挑选兵器,遂平凉州之乱。而羌、氐问题依然存在,不久乱将复起。侍御史郭钦于平吴时,请徙杂居于西北诸郡之戎夷于荒而服之地;后,太子洗马江统作《徙戎论》,建议远徙杂居于境内之戎狄,论者称其计划不行而致祸乱。实则其时政府无强制执行之力量,勉强行之,即将促成大乱。《徙戎论》发表于惠帝之世,国力已不如前,更难求其实现。

武帝之家庭 内忧外患隐伏,嗣君若为中主,辅以贤臣,国事或不致于败坏。太子愚痴，不堪承受父业，忠臣讽告而帝不欲废易：一、本于儒家之思想。二、由于杨皇后之爱情。帝好色，掖庭宫人将近万人，后病时，恐幸姬立而太子不安，请以从妹为后；新后无子，视太子若其所出。三、由于爱太孙遹，而欲其为君。遹为太子长子，幼而聪慧，武帝爱之，常置左右，言其当兴我家。太子不慧，受制于妃贾氏。妃多权诈，遹非妃所生。皇后父杨骏居于权势之位，请谒公行。290年夏，帝病笃，命其叔汝南王亮与骏夹辅王室。亮于宗室中，年高望重，曾为宗师。而骏恐其失权，皇后令作遗诏以骏辅政，亮避祸出京。

祸乱之迭起 太子嗣位，是为惠帝（290—306年在位）；尊杨皇后为太后，立贾妃为皇后，子遹为太子，杨骏辅政。皇后忿怨太后，与杨骏不协。诸王不得与闻政事，亦皆怨骏。骏为防范之计，多树亲党，统领禁兵。291年，卫将军楚王玮奉诏围攻骏府，骏党皆夷三族，太后后亦见杀，皆贾后主持也。贾后欲收时望，以汝南王亮辅政，亮鉴于前事，请遣诸王还藩。玮以为憾，又以亮欲夺其兵权，谗毁之于贾后，祸乱复起。贾后专政，擢用其家人姻亲；300年，废太子遹为庶人，旋复害之。太子卫将说赵王伦起兵。伦为帝叔祖，以谄事权贵为皇后所亲信，为人贪而无厌。起兵以复太子仇为号召，侍卫应之，废杀贾后，诛其亲族及用事之大臣；自为相国、都督中外诸军事，亲信皆居于显要之位，封侯者至数千人，政事决于嬖人，滥用威权，多杀无辜之人；301年，自为天子。惠帝族弟齐王冏镇守许昌，起兵讨伦，传檄国内，时人目为义举，所在响应。冏为乌合之众，战不能胜，坚垒自守。武帝子成都王颖在鄴应冏，大败伦兵，渡河前进，西入洛阳，诛伦；遣军助冏，击败伦部。斯役也，兵兴六十日，死者十万人。

惠帝复位，冏以首倡大义，辅政。颖怀异志，不肯留于洛阳。宗室河间王颙镇守关中，初助伦而复叛之，为冏所恶。冏既辅政，沉于酒色，任用亲昵，祸乱又在酝酿之中。302年，颙表陈冏罪，诡称奉密诏讨之；约颖为应，并会长沙王乂废冏。乂，武帝子，为人果断有才，虚心下士；时在洛阳，攻冏，杀之。惠帝诏乂为太尉，都督中外诸军事。朝政就郢咨询于颖。颖实庸才，恃功骄奢，其遥执朝政也，百度废弛，又惮乂在内；颙亦恶乂，合兵讨之。乂守洛阳，将士愿为之用，数破敌军；唯士卒无法补充，粮路且绝，乃发奴为兵，强民服役。于是公私俱困，米石万钱，乂终败死。斯役也，死亡惨重，过于先时。颖、颙合作，全出于一时之利害，朝廷威信损失，地方长官遂自由行动矣。

颙遥执政权，惠帝密诏刺史讨之。关中乱起，颙将掠于洛阳，西还长安。乱平，颙表颖为储副，帝立为皇太弟，诏其辅政。颖尽杀其所忌，以亲兵为宿卫，幽废羊皇后。304年秋，朝臣起兵，帝得自主，亲出讨颖。诸军十余万集于安阳，为颖所败，帝为其所获；颙将复入洛阳。幽州刺史王浚交结鲜卑大人，不平颖之所为，又以其害己，召用鲜卑骑讨颖，击破其兵，乘胜至鄴。颖与帝南奔洛阳，备极艰苦。颙将劫帝西幸长安，士卒妻略后宫，分争府库，积储遂尽。颙事朝政，废颖而以豫章王炽为皇太弟，诏宗室东海王越为太傅辅政。越少有令名，讨颖之役为大都督，军败南奔东海。颙诏其辅政，越不之应；关东尚非其势力所及之地。

祸乱迭起，以下犯上者，成为常事。越起兵讨颙，兵势日强。颖部将聚众为盗，滋扰于黄河下流之地。统兵之将逐去刺史者，事例更多，渐成割据之势。306年，颙迫而向越请和，忽又变计。越军攻破潼关，西入长安，迎帝东返洛阳；越为太傅，辅政。冬，惠帝暴死，其为君也，始不能保太后，继不能保太子、皇后，立羊皇后，复废者三，终不能自保。历史上，昏暗之君无过于惠帝。无能而居高位，既为自祸，亦为民害。祸乱之范围，时益扩大。讨伦之役，战地百姓不能耕种。颖表言其创痍、饥饿、冻馁，请发车运粟十五万斛，以赈饥民。王浚败颖及讨颙迎驾之役，皆赖鲜卑骑之助战。鲜卑大从事于劫掠、屠杀。士卒不敷用时，则征发壮丁，未成年之男子亦须服役，耕地多致荒废。粮价上涨，关中斛米售至万钱，演成人相食之惨剧。天灾继至，夷狄乘之，晋事遂不可为。

怀帝 太弟炽嗣位，是为怀帝（307—313年在位）。炽初冲素自守，后渐居于要职。及为天子，越恶其听政。帝每宴会，辄与群臣"论众务、考经籍"，近臣皆称美之；然非雄才大略之英主。朝廷时无可用之兵，流人、盗贼所在滋扰。刘渊举兵于惠帝之世，国号曰汉，兵力渐盛，据地益广。晋军与之作战，处于不利之势。君臣一心，能否平乱，犹不可知；而越以朝政不尽由其主持，率兵入京，杀帝亲臣，帝不能救，至于流涕。越乃用其所亲，以兵为宿卫。其时，汉将逼近洛阳，京中缺粮。越欲避难于外，假讨渊将石勒为名，率军东出。《怀帝纪》言京中情状曰："宫省无复守卫，荒馑日甚，殿内死人交横，府寺营署并掘堑自守，盗贼公行，枹鼓之音不绝。"死亡多由于饥荒，越力不能平乱，忧惧病死。其众为石勒所袭，死者十余万人，闻者丧气。311年，京中饥甚，人至相食；百官流亡者，十之八九。帝谋迁都，而事已迟。汉军逼近洛阳，帝以城不能守，西往长安，为汉将所获。

愍帝 晋国无主，关中长吏奉秦王邺为皇太子。邺，武帝孙，于洛阳陷后避难南行，故吏奉之，自武关西入长安。及怀帝见害，邺继帝位，是为愍帝（313—316年在位）。关中于祸乱后情况恶劣，《晋书》言长安城曰："城中户不盈百，墙宇颓毁，蒿棘成林。朝廷无车马章服，唯桑版署号而已。众唯一旅，公私有车四乘，器械多阙，运馈不继。"其时，据有一方者，皆不赴援。石勒诸人方大为害于关东，诱杀幽州牧王浚。荆州祸乱正亟，关中亦有叛乱，汉将刘曜攻扰城邑不已。316年，进围长安，城中粮食断绝，斗米值金二两，人相食，死者大半。帝遣使请降，318年被害。

天灾之严重 愍帝降而西晋亡。汉创于匈奴贵族刘渊，其人数不多，竟使晋亡；非渊有超人之力，乃造成于政治积弊，天灾更促成大乱之爆发也。据《晋书·五行志》所记，自晋统一，迄于怀帝失国，三十二年之中，水旱之灾各十三次，灾情程度不同，而永嘉四年（310年）之大灾反未列入。《怀帝纪》称：斯年，"幽、并、司、冀、秦、雍六州"大蝗，食草木、牛马毛，皆尽。《五行志》称，其前一年"大旱"，"河、洛、江、汉皆可涉"。此为非常之灾，严重为前古所未有，水浅可涉，事属可能，蝗食植物，为吾人习知之事，食牛马毛则为鲜有之事。人民无法维持生活，杂居于内地之胡人情况亦苦。其先，302年，并州饥，官搏胡人，卖之为奴，途中饥病而死者众。并州之灾，帝纪及《五行志》皆未提及。晋吏虐待胡人，胡人当引为恨；及灾情转重，区域益广，流人就食于他乡，有起为乱或应贼者。大乱乃造成于天灾、人祸也。

北方之扰乱 初，刘渊称帝，迁都平阳，遣将王弥、石勒攻晋，欲取洛阳，功未成而死；子聪即位，攻陷洛阳，其势益盛。鲜卑善于骑射，时为匈奴劲敌。其酋长猗卢寇于太原，并州刺史刘琨力不能制，以五县居之。猗卢自称代王，为琨所用。王浚尝败石勒，亦赖鲜卑之力。石勒寇掠豫州，造船欲攻江南。会两三月不止，北归攻取襄阳为根据地，诈降袭取幽州，复西攻刘琨，据有其地。汉将曹嶷经营齐地，众至十余万。二人各据一方，隐有独立之意。刘聪则从事于淫乐，修筑宫殿；族弟曜攻陷长安，关中遂为汉有。

流人之乱 长江流域益州先有流人之乱。初，流人数万家入蜀，前氐酋李特与焉。刺史欲用为爪牙，据地独立；复恶其强，杀害其弟。特怒，攻陷成都。朝廷封特为侯。新刺史统军入蜀，催促流人北归，属吏搜索其财物。特以流人怨而复为乱，击败官军，攻陷郡县，南攻成都，与蜀人约法三章，自称州牧。蜀人保险结坞，城邑皆空。特子雄后陷成都，益州渐定，其东荆州，出兵援蜀；县吏张昌聚党徒为乱，诸流人及避戍者从之。其势盛时，有荆州大部分及豫、徐各一部分，复将伸长势力于湘州；其所置牧守皆盗桀小人，而以劫掠为务，终以人情离散，为官军所平。其后，复有流人之乱，长吏强其北归乡里，起而为乱也。其乱不止一次，领袖先后不同，皆为官军所平。扬州亦有叛乱。广州地远，非朝廷势力所及，强有力者得自为刺史或迎拒刺史也。

死亡之一斑 综上事实而论，西晋季年，国中几无安居乐业之地；灾情之重、屠杀之惨，北方过于南方。兹引时人之言，以便有所证明。307年，并州刺史刘琨表言其见闻曰："臣自涉州疆，目睹困乏，流移四散，十不存二，携老扶弱，不绝于路。及其在者，鬻卖妻子，生相捐弃。死亡委厄，白骨横野，哀呼之声，感伤和气。"后以战争之故，其幸而存者，饥羸无复人色，刺棘成林，豺狼满道。

此不过广大区域之一例。未有战争之地，则赋役繁重，中原人民或北依鲜卑，或南徙荆、扬；及大乱起，盗贼益多，筑坞自守者，亦杀人越货矣。

西晋之大乱酝酿已久，政治组织之不健全、军队战斗力之低弱、官吏之贪墨、士大夫之清谈误事、人民经济情状之恶劣、戎狄杂居于境内而增强其恨恶报复之心理，皆足以构成祸乱。惠帝之昏愚、贾后之险诈、诸王之相杀，更促成之。后人以一切责任归于诸王，而漠视经济势力，当非公允之论。晋人遭遇非常之灾，人民为生活所驱使，铤而走险。流人之乱，固其明例。石勒为盗于内郡，亦促成于饥荒。于斯期内，国中政治家若有适当之处置，减少祸乱之延长与扩大，非不可能；不幸，一切听命于天，而致死亡惨重也。

第二十二篇

东　晋

江东情况——南下之北人——元帝——明帝——苏峻之乱——桓温——秦晋之战——叛乱之迭起——刘裕——国君之无权——官制——政治之废弛——疆域——户口——税制——兵制

江东情况　西晋末年，司马懿曾孙琅邪王睿为扬州长官，移镇建邺，击败其不服者，地渐广而兵强。王以盟主自居，不奉愍帝诏旨。扬州旧为吴地，晋灭吴后，徙吴将士于北方或长江北岸。《晋书·地理志》称：扬州三十一万一千四百户。不及东汉中叶三分之一，然与北方相较，比例尚不为少。朝廷初不进用吴人，士大夫当深失望，世家子弟无仕宦之机会，变为地方豪士，家有部曲。部曲近于后世所称之家兵，知其主人而不知有官吏，其力之强，足以平定祸乱。四世纪初叶，扬州三次叛乱，皆周玘等所平。

扬州未有大规模之屠杀，人民受害远不及北方之惨重。其在北方，刘聪、石勒方从事于战争，屠杀、焚烧、劫掠，所至常为废墟。统治阶级无法应付，方兴之大乱，而欲避居扬州，江东为其心目中之乐土。王敦以才能显名，初为扬州刺史，颇有威望，琅邪王之有江东，颇赖其力。敦从兄导素与王善，潜有推奉之意，为其司马，与闻军谋，移镇出于导计。建邺在长江之南，交通便利，愍帝易其名为建康。其时，王之威名不著，移镇后，吴士未至。导以为患，盖以创业于江东，非得地方贤士大夫及豪族之拥载则多问题也；设法引之见王，王擢而用之，吴士由是归心。吴中大族初自视甚高，而王亲信则为北士，政权归之。南人政治势力削减，尤以豪族为甚。三定江南之周玘竟欲为变，元帝严为之备，乃愤怨发病，死时语子曰："杀我者诸伧。子能复之，乃吾子也。"伧为鄙贱之夫，为南人斥北人之称。后，其子起兵而族人反对，其徒始散。族人不能合作，诸豪族又相残害，皆政府之利也。

南下之北人　　北人南下，史未记其数字，《王导传》称："洛京倾覆，中州士女避乱江左者十六七。"中州谓北方诸州，士女谓仕宦之家，《传》言南下之多，颇涉夸张，士大夫之家乡观念深重，复以贪恋田产，非逼于生死之大祸将不肯行，其有职守者，非形势危急则不能行；及乱大起，所在盗贼滋扰，田野荒芜，南行途中尚有不少掠人为食之盗贼，其幸而至南方者，名士犹不免于饿死。南下后为困难之事，非人数有相当之多、有组织而力足以自卫者，常难达于江东。陆行不易，有少数自海道南下者，南渡所以避免不幸之命运。幽、凉二州为安全之区域，人民亦有前往避难者。

南行人数兹据《晋书》做一估计：刘弘为荆州刺史，其《传》称：流人在荆州者十余万户，羁旅贫乏，多为盗贼。张昌乱时，流人与避戍役者从之，为弘所平，流人仍有来荆就食者。其人多为壮丁，行径同于盗贼。后，政府强送关中流人还乡，流人四五万叛乱，巴蜀流人东下者亦数万家，流人十余万户当为事实。南下之士大夫，荆州不及扬州之众多，建康为江南之政治中心，为逃亡官麇集之所，流人数亦不少。琅邪国人从王渡江，数近千户，立县居之；他州人士过江者，侨立郡县或立侨州。其后，郡县分设益多，或在江南，或在江北，保存原名，徒为纪念。流人多在今扬州、镇江一带，以其为交通要地，运河可资往来也；荆州流人多住于襄阳附近之地，荆、扬合计，盖逾一百万人。其人可别为二：一、士大夫；二、庶民。名士生于名门望族者，多居于显要之位，成为统治阶级。庶民为通常人民，南逃全为免死，其人新至南方，若无可依之亲友，又不能自食其力，势将沦为奴隶。北人降为奴隶甚多。豪族为其利益，常隐藏户口以为私属。余姚令山遐到县八十日，出口万余，则其一列。士大夫之为官者仍度其奢侈生活。政府对于流人，初无救济之方案，唯不征收赋税，亦不令其服役。时人称为"白籍"，以纳税服役之户书于黄册，而侨居之民书于白册也。政府以其不久将归乡里而优待之。南人担负一切政费而生活愈苦，亦非公允之处置。

元帝 琅玡王之创业由于南、北士之拥戴。初，王为安东将军都督扬州、江南诸军事，移镇建邺，攻取扬州北部；江州刺史不服，为其所败，地亦为其所有。荆州在江州之西，形势扼要，户口多而兵力强，其刺史不善绥抚流人，以致祸乱迭起；其最后叛乱，王敦遣将平之。敦曾为王属吏，旋为扬州刺史，王命为左将军，专司征伐。上流乱平，荆、湘二州归王统治，交、广亦为王所有。《晋书·地理志》言其疆域曰："江南所得，但有扬、荆、湘、江、梁、益、交、广，其徐州则有过半，豫州惟得谯城而已。"实则梁、益时为李雄所据；王有六州，扬、荆最为重要，户口众多；江由扬州分设，湘系荆州划分，土地未尽开辟，复受祸乱之影响，荒凉殊甚；交、广地远，蛮夷叛乱时起，政治基础犹甚薄弱。六州及徐、豫一部分系逐渐经营之结果。317年，王称晋王，备百官，立宗庙社稷于建康，四方竞上符瑞，大臣上书劝进；明年，称帝，是为元帝（318—323年在位），后世称为东晋。

元帝以建康为国都。建康旧为吴都，曾筑宏大之宫殿，元帝移镇，事在307年，距吴亡二十七年，宫殿、官宅当有存者，修葺或可敷用。帝颇崇尚节俭，未尝经营宫殿。其戚为母筑屋过制，帝"流涕止之"。时值大乱，物力维艰，皇室费用节俭，当有利于民生。帝亦能听直言，改其生活习惯：初耽酒废事，后终身不饮。但无知人之明，所谋不成，反使王敦为逆。其时，王导主政，王敦主兵，时人有"王与马，共天下"之说。帝渐恶其专制，听信亲臣刘隗之言。隗欲崇上抑下，多所奏劾，帝亲信之，疏远王导。敦自荆州上疏论其不可，原不过欲维持其门户。帝视为有无君之心，用宗室为湘州刺史，以亲信出镇合肥、淮阳二镇，皆去建康不远，其兵杂有扬州僮客，为内战之准备。敦致书说隗："戮力王室。"而隗复书不逊。322年，敦自荆州率兵东下，疏请杀隗，帝不欲受制于下，不从。敦表辞益激。帝怒，下诏亲征，召外兵入援。王敦所部为国中精兵，江东大族复为之用，上流皆不敢动。导居京中，虽不参与敦谋，而维持门户之心不下于敦。敦兵至而王师大败。敦有废立之意而导不从，乃杀异己之大臣，加王导尚书令，帝忿恨而死。

明帝 太子绍嗣位，是为明帝（323—325年在位）。王导辅政。明帝幼甚聪明，及为太子，帝有夺嫡之意，以导谏而止，故明帝信导，君臣相得。敦讽朝廷征己，帝为手诏征之。敦驻于京城附近，自领扬州牧。其下劝之为逆，而谋为帝所知，敦乃为乱。帝闻其病，言其已死，宣布其罪状，使导讨伐违命之将士，文武诸官为敦用者，一无所问，士卒从敦者，许其归家，不归者改善待遇，同于宿卫。此欲不战解散敦众，而诏文不易传达，仍以军事决定胜负。叛军前进，王师袭败其前锋，敦闻而病剧，俄死，其众丧沮，江南豪士来援，军势复振。值临淮内使苏峻勤王，所部尽为精兵，击破叛军。帝遣将追击其余党，平之。诏广州刺史陶侃为荆州刺史。侃曾于荆州平乱，颇有才能也。

苏峻之乱 明帝削平大难，为一英主，在位三年而死。帝初鉴于大臣重视门户过于忠主王室，任用宗室、外戚。王有典禁兵者，皇后兄庾亮为时名士，任中书监，竟与之争权相恶。帝病，不见群臣，亮以宗室有异谋，排闼见帝，流涕言之。帝诏亮与王导辅政，俄没。皇太子五岁嗣位，是为成帝（326—342年在位），尊皇后为皇太后。后临朝称制，政事决于其兄。时人以遗诏为亮所作。荆州刺史陶侃、豫州刺史祖约以其褒进大臣而不及己，怨之。亮复杀宗室，其党有北奔苏峻者。峻自青州率部曲南渡，以功除临淮内使，平定王敦之乱，拜历阳内使，有精兵万人。亮以其异己，征为京官，举朝谓为不可。峻求居于荒郡，亦不可得；327年作乱，遣使北结祖约。约原保卫北境，出兵助之，其势日盛。亮不知兵，自信太强，拒绝江州遣兵入卫之议，大乱遂成。

历阳今为安徽和县，地在江北，距京师不远。苏峻部将渡江进攻，亮出兵拒战，不胜。峻将精兵万人，渡江直趋京师，其势锐甚，攻陷京师，纵兵焚掠，改易朝臣，政事由其决定。会石勒南侵，击破祖约所部，叛军之势稍衰。庾亮西奔江州，其刺史邀荆州刺史陶侃同赴国难。侃将西军六万，乘船东下，直指建康，初战不胜；会峻轻敌被杀，军事始有转机。329年，乱平。京城为墟，人民流离，京中供给全恃江州；复由王导辅政，为政但问大纲。后，侃以年老告休，亮为荆州刺史，权势复重。导死，亮弟冰执政，勤于职守，擢用后进，说帝以母弟为嗣，谓外有强敌，宜立长君也。成帝从之。

桓温 342年，成帝死而弟立，是为康帝。庾冰辅政，弟翼代为荆州刺史，镇武昌，欲率兵北伐，徙居襄阳。冰请出为之援，拜江州刺史。344年，帝卒，太子二岁嗣位，是为穆帝，褚太后听政。冰、翼相继病死。大臣何充先曾请立太子，太后视为亲臣。充佞佛，辅政少有建树，唯以桓温英略过人，荐为荆州刺史；及卒，朝中益无主持大计之人。361年，穆帝病死，太后诏成帝长子丕入嗣，是为哀帝。365年病死。太后诏其弟奕入承大统。奕在位六年，为桓温所废，是为废帝。国君享年不永，朝中又无贤能之臣，桓温乃握重权。

荆州西为蜀国，蜀主李势微弱。346年冬，温率师西征，上表即行，乘胜深入，逼近成都。李势悉众拒战，大败；明年春降。益州为晋所有，距其建国三十年矣。朝臣忌温，引名士殷浩与之相抗，而徒败坏国事。349年，后赵主死，国乱。太后父统军北伐，大败。明年，后赵权臣弑君自立，大杀胡人，鲜卑、羌、氐乘机而起，为晋恢复中原之好机会。温请北伐，朝廷不报，忿而东下，都中人情震骇；上书言为奸人所间，不胜悲愤。朝廷方依殷浩荡平中原，浩统军北上，大败而归。晋复遣将北伐，亦惨败归。晋军三次失败，损失重大，任用非人，徒自耗其国力，及桓温北伐，北方形势已大改变。

354年，温攻关中。氐酋苻健时据其地，国号曰秦。晋军击败拒战之兵，逼近长安。秦采行芟苗清野之策略，温以军粮不继回师。

羌酋姚襄降晋复叛，为害于黄河之南。温击败之，进至洛阳而归。鲜卑据有黄河流域之北部，国号曰燕，蚕食晋地。369年，温统步骑五万伐燕，乘胜深入，以缺粮而退，致为追骑所败。其部将据寿春叛者，燕、秦出兵援之，皆为温败，城亦克复，温固善于用兵也。温归，废其主而立新君，是为简文帝。朝臣谢安称：帝"为惠帝之流"，唯"清谈差胜"。温权势过于天子，谢安见之而拜，其家人皆居显位。简文帝欲禅位于温，以谏而止。遗诏称：国事一禀之于温，如诸葛亮、王导故事。372年，帝死，太子十岁嗣立，为孝武帝。明年，温死，弟冲代领其众，尽忠王室。

秦晋之战 370年，秦灭燕而北方统一，秦王苻坚有一中国之雄图。晋大臣于温死后，知其国势之危，同心卫国。谢安辅政，桓冲出镇避之，不以失势为恨。秦将逾越秦岭，乘胜南取益州，转而经营襄阳、淮南。朝廷防其南侵，遣前温将出镇襄阳、冲为荆州刺史、谢玄监江北诸军。玄曾为温属吏，富有军事经验，以叔父谢安之举荐而居要职，募练精兵。秦军南陷襄阳，其攻扬州者为谢玄所败。桓冲出兵攻秦，亦有所获。苻坚以为非起全国之兵，不能灭晋；383年，出兵八十余万，取道淮北南下。晋军拒战者七八万人。秦军先锋数败晋兵，会晋将袭败秦军，乘胜前进，两军战于安徽北部淝水之南，未有胜负。秦军逼淝而阵，晋军不得北渡，遣使说秦统帅退师以备一战。秦帅欲于晋军渡水攻之，麾军退却，而后军以为前军败退而奔。秦帅驰骋掠阵，马倒被杀，大军混乱。晋军进攻，遂大败之，收复失地；后出兵攻秦，且欲拓地，但未成功。

叛乱之迭起 晋无外患，内忧渐起，名臣相继病卒，孝武帝溺于酒色，委政于母弟道子。道子嗜酒，群小窃弄其权，官以贿迁，用度奢侈，民不堪命。帝没，太子嗣位，是为安帝，愚痴不辨寒暑，道子之权益重。外戚惧祸者与荆州刺史相结，东、西举兵以讨佞人为名。道子杀佞人为说，复树党以自卫，俄而祸乱再起。道子世子元显讨之，外戚死而扬州平。荆州仍不罢兵，以桓玄为前锋。玄为温子，尝候道子而为其所辱；居于荆州，以雄豪自处，士庶畏之过于州牧，朝廷力不能制，利其自相攻击，玄遂夺取荆州，东据江州。

扬州方有寇贼，朝廷无如之何。

扬州供给朝廷费用，外戚之乱方平，孙恩之乱又起。恩家世奉天师道，一称五斗米道。恩叔父习有秘术，愚民敬之如神，后谋聚兵为乱，被诛，恩逃入浙江沿海岛屿。人民受其煽惑，苛重之赋税更增加其不安。恩聚亡命自海上进攻，戕杀地方官员，浙东贼党应之，旬日之间，众至数十万。扬州承平已久，令长闻风逃奔。朝廷遣将讨之，恩战不胜，虏二十余万口入海。恩有船只往来，复登陆为寇；但为勇将刘裕所破，转而扰于沿海、沿江之城，亦数为刘裕所败，其势渐衰。恩死，余众推其妹夫庐循为主。

刘裕 方孙恩之为祸也，桓玄疏请讨之，朝廷不许。元显总理朝政，恃其才能，敢于诛杀。军兴，国用不足，自司徒以下，日给米七升。元显更多方聚敛，发奴客为兵，谋讨桓玄。玄知其谋，402年率兵东下，檄数其罪，入京杀之。明年，进位相国、楚王，俄自称帝，国号曰楚，大封宗室功臣，颇欲改革时弊。名将刘裕家居京口，与其党人定谋，同日袭据京口、广陵、历阳、京城。404年春，举兵京口，广陵为其所据，精兵所在地也，夺取建康、历阳则未成功。裕攻建康，玄兵败，西往荆州，出军东扰不胜，威令不行，为下所杀。其族人部将仍继续作战，明年始平。乱后民力艰难，政治权力不能达于远州。益州兵叛，军吏谯纵称王；庐循南据广州，朝廷授为刺史，皆其例也。

刘裕巩固其政治势力，多杀玄党。会南燕为害于淮北，裕起兵伐之；410年，陷其都而尽有其地。庐循闻裕北行，悉众进攻，势如破竹，逼近京师。裕将兵归，击败强敌，遣将自海道袭取其根据地番禺。循西攻江陵，不胜。裕复大破其众，循南行败死。斯役也，为大规模之战争，与裕举兵之豪士或败或死，裕独成功，遂以兵力翦除敌人，所用皆其亲信。413年，复取益州。时，后秦内乱，复收纳亡人，裕出大军伐之。417年，后秦主降，朝廷进裕爵为宋王。裕欲称帝，受谶影响，先行废立；420年，讽晋末帝禅位，帝欣然同意，于是晋亡。

国君之无权 东晋一百零四年，共十一帝。元帝建国，明帝平乱，尚为吾人所知，余帝则无功业可言。时人言其政治曰："晋主昌有南面之尊，无总御之实，宰辅执政，政出多门，权去公家。"其造成之主因有二：一、皇帝冲幼与无能。明帝后，皇帝九人，十五岁以下嗣位者三人，十五至二十四岁者四人，惟二帝年长，一五十二岁即位，一三十三岁，皆权臣所立，才能不足有为也。太后听政，权归于辅政之大臣。晋主天资多在中人以下，简文及安帝之愚，上已言之；废帝、孝文帝亦异于常人。痴愚盖由于遗传，中人受教育者常能发展其才能，晋帝未受良好之教育也。二、辅政大臣中有不少才能之士。王导、谢安盛称于世，桓温、刘裕皆为人杰，公卿多其亲友，反对之者将为其所排斥，握有兵权者更可为所欲为，辅政成为习惯，非英明之主，盖不能破藩篱而有所变更也。

官制 政治制度沿用西晋之旧，唯疆域小而财力有限，设官不多。三公行使职权，常视其与天子关系而定，兹以王导为例。导为司空，初得元帝信任，国中政事无不与闻，后帝信谗，司空徒拥虚名。王敦进导位为司徒，明帝平乱，进导位太保，司徒如故。帝亲臣时为宗室、外戚，各有重权。成帝嗣位，中书令庾亮执政，导官位如故。宗室与亮争权，或被害，或见废，导不能救。后，导辅政，帝见导，每拜，常幸导府，拜其夫人。正月旦朝，导入，帝为之起，赐胙于导，曰："毋下拜。"导重门户，唯欲维持政权，不肯登用贤士辅导天子，其亲信用事者，多为擅作威福之小人。陶侃欲起兵废导，而亮不可；后，亮亦欲黜导，以朝臣论其不可而罢。亮据上流，干涉朝政，导内不平也。太尉旧为主兵之长官；东汉变为虚荣，授予外官；东晋沿用其制，权臣有拜太尉者。居大司马者亦为权臣。司徒、司空兼任侍中或录尚书事，常有大权。侍中为天子近臣，得有陈说意见之机会；尚书自东汉以来，成为行政官署也。中书专司诏令，其长官为天子亲臣。成帝初年，政事决定于中书令庾亮，固由于太后信用其兄，亦其地位使然。九卿所司则为尚书所夺。

刺史为一州长官，握有重权。汉时，刺史为监督官；魏时，刺史职权同于州牧，盖当乱时，非权重不能绥靖一州，边州置都督诸军事。东晋沿用其制，刺史拥有强兵者常加都督一州或数州诸军事之称。非此，不能防御外患，乃成内轻外重之势，而祸乱常起也。刺史下为太守，其为一郡长官由来已久。其时，疆域小而户口少，郡地户口皆少于汉。东汉南阳一郡五十余万户、二百四十余万口，此为国中最大之郡；通常言之，一郡常逾万户。东晋一郡或不满五千户，尚远不及汉时一大县也。郡下为县，大者置令，小者置长，皆同于前；唯户口减少，县有不满千户者。豫章太守范宁疏请并合郡县，改善吏治，而朝廷仍无所改革。

政治之废弛 自人才而论，士大夫承清谈之余风，多不振作。识者深斥浮华，然不能转移风气，士大夫清谈者视政事为俗事，处理政事即为俗人。王导、谢安辅政只存大纲，实则敷衍维持现状而已。庾翼言王导时政治曰："时有行法，辄施之寒劣。如往日偷石头仓米一百万斛，皆是豪将辈，而直打杀仓督监以塞责……江东事去，实此之由。"长官欲有改革如翼者，实无几人。谢安于大敌入境，遣谢玄拒战。玄入问计，安夷然答曰："已别有旨。"既而寂然。玄不敢问，使人重请，安命驾出游，以棋为乐，至夜始归。桓冲闻而感叹其将败事。玄败强敌，由于幸运，非安有何谋略也。政治废弛亦由于人才缺乏，士之进用唯以门第为衡，所谓"据上品者非公侯之子孙，则当涂之昆弟也"。王导、谢安各欲维持门户而已。此亦促成于元帝之新令：初，帝欲得地方大族之拥戴，远方孝廉、秀才至建康者不应策试，即得除吏；既而令其试经，若不中科，则选举之刺史、太守免官。长官不敢选举，朝廷用人唯取世族也。

疆域 东晋初有六州，荆、扬最为发达。其北界时有不同，大体而论，晋以汉水、大别山、淮水与其邻国为界。汉水流域以襄阳为重镇，驻有重兵。汉、淮之间，大别山在焉，晋军北伐或胡人南侵，从未有逾越高山前进者，乃为其天然屏障。淮水区域，时以寿春为重镇，皖北近于建康，晋人经营北方，常以其为根据地。桓温北伐，晋地颇有开拓。苻坚统一北方，晋新得之土地复行失去，襄阳且为秦夺。秦败，晋恢复失地，乘机深入黄河流域；但后败退，新得之土地多复丧失。刘裕平南燕，有今山东半岛；灭后秦，有黄河以南及关中肥沃之地，为晋地最广大之时期；不久，复多丧失。

益州初为独立国，后为桓温所平。苻坚出兵取之，坚败，地复归晋。后，谯纵据之，为刘裕所平。益州人才缺乏，武备不竞，且去建康太远，未能增加晋之国力。交、广地多蛮夷，切实治理之区域仍属有限。

户口 280年，荆、扬旧地共七十八万户，距东晋建国凡三十七年。其间，祸乱迭起，加以饥馑、疾疫，户口盖无重大之增加。及中州大乱，士民南下避难；后赵侵入淮南，人民迫而南渡。淝水战后，北方混乱，其人士有掠至江东而沦为奴婢者，朝廷遣散俘虏，并赎出其卖为奴婢者，襄阳、淮南各立一县居之。北人侨居江南，免去税役；南人则有纳税、服役之义务。政府收入减少，乃行土断法，使侨人纳税，行之有三次：

一、341年，侨人就所居编户，纳税同于南人。

二、364年，桓温执行侨民编户，并禁藏户。宗室王匿五户，几致大祸。

三、413年，刘裕施行土断，以其家居晋陵（镇江），侨人居其地者不在断例。

其第一、第三次行之，当不及第二次之有效也。

《晋书》未记东晋户口，就片断之史料而论，户口无甚增加。桓温尝言全国户口"不当汉之一郡"。晋末，其臣谓，今江右区区，户口不盈数十万。盖指纳税者而言。户口减少之原因有三：

一、战祸与徭役。东晋除外患外，有不少之祸乱，增加人民之死亡。桓玄之乱，江州为二军交战之所，后经卢循之扰，其都督刘毅表称人民情况曰："男不被养，女无匹对，逃亡去就，不避幽深，自非战殚为竭，无以至此。"战祸减少户口，徭役病民，亦不下于战争。范宁疏曰："古者使民，岁不过三日，今之劳扰，殆无三日休停，至有残形、剪发，要求复除，生儿不复举养，鳏寡不敢妻娶。"可为明证。

二、凶年与溺婴。晋人遇有水旱之灾或至相食，生子不能养而弃之者，时为常事。《晋书》称，吴兴太守孔严褒奖二家，为一明证：一、妇人于年荒时卖其子以活夫之兄子；二、兄弟二人，妻各有孕，弟远行未归，会遇饥荒，不能两全，弃其子而活弟子。此实可悲之故事，父母爱其子女，为人类之天性，弃之，乃受经济之压迫，死亡率当必甚高。其幸而成人者或劳苦早死，遇有疾疫，死亡常重。

三、隐匿与逃亡。人民不堪赋役之担负，逃亡者多，兹引《晋书》一例为证：海陵县界地名青蒲，四面湖泽，皆是菰苇，为逃亡所聚，长官出军讨之。时值大旱，军士纵火，菰苇尽燃，亡户窘迫，悉出自首，数近万户。更有避贼为僧者。时佛教发达，贫民为僧，僧多，服役之户口益少。

税制 东晋户口不多。其时，长江流域未尽开辟，建康、武昌尚有猛兽为害，僻远之山区仍有山越居住。荆、江、扬三州于承平时，盖逾七十万户，其平均人数视古为多，以间有采行大家庭制也。湘、交、广三州蛮夷犹多，益州并入计算，当约一百二三十万户。政府采行干泽而渔之政策，徒使纳税之户口减少。晋沿用魏制，亩征粟四升。330年，度田取十分之一，亩税米三升；362年减为二升，取十五分之一。后，征王公以下口税米三斛，更增为五斛，唯免在役之人。户岁输绢三匹、绵三斤，女及次丁为户者半输。力役之征，民尤苦之。运输军粮或远至千里，运米及绢入京，费亦甚巨。其不用货币者，由于钱不敷用。初，吴铸大钱，一值五百、一千；吴亡，民间平卑其值用之。元帝建国仍杂用旧钱。豪族铸钱，量亦不甚多。钱荒问题迄无解决之方。

兵制 户口消长，影响国势之强弱。南人体质不及北人之强壮，能战之兵常在襄阳、京口，多为侨人也。通常言之，其兵士为一阶级，所谓士族也。其数有限，士卒不多，政府至以衰老之人充任。东晋沿用旧制。时人对于兵之观念益低，称士族为兵家。兵之来源：一、兵家。其数盖有十余万，民以罪谪为兵者，旧例不相袭代，竟以兵不敷用，强其世为兵。二、流人。流亡者新至一地，衣食困难，政府常募之为兵。三、罪人。罪人为兵，由来已久，秦汉用以对外作战；东晋，人民犯罪即沦为兵家。四、僮奴。僮奴为兵，晋有不少之事例。其根本问题则为士卒待遇恶劣，生活穷苦，平日又少操练，战斗力低弱。侨人应募为兵，待遇或有改善。京口为晋末名将、精兵之所出。兵有能将指挥，亦可转弱为强也。

东晋一代，政治上未有建设；士大夫苟安于现状，全为门第着想，自不知其责任。桓温为杰出之士，竟为士大夫所忌妒，而不能展其才。时人多无恢复中原之思想，何能望其成功，所苦者人民而已。

第二十三篇

五胡之盛衰

内徙之胡人——刘渊——刘聪——刘曜——石勒——石虎——冉闵——李雄——前燕——前秦之强大——苻坚之政绩——南征之失败——后燕——关中之叛乱——后燕之盛衰——南燕——关中之情况——北方统一——惨状之一斑——文化之同一

内徙之胡人 中国自统一以来，领土、户口、财力之巨大，非其邻国所及；而对羌胡作战，多处于不利之势。羌胡深受高原气候、雨量之影响而为游牧民族，善于骑射也。中国若有英杰之士为其领袖，击败强敌亦非难事；但政治上之弱点、社会上之积弊，迄无改革。东汉对于扰边之羌人，初不能为有效力之迎击，惟徙边民于内地以避之；力强击败羌人，则徙降人于内地，从未改善其生活或与汉人之关系。降人受豪民之欺辱，有冤无法上达。汉末大乱，户口锐减，耕地有余，匈奴自边塞徙于内郡，河东、上党皆有其部落；鲜卑后亦乘机南移。胡人杂居内郡盖近一百万人。

胡人非种族不同之名称，乃其风俗习惯不与华同，为文化较低之民族。晋人以防范羌、氐为言，而乱则始于匈奴。五胡沿用已久，谓匈奴、羯、氐、羌、鲜卑。初，北匈奴单于西逃，史称鲜卑进据其地，匈奴余众以其风俗相同，奉其大人为主，故《后汉书》间称鲜卑为北匈奴，其人同为黄种也。羯为匈奴之一部，居于并州北境。鲜卑自三至六世纪，为北方强大之民族，其名始于东汉，西汉则言乌桓，盖乌桓居于东北，鲜卑更在其北，其人旧称东胡；史前遗存之骸骨，专家言其同于华北人，其同为黄种，当无可疑。氐、羌之名，由牧羊而生。其人居于今甘肃、青海及四川西北部。专家称：甘肃掘发之古代骸骨同于西藏种，藏人为东方种，即所谓黄种也。五胡属于黄种，同于汉人，古人间有混用之者。西晋，氐、羌乱，朝臣奏疏称为鲜卑，则其一例。唐人所作之《晋书》称，后赵乱时，杀胡羯二十余万，"高鼻多须"之汉人有滥死者。其所本今不可知。汉世匈奴、鲜卑盛时，势力达于中亚，所部或杂有白种人。唐领地广大，与中亚高鼻多须之外人接触，可为所言，实则鼻、须非辨别种族之标准，吾人不能据以推论。北匈奴败而西逃欧洲，其后胤匈牙利人则属于黄族也。后人称，五胡建立十六国。实则新建之国不止十六，亦有汉人创立者。古书所列诸国，不尽相同，其称前、后、南、北等名，悉后人所加，其疆域、国力不同，吾人固不必一一述之也。

胡人杂居于内地，其领袖钦慕中国文化，政府则不推诚待之，刘渊为一明例。渊从名师学习经史，精于骑射，初不过欲为名臣，晋武帝尝欲用之，一再为谗者所毁。谗者亦称其才今无其比，徒以非我族类之故而不得用。渊自感觉其为匈奴，心不自安。石勒为上党羯人，壮健多力，精于骑射，家贫岁饥，生活艰苦，最后为吏所缚，卖而为奴。贩卖胡人，盛行于晋初，武帝曾诏禁之。凶年，胡人无以为生，官吏不设法救济，反而缚卖之为奴。胡人遇有报复之机会，势必起而为乱。

刘渊 大乱造成于人事之不臧，天灾更增强其势力。310年，北方大旱，《晋书》称：蝗食尽草木、牛马毛，为历史鲜有之灾。农民壮而多力者起为盗贼。刘渊起兵之初，所部有限，战斗力亦不甚强；其后竟成大祸，由于诸盗魁之归降，为之攻城略地也。初，匈奴降汉，其贵人冒姓刘氏，居于北边；曹操徙之，分为五部，以刘豹为左部帅，居晋阳，在汾水之滨。子渊少以才称，父死为帅，治部属有方。成都王颖镇邺，表为将军，监五部军事，渊留于邺。其时，晋宗室为乱，五部密议奉渊兴复邦业，遣使告之。渊归，五部起兵，上渊大单于号。其根据地为今山西西南部。304年，渊以己为汉甥，国号曰汉，自称汉王，广事招诱，归降者众，自言其兵"一当晋十"。

刘渊建国，官制本于西汉，以有功及亲信为三公；后以疆域广而兵强，改称皇帝，变更官名，置大司马、大司徒、大司空，下为九卿。自东汉以来，公卿权为尚书所夺，渊亦置尚书令，诸子、宗室居于显要之位。渊年已老，初无积极进取之计划；后听臣说，始大发兵攻城，尽有今山西南部，徙都平阳；大盗归顺，鲜卑亦有降者，其势增强，欲取晋而代之。晋于宗室乱后，盗贼大起，全国入于纷扰紊乱之状态。渊遣将南攻洛阳，不下；310年病死。

刘聪 太子和立，诸弟各拥强兵，以聪最有才能，立有功绩，官位最高。和信谗言，欲杀诸弟，战于都城。聪杀兄，自为天子；遣将王弥、刘曜、石勒攻晋。王弥少好游侠，从贼为乱，算无遗策，大为害丁青、徐；后兵败降汉。曜为渊之族子，少孤，为叔所养，善于骑射；及渊建国，居于显位。石勒起自群盗，善于用兵。大军进攻洛阳，怀帝出降。汉将西降长安，俄复失之。晋吏拥立愍帝，后愍帝亦降。晋并州刺史刘琨据有晋阳，依赖代王猗卢为援。代多马兵，战斗力强也。王弥、石勒扰于晋地，勒之行径同于流寇，为晋大害，后据幽州，并取晋阳，然未尝入朝见聪。王弥有据青州自主之意，隐欲图勒，反为勒所杀。弥将曹嶷据有齐地，同于自主之国。聪地视前广大，广立后妃；晚年，皇后益多，婢女有姿色者亦为皇后。大臣谏者罪至于死。聪忌其弟，听谗杀其亲信部属五千余人，徒自削减国力。

刘曜 初，曜闻乱，自称皇帝；乱平，徙都长安，改国号曰赵，后人称为前赵。319年，石勒怒曜所为，自称赵王，是为后赵。曜乃专力经营关中。其时，氐、羌强酋据地自主，同于国王；秦州、凉州非赵势力所及。曜攻氐、羌，败而降之，徙其远离旧居。氐、羌以曜残杀，起而为乱，羌众应之。曜下令大赦，招降十余万人；又击败强酋，徙降众二十余万于长安，远酋亦称藩请服。秦州为今甘肃南部，为晋宗室所据，曜攻取之，遂西营凉州。先是张轨为凉州刺史，威望甚著，闻洛阳饥乏，贡献甚多，遣五千骑赴援。及中原大乱，避难于凉州者众，轨置郡居之。凉州用缣布为货币，人民不便，轨复用汉钱，民赖其利。及死，二子相继为主。曜平秦州，出兵西征，凉州主遣使称藩，贡献马、羊及诸珍物，曜因授为凉王。凉州既服，曜遂东与石勒争夺中原。

石勒据有燕、赵，以招降靳准部属事与刘曜不协，积嫌而为敌国。潼关以东沿黄河之地为交通孔道，曜将屯守其东，勒据洛阳，成为相峙之局势。曜方经营关中，勒亦攻取东方，及关中统一，勒已据有关东，形势变而战争起矣。初为侵夺土地之冲突，演变而为主力战斗。328年，刘曜击败石勒养子虎军，进攻洛阳。勒统军赴援，双方各以全力作战，胜负将决定其命运。曜饮酒昏醉，出而督战，不胜，坠于马下，为敌所擒，军溃；明年，太子被获，前赵遂亡。

石勒 勒初降于刘渊，为之招抚胡人，渊以其众配之，乃为寇于河北，众至十余万；集衣冠人物为君子营，引张宾为谋主，遣将略地于幽州，两次为鲜卑骑所败；寇于冀、兖，所向有功，转而扰于豫南，有雄据江汉之志；会遇大疫，北归。东海王越讨之，途中病死。勒两次大败晋军，尽杀所获之公卿。汉陷洛阳，勒欲造船南寇江东；会大雨三月，军士饥疫，始乃北归，攻据襄国为根据地，遣将略取郡县。王浚出兵及鲜卑骑讨之，为勒所败。勒袭杀浚，幽、冀遂定。勒令州郡阅实民户，户赀二匹、租二斛；更经营兖、豫，复败刘琨，据有其地，自称赵王，立宗庙、设百官。勒不识字，常令儒生读史而已听之，论古得失，常有正确之判断。其官制异于前代，以张宾为大执法，专总朝政，所部胡人甚多。勒以"胡"为讳，称为"国人"；遣使巡行州郡，劝课农桑，鼓铸恶货币，时方建筑宫殿，兵费又多也。人民用绢已成习惯，不愿行使新币。勒出绢市钱，中绢匹值一千二百钱，下绢八百；民间买卖则中绢四千，下绢二千。其提高钱之购又力，终仍无效。

勒于政治无新建树，对外用兵则常胜利。石虎奉命经营北方，降服鲜卑，遣散流人归其本邑。晋将祖逖方以恢复中原为己任，河南堡壁多归降之。鲜卑既降，勒统兵南进，时逖已死，弟约统其所部，惧而退于寿春。勒以疫归，遣石虎攻取山东半岛；复出兵南征，祖约败而南奔历阳。其时，晋有苏峻之乱，幸刘曜出兵，与勒从事一决定性之战斗也。曜败，凉州主称藩；勒徙氐羌十五万家于司冀，黄河流域复归于统一。勒即皇帝位，徙都于邺，其宫殿之建筑颇为宏大；又以洛阳为南都。333年，勒死。

石虎 初，勒令虎善辅新君，及死，太子畏其逼而让位，虎不肯受，父子专政，兼握兵权。勒子起兵讨之，皆为虎所杀，虎更杀君自立，荒淫废政，广筑宫室。史称其夺人妻女十万盈宫，妃嫔争宠相害。父子亦无爱情，太子至谋杀父。虎好田猎，猎场为肥沃之耕地，人民伤害禽兽，罪至于死。其神志清时，颇能辨别是非，兵力亦足以平定内乱。虎以边将降秦，335年，遣大军南侵：一军南至历阳临江而还；一军围攻襄阳，以饥疫而退。鲜卑于晋乱时，入居长城以南，地广兵强，先虽归降，而后复为害，其强部有二。虎遣将击之，一部请降，一部击败赵军，以赵多步而鲜卑多骑也。人民不堪税赋之苦，有私为僧者。虎以汉人称佛为胡人所奉，诏许汉人为僧，佛教益形发达。

冉闵 349年，虎死，诸子争立相杀。养孙闵本为冉姓，勇力绝人，长于谋略，平乱有功，新君诏其辅政。闵以不得为太子，起兵杀之，立新君而复幽之；以胡人不为己用，下令杀之，死者二十余万。350年，自为天子，国号大魏。虎子在外称帝讨闵，胡人据州郡者应之。二军相攻，北方大乱。《晋书》称："徙户及诸氐、羌、胡、蛮数百余万，各还本土，道路交错，互相杀掠，且饥疫死亡，其能达者，十有二三。诸夏纷乱，无复农者。"迁人以氐、羌为最多。氐酋苻健率父众十余万入关，国号曰秦，是为前秦。晋先北伐，大败而归。冉闵乞援于晋，晋不之应。唯雄踞东北之鲜卑能为祸福，其王慕容儁颇有才能，曾败赵兵，及赵大乱，攻蓟，陷之，以为国都。其时，冉闵据有赵地之大半，政敌已死。352年，儁南略地，闵率骑兵拒战，轻敌锐进，为僬所获，将士或降于僬，或降于晋。僬有黄河下流之地，国号曰燕，是为前燕。

李雄 中原扰乱，晋偏安于江东，益州为李雄所据。初，雄父败死，部将推之为主，攻陷成都，304年称王，俄称帝，遣将北取汉中，南降宁州，东陷巴东，尽有汉益州之地。境内无事，人民安居乐业，赋税颇轻。史言："其赋男丁岁谷三斛，女丁半之，户调绢不过数丈，绵数两。事少役稀，百姓富实。"军费时为重要支出，国无内乱、外患，军费大减；百姓富实，则以大杀之后户口少而耕地有余，成都平原地肥而灌溉易，植物之生产力高而收成多也。雄在位三十一年；死后祸乱迭起，末主势不恤国政，獠自山出，大为民害，其地未开辟者犹多。桓温伐蜀，347年，李势降而蜀亡。温有恢复中原之志，北方大乱，为北伐之良好机会，朝廷疑忌不用，固晋之不幸，亦温所以失望也。

前燕 慕容僬获冉闵，据有其地。晋以闵将归降，伐燕而败；俄复战又败。燕北伐丁零于长城之北，获马十三万匹、牛羊百余万，降者三万五千。僬攻取并州，欲西征秦而病死。太子暐立，迁都于邺。燕军南侵，陷黄河以南大城，晋兖州守将退至淮南。369年，桓温大举伐燕，数败其兵，深入河北，去邺不远。暐惧，欲逃。秦应燕请，出师援之。晋车粮运不继，复以秦师将至，南退为燕骑追击而败。斯役也，燕行清野之策，收入减少，士卒亦多死亡。燕许秦割地条件，不肯履行，乃为战争之口实。秦陷洛阳；370年，大举攻燕，大败燕军，东行攻邺，陷之，获暐，尽有燕地。前燕战争多而政治基础尚未巩固，一败遂至覆国。

前秦之强大 秦为苻健所创，其入关也，击败豪士，略定关中，352年称帝。俄桓温自南阳伐秦，败其兵于蓝田，乘胜逼近长安，欲收其麦为粮；而健清野以待之，并以游军断晋粮道，温引军归。健治民也，薄赋敛、省刑法，关中称治；及死，子嗣，无道，为从兄坚所杀。坚闻隐士王猛博学知兵，召与之语，大悦，委以重任。猛受法家影响，主张尊君抑臣，贵臣豪横不法者即行杀之，于是百官震肃，诸将为乱者不久即平，国内无事，田畴修辟，府库充实,国势强盛。会晋、燕构兵,燕军屡败,乞援于秦,并许割地,秦出师赴援,而燕不肯割地,遂为敌国。苻坚出兵东征,降其洛阳;明年,大举伐燕,一军北攻晋阳,以王猛为统帅,一军取道洛阳。秦军渡河东行,陷晋阳,燕军四十万赴援而败。猛乘胜直趋邺都,围攻,下之,州郡皆降。燕二百四十九万户、九百九十八万人皆为秦有。北方统一,由于一战而胜,人民未深受祸,边区自主者,先后为秦所平,凉州亦降。初,秦建国,凉兵攻之,败归。国内复有祸乱,凉主荒于声色,不理政事,秦军伐之,凉主请降。于是秦地西通西域,遣将吕光西讨不服之国。代在秦北,平定诸部,会叛部乞援于秦,坚出大军伐之,代王兵败而降。秦分居其部众于边地,东北夷人亦降。

苻坚之政绩 苻坚受儒家思想之影响,怀柔远人,军败见获或归降者皆免其罪。其平关东,史称其徙豪杰及诸夷十万户于关中;其政策为分散降人而减少其势力;其危险则一旦遇有非常之事,大乱即可发生。盖人不欲去其家乡,其迫而迁徙者,仍思还其故居,领袖可藉以号召为乱也。纳降减少无辜人民之死亡,降者不唯生命安全,且得为官,乃仁者所为。彼归降者,由于力弱,仍有报复之心,秦弱遂欲叛之。坚复以关东地广民众,分氐人十五万户于诸方以镇之,于是兵力分而势弱,集中不易,遇有强敌,易为其个别击破,危机乃伏于此。坚崇尚节俭,听信谏言;治国,开山泽之利,劝课农桑。关中雨少,坚发三万人于泾水上流,通渠引水以溉冈卤之田,人民深赖其利。史称其修筑道路,傍树槐、柳,"二十里一亭,四十里一驿",以利行人;又奖儒学,广增学官,亲临太学考试经义,复令将士修学,置博士、教授、宦人、宦者。

南征之失败 秦晋初有不少之冲突,及北方统一,秦地广而兵强,采行攻势。晋军坚守要城,攻守异势,强敌不易陷之。秦先攻取益州,但未利用上游之地沿江东下,或为大规模之准备,主力战争乃在汉水、淮水流域。两军攻守,互有胜负。坚欲统一中国,不顾群臣之谏阻,383年,起全国之兵,谋一举灭晋。晋军拒战,淝水之役,秦帅死而军乱,晋军追击,秦军大败,死亡惨重。坚在后方，闻风声鹤唳，以为晋军追至，狼狈逃归，威望大受损失。丁零降人为乱，欲自徙地北归，慕容垂应之。初，垂为燕名将，谗人毁之，惧而降秦；至是，秦军溃败，唯垂一军独全，请北还拜墓。坚子丕镇邺，不善遇之；遣垂往击叛人，命将监之。垂杀监而叛，其族人在赵、魏者起兵应之，关中之乱亦起，北方遂在大乱之中。晋师北伐，以掠取人民财物为主，更增加北方之痛苦。

后燕 慕容垂遣使说丕西归，以邺还之，不得；久攻邺而不下，丁零叛将初奉垂为盟主，后以求官不得，密谋应丕，事泄被杀。其兄子欲与丕为内外之势，为垂所败，转而北走。垂引师追之，且欲藉此纵丕西归。丕乞援于晋。及垂复至，晋将援丕，数败垂兵，但以不能与丕合作，终为垂所败。丕失晋援，丁零又去，西奔并州，冀、幽为垂所有。其地为攻守之战场，农民不得耕种，家有余谷者，尽为士卒所掠。丕众曾就晋谷，垂军士饥而多奔中山，幽冀人至相食。垂更经营青、兖，据有关东大部分，自称皇帝，国号曰燕。后人称为后燕。

关中之叛乱 垂既起兵，故燕王弟泓为北地长史，闻而亡去，收聚诸马牧鲜卑，有众数千，屯于陕东，击败秦将，有据关中之意，所部则欲东归。坚遣子为帅，降羌姚苌为司马，讨之。秦帅不听谏言，要敌归路，鲜卑力战，秦兵大败。其先，燕宗室慕容冲起兵于山西南部，兵败，渡河奔泓；泓兵益盛，不欲东归，叛人杀之，奉冲为主，自相署官。秦兵击之，不胜，冲进逼长安。人民不堪其苦，筑堡自保，有以兵粮助坚者。冲大为暴于关中，史称："民多流散，道路断绝，千里无烟。"坚兵败，385年，出亡，太子将妻子奔晋。史称：谢安率众救坚，秦盖乞援于晋也。

初，羌酋姚苌降秦，为将有功；及主将败死，惧祸出奔西州，豪族推为盟主，屯于北地，羌胡降者十余万户；又与慕容冲连和，厉兵积粟以观时变。长安不守，坚臣多降于苌。苌获坚，害之。慕容冲忌苌，击之，为其所败。冲部鲜卑欲东归，而冲不行，为下所杀，三辅大乱。苌乃出兵据其地。386年，称帝，国号大秦，是为后秦。其疆域尚不甚广，以凉州非其所有，坚族孙登犹据有雍州一部也。并州亦有战争。初，苻丕去邺，人据晋阳；会知父死，称帝，所据一隅之地。燕宗室慕容永方据河东，称藩于垂。丕不许其假道东归，与之战而大败南奔，为晋将所杀。苻登闻而称帝，其与姚苌作战也，互有胜负。苌死，太子兴立。登悉众攻之，兵败而死。

后燕之盛衰 后燕为北方强国，其主慕容垂年近七十，以邺受祸深重，徙都中山，命太子宝决定政事。其时，慕容永新胜，称帝，有众十万，是为西燕。394年，垂统大军伐之，永败被杀。垂更略地河南，经营齐鲁。晋琅邪诸郡长吏皆委城走。于是，燕有黄河流域下流之地。惟魏王拓跋珪为燕大敌，其先世称代。珪英武有才，于坚败后起兵击败其邻部，兵力甚强，改国号曰魏。垂遣太子伐之，大败，士卒生还者十之一二。垂亲征魏，陷其都平城；病归，死于途中。宝嗣帝位，诸子忌嫉，宗室各怀异志。魏伐燕并州，乘胜进攻中山。宝悉众出战，大败；国内复有叛乱，北奔，为下所杀。子立，复遭家难，以为世人皆不可信，惟以严刑治之，终为其下所杀。其叔父平乱为君，纵情于女色，虐用其民。407年，将士杀之，奉宝养子云为帝。云复姓高氏，慕容氏之统遂绝。

南燕 初，慕容宝北奔，宗室慕容德镇邺，魏师围之不下而退。其时，中山已失，邺受威胁，德率军民徙于滑台，设置百官。其国中祸乱迭起，德出征时，叛吏以城降魏。德乃东行，降衮州北鄙诸县，严禁劫掠，百姓安之；东取青州，都于广固，400年，自称皇帝。齐为沃土，人民众多，有渔盐之利，时受战事影响，人民逃免税役。德遣使巡检隐实，增加税收，费用于是乎足。晋值桓玄专政，其臣有北归者。德死，太子超嗣位，颇好田猎，不恤政事，以晋内乱，出师南侵。409年，刘裕伐之。超战不胜，请割地、献马以和。裕不之许，督师围攻广固。明年，城陷，齐地悉平，后人以南燕称之。

关中之情况 姚兴于关中纷扰之际，嗣父为帝，败杀苻登，散其部众归农，击败氐酋乱者，出兵攻取河东。其时，晋乱迭起，秦军攻取其黄河以南之城邑。及刘裕专政，兴归晋一部分土地，盖以裕为人杰，不欲与之构衅，且地户口不多也。晋叛人谯纵据蜀，称藩于秦。秦无外患,转而经营凉州。凉州初为吕光所据,后自称王,是为后凉;晚年信谗,多杀无辜,叛者据地自主,又遇旱灾。史称:人相食,死者大半。其地土旷人稀,不尽宜于耕种;游牧人部落而居,强酋同于一国,更增加政治统一之困难。凉州形成割据,共有五国,常相攻击,侵夺其邻土地。姚兴复西伐其邻国,有为之兼并者。小国之幸存者,后亦为强国所灭。夏为关中强国,地在陕北,尚不与焉。夏创于匈奴右贤王后赫连勃勃。勃勃初兵败逃奔于秦,姚兴拜为朔方边将;后起兵叛乱,自称天王大单于,国号大夏。勃勃善用骑兵,兵器制造精巧,为后秦大患。

姚兴初年,对外用兵常能胜利,后受佛教影响,待遇降人过于优厚,致成叛乱。戎狄酋长畏威而不怀德,往往兵败而降,力强而叛。其时,魏兴,领土与河东接壤,二国初维持亲善之邦交,后以嫌疑出兵相攻。魏多骑而秦多步,秦居于不利之势;崇尚佛教,更增加财政上之困难。太子泓无经世之才,其弟与之争位,见杀;泓立,诛其党与。国中叛乱时起,军力为之减弱,夏主乘机入寇。晋秦关系时益恶劣,416年,刘裕统军伐秦,秦将多降。泓弟于大敌深入之时为乱,扰乱人心,复分军力。明年,潼关不守,秦事遂不可为。晋军逼近长安,泓降,秦地为晋所有。刘裕南归,关中地俄为夏所夺。

北方统一 后秦覆亡之年,北方尚有六国:关东二国,关中四国。六国中,魏最强大,夏次之。关中兼并之结果,俄而成为二国:一曰夏。夏主赫连勃勃据有长安,患魏袭之,不敢迁都。二曰北凉。其地在凉州北部,后灭其邻国而地不甚广。勃勃为人"凶暴好杀",及死,子嗣,兵败于魏,为其所灭。北凉于439年为魏所灭。中国东北部时为北燕,其国中祸乱迭起。中卫将军冯跋杀其主而拥立高云,云复为其幸臣所杀。跋平乱后自称天王,都于昌黎,国号曰燕,后人称北燕。跋惩罚贪污,劝民农桑,与邻国和亲,独未与魏通好。魏军伐之,以其有备而还。跋死,子嗣;436年,为魏所灭。北燕、北凉亡而黄河流域复归统一。

惨状之一斑 中原扰乱百有余年。东晋偏安于江东,南渡之士大夫历时久而视之同于故乡，经营中原多非晋人之意，其所得黄河流域之土地旋复失去。晋与北方诸国之关系常立于敌对之地位。羌胡称藩于晋者，乃其力弱时之权宜办法；汉人创立之国亦然。东晋一姓相传，视北方祸乱为少。胡人虽受我国文化之熏陶，而残杀好乱之性迄未改善。汉人立国于北方者，视之不相上下，岂已成为风气耶？！祸乱既多，人民死亡惨重，土地荒芜，饥寒而死者众。壮者不愿坐而待毙，相聚自卫，演变而为堡壁，性质同于坚固之小城，常在形势之地，攻难而守易。其领袖亦常劫掠财物，情况近于部落社会。政府强时，堡壁服从其命令，而渐归于淘汰。淝水战后，慕容垂攻邺，史称：军饿，人至相食。苻登与姚苌作战，杀敌则食其肉，亦造成于灾旱。人民死亡，更不可计。

文化之同一 胡人文化较低，久慕中国文化。其建国于北方，采用中国制度，汉主固不必论，石勒礼遇士族，其姓原为贼酋所给，竟与晋人大族认宗，恶人称之为胡，设太学于襄国，简用明经、善书史者，使将佐子弟就学，亲临考诸生经义，又令郡置博士。石虎亦重儒学。慕容氏久住于东北，其主崇尚儒家教育，同于汉人。苻坚幼受儒家教育，后广修学宫，亲临考太学学生经义。姚兴颇奖进儒学。凶暴如赫连勃勃，亦受汉人影响。其国号大夏，则本于《史记》匈奴为夏后氏之说。胡、汉通婚，时为常事，历时久而种族之界域渐将泯除。五胡、汉人同为黄种，乃混合而为中国民族。士大夫避难于江东，南方文化有明显之进步。时值大乱，人心不安，乃欲求得精神上的安慰，此为佛教发达之一原因。佛寺之建筑、佛像之雕刻、壁画之传入等，对于中国文化乃有重要之影响。

第二十四篇

宋

南北朝——宋武帝——文帝——祸乱之迭起——宋亡之原因——官制——疆域与户口——土地之开辟——人才之缺乏——货币

南北朝 东晋偏安于江东；五胡建国于北方，其疆域广而兵力强者，统治期间均不甚长。儒生持正统论者皆以东晋为正统。晋亡，南方为宋，北方为魏；宋、魏相峙，为南北朝之起始。宋五十九年而亡（420—479年）；南齐继之，二十三年而亡（479—502年）；梁继之兴，五十五年而亡（502—557年）；陈兴三十二年，为隋所灭（557—589年），是为南朝，凡一百六十九年。北魏建国于386年；历五十三年，统一北方；534年分裂为东、西二魏。共一百四十八年。东魏十六年而亡（534—550年），西魏二十三年而亡（534—557年）。事实上，二魏皇帝徒拥虚名，特权臣未夺其位；亦可谓魏亡于534年。北齐篡代东魏，二十七年而亡（550—577年）；北周代西魏二十四年（557—581年），国为隋文帝所夺。合北魏而言，是为北朝。隋灭陈，中国复为统一之大帝国。儒生仍以南朝为正统。其说于民国之前犹有势力。吾人研究历史，则淡然置之，以其未有一定之标准，常不能自圆其说，且史学之贡献不在正名，而在能有新成就。兹叙宋代大事于下。其他诸代则分述之于第二十五至二十九篇。

宋武帝 刘裕起自贫民，应募从军，以功擢而为将；及桓玄篡晋，起兵讨之。其先，天旱，人民疲于转输，文武困于造筑，致成民间"父子乖离、家室分散"之现象，宜响应之者众也。裕平玄乱，朝臣惮之，所谓威禁内外，百官皆肃然奉职也。裕出兵平蜀，击败妖匪余党，杀害政敌，北灭南燕，西平后秦。420年夏，刘裕篡位称帝，国号曰宋，是为高祖武帝（420—422年在位）。武帝深知民间疾苦，崇尚节俭，颇欲有所改革。严重之问题则土地为权门所兼并，人民不能保其产业。山湖川泽亦为豪强所专利，小民薪采鱼钓，皆需出款。裕下令禁之，造福于贫民不浅；又鉴于东晋不用宗室，致国为权臣所夺，乃立诸子为王，家人多居于显要之位。其弟道怜素无才能，所为鄙拙，尝为荆州刺史，畜聚财货，常若不足；去镇时，府库为之空虚。裕得子晚，诸子犹未成人，宠爱者已居方伯之任。京口距京城不远，形势险要，帝令非宗室近戚，不得居之。上流荆州，户口多而兵力强，令诸子为其刺史。此本于家人相助之思想，以为其经营之产业，可传之无穷也。其时，维持门户之思想盛行，大臣爱护其门户，远过于尊君。帝以为其家人当亦如此，而后事之演变，竟与其希望相违反。祸乱常起于诸王之争夺帝位。

文帝 422年，武帝病死，太子嗣位，是为少帝。大臣三人受顾命辅政，不协于帝所为，阴谋废立，先杀其弟次当立者，后更杀帝，迎立武帝第三子荆州刺史为帝，是为文帝（424—453年在位），年十五岁。初使者西上迎帝，威仪甚盛，乃杀其兄之一辅政大臣。帝引见之，恸哭，问其二兄死状，更悲号呜咽，侍臣莫能仰视；使者流汗沾背，归而为自全之计；二人居内，一为荆州刺史，配以精兵，终皆为帝所杀。帝用名将檀道济，为其成功之原因。其亲信大臣则为旧在荆州之属吏，王华尤为重要。然不得专政，自谓才力不得尽用，叹曰："宰相顿有数人，天下何由得治！"数人可互相牵制也。帝诏其弟参赞机务，凡其所陈，无所不可。弟谓兄弟至亲，不存君臣形迹，私置僮部六千余人，朝臣多其党羽；会帝病，其徒欲奉之为君。病愈，帝诛其党，弟亦不免于祸。他弟代之者，小心谨慎，奉行文书而已。文帝心犹不安，疑忌诸弟；更不愿兵权归于巨下，大军在外作战，方略由其拟定。六世纪初叶，《宋书》作者沈约谓："攻日战时，莫不仰听成旨。"檀道济威望甚重，竟无辜见杀。史称："道济见收，脱帻投地曰：'乃复坏汝万里之长城。'"其左右心腹，并经百战，诸子又有才气，皆死。后，魏兵南侵，帝始悔其杀之。文帝为宋贤君，沈约论其善政曰："纲维备举，条禁明密，罚有恒科，爵无滥品，故能内清外晏。"晚年，帝欲废太子劭，议久不定。453年，劭起兵为乱，成为家庭之惨剧。

祸乱之迭起 劭幼好读书，尤爱弓、马；及长，亲览官事，延接宾客。及魏兵南下，建康震骇，劭总统水军，善于抚御，以才能见称，至是为帝。史称其博访公卿，询求治道，薄赋轻徭，捐诸游费，田苑山泽有可弛者，皆假贫民。唯杀其所宿恨者。乱闻于外，劭异母弟骏方统大军伐缘江蛮夷，能将沈庆之归其调遣。劭密诏庆之杀骏，而庆之反请骏讨劭。劭败，被杀；宗室遇害者甚多，并牵涉无辜之人。骏即帝位，是为孝武帝（454—464年在位）。骏素不慧，为君全赖沈庆之之力；好酒，每有宴集，在坐者皆令沈醉；大臣进谏或违其意者，不免于祸，常轻辱之，以为欢笑，令宠奴杖击群臣，又杀宗室。其叔荆州刺史原为庸才，闻帝与其诸女淫乱，怒而起兵据有荆、江诸州，兵败见杀。其弟叛者，亦为其所平。帝以为乱逆由于诸王强盛，疑忌杀之。大臣惧祸，不敢私相往来。帝又大营宫殿，增加人民负担，沈约称其"尽民命以自养"，斥为"桀纣之行"。及死，太子子业立，是为前废帝，大臣始敢娱乐，盖庆其不死也。中书舍人出纳王命，政权归之，诏敕施行，由其决定，以居此位者为先帝所信任，威行内外已久，辅政大臣徒拥虚名。废帝欲有所为，常为其所禁制，怒而杀之；更信群小，荒淫无度，杀害大臣。宗室、朝臣皆以不保首领为虑。帝诛其谋叛者，疑忌益甚，杀害其弟子鸾则其一例。子鸾为父爱子，赐死时十岁，谓左右曰："愿身不复生王家。"同生弟妹并赐死，情状备极悲惨。又，帝将尽杀诸叔，会为左右所杀。

帝死，系其叔湘东王或亲信密结其左右所为。或即帝位，是为明帝（466—472年在位）。孝武诸子年幼在外任刺史、太守者，皆由长史主政，闻变不受朝令，另立新君，四方响应，朝廷唯有丹阳、淮南诸郡。帝以宽仁待人，诸军帅有父兄子弟同逆者，任用不疑，授以禁兵，故能平乱。其疆域视先时为小，以叛人引魏兵入境，丧失淮北及豫州淮西地也。帝好鬼神，多忌讳，犯者罪至于死；复以军旅不息，岁遇饥荒，府藏空竭，百官减低禄俸，帝仍务为奢侈，国内骚然，民不堪命。及死，太子立，是为后废帝，年始十一；尚书令袁粲、护军将军褚渊辅政。宗室举兵自江州东袭京城，为平南将军萧道成所败；俄复有反者，亦为道成所平。道成威望渐高，官位益重。帝好出游，以杀人为乐。朝臣谋废立者，为其所诛，牵及元宰；道成惧不能自保，使人杀之，迎立其弟，是为顺帝，政权归于道成。袁粲忠于宋室，为其所杀。荆州刺史举兵东讨，兵败而死。道成进爵为王，479年，篡位。

宋亡之原因 宋亡之速，一、由于皇帝之无能力。武帝、文帝为宋贤君；孝武、明帝多为桀纣之行为；少帝与二废帝尚未成年，喜怒无常，倘如《宋书》所记之故事，诚所谓"善无细而不违，恶有大而必蹈"也。萧道成废立之后，大权在握，顺帝年幼，何能有为。齐之代宋，殊为易事。

二、由于宗室之叛乱。宋封皇子为王，或诏其辅政，或出任刺史，年幼而任方伯者不胜枚举，大权握于长史。其原意以为家人缓急可以相助，不意政治野心与利害冲突反而造成祸乱。王去天子一间，若起兵成功，属史将为台辅，固人情之所欲也。宋代六十年，叛乱以宗室为最多。萧道成之能专政，非其对外作战有何功绩，乃由于平定宗室之乱。彼无能而多欲者，居于高位，反为他人造机会也。

三、由于维持门户之观念。时人忠君思想薄弱，唯欲维持其门户，弑君以求自安，并不为人所非。其力不能自为者，至说他人为之。彼能废立者，权力当在国君之上，更何乐而不为国君。世家大族保全其权利，亦欣然拥戴之也。

官制 官制沿东晋之旧。三公徒为虚名，其兼侍中者，则为天子近臣，有进言之机会，为天子信任者，建议将为其所接受，乃能左右朝政，故其权力常恃其与天子关系之疏近而定。尚书令与仆射旧为处理政事、握有实权之行政长官。中书令掌诏令，亦为要职。吏部尚书掌选举，为显要之位；孝武不欲威权在下，置吏部尚书二人，以轻其任。尚书以上之官，当亦无权。事实上，政刑复杂，非一人之聪明才力所能胜任，腹心耳目不得无所委寄，中书舍人乃为威尊权重之官。初，魏置中书令监，典尚书奏事，晋沿用之，置舍人一、通事一，东晋合为一官，称为通事舍人，掌呈奏案章；后，省。宋初复置，乃为出纳王命之官，而于文帝之后，掌握政权也。宗室内居显职，外任方伯，同于西晋，亦常造成祸乱。余多同于前代。

疆域与**户口** 宋代疆域以武帝时为最广大，长江流域尽为其所有，东北达于山东半岛，北至黄河，其南岸城邑，为其所有。少帝嗣位，魏兵南侵，河洛之地为其所夺。宋军一再伐魏，皆不能胜，魏兵且于450年，南至瓜步，临长江而归。孝武帝世，疆域益蹙。以州而论，西晋全国凡十九州；及中原大乱，司、冀、雍、凉、青、并、兖、豫、幽、平诸州沦没。东晋初有扬、江、荆、湘、交、广，徐州仅有过半，豫州唯得谯城；后，灭蜀而有梁、益、宁三州。晋末领土广大，宋代晋兴，尽有其地。《宋书·州郡志》称：宋"分扬州为南徐，徐州为南兖，扬州之江西悉属豫州，分荆为雍，分荆湘为郢，分荆为司，分广为越，分青为冀，分梁为南、北秦"。

《州郡志》列宋二十二州，后失青、冀、徐、兖及豫州淮西，乃置侨州。其名号屡易，境土数分，而地益少。户在五万以上者，仅有五州：

一曰扬州，户十四万，口一百四十五万；

二曰南徐州，户七万，口四十二万；

三曰江州，户五万，口三十七万；

四曰荆州，户六万，口二十六万；

五曰益州，户五万，口二十四万。

南徐州原为扬州之一部分，江州旧属扬州。荆州户口之大减，由于划分之州太多，郢、湘、雍三州，旧皆属于荆州也。益州距京邑太远，隐瞒殊甚；荆、扬诸州，隐瞒亦在所难免。全国户约九十万，视先时为少，固由于祸乱之多、屠杀之重，而隐瞒逃避税役，亦一原因，兹引孝武时事为例。帝坏诸郡士族以充将吏，士族逃亡，政府以严刑禁之，仍不能止，乃用军法从事，得便斩之。于是亡者奔窜山湖，聚为盗贼，人数当不少。死亡之惨重、生计之困苦，致民不愿娶妻，生子每不敢举，时人所谓杀人之日有数途，生人之岁无一理也。天灾、病疫亦为减少人口之有效势力。464年，扬州诸郡大旱，甚者米一升值钱数百，京邑亦至百余，饿死十六七。此《宋书》本纪所言之辞，其时钱之购买力颇高，数百钱非常人之所能得。《五行志》所载病疫，例不胜举，死亡当亦甚重。文帝遇灾，省费用，开仓廪以赈民。孝武帝末年置旱灾不问，沈约所谓"病未半古，死已倍之，并命比室，口减过半"也。

土地之开辟 宋地虽不甚广，然有开辟新土地及同化夷人之功。长江以北，初视江南发达，其山地仍有蛮夷，大洪山一带于宋时开辟，则其例也。汉代，荆州以南阳郡最为发达，户口亦其最多。其南郡县尚无若何重要，襄阳成为重镇，乃汉末之事，其邻近之地，未尽开辟。大洪山在其东南，为蛮夷所居。其西汉水，古称沔水。文帝时，缘沔诸蛮大为祸乱，官军初战不胜，将军沈庆之奉命讨之，擒七千人；进攻，又获万余口。俄而蛮人报复，大为寇扰，阻梗水陆交通，庆之掩讨破之，降者二万口，又与他将平定诸山蛮，获七万余口。郧山蛮最为强盛，亦为庆之所平。此《沈庆之传》所记，合计擒降者逾十四万人，死者数当不少，而仍有未归化者。雍州刺史复遣庆之大举伐沔北诸山蛮，即大洪山区也。诸军八道俱进，大破之，降者五万三千余口。其不服者，后讨降之。所获诸蛮皆移京邑，以为营户。于是襄阳以下、汉水东北一带之山地，开辟始广。土地之开辟、蛮夷之同化，常为长期之经营。

人才之缺乏 户口多寡影响国力之强弱。宋代户口不多，政治家亦少。二者于时并无相互密切之关系。其人才缺乏之主因，由于士族专政；而出身寒微之士常无法进身也。晋末人才较盛，中多寒微之士，乃附刘裕而起，后则未有登用之机会。选士之法仍为九品中正，世官之家处于优利之地位，不肯与寒士往来。寒士握有重权而欲与之交游者，常受其轻辱。孝武帝母路太后颇豫政事，其侄琼之超居显职，居处与帝子相等。其宅与世家公子王僧达并门，尝盛车服卫往谒之，僧达故轻辱之。琼之诉于太后，太后怒，请帝罪之。帝曰："琼之年少，自不宜轻造诣。王僧达贵公子，岂可以此事加罪！"通事舍人握有重权，其谒名家子者，竟不得坐。北士南渡迟者，南士以伧荒遇之，亦不得贵显也。

货币 人民经济情状恶劣，上已言之。货币不敷流通，民间有用绢者，匹值钱二三千。武帝曾禁丧用铜钉，盖欲增加钱之鼓铸，然仍无补于事。前废帝铸二铢钱，形式转细，人民仿造益小、益薄，无轮廓，不磨炉，同于剪凿者。朝廷更应沈庆之请，通行私铸钱。劣钱益多，一千钱长不盈三寸。其大小称此者，谓之鹅眼钱。其更劣者，入水不沉，随手破碎，钱轻铜少，购买力低，物价以钱计算，因而大增。明帝禁用劣钱，复禁民铸，官亦废铸，唯用古钱。钱荒复为问题，对于商业既有不良之影响，对于人民生计，亦不利也。

第二十五篇
齐

齐高祖——典签之威权——武帝——明帝——齐亡——人民之苦

齐高祖 萧道成家本低族,先祖于晋时过江。道成幼受良好之教育,长为将有功。及魏并淮北,淮南孤弱,道成奉命镇守淮阴,迁南兖州刺史,以久为将之故,富于谋略,所部士卒战斗力强。明帝病危,以袁粲、褚渊辅政。渊善于道成,荐之,始得与闻政事。宗室两次叛变,皆为道成所平,威望日隆。后废帝猜忌,尝欲杀之,为母所止。道成为自全计,以废立商于袁、褚,而袁不可。道成不顾,使部将王敬则与侍卫连结杀帝,召大臣入宫,议立新君。王敬则拔刀胁众,迎立顺帝,粲等"失色而去"。道成威权已立,兼总军国大政,布置心膂,与夺自专,褚渊又与之相结,袁粲阁手仰成而已。会荆州刺史举兵,粲与宿卫将士相结,约期共讨道成,褚渊以其谋告之。道成先杀异己之大臣;后以全力应付西军,败杀其政敌,进位齐王,479年称帝,国号曰齐。其为帝之易,为前古所未有,实促成于环境。士大夫自晋以来,多无大志,亦少牺牲服务之精神,唯欲家人安享富贵,所谓维持门户也,忠君思想自甚薄弱。齐之代宋,褚渊、王俭各有功绩。渊卖君欺友,时人为之语曰:可怜石头城,宁为袁粲死,不作褚渊生。王俭为宋世族之贵公子。初,道成欲引时贤参赞大业,夜召名诗人谢朓,屏人与语,而朓无拥戴之言。王俭知指,请间说其为帝,道成引为知己,俭乃为之尽力,促其早日篡位。处士何点谓其《齐书》已竟,赞云:"渊既世族,俭亦国华,不赖舅氏,遑恤国家。"渊母、继母皆宋公主,妻亦公主;俭母公主,妻亦公主,故点讥之也。世家对于国君易姓,漠然不关于心,甚且为虎作伥。明哲自好之士,从无积极之行动,自不能有何效力。强有力者常易萌生为君之思想,南朝祸乱之多,此为其一原因。

萧道成为帝,是为齐高祖(479—482年在位)。其先家境贫寒,为帝后自奉仍甚俭薄,常曰:"使我临天下十年,当使黄金与土同价。"宫中不用金银为饰,价当低落。其时,府库鲜有余财,淮水流域复有魏兵侵扰,政府于边城聚兵防守,运输军粮,费用无不出之于民。崇尚节俭,当减少人民之负担。道成在位不足三年,政治上未有建树。官制沿用宋制,三公仍无实权。居高位者,或为患得患失之小人,或为惜身保妻子之庸夫,或为多所顾忌之宗室,用非其人,亦难行使职权。中书监、尚书令、侍中旧为显要之官,而在齐世,亦失重要,以其对于居显位之士大夫不轻信任也。其亲信用事之人则为出身寒微之武夫,或为忠心事上之寒士,兹引二事为证。寒士荀伯玉初为属吏,忠勤尽心,大见委信。太子专断朝事,左右擅权。伯玉密奏其事。帝怒,几废太子。伯玉益见信用,掌军国机密,威权至重,每出休,"轩盖填门"。后遭母丧,成服日,帝亲臣二人共载吊之。五更出,车未到丧宅二里许,王侯朝士已盈巷,至下鼓犹不得前,司徒褚渊、卫军王俭俱进,继后方得前,又倚听事久之。帝遣中书舍人"断哭止客,久方得吊"。比出,二人饥乏,气息惙然,切齿形于声貌。明日入宫,便云:"臣等所见二宫门及斋阁,方荀伯玉宅,政可设雀罗。"续复言:"外论云,千敕万令,不如荀公一命。"帝仍信之不疑。其官位虽低于渊、俭,而权则在其上。王敬则又其一例。敬则母为女巫,出身微贱,为道成死党。帝欲废嫡,太子赖其力而获安,可见其关系之密切。其人或曾与之同生死,或尽心力事之,其信任用之,为事理之当然,亦人情之所同也。

典签之威权 高祖鉴于前事，以为宋亡由于诸王之叛乱；然若尽废封建制而不用，宗室无权，将如东晋，国为异姓所夺。乃权衡利害，采取折中之方案：管理诸子甚严，但仍封之为王，用为方伯，者王在外不得处理政事，以典签监视并干涉其所为。签即公文之摘录事由标签，以便检查。典签为文书之吏，由来已久；齐时其权始重，以天子近侍任之，专主诸王府事。帝第四子"少有武力"，为帝所爱，封长沙王，授为豫州刺史。王欲处理政事，辄为典签所裁制。典签所为，显系奉命。王执典签，杀之。帝闻而大怒，"手诏赐杖"，是帝欲维持典签制度，赐杖使诸王知所警戒。太子左右擅权僭侈，为帝所知，即宣敕诘责，收其左右杀之，太子几至废黜，可见其不姑息溺爱也。

高祖病死，太子赜立，是为武帝。赜初仕宋为吏，将兵讨叛人有功；齐兴，立为皇太子。高祖凡十九男，尤钟爱太子同母弟嶷，曾有废立之意。其兄弟相忌而成嫌疑，事所难免。嶷事兄恭敬、尽礼，史称其后为武帝太子所毒死。武帝禁诸王读异书，五经之外，唯看《孝子图》而已。诸王年未三十，不得畜妾，而帝后官万余人，犹以为未足。诸王在京，例置捉刀，左右四十人。长沙王自外私载数百人仗还都，有司投之江中。武帝闻而大怒，将治王以法。嶷于御前稽首泣谏，始免于祸。诸王不在京城者，用典签治之。典签为朝廷任命之官，为诸王属下；而一方之事，悉以委之，并得入京谒见天子，报告政事。刺史之美恶，出于其一言。由是威尊权重。武陵王为江州刺史，性烈直不可忤，典签入京语人曰："今出郡易刺史。"武帝据其报告，遂内征王。南海王子罕戍琅玡，欲游东堂，而典签不许；还而泣谓其母曰："儿欲移五步，亦不得，与囚何异。"诸王不得自专，虽征衣求食，亦须咨访之；若典签不在，则不可得。时人因称典签为签帅，刺史反而无足轻重。其后，明帝诛杀宗室，悉典签所为。诸王既死，其权削减，威极而衰也。

武帝 武帝嗣位（483—493年在位），凡大臣前不与之接近者，多为其所诛杀。其亲信用事之臣为旧曾为其属下之寒士，或为其宠幸之人。中书舍人之权尤重，居此官者，出纳王命，进而与闻政事。其时，中书舍人四人各住一省，谓之四户，以茹法亮等任之，总握重权，势倾朝廷，四方饷遗岁数百万。法亮尝语人曰：何须求外禄，此一户中，年办百万。王俭以贵公子位居高官，而权势殊不之及。后因天文有变，极言中书舍人专权徇私，上天见异，祸由四户，而帝仍不能改。俭语人曰："我虽有大位，权寄岂及茹公？！"旧人居于权要之位，有广求财物、贪而谗杀无辜者。

武帝为人刚毅有断。六世纪初叶，《南齐书》作者萧子显言其深存政典，文武授任不革旧章，明罚厚恩皆由上出。当为可信之记录。又言其以富国为先，不喜游宴，则为溢美之辞。其宫中妇女多至万余人，为其一例。帝聚钱五亿，库中金银布帛不可胜计。其免逋城钱为一善政。初，晋、宋旧制：受官二十日，辄送修城钱二千。宋末军役大起，受官者万计，兵戎机急，尚书令以下乃不输送。朝廷追求二十年中之逋欠，文符督促，所在扰乱，帝始除之，百姓欣喜，其钱乃官取之于民也。《南史》称：宋世"州郡秩俸及杂供给，多随土所幽，未有定准"。帝从弟巎之请，规立定格，亦为惠民之政。其时，国中未有祸乱，亦无大灾，农民生活当稍改善。

明帝 武帝以太子早死，立长孙为太孙。及病，皇子子良奉诏入宫侍奉，太孙间日问疾。帝疾甚，子良属吏欲矫诏立之，会帝复苏，欲使子良辅政。子良推举尚书左仆射萧鸾。鸾，高祖侄，幼为其叔所养，恩情过于诸子。帝死，鸾奉太孙嗣位，是为郁林王，颇好游乐。子良以争位之嫌，郁郁忧死，政权归鸾。王亲臣为其所杀，心甚不平，将欲杀鸾；大臣为鸾耳目，反而先为其所杀。鸾迎立王弟为帝，是为海陵王，俄复杀之。高、武诸王官于外者，皆为典签所杀。在京为鸾所忌者，亦死，凡三次大杀诸王。其辜负厚恩，深受良心责谴。史称其于诛杀之前日，焚香祈祝，藉以减少精神上之痛苦。鸾自为帝，是为明帝（494—498年在位）。帝幼贫约，仕宦不易其行，至是，仍崇尚节俭；并以为世人皆不可信，使其心腹在外，采听流言，大臣出怨言者，无不诛死。

明帝在位四年，多所诛杀；本于疑忌之心，简于出入，将南则迨言西，将东则诡言北；唯信用其侄遥光，诛赏大政常与之谋。为帝初年颇欲改革积弊，诏称：邑宰俸禄薄微，土贡劳费，自今悉罢。为其一例。但以对外作战之故，人民之负担并未减轻。495年，魏大举南犯，内外戒严。敌退，诏称：雍、豫、司、南兖、徐五州遇寇之家，停今年税调，其与虏交通者不问其罪。此可见战区之广、损失之重及人民与魏人往来者之众也。政府调遣军队、运输粮食，无不增加人民之负担，国力因而大耗。497年，魏兵进攻沔北。雍州时为侨州，在今襄阳一带，驻有重兵，竟不能胜。明年，诸郡相继败没，帝遣军赴援，援军亦败。魏侵淮南，势亦张旺。齐所恃者则为坚城。守兵据城，敌军攻之，非有重大之牺牲，则城常不易陷。此为魏兵不能深入之一原因，而齐民苦矣。

齐亡 帝死，遗命六大臣辅政，皇太子宝卷嗣位，是为东昏侯（499—501年在位）。其父于病时诫之曰："做事不可在人后。"中书舍人时握重权。中书旧掌机务，明帝不信任大臣，诏命不关中书，专由舍人。舍人时以寒士充任，渐而得主信任，握有大权，口称诏敕；东昏侯之杀大臣，皆其所为，方伯亦怀不安。江州刺史、南兖州刺史先后叛乱，为豫州刺史萧懿所平。叛人有引魏兵南侵者。懿以功授尚书令，弟衍为雍州刺史。雍州据汉水上流，兵马甚强。衍料京中将有祸乱，聚兵储粮，先为之备，遣使说懿起兵；而懿不听，忠而见杀。朝廷出兵讨衍，衍说荆州助之。东昏侯弟宝融为刺史，尚未成年，长史萧颖胄握有兵权，故衍计得售也。二萧合兵奉宝融为帝，是为和帝。颖胄镇守荆州，衍统军东下，围攻建康，东昏侯为下所杀。颖胄值死，衍遂无所顾忌。502年，和帝逊位，齐亡。

人民之苦 齐疆域视宋初为小，以宋末内乱，丧失淮北之地，迄未能恢复，齐所有者仅为宋之余地。西北以秦岭与魏为界，其东则以汉水、淮水为界。齐户口数字，史无记载。据现存之史料而言，人民受战争、税役之影响，生计颇为艰苦。皇子萧子良称：户口集中之地在缘淮、带江数州之地，并视先时为少。其原因有三：一、报告不确。户存而文书已绝，人在而托已死，停避而云隶役，身强而称疾病，成为风气，更有冒入勋簿或行货求位者，得之则身份异于平民而役人矣。二、僧众。佛教发达，僧尼数多，时人谓其填街溢巷，或抱子井居，竟不编户，迁徙去来，公违土断也。三、役苦。人民避役，凡可为者，无不为之，甚至自残躯命，生育不举。其先征役责成郡县，宋孝武遣台使督征。台使滥用威权，侮折守宰，人民更苦。齐武帝始废除之。人民避役，服役者少，负担益重，政府谋欲有所改善。其采行之法有三：一、设官检察逃户。时人称其所得动以数万。二、严稽黄籍。武帝谪报告不尽不实者戍缘淮十年，曾致民变，始乃废之。三、奖民生子。武帝诏：民产子者，蠲其父母调役一年，赐米十斛；新婚者蠲夫役一年。此皆为增加人口之有效方法；不过，为服役纳税而已。

其时，赋税可分为三：粟米、力役、布缕是也。田税沿用旧制，布缕亦然。丁税则重于前。浙东五郡，丁税一千，致民质卖妻儿。纳税须付大钱，民间大钱须二易一；布之官价亦不利于农民。祸乱起而民更苦。史称：齐末，内乱外患交至，扬州、南徐州役至三人取二，远郡则令输米免役，人各五十斛。输米既毕，复强其就役，乱世人民诚不知死所也。

第二十六篇

梁

萧衍之起兵——文人治国之道——宗室之误国——
武帝之为人——侯景之乱——元帝——梁亡

萧衍之起兵 萧衍举兵，原为自卫，成功则成帝业。衍博学多才，初为皇子宾客，后为将有功，授雍州刺史。其地为北人流寓之所，自东晋以来，即为军事重镇。衍有强兵，以为朝廷政出多门，将致祸乱，说兄懿为自全之策，懿不之从。衍召诸弟西上，潜造器械，多伐竹木，密为舟装之备。及懿见杀，朝廷出兵讨之，衍闻而举兵。其军力有限，遣使说荆州长史萧颖胄起兵。颖胄请衍共奉刺史宝融为王，衍从其请。宝融立，是为和帝。501年春，衍发自襄阳，大军沿汉水而下，郢州为朝廷固守。衍战不利，会荆州之兵来援，军始复振；大败来援之兵，郢州遂降。此为决定性之战争，江州刺史惧而请降，大军东下，未有战争，直趋京城。守军出战不胜，502年，将士斩东昏侯出降。萧颖胄病死之信息又至，军政大权皆归于衍。其故人沈约劝之代齐，其议发于和帝东入京之前。帝至建康，俄即逊位。衍即帝位，国号曰梁，是为武帝（502—549年在位）；欲保全和帝，沈约言不可贪虚名而得实祸，和帝见害。逊位之君不得其死，自东晋而后成为风气，其事始于刘裕，相沿迄未能改也。

文人治国之道 武帝善于诗文，喜用文人，常于宫中令近臣咏诗，为佳诗者，易于迁官。文人长于咏风歌月，既无实事求是之心，更无为国为民之志。梁代诗文发达，而政治上实无人才可言。武帝鉴于士大夫多为身谋，卖主求荣者比比皆是，颇欲改变风气。东昏侯死，大臣多署名于降书，言其罪恶，帝礼敬其不肯为者。沈约说衍篡位，以为独有佐命之功，可居显位，而帝迄不肯拜为台司。亲臣受约嘱而为之请三司之仪，帝亦不许，但加鼓吹而已。约后忤旨，惧而失足，跌于户下；病，梦和帝剑断其舌，召巫视之，巫言如梦。约呼道士，奏章于天，"称禅代之事，不由己出"。帝知其事，怒而数遣中使谴责，约惧而卒。其言行如是，自不为帝所礼，不过阿意而取富贵。帝不信任大臣，参与机密者尽为顺从之文人，徐勉则其一例。勉善为文，初为书记，勤于职守；后迁居要职，参掌军事，夙夜忙碌，经数旬始一还宅，"每还，群犬惊吠"，深为帝所信。勉贵显以来，三十余载"不营产业，家无蓄积，俸禄分赡亲族之穷乏者"。自勤劳、廉洁而言，为人称述，然于政治则无建树，徒司文书。在其下者，善窥人主意向，曲意阿谀而已。文人欲炫其才，常于不知不觉之中，掩护其短，不肯接受不同之意见，厌恶人之评议，而成刚愎之人，徒为害于政也。

宗室之误国 士大夫常欲维持其门户。武帝亦受环境之影响，信用其家人。其兄弟除懿外，皆为庸才。其举兵东下也，弟镇守襄阳；梁兴，欲其富贵，原为人情之常；但不辨贤否，委以重任，徒为害于国。帝封弟宏为王，505年诏为都督，统诸军侵魏。宏懦无能，大军溃散。帝不治罪，反迁其官。妾弟依势杀人，藏于宏府，吏不敢捕。京中每有窃发，辄以宏为名。后，帝出宫捕获刺客，供称系宏所使；泣而责之。宏第拟于帝宫，后庭数百千人，皆极国中之选；所幸爱妾，服玩侔于东昏侯妃。帝闻其库室百间，疑藏有铠仗，幸其第而启室检视，尽为财物。其库三十余间，藏钱三亿余万，余屋满贮布绢等财物。宏又夺民田宅，致其失业。有作《钱愚论》讥之者，其文甚切，宏深病之，聚敛稍改。宏又与帝女私通，共谋弑逆；事发，帝秘之，仍授宏为显官。此皆《南史》所记之故事，其财货之来源，史无记载，盖不出于掠夺与受赂也。

帝得子晚，初养宏子正德为子，及子生而正德还本。正德自谓应居储位，心怀怨望，出奔于魏，自称"被废天子"，不为魏人所礼，复行逃归，武帝"泣而诲之"。正德多聚亡命，于黄昏时杀人于道。会大军北伐，正德为将，弃军委走，诏称其"狼心不改，包藏祸胎，志欲覆败国计"，定罪而复赦之，用为地方长官，所至民不堪命，由是黜废。正德阴谋异图，降将侯景将反，与之通谋。正德诈言运空船迎荻，实济景渡江。帝初不知，命其将兵防景，而反引景入城。正德欲为天子，与之约曰："平城之日，不得全二宫。"城陷，"率众挥刀欲入"。景先使其徒守门，事不果行。正德所谋不遂，复欲叛景，为其所杀。梁之覆亡，宗室自有重大责任，武帝任用非人，亦有应得之咎。

武帝之为人 武帝共有八男，长子名统，是为昭明太子。太子幼受良好之教育，善于为文，精于佛学，为人仁孝有礼，壮年病死。帝立其弟纲为太子，余皆封王。一子豫章王综自谓东昏侯子，母曾为其妃也；尝为统帅，弃军逃魏，致大军溃归。一子邵陵王纶曾权摄南徐州事，轻险躁虐，多所杀害；出逢丧事车，"夺孝子服而衣之，匍匐号叫"。事闻，为帝所责。纶取一老公短瘦类帝者，奉以为君，自陈无罪，更剥褫搒之，又作棺送葬。帝闻而以兵征之，免官削爵，俄又复爵。纶复犯法，免为庶人。后，帝以其能诗，授为刺史。此可见其溺爱之深。诸王忌嫉不能相容，后成悲哀之惨剧。居高官者不以才选，而以血胤关系为进行之标准，国何能治。自帝为人而论，博学通籍，尤长佛典，晚年至佛寺说法，听众万余人；爱惜生物，祭祀牺牲以面代之；勤于政务，孜孜不怠，冬月四更即起，燃烛批阅公文，执笔触寒，手为皴裂；遇有死罪，常哀矜涕泣，然后可奏；日止一食，豆羹粝食而已；身衣布衣，一冠三载，一被二年，五十外便独宿；平日未尝听乐，遇小臣如见大宾。此皆其优德，而晚年政治益为恶劣，要由于任用非人，贪污剥削成为风气。朝臣奏言时事，有直言积弊而无顾忌者。其言曰：

> 今北边稽服，戈甲解息，政（正）是生聚教训之时，而天下户口减落，……郡不堪州之控总，县不堪郡之哀削，更相呼扰，莫得治其政术，惟以应赴征敛为事。百姓不能堪命，各事流移，或依于大姓，或聚于屯封，盖不获已而窜亡，非乐之也。国家于关外赋税盖微，乃至年常租课，动致逋积，而民失安居，宁非牧守之过欤。东境户口空虚，皆由使命繁数。……今天下宰守所以皆尚贪残，罕有廉白者，良由风俗侈靡使之然也。……故为吏牧民者竞为剥削，虽致赀巨亿，罢归之日，不支数年，便已消散。盖由宴醼所费，既破数家之产；歌谣之具，必俟千金之资。所费事等丘山，为欢止在俄顷。

帝读而大怒，严词责之。是帝不愿闻过，亦不欲改善政治，朝臣不敢再进忠言矣。梁臣颜子推因乱出亡于北齐，其《家训》为世所称，偶尔言及梁事，皆为可信之记录。《家训》称：梁武帝父子爱小人而疏君子，士大夫皆尚褒衣、博带、大冠、高履，出则车舆，入则扶侍，郊郭之内无乘马者；朝臣偶有乘马者，举朝以为放达，尚书郎乘马，至被纠劾。朝臣从无拨土耘一株苗者，力田皆令僮仆为之。贵族子弟无不熏衣、剃面、傅粉、施朱。士大夫乃"肤脆骨柔，不堪行步，体羸气弱，不耐寒暑"，朝臣受弹劾者，子孙弟侄皆诣阙三日，露跣陈谢；子孙为官者，自陈解职，"子则草屩粗衣，蓬头垢面，周章道路，要候执事，叩头流向，争诉冤枉"。诸宪司弹人，其轻系身死者，皆为怨仇，子孙三世不相交通。此可见弹劾之不易运作，朝廷无法选用才能之士，亦不易黜去不肖。朝臣平日养尊处优，体力、精神皆不足以应付事变。侯景举兵，梁事遂不可为。景数帝十失，多为用人失当之事。梁之覆亡当由于积弊太深，至景乱而爆发也。

侯景之乱 侯景初曾为盗，鲜卑人也，善于骑射，为北魏权臣高欢部属，驭军严整，不爱财物，将士乐为之用，拥众十万，专制河南。欢死，不肯为其子用，请降于梁。梁初与魏战不胜，转而维持亲善之邦交，边境相安。武帝出兵援景，以侄渊明为帅。渊明庸慌，兵败，为东魏所获，景亦退于寿春。帝得侄书，复与东魏言和。景驰启固谏，而帝不从，惧而谋乱，与正德密相连结。548年，景起兵南下，正德以船济其渡江。江南久无兵革之祸，人不习战。景部精兵攻台城，台城谓帝所居宫城，久而不下，乃纵兵士杀掠。诸王位居方伯者，意志不同，唯邵陵王纶将兵自京口赴援，不幸为景所败；余多置其父之存亡而不顾。明年，援兵益重，其将帅自相疑贰，迄不能统一作战也。城中缺粮，帝许议和，诏援兵退。景后背盟，攻城陷之。帝膳食为其裁抑，549年，忧愤而死。

景奉太子为帝，是为简文帝，军政大权皆归于景，乃赦北人为奴婢者，冀得其用，朝命行于一隅之地。又遇大饥，七世纪所作《南史》言其惨状曰："父子携手共入江湖，或弟兄相要俱缘山岳。芰实荇花，所在皆罄，草根木叶，为之凋残。虽假命须臾，亦终死山泽。其绝粒久者，鸟面鹄形……待命听终。于是千里绝烟，人迹罕见，白骨成聚如丘陇焉。"灾情至此，祸乱尚在进行之中。缘边长官有举州北降者，北齐得有广大之土地，复大举南侵。西魏亦出兵侵夺梁地。江州非景势力所及，扬州尚有举兵者。景以严刑立威，多所诛杀；遣将西上江州，刺史迎降；上流以荆州刺史湘东王绎兵力为最强。其兄弟叔侄五人各据州郡，争欲为帝，从事于内战，败者乞援于外国。西魏利用时机，夺其土地。湘东王战胜其家人，雄踞上流。551年，侯景袭陷郢州，西上，为西军所败。其统帅王僧辩乘胜追之，所向克捷。景返建康，先废立而后称帝，国号曰汉。

元帝 湘东王绎博览群书，下笔成章，出言为论；唯性猜忌，尝杀其妻子，对于兄弟侄辈更无所爱。方侯景之为乱也，绎即有自主之意。王僧辩东下，问曰："平贼之后，嗣君万福，未审有何仪注？"绎曰："六门之内，自极兵威。"僧辩请其遣人为之，绎遣使沉其家人于水。绎遇将士无道，常以喜怒为予夺，一言不合，即治其罪。其平侯景也，由于一战之力。552年，王僧辩东下，景兵败死。汇州刺史陈霸先亦有功绩。霸先于大乱时，举兵自广州北至山西南部，刺史遏之而不能阻其自由行动也。其时，僻远之地，豪士据地刼掠者所在皆是，霸先击败拒战之兵，以赣南为根据地，兼并土酋之兵，势力强而北进，平定江州，所部甚强，绎授为江州刺史。斯年冬，绎即帝位，是为元帝（552—554年在位），都于江陵。其臣属多荆州人士，不愿东下。建康宫室于乱时焚毁，西军虏掠之甚，执缚人民，祖衣者犹不能免。史称其驱逼居民，以求购赎，号叫之声，震响京邑。其行径直为盗贼。

梁国力大耗，北齐集大军于淮南，操练舟师。西魏进攻川北，长吏以城降之，魏军乘胜而前，攻陷益州，其刺史方统大军东下争国也。元帝防御敌国，使王僧辩镇守建康；对于西魏，初取和亲之策，西魏攻取益州，系应其请，后渐失和。帝侄詧为雍州刺史，兵败乞援于西魏。襄阳人旧为荆州人士所畏，又得魏援，其进攻江陵，当为易事，元帝犹不知其危险。湘州刺史王琳所部精强，帝忌其得众，出为广州刺史，遂无兵可用。554年，魏军大举南侵，萧詧会之。江陵大震，内外戒严。帝征兵赴援，皆以路远不至，江陵陷而帝被害。

梁亡 魏克江陵，江东之地犹完整如故。王僧辩、陈霸先以国中无主，定议奉元帝子方智为梁王。555年，王自江州入居建康朝堂，僧辩辅政。会齐遣兵送萧渊明来主梁祀，僧辩拒战大败，迫而纳之，议定以方智为太子。渊明渡江，入京称帝，僧辩为大司马、扬州牧。陈霸先时为司空、南徐州刺史，于京口举兵，西袭建康。僧辩被杀。霸先奉方智为帝，是为敬帝；年始十四，政权归于霸先。镇将不服者，为其所平。556年，齐大军渡江，进攻建康，霸先败之，其政治势力始大巩固。557年，敬帝逊位，梁亡。萧詧于江陵陷后，旧地襄阳为魏所夺，魏以江陵予之，地小力弱，为魏附庸，后人称为后梁，自不能视为独立国也。

第二十七篇
陈

陈霸先之起兵——陈之建国——国中之情况——文帝——宣帝——后主——南朝之武力——社会经济情况之比较

陈霸先之起兵 梁末大乱，军粮、用费无不取之于民。散兵溃卒大为害于民间，或沦为匪盗。胜兵从事于焚掠，系人勒赎，城邑为墟。朝廷命令不行于州郡，豪杰各据地拓展势力，构成割据之形势。七世纪所作之《陈书》所谓郡邑岩穴之长，村屯坞壁之豪，资剽以致强，恣陵侮而为大也。北齐、西魏出兵侵夺梁地，边将惧而以地降，宗室复引外兵入境，于是益州、雍州、荆州为西魏所据，长江上流之地，不复为南朝所有；北齐大军自北而南，深入淮水流域，长江北岸之地尽失。人民深受战争之祸，负担苛重。陈霸先创国，为一艰苦之事。霸先初为小吏，南至广州，合练士马千人，讨蛮夷之不服者，以功封侯、迁官，为人富于谋略，兼有野心；后监始兴郡。郡在广东南部，今为曲江，为交通要道，风气强悍。霸先厚结其地豪杰，广召勇敢之士，谋讨侯景；北据江西南部，扩充兵力，击败其不服者，平定江州，元帝授为刺史。

王僧辩督军东讨侯景，军中乏食。陈霸先分军粮三十万石给之，率甲士三万人、强弩五千张、舟二千只会之。侯景败死，霸先建有殊功，镇守京口。及元帝遇害，齐以兵送萧渊明还主社稷，僧辩辅政。霸先起兵，袭杀僧辩，迎立敬帝。其统治之地有限。僧辩部将官于外者，存有报复之心；其婿起兵于吴兴，邻郡助之。霸先率兵东伐。上流地方长官应敌，并乞援于齐，以京师空虚，率兵奄全城下。霸先闻而卷甲还都，值齐援军渡江而南。霸先遣水军断绝其江上接济，烧齐船千余艘，获米数千石。齐将连战不胜，遣使乞和。霸先许之，齐兵北归；遣将讨平叛人。齐主以劳师无功，诛杀和议北归之将士；出兵南征。556年春，齐兵十万渡江，集中于芜湖；俄自芜湖东下，逼近京邑，其军粮自江北运来。霸先遣水军断绝其粮道。齐军缺粮，杀马、驴为食，采取攻势，侵至京城东北。会夜大风雨，平地水丈余，齐军昼夜坐立泥中，悬鬲以炊，疲困不堪，又不得饱。霸先进攻，大败之。其役也，为重大之胜利，陈之建国基础由是确立。

陈之建国　霸先根据地初不及东晋扬州之广大；其西江州为王僧辩部将所据，会其部下为变，以州内附，土地始有拓展。霸先遣将出镇江州，史称其"定南中诸郡"。南中为江州南部，时为南江州也，据地自主之豪帅甚多。《陈书》称：是时，南江酋帅并顾恋巢窟，私署令长，不受召。朝廷未遑致讨，但羁縻之。此种现象迄于陈之中叶，始行改变，"定南中诸郡"之语，不过表现朝廷权力始达于其地。朝廷于多事之秋，仍以羁縻为政策也。江州南为广州，其刺史原与陈霸先不协，遣军逾大庾岭北进。霸先遣将平之。江州西为郢州。其时，湘州刺史王琳拥有强兵，忠于梁室，郢州为其势力之地。霸先遣将西征，为琳所败，长江中流已成一国。557年冬，陈霸先称帝，国号曰陈，是为武帝（557—559年在位）。其统治之领土，于南朝中最为狭小。武帝初无凭依，亦无大功，竟能利用时机而为天子，不可谓非杰出之士。乱世居高位者，常遣其亲属入京，寓有为质之意。江陵之陷，霸先子侄入周；及齐将请和，又遣其家人入齐。陈氏居于江南，原非大族，族人为僧者，亦令还俗为官。为帝后，子尚在周。帝信佛颇虔，幸大庄严寺舍身，群臣表请还宫；

又设无碍大会，舍乘舆法物，群臣备法驾迎之还宫。无碍大会一作无遮大会，为佛教盛大之法会，欲免祸求福也。其先，梁臣郭祖深疏言："都下佛寺五百余所，穷极宏丽。僧尼十余万，资产丰沃。所在郡县，不可胜言。道人又有白徒，尼则皆畜养女，皆不贯入籍，天下户口几亡其半。"梁季死亡惨重，僧尼当有死于乱者；而好佛之风气迄未改变，僧尼几占户口之半，盖于陈时犹然。其政治制度沿前朝之旧，三公无权，中书舍人为帝亲臣，威尊权重。

国中之情况 制度未有改善，一由于武帝之才不足为因时制宜之处置；一由于祸乱孔亟，方以全力作战也。武帝击败齐师，而江北城邑仍为齐之领土。齐聚大军于淮南，武帝诏将总督水、步众军防之。明年，陈将北袭合肥，焚齐舟舰而归。齐无水军，当不能为患也。其在上流，王琳大败西征之兵；及闻陈兴，立梁宗室为帝。其兵力盛时，达于江州；其南部归陈之酋帅，有与之通谋者。琳所居郢湘，逼于强周，与之维持正常之关系；然当其兵东下作战之时，周兵乘虚攻其城邑，乃乞援于齐。齐人限于交通，接济自有相当之困难。琳所部善战，陈以重兵防之。其国中叛乱，时有历闻，政府自无余力考虑改革也。国少才能之士，亦一原因。武帝尝诏言用人曰："文官则用腹心，武官则用功臣。"用人取士若此之偏狭，自不能得士也。559年，帝死。为人自奉甚俭，赏赐将士从不吝惜。其先，子昌在周，帝遣使入周修好，请归其家人。周送昌归，行于途中，太后秘不发丧。会京中乱起，郡臣以为国中不可一日无君，值帝侄蒨还都，定议奉之为帝。太后不从，其党威胁大臣，强太后出玺，迎蒨嗣位，是为文帝（560—566年在位）。昌遂见害。拥戴新君者以功进位。

文帝 文帝沈敏有识，初为吴兴太守，平乱有功；及陈代梁，武帝封立为王。会西征王琳之军大败，诏其入卫，更命其将兵备琳；至是，入京嗣位。文帝起自民间，遭遇不少之艰难，深知人民疾苦，颇尚节俭，勤于政事。其臣姚察言之曰："入承宝祚，兢兢业业，其若驭朽。加以崇尚儒术，爱悦文义，见善如弗及，用人如由己，恭俭以御身，勤劳以济物。"其言虽涉夸张，而文帝为陈贤明之君，固为事实。其兵力尚强，对外作战，颇能开辟土地。初，王琳闻帝嗣位，以为有可乘之机会，自江州大举东下，陷据芜湖。齐出兵会之，京中人心不安。帝遣名将御之，配以精兵。双方各以全力作战，胜负将决定其命运也。西军主攻，东军力守险要，阻其东下。决战之日，风不利于琳军，其船高大，行驶不便，致多为陈军所焚毁；登岸者复为陈军所杀，至于大败。齐军援之者亦败，王琳及其主奔齐。郢州内附，陈地始达于长江中部。俄而，周将袭取边城，直趣湘州。文帝遣将督军西上，败周水军，收复巴陵。周军北归，其征服之湘州复归于陈。江州等地，豪帅据郡为乱者，皆兵败见杀。朝廷命令始行于境内。陈之基础巩固，文帝有力焉；晚年，国中无事，人民安居乐业。

文帝用人，颇以宽大为怀。王琳之据郢湘也，士大夫多为之用。及琳败亡，帝诏称衣冠士族预在凶党，皆原宥之；将帅战兵亦免其罪，随才铨用。其逃亡于外者，帝许还朝，量加录序，此为保全贤能，亦为增强政府力量之一法；又诏大臣进举贤良，并就所知者擢以不次之位。人民之苦，为帝所知；王琳败后，诏免服役者夫妇三年，于役死者复其妻子，又诏通减军粮三分之一。文曰：

> 自丧乱以来，十有余载，编户凋亡，万不遗一，中原氓庶，盖云无几。顷者，寇难仍接，算敛繁多……今岁军粮通减三分之一。尚书申下四方，称朕哀矜之意。

诏发于560年，距侯景举兵凡十二年。其间，混乱普遍于江南。屠杀、饥馑构成死亡之惨重。军粮之需要孔亟，政府多方榨取于民，势所难免。军粮额数，史无明文，其为新税抑由旧税所改，皆不可知。其为人民之重大负担，则无可疑，故诏书将其减少。人民受战事影响，有迁居异地者。为增加岁入之计，令侨民编入黄籍，纳税、服役同于其地人民，既足以裕国库，又可减轻贫民一部分之负担，亦为重要之改革。其时，农桑为主要之生产事业，帝诏守宰勤课农桑，民尤贫者，酌给种子。

宣帝 566年，帝死，太子嗣位，是为废帝。其叔父顼与大臣奉遗诏辅政。顼居尚书省掌握政权，大臣谋欲去之，反而为其所杀；更翦除异己之方伯。太后诏废帝为王，以顼入承大位，是为宣帝（569—582年在位）。其时，帝年近四十，备尝人事之艰苦；为帝颇赖毛喜奔走之力。喜初为其属员，与之共同患难，并为之策划；帝除为给事、黄门侍郎兼中书舍人，官位虽不甚高，然为天子近臣，居此职者，常有大权。喜典军国机密，史称其"勤心纳忠，多所匡益"。帝所用者，多其亲故，盖鉴于大臣叛乱之多，而以其可信也。远官于外者，帝讽其送质。朝中贤能之臣自必不多，一二抗直之士不事权贵近臣者，不得迁官。子弟宗室乃居于方伯或权要之位。帝在位十四年，国内祸乱较先时为少，人民无兵革之苦。帝奖励农业，垦荒者不问田亩多少，悉依旧蠲税。旧例何时所立，现不可考。帝谋增加耕田，实施当无可疑；诏又减轻一部分欠租。

宣帝颇欲拓展领土。其邻国为北周、北齐，互遣使往来，不相侵害。周、齐时为敌国，攻击不已。齐内政不修，军败于外；南疆与陈隔江相望，并收容陈之亡人。573年，宣帝欲北伐齐，公卿互有异同。名将吴明彻决策请行，宣帝诏其都督征讨诸军事；统军十余万发自京师，数败守兵，缘江城镇相继请降。大军北进，击败齐之援军，攻降之城邑益多。齐主遣王琳将兵拒战，琳战不胜，固守寿阳。明彻引水灌城，城中士卒死者十之六七，而援军犹逡巡不前。陈攻取城，为其重大胜利。后，周灭齐，宣帝欲取徐、兖，诏明彻北伐。明彻数败周兵，其将固守徐州待援。周遣大军入淮，遏断陈军归路，陈军溃败，明彻为周所执。斯役也，大军不返，器械、军储丧失殆尽，国力大耗，陈益不竞。帝遣将守淮，安置淮北人士之南州者。周复出兵南侵，进围寿阳，所至皆不能守，淮南之地，尽没于周。会周权臣杨坚专政，其边将有以地内附者。隋代周兴，北方统一，强弱之势益形悬殊。

后主 宣帝没，太子叔宝嗣位，是为后主（583—589年在位）。其弟一为乱欲杀其兄，一专政获罪，乃不信任家人与大臣，重用东宫旧人与宦者。中书舍人为其旧人，司掌机密，外有表启皆由其呈奏。尚书令江总善文，望重一时，后主初与之为友，以其善饮并投其所好也。总自叙云："官陈以来，未尝逢迎一物，干预一事。"而后主委以重任，宜其败也。后主好酒，善于为诗，乐与文士往来，即位后纵情于女色。其皇后无宠，起高阁居其宠妃。其下积石为山，引水为池，植以奇树，杂以花草，以宫人有文学者为女学士。游宴时，使之与江总等赋诗赠答。此虽文雅之事，然怠于政矣，其臣于狱中上书言时政曰：

> 陛下顷来酒色过度，不虔郊庙之神，专媚淫昏之鬼；小人在侧，宦竖弄权，恶忠直若仇雠，视生民如草芥；后宫曳绮绣，厩马余菽粟，百姓流离，僵尸蔽野；货赂公行，帑藏损耗，神怒民怨，众叛亲离。恐陈南王气，自斯而尽。

此以亡国责任尽归于后主，实非公允之论。隋、陈国势相去悬殊，寡不可敌众，弱不可胜强，陈之覆亡当非一人一事之咎，特后主未尽其力。其溺于嬖宠、惑于酒色，自有责任也。隋文帝以陈收纳其叛人，扰乱其边疆，做大规模之军事准备；588年，诏其子晋王广为统帅，率诸军南伐。史称"自巴蜀沔汉下流至广陵，数十道俱入，缘江镇戍，相继奏闻"。诸道并出，所以分散陈之兵力也。明年，隋将贺若弼自广陵济江，南至京口，攻陷南徐州；隋将韩擒虎自采石渡江，陷南豫州。两路并进，逼近建康。若弼西至钟山，击败拒战之兵，进攻宫城。擒虎入城，后主避入枯井，为隋军所执，陈亡。江南偏安二百七十年，其功绩为开辟领土，发达南方文化；然而祸乱太多，人民苦矣。

南朝之武力　自刘裕篡晋，迄于陈亡，凡一百六十九年，南朝武力不及北朝。鲜卑汉化，渐失其战斗能力；然与南朝相较，犹为能战。自南北户口而论，北朝地尽耕种，南朝尚有未开辟之地，户口远不及北方之盛。其时，国家武力与人民失去联系，人民除纳税、徭役而外，非犯罪或应募为兵则无服兵役之义务。强迫从军亦非战斗之主力。户口多寡乃与一国之武力无关。北周改善制度，增强兵力，为政治家才能之表现。诸国则苟安于现状，唯听环境势力之支配。江南气候不及北方，梁时，有荐吴中名士顾协于朝者，武帝问其年，荐者答为"三十有五"，帝曰："北方高凉，四十强仕，南方卑湿，三十已衰，如协便为已老。"南人体弱，时人以气候为决定性之因素。北人居于南方者，同受地理环境之影响，而体力较南人为强。南人寿命较短，时人视为确定之事实。其造成之复杂原因，史无记载；其中有享高寿者，史亦未有说明。北人以"南人怯懦"为言，南人有见马嘶而震骇，以为虎者。事实上，东晋豪族有勇敢善战之人，乃受政治势力之摧残及风气之转变而为将领之人才益少，至梁世而极。综就二百七十余年之趋势而论，北方贵族与南方豪族共同拥戴司马氏而为东晋，其能战之将则为低级南下之北人及早期汉化之土人，淮水流域为低级北人所自来，古人称其地为西楚。江南豪族，上已言之。刘裕楚人，托于彭城刘氏。六世纪北人所作《魏书》称：二萧为楚。萧道成为将门之子，萧衍父祖为将，皆淮水流域南徙之寒门。陈霸先之先世更微。四君皆低级之北人，利用时机而为天子。刘裕起自贫民，豪族之士附之兴起，宋世犹有能将，齐则视之逊色，盖无擢用、甄别之方。寒族之士既无法进身，北来之贵族亦仕不得志也。梁武帝信用其家人，一再偾事。梁末，侯景、王僧辩皆北来降将。侯景乱时，朝廷诏令不行于边区，蛮族酋长驱逐地方官而割据之。陈霸先于江西南部扩张兵力，其地时为边区，史未记其部将父祖地位者，皆蛮酋也。新来之北人，陈亦用之，三十余年之政局赖以支持。要之，南朝无增强其兵力之计划，其统治阶级无伟大之政治家，亦其所以见并于隋也。

社会经济情况之比较　南朝文化高于北朝，其详见于第三十篇。文化为政治、社会经济之反映。魏为大国，起自部落社会，后虽模仿中国，解散其部落而为州县，然未能贯彻行之；尔朱荣为一酋长，其地自魏初保持其旧俗，迄于魏末，则其一例。就解散之部落而言，其残余遗迹犹有存在。南方汉化较早，又受北方贵族南徙之影响，发展乃与北方不同。士大夫为文甚为虚心。颜之推《家训》谓江南文制欲人指摘其病累，随即改之，"山东风俗不通击难，吾初入邺，遂尝以此忤人，至今为悔"。此可见北士痼疾之深，为其文学不进步之原因，其一般经济状况亦不及南方也。宗法社会犹有强大之势力，太原王懿于东晋南奔，《南史》传云："北士重同姓，并谓之骨肉，有远来相投者，莫不竭力营赡。若有一人不至者，以为不义，不为乡邑所容。"懿闻太原人王愉在江南贵盛，远来归之，愉接遇甚薄。是江南之风气迥异于北方。梁武帝亦称：伧人好不辨族从。南人同乡、同族之观念皆不甚强。

江南家庭制度较北方为优，《颜氏家训》称：南方不讳庶孽，妻死之后，士大夫多以妾媵为妻，家少兄弟相争之耻。北方侧出之子，不预人流，势必重娶，至于三四，母年有少于子者。兄弟饮食不同，后妻惨虐孤遗，离间骨肉，伤心断肠。父没，涉讼，子诬母为妾，弟黜兄为佣。此其亲身之见闻，祸根起于重嫡，重嫡为宗法社会之象征。七世纪所作之《北史》载有不少家庭之惨剧。裴植，南人降于北朝，《北史》记其为州官数岁，"以妻子自随，虽自州送禄奉母及赡诸弟，而各别资财，同居异爨，一门数灶，盖亦染江南之俗也。论者讥焉"。植所行，为南方之小家庭制，北人盛行大家庭制，乃为其所讥。实则，小家庭视大家庭为进步。南朝边区保有同居共产之风俗，以其地之经济不甚发达也。北方犹然，税之征收，以户为单位，亦其造成之一原因。鲜卑初无男女不相亲近之礼教，北方受其影响。《家训》称：邺下风俗专以妇持门户，求官诉屈；南方妇女则为礼教所束缚，略无交游。北方妇女织纴，南方则不之及。大体而言，北方士大夫率躬行俭节，江南则颇奢侈。至于农民，南北皆甚苦也。

南朝沿江缘淮之地，户口最多，以舟楫往返之便利。其大城为货物集中及分散之中心地，商业发达也。北方河流少而交通不便。农村为自给社会，盐为人生必需之物，为政府所专利。魏末，朝臣请弛盐禁，奏曰："今伪弊相承，仍崇关廛之税；大魏宏博，唯受谷帛之输。"伪弊系指南朝，其货物交流，政府后受关廛之税，魏则为农业社会，收入全为农产品也。七世纪唐人所作《隋书·食货志》称：自晋渡江，凡货卖奴婢、马牛、田宅有文券，率钱一万输四百入官,卖者三百,买者一百;无文券者亦百分收四。江南市场成立盖早于东晋,买卖有相当之发达,征收百分之四之税或始于晋,南朝沿而不废。钱为交易之媒介物,江南用之。魏初无钱,孝文帝始诏用钱;495年铸钱,京师及诸州郡镇皆通行之,内外官禄皆准绢给钱,绢匹为钱二百。钱之制造不敷市场之流通,魏无大量产铜之地,更受限制。其需要殷而供给不足,购买力甚高。此皆证明北朝经济之不发达。南朝文化、社会经济皆较进步而覆亡者,由于政府不能配合运用,增强其战斗力。南朝亡而文化制度仍有重大之影响于隋、唐也。

第二十八篇

魏

道武帝——太武帝——孝文帝之家庭——禄制之颁行——授田之计划——迁都

道武帝 南朝国君数易其姓，北朝为魏，一姓相传，凡一百七十余年。其人属于鲜卑，与汉人同为蒙古族，特以言语及生活状态之不同而汉人称为胡人。魏主拓跋氏，自附于黄帝之后，初为部落酋长，以兼并而为强大之部落，史称其盛时，"控弦之士二十余万"；与曹魏和亲，遣太子为质，是其力弱，不能与魏相抗。晋世和好如故。及中原大乱，徙于并州北部，国号曰代，与晋长吏维持亲善之关系，数出兵助战，晋帝封其主为代王。后代以内战之故，听命于石勒。赵末乱起，代王复征服诸部。苻坚统一北方，出军伐代，代王拒战大败，坚使部落大人分摄其国事。及中原混乱，代臣拥戴王孙珪为王。珪遭遇国破家亡之祸，备尝艰苦，以为祸常起于肘腋，对于臣下不甚信任，养成残酷之性情、好杀之习惯；为人精于骑射，有果断之毅力、指挥之才能，旋改国号曰魏，是为道武帝（386—409年在位）。道武血气方刚，富于进取，迁都平城。其人民多以畜牧为主，产生勇敢之骑士，所部战斗力甚强也。

道武先平内难，臣服其邻诸部大人。其时，慕容垂据有黄河下沇之地，珪得其援助，击败其政敌，由是魏归于统一。珪北伐西征，所向无不胜利，并有得后燕之助者，后以不肯献马而与之绝。395年，燕大军攻魏，道武统兵拒战，燕军惧而南归，为魏追骑所败，降者多为其所坑杀。明年，慕容垂亲帅大军伐魏，逼近平城，会病南返，死于途中。于是珪无劲敌，自称天子，将大军南征；所向郡县，守令或弃城去，或请归降，唯中山与邺固守不下。魏军粮不继，劫掠犹不足食，有说其食桑椹者。时值大疫，"人、马、牛死者十五六"，将士皆思北归，道武不许，陷中山始归。诏"大军所经州郡，皆复赀租一年"，并"除山东人租赋之半"，灾情当必甚重。留将镇守新得之地，所谓置军府以相威慑也。徙吏民百工技巧十余万口以实平城，诏给"新户耕牛，计口受田"。其地耕田不多，史未记其分配。平城户口增加，过于生产事业之发达，一遇饥荒，粮食供给常为严重之问题。其营造宫室、宫庙，为之工作者皆其所迁之技巧工人，其规模制度本于中国。帝与汉人接触，羡慕其文化，其立太学、置五经群书博士、增生员三千人，皆其明例。其功业仍为武功，邻国高车强大，帝统大军袭而破之。刻石纪功而归。后秦与魏不协，帝大破秦军，皆其大者。晚年，服药性躁，喜怒乖常，多所诛杀，致人情危惧，政事废怠。

太武帝　409年，道武为子所杀，其兄连合诸部大人，讨杀乱者，自立为帝，是为明元帝。在位十五年，为魏令主，曾受儒家教育，好读史传，然仍不废武事。柔然为漠北强国，士卒善于骑射，魏人恶之，称为蠕蠕。帝以其南犯，亲征之，柔然始退。魏方与后秦和亲，刘裕西征，魏未积极予秦援助。秦亡，晋、魏接壤。帝于刘裕死后，大举夺其黄河以南之地。及死，太子焘嗣位，是为太武帝（424—452年在位）。太武母先赐死。初，道武欲立太子，先杀其母，谓汉武帝将立其子而杀其母，不令妇人与闻国政，遂为故事，为魏野蛮、残酷行为之表现。太武十五岁为君，崇尚节俭，食不二味，所幸妃嫔，衣不兼彩，常谓财为"军国之本"，用以赏赐勋绩之家而不及其爱宠；临敌，不畏矢石，善于指挥，知人善用，故所向有功。柔然数为寇于边，太武遣将伐之，大获而归，但非决定性之胜利，柔然仍乘隙入塞也。魏西邻为夏，其主赫连勃勃新死，太武将轻骑袭之，大获；俄复攻之，大破其军，陷其都城，遣将西据长安。战争历五年，夏始为魏所并，死亡惨重，人民流离。太武"赦秦、陇之人，赐复七年"，可想见灾情之一斑。魏与北凉接壤，其主事魏恭顺，而魏不容其自主，出兵灭之，地入于魏，羌人多服。魏更伸张势力于西域。北燕在魏东北，太武并取其地，于是北方统一。

宋、魏以争河南地而失和。魏兵身壮力强，善于骑射；宋少良马，野战不能与魏争锋。宋失地后，国中乱起，力不能报；文帝厉精图治，有北征之雄心，而与白面书生议商。450年，宋兵北伐，败归。太武将兵南征，铁骑所至，宋军望尘奔溃。幸城为防守戎马之利器，宋将固守大城，魏兵攻之，死伤多而城不下。其南进也，不赍粮食，唯以抄掠为资。过淮，民多窜匿，抄掠所得不能供给全军，致人马饥乏，临长江而归。时人言其残害，古今未有。太武徙宋民五万余户于北方。其治国也，唯以严刑立威，果于诛戮，虽大臣亦无所宽假，事后多所悔惜，终未能改其性情。其亲信用事之大臣则为崔浩。浩为名士，长于谋略，为北方之高门第。士大夫之仕于魏者，皆浩所荐。浩信天师道，与道士寇谦之往来甚密。太武受其影响，信奉道教，摧残佛教。浩后为其所杀，甚矣哉！难为其臣也。452年，帝为左右所杀。太子早死，大臣平乱，迎立皇孙，是为文成帝。诏复佛法，与民休息，严禁长吏与商贾勾连、虐民，又诏被卖之男女还家。在位十四年死。

孝文帝之家庭　太子弘嗣，是为献文帝（466—471年在位），年始十二。权臣专政，太后密定大计，诛之，临朝听政。帝幸道坛，亲授符箓，本于救世之心，广集名医，远采药物；民有病者，遣医就家诊视，所需药物由医给之，此为前古未有之惠政。其时宋乱，将士降于魏者甚众，魏无乘机南下之意。柔然犯塞者为其所攻，并设六镇防之。帝受道教影响，壮年有遗世之心，禅位于五岁之太子名宏，自称"太上皇帝"；后为太后所害。太子即位，是为孝文帝（471—499年在位）。父死，十岁，幼为太后所抚养，尊为太皇太后。后复临朝听政，忌帝聪明，尝于寒月单衣囚之，又曾杖之数十，朝中事无大小，皆由其决定。太后多智，果于杀戮，威振内外，用事之大臣多为内宠，小有疑忌，便见诛杀。后死，帝始听政，在位二十年矣。帝初不问政事，养成读书之习惯，精通五经，博涉史传百家，善谈老庄，精于释义，好为文章；中年后之诏旨，皆其所作。其羡慕中国文化，鄙弃鲜卑旧俗，为事理之当然。贵族受其影响，读书者渐多。魏受中国文化影响，不始于此时，其程度先不甚深，孝文使之加强，欲其同于汉人也。

禄制之颁行 孝文亲政之先，国中有不少之叛乱。魏之政治组织不甚严密，尤以地方政府为甚。初，道武解散诸部，史称其分土定居，不听迁徙，其君长、大人皆同编户，是改变游牧生活而为郡县，长官当多擢自酋长，犹存部落遗迹，无俸则为其一例。官吏势将多取于民，或受贿赂、贪赃犯法，成为风气。其祖曾诏：犯赃十匹以上者死罪，仍不能禁。贫民无以为生者，流为盗贼。473年，孝文诏称："县令能静一县劫盗者，兼理二县，即食其禄；能静三县者，三年迁为郡守。二千石能静二郡上至三郡，亦如之，三年迁为刺史。"时魏犹无禄制，诏所谓禄，盖指办公费言。政府奖励官吏平盗，条件不为不厚，而各地叛乱并未减少。其根本原因则政府赋税苛重，人民耕种所得，乐岁仅能免于饥饿。兹于《魏书》引征二例为证：一、473年，十一州镇遭水旱之灾，相州民饿死者二千八百四十五人。二、483年，冀、定二州饥，帝诏郡县为粥于路以食之。定州刺史上言：九十四万七千余口为粥所活。冀州刺史奏言：七十五万一千七百余口得活。人民死于饥饿者，当必不少。不甘饿死之壮丁则铤而走险，此叛乱所以多也。

问题严重至此，孝文于太后听政时即欲有所改革，484年，诏班制俸禄。俸禄非出于国库，乃新取之于民。诏称："户增调三匹、谷二斛九斗，以为官司之禄。"均预调为二匹之赋。其先，官吏取之于民未有定数，而诏加以限制，其仍受赃者则严惩罚，诏所谓"赃满一匹者死"也。诏下后四月施行，内外百官受禄有差。帝命使者纠按贪污，贵显外戚亦不宽纵。大臣犯者自杀于家，守令坐赃罪死者四十余人。大臣有言其不便请依旧废禄者，太后诏群臣议之。议者称：饥寒切身，慈母不能保其子，给禄则廉者无滥，贪者劝慕；无禄则贪者肆其奸，廉者不能自保。废禄之议乃止。后，宗室二王坐赃当死，群臣为之请恕，太后不许；孝文免其死，犹削夺官爵、禁锢终身。法令严厉执行，司察苟有所闻，无不纠告。史称赇赂殆绝，当属可信。晚年，帝以国用不足，减禄四分之一。

授田之计划 救济贫民，问题较为复杂。遇饥荒，帝令酌免岁赋，或开仓赈恤，或给以衣食，此皆本于故事为治标之法。其根本问题则贫民多无耕地，或耕于偏狭之地，不能维持其家人生活也。477年，帝以"去年牛疫，死份大半"，诏官"督课田农"，令其加勤。且曰："一夫制田四十亩，中男二十亩，无令人有余力、地有遗利。"其时，耕地为地主所有，田地为其私产，政府未有广大之土地给与农民，又未没收或收买地主之田地，所谓"一夫制田四十亩"，徒为纸上计划，贫民生计一无改善。朝臣李安世鉴于农民饥困流散，疏陈均田。均田本为儒家思想，儒生常以其为长久治平之术。孝文深然其说，485年下诏均田，"遣使者循环州郡，与牧守均给天下之田"。男子受露田四十亩，妇人二十亩，奴婢依良丁，有一牛者受田三十亩，多以类推，限止四牛。老者免受，死者还田，奴婢及牛随有无以还受。初受田者，男给二十亩桑田，为其世业，身终不还，恒计见口有盈者无受无还，不足者受种如法，盈者得卖其盈。此均田法之要款。官吏未夺地主之盈田转受不足者，未起纷扰。政府时无公田分给贫民，诏言之受田方案，徒为其文。帝后诏罢禁苑，以地赐与贫民，得其惠者，数不能多。授田依据丁口，而时户口报告全不足信，史称：隐冒之甚，有三五十家始为一户者。486年，朝臣请立三长，其法：五家立邻长，五邻立里长，五里立党长；并改课调。太后言其可行，诏立三长，定名户籍。帝亦未据以分配耕地也。

迁都 490年，太后病死，孝文益得依据儒书进行改革。旧臣不学无术，对于改变旧俗，常有难色。帝乃亲信自南朝入魏之刘芳，国戚大臣全有不平之色。帝建明堂、太庙，行养老之礼，并欲魏人接受中国文化，改变其生活，终乃决心迁都。帝以平城苦寒，为戎马产生之区，无漕运之路，迁都中原则通运四方，至一新地，居于汉人环境之中，旧俗易于革除，便于文治也。诸大臣田宅、财产多在平城，徙都当为重大之损失。人类富于保守性，常视习惯为自然，久居于苦寒之地，反以气候温和之区不适宜于人生。帝与旧臣言及迁都，无不反对。493年，魏大举伐齐，步骑三十余万，渡河至洛阳，而雨不止。帝戎服将出，群臣固谏，乃曰：苟不南伐，当迁都于此。时宫室犹未经营，小住于邺，明年还洛。旧臣不愿居洛，至许其冬居南而夏居北，仍有欲为乱者。事发，牵涉之人甚多。皇太子恶河洛暑热，亦欲奔代。迁都困难至是。帝以洛阳无马，置牧场于河阳，畜戎马十万匹。

魏迁都后，代人南迁者，诏复其租赋三年。迁者居无一室，食无储粮，当不免于失望。孝文方议兴礼，值南朝亡臣王肃入朝，帝与之语，恨相见之晚，朝仪文物，多其所定。帝自改姓为元，大臣皆改胡姓，上至朝服，下至妇女服饰，无不仿效汉人。朝廷上，禁说胡语，犯者罪至免官。帝行养老之礼，巡狩各地，问民疾苦，求天下遗书，为群臣说礼。其加惠于民，则为改长尺、大斗，依周制班行国中也。帝慕华风，与门第甚高之士大夫接触，受其影响，雅重家族，以北方五大族为衣冠所推，纳其女以充后宫。会弟娶于隶户，帝深责之，下诏为诸弟聘室，皆世族之女，凡前所纳者，降为妾媵；所用，多世族子弟，命定诸州士族。审定之结果，影响一族人士之仕途及其社会上之地位，其臣有不顾一切而力争之者，用人唯取门第，时人已有非议，其朝实少才能之士。南士王肃、刘芳皆居于显位，实不足语政治建设。《魏书·王嶷传》称："嶷性儒缓，委随不断，终日在坐，昏睡而已。"明察者多见杀，而嶷得自保。时人为之语曰："实痴实昏，终得保存。"此孝文时事，才能之士反多见杀，宜其朝中无人也。代人南迁之后，安于现状，并于河洛购置产业。旧都趋于荒凉，非居于河南者之所愿往；有罪徙边者，亦多遁亡。孝文初诏，一人遁亡，阖门充役；俄听大臣罪不相及之谏，复行废去，而问题迄未解决。边地兵户窘困，酝酿而为大祸。孝文晚年，欲统一中国，一再南伐，迄无决定性之胜利；499年，南伐，病死，计划多未完成，固魏之损失也。

第二十九篇

魏（续前）

宣武帝——国事之败坏——北边之乱——魏之覆亡——魏之旧俗——疆域——政治情况——税制

宣武帝 孝文帝死于外，秘从驾南行，秘不发丧。太子应征即位，是为宣武帝（500—515年在位）。其官属多疑叔有异志而密防之。辅政大臣六人互相争权，诸叔亦相忌嫉。帝信谗言，诛杀其叔，任用幸人，政治益形恶劣。其时，南朝祸乱迭起，边将据淮北城镇降魏。魏将攻取汉中，疆域益广；不过值逢时机，非帝能有武功也。中年，帝死，太子七岁嗣立。其生母胡氏异于通常妇人：魏制，生太子者死，妃嫔祈祝皆愿生诸王、公主，而胡氏独言愿育冢嫡。生子杀母，为野蛮行为。魏南迁后，汉化之程度渐深，非人道之旧习惯根本动摇。宣武雅好经史，尤长释氏之义，不愿出此。事实上，魏建国百年，嗣位之天子无一生母存在；太后虽非生母，然居于尊严之地位，仍为朝臣所畏服，有诛杀权者而握大权者。杀母所以防母后之专政，而祸仍不能去，宣武始不杀太子生母也。

国事之败坏 太子为帝，是为孝明帝（516—528年在位），年幼不能听政，朝臣争权相杀。嫡母太后欲杀帝生母，赖领卫兵长官保卫得免，俄亦进位太后，遂临朝听政。魏以亲王为三公，三公徒捐虚名，门下实握政权，《魏书》所谓"政归门下，世谓侍中、黄门为小宰相"也。侍中、黄门初皆太子侍臣，渐而得其信心，有进言之机会，所言且易为天子接受，乃为显官。胡太后擢其有德于己者官居门下，总领宿卫，史称其专朝政，权倾一时，当为事实；后以其迭为朝臣所劾，出为外官。其亲信用事之大臣，唯从事于奢侈生活，用费无不取之于民，政治贪污益甚。岂魏初居于苦寒之地，风俗尚称朴素，迁都后习染汉人习俗而大奢侈邪？抑累世强盛而民力有余邪？廉洁自好之士亦不能改善环境。魏之强大，赖其勇敢善战之骑士，奠都洛阳后，文弱同于汉人，而奢侈过之，遂不愿复至塞北。其固有之素质与精神全然丧失，已入于衰微之路。其尤使人骇异者，羽林军公然为乱于京都也。初，大臣张彝上书，请抑武人，"不使预在清品"，为羽林军所怨。军人立榜约期屠害其家，初至尚书省诟骂，求彝长子为尚书郎者，不获，"以瓦石击打公门"，无人敢问，更"以枝石为兵器"，持火直造彝第，曳之堂下加以捶挞，纵火焚屋。彝长子救父，"拜伏群小"，而羽林军"投之于烟火中"，彝亦重伤垂毙。此为重大事变，朝廷斩其凶强者八人，"即为大赦，以安其心"，于是国纪荡然。

胡太后听政，颇多内宠，辅政之大臣为帝叔父，太后幸之。后妹夫元义官为侍中兼总禁兵，恃宠骄恣。卫将军刘腾旧有德于太后，权倾内外，皆为辅政大臣所裁抑，心怀怨望。520年，二人为乱，擅杀皇叔，幽禁太后。孝明帝年始十一，义遂专政。史称"义为外御，腾为内防"，政无巨细，皆由其决定。其在外举兵讨之，或于内谋杀之者，尽为其所杀。所用则为贪残无耻之徒，影响社会道德之低落。彼求官者，全为其个人或家人之奢侈生活，得官之后，即纵情于声色之欲，原无足异，不过为政治社会将崩溃之征象而已。魏兵初为鲜卑善于骑射之勇士，及征服诸部与邻国，亦收其骑射善战者为兵，杂有丁零、胡羌诸部，是为斗兵。汉人则为步兵，同于军属，无足轻重。中叶，环境改变，魏兵之战斗力降低；迁都而后，腐化之成分增高，羽林军全无军纪。其时，内乱外患交至，魏兵战多不胜。太后利用时机，复行听政。其严重之政治问题首为平定叛乱，若再稽延，范围将益扩大，难于收拾。太后并不留心及此，听政特不过为其个人之享受。其年将近四十，犹事修饰，数出游幸；其臣谏之，仍不能改。内宠专政，势倾内外。太后以帝年渐长，恐知其所为，凡帝爱信者，辄以事去之，母子之间遂成嫌隙。六州讨虏大都督尔朱荣有举兵入洛、内诛嬖幸、外清群盗之意，上书请雨授相州，其地有贼为乱也。太后不许；及其复请，乃谋离间其左右。荣知而大恨。帝恶太后幸人而不能去，密诏荣举兵内向，以胁太后，大乱遂成。

北边之乱　荣初为山西北部之部落酋长，所部皆北方之骑士，杂有归降之盗贼与亡命。初，魏帝以北边为重，简亲贤为镇将，配以高门子弟，其人既得仕宦，又得复除，皆欣慕为之。迁都后，旧门防边，号为府户，役同厮养，一生升迁不过军主。其同族迁洛者为清流上品，在镇者则为清途所隔，遂多逃亡。政府乃禁镇人浮游于外，少年不得从师，长者不得游官。边任益轻，镇将皆为凡才，专事聚敛。奸吏犯罪配边者，更为之指纵。政以贿成，边人无不切齿。识者主张改镇立州，分置郡县，免府户为民，许其入仕，朝廷不许。会柔然主阿那瓌降魏复叛，朝廷出大军追之，一无所获。边人见而益轻中原之兵，谋为叛乱者增多。523年，乱作，攻杀镇将，华夷闻风响应。

初，魏置六镇于北边，时人言其东西不过千余里。六镇去平城不远，所以保卫之也。迁都后，边人保存其旧有之生活习惯，善于骑射。其人受苦已久，响应为乱，数败官兵，攻城掠财，所过夷灭。朝廷遣军往讨，为其所败，始改镇为州，藉以挽回人心，惜时已晚，无济于事。魏主乞师于柔然，阿那瓌出兵赴援，迭破乱民，降者二十万人。朝臣请安置降户于恒州北部，别立郡县，予以赈济。朝廷不从，令其就食于今河北省，情状同于乞活，遇有机会当复起而为乱。且当乱后，壮丁好勇逞斗之心益强，祸乱易于复起，奈朝廷不善处理何！俄而，边民复起为乱，攻没郡县，定州降户亦反。葛荣为其渠帅，击败官兵，自称天子，国号曰齐。降户所在为乱，黄河以北之地入于混乱之状态。尔朱荣隐有大志，招聚豪杰之士，所部骑兵战斗力强,数败贼兵,官拜六州讨虏大都督。528年,荣应密诏举兵内向,太后及其幸臣杀帝,别立幼君。荣兵南进,不战而入洛阳,迎立宗室,是为孝庄帝;沉太后及幼主于河,杀百官二千余人,有称帝之意,置帝于幕下,杀其兄弟。帝请禅让,荣左右意见不一。荣四铸金印不成,以为不吉,复奉孝庄为君;政权归于其党。时葛荣兵力益强,南下掠食,众号百万,所至残掠,乱者益多。流民十万余户反于青州,势力亦强。尔朱荣乃亲率精骑,出讨葛荣,一战破而擒之,降其余众,分散数十万人,安置各得其宜,固一时之杰也。关中氐酋为乱,长吏为其所败,势大张旺,据有关中之地。关东汝水一带,群蛮大起,大者万家,小者千家,各称王侯,屯据险要,道路不通。魏臣南逃入梁者,武帝颇厚待之,出兵纳北海王元颢于魏。魏方东攻青州,梁兵乘虚攻入洛阳;颢自为帝,但其实力有限,又疑梁兵,魏兵归而颢败。

关东叛乱渐次平定,政府统治区域视前为小,收入益少。其榨取于民也,甚于先时。盗贼滋扰之地,掠取民食、民财,攻城略地,多所屠杀。人民不能安居耕种,死于饥饿流亡者多。《魏书·地形志》曰:"正光(520年)以前,时惟全盛,户口之数,比夫晋之太康,倍而已矣。孝昌之际(525—527年),乱离尤甚。恒、代而北,尽为丘墟;崤、潼以西,烟火断绝;齐方全赵,死如乱麻。于是生民耗减,且将大半。"太康为晋武帝年号,全国二百五十余万户。魏之户口倍于西晋,疆域则不及其广大;黄河流域户口增多,而仍有隐瞒。《魏书》称:魏中叶,朝臣奉旨检括五州隐户,出十余万户;末年,隐瞒益甚。户口增加过于生产事业之发达,常为祸乱之主因。魏为农业社会,人民多,而耕地不足,为盗贼蜂起之根本原因,饥荒更促成之。屠杀之惨乃如《魏书》所言。尔朱荣既平定关东,遣将西讨关中,大败叛人,关中渐定。

尔朱荣新立大功,官拜大丞相、天柱大将军,居于晋阳,遥制朝政;女为皇后,宫中之事,尽为其所知。帝勤于政事,亲理冤狱,荣闻而不悦;复以用人争执,嫌疑积深。530年,荣至洛阳,帝于宫中杀之,下诏大赦。尔朱氏为方伯或统军于外者,皆谋报复,引兵向洛，帝兵败而遇害，北方复成大乱。尔朱氏另立新君，竟为贪墨，为民所恶，高欢举兵讨之。欢初为盗，后为荣将，以才能为其所知，官至晋州刺史。尔朱氏败于北部尊长，赖欢力而获胜，乃以六镇鲜卑归其统治。欢终不为之用，531年冬，举兵讨之。明年，尔朱氏聚大军攻欢，为其所败。其败亡之速，以部将有忠于魏而不为之用也。

魏之覆亡 高欢战胜，迎立孝武帝。帝好武事，有兴复魏国之雄图。其臣贺拔岳平定关中尔朱氏之余党，授关西大行台。其时，尚书省称中台，置于外州或一区域行使政权者号曰大行台，初司征伐，统治其区域内之州县，后则兼管民政，为一地区之最高统治机关。宇文泰为其长吏。帝增强其侍卫，以岳拥有重兵，与之相结；出其弟胜为荆刺史，欲依其兄弟以敌欢，欢利用其下杀岳。岳部奉宇文泰为主，帝拜为关西大都督，欲依为援。534年，欢起兵南向，朝臣或与之通谋，或争权债事。帝奔长安，是为西魏；诏宇文泰为丞相，复与之有隙，致为泰所鸩杀。泰立宗室，是为文帝。帝初以强果见称，及为天子，认识其所处之环境，苟安于现状，在位十七年死。子嗣不及三年，为泰所废；泰立其弟，557年，逊位于周。西魏凡二十四年而亡。魏帝徒拥虚名，不过以宇文氏尚未篡位而已。高欢另立新君，是为东魏；一君在位十七年（534—550年），其所受之屈辱不下于西魏之君。欢以洛阳距西魏地近，迁都于邺，邺去其所居晋阳较近，便于统治也。洛阳四十万户奉命迁徙，史称其"狼狈就道"，财产损失极为巨大。时人常言：高欢造反。欢闻而恶之，执臣礼甚恭；及死，世子澄当国。帝欲杀之，而反为其所幽。未几，澄弟洋代之执政，550年，篡位。

魏之旧俗 上为魏代大事，其国君多中年而死：一由于服药，自戕其生命；一为早婚，其婚姻之早为先时所鲜有。魏故事：将立皇后，必令其手铸金人，成者为吉，不成则不得立。此为解决妃嫔争位之一法。北方旧俗以铸金人成否，为事之吉凶成败。尔朱荣之未称帝，则由于四铸金人而不成。国君死后三日，其服用器物概行烧毁，百官及中官号泣临之。其思想以为人死之后，魂魄于另一世界度其生活，需用其生时所用之器物也。杀人殉葬时为常事。妃嫔从王死者，史未记载，然可于《魏书》传中见得一二。有为帝亲臣者，及死，帝命其妻曰："夫生既共荣，没宜同穴。能殉葬者，可任意。"妻迫而自缢，则其一例。及魏汉化程序渐高，始改变惨无人道之风俗。

疆域 魏地初在塞北，为游牧之乡；后并诸部，侵入中国，统一北方。其领土虽尚不及前秦之广大，而国力之强大、基础之巩固，则非其所能及。魏北境与柔然为邻，柔然为游牧民族，逐水草而居，当无所谓边界；大体而论，漠南多属于魏。其东北与高丽为邻。魏及盛时，西疆达于西域，青海一部分为其所有。其在中原，初限于黄河以北之地，渐而向南伸长其势力，关中南达于秦岭，东限于汝山一带之地；其东淮水流域及山东半岛大部分，则为南朝土地。太武南征，临江而返，其所陷之城邑，复归于宋。宋乱，淮北之地始入于魏。其后，魏越秦岭，南据汉中；川北剑阁以北，亦为其所有。其东限于大别山，再东则以淮水为界。大别山高峻，为蛮夷所居，隔绝南北之交通，魏始经营其地。七世纪所作之《北史》称：蛮酋归魏，为东荆州刺史，朝臣韦珍为使，与之招慰蛮人。"珍至桐柏山，穷淮源，宣扬恩泽。"淮源旧有祠堂，蛮人"恒用人祭"。珍令以酒脯代之，群蛮从之；招阵七万余户，置郡县而返，为一明证。南朝防守之要镇，西为襄阳，东为寿春。据《魏书·地形志》所记：魏州一百有七。一州之土地、户口，常不及汉代之一郡，设官多而徒增加人民之负担。

政治情况 魏自部落酋长演进为大帝国之天子，其旧有制度不免简单，不适于用。魏主初无重大之改革，其政治组织不甚严密，运用亦不灵活。兹引二事为例：一、道武季年，刑罚严峻，臣下以微过得罪者，多见诛杀，惧而逃匿；太子亦逃亡于外。二、魏制，户征税调，量数颇重，民隐瞒三五十户而为一户。魏主渐而采用中国官制。国君决定军国大政，大臣不过贡献意见。亲臣为其所信，常握重权，中书门下乃为显官。魏初，官无俸给，有功者赐以奴婢、杂畜。奴婢为其主人生产，牲畜为其财物，皆游牧社会之遗存。朝臣生活殊苦，而廉洁者尤其。名臣高允久在朝廷并蒙宠待，而家甚贫，唯有"草屋数间，布被缊袍，厨中盐菜而已"，常"使诸子樵采自给"。于斯情状之下，贪残者众，尤以地方官为甚。孝文始定百官禄制，严禁贪赃。其后，贪污成为风气。吏部垄公开卖官：大郡绢二千匹，次郡一千匹，下郡五百匹。为官须出巨大资本，当视为利益优厚之投资，得之者将必榨取于民也。魏刑罚严酷，《魏书》言其任刑为治，蹉跌之间便至夷灭。然仍不足为治，由于不求其本，此不过表示其野蛮陋习未尽革除而已。

税制 魏统治阶级多为贵族及世家子弟，南士北亡者后颇为其所重。人民唯当纳税服役。汉末，曹操令户出绢二匹、丝二斤，以为户调之起始。户之调查，较易于口，尤以乱时为甚，渐而演变至以户为征税之单位。十一世纪史学家司马光所作之《资治通鉴》言魏常赋曰：

> 魏旧制：户调帛二匹、絮二斤、丝一斤、谷二十斛；又入帛一匹二丈委之州库，以供调外之费；所调各随土之所出。

《魏书》称：孝文初年，诏河南六州户出绢一匹、绵一斤、租三十石。绢、绵少而谷增加，或所以解决军粮之不足。及班百官俸禄，诏增调谷，为官司之禄。后，立三长，民调复有变更，"一夫一妇帛一匹、粟二石，大率十匹为公调，二匹为调外费，三匹为百官俸，此外复有杂调"。民初愁苦其重；行后，史称课调省费十余倍，上下安之。盖一区应征之额数由新出之户平均负担，而调反轻也。租调外，尚有徭役。征税服役以户为单位，不论人口多寡，大家庭常处于有利之地位。其后，杂税益多，官吏以大斗、长尺、重秤多取于民。朝臣奏言之曰："官吏贪污，致令徭役不均；发调违谬，箕敛盈门，囚执满道。"政治成此现状，宜魏覆亡也。关于货币，魏人以帛为交换之媒介物，孝文帝始造五铢钱，而国内并无铜矿，钱币铸造不敷市上之流通。奸民乃造轻薄之小钱，致物价上涨，民以为病。绢价初定一匹二百钱，后则随小钱多而上涨，钱反不及绢较稳定也。

　　北魏之政治经济情况颇为恶劣。其统治者原为部落酋长，自不免瘠民而为个人或家族人之享受。孝文帝之变法，所以改除其积弊，兼有为民之心；然太偏于理想，而未认清现实。其均田计划之未能实行，则其一例。政府组织尚未严密，户口调查徒为具文，三长行后，隐冒者犹多也。政治积弊非一人所能廓清，继体之君又为中下之主，自不能继续进行。于是，问题益为严重，酝酿久而成大祸。

第三十篇

北　齐

高欢之建国——高澄——文宣帝——齐之衰弱——
政治情状——齐律

高欢之建国　魏为鲜卑，北齐统治阶级亦为鲜卑。史称：高欢祖为汉人，然累世居于北边，习染鲜卑风俗甚深，重鲜卑而轻汉人；子洋自以其为鲜卑人。魏帝接受中国文化，孝文帝改易其风俗，使生活习惯同于汉人，子孙尽失鲜卑所长，复有汉人之短，至于覆亡。高欢起兵，将帅多为鲜卑人士，所部士卒，亦为鲜卑百战之余，以为保全其风俗，子孙可长有其经营之产业。齐为鲜卑得意时期；事实上，其文化水准太低，劣根性之势力未受教育及伦理影响而减少，得意时遂心所欲，所行所为多为罪恶，过于汉人所谓"禽兽行"。鲜卑伦理观念不同于汉人，而齐固为国史上之一黑暗时代也。

齐之建国系高欢之力。欢家贫，体壮多力，富人娄氏女见而爱之，数致财物，因娶之为妻。初为"函使"，往来洛阳，尝为长吏所笞辱；又见宿卫为乱，以为大乱将起，广交宾客。及北镇人为乱，欢与其党司马子如、侯景从之作贼，展转归于尔朱荣，渐而得其信心，参与军谋。后，荣侄兆德欢援之，誓为兄弟。其时，六镇人二十余万流亡于今山西，不堪陵虐，"大小二十六反，诛夷者半"，犹为患不止。欢奉兆令统之,以其地灾旱,请率之就食山东。兆许其请。欢至冀州,养士缮甲,激鲜卑为乱,讨尔朱氏,大败其军,迎立孝武帝;功成,统兵还邺,以其地为军事重镇也。

孝武不欲受制于权臣。高欢起兵入洛,诸举兵讨之者皆败。欢据有魏地之大半,迁都于邺;以晋阳为根据地而自居之,重兵在焉。次为丞相,军国政务皆归于相府,魏帝徒拥虚名。欢之精力多耗于究军作战,击败扰边之胡酋;与西魏迭相攻击,死亡惨重,但非决定性之胜负。欢起自盗贼,据有中原之大部分。宇文泰据有关中,自土地、人民、军力、财力而言,皆不及东魏之强,因而常处于防守之地位。古代战争,攻城难而守城易,高欢未有大功,此为其一原因。其举兵也,非有救国为民之心,不过取尔朱氏而代之。其故旧出身寒微,皆贪财好货,部下鲜卑亦以劫掠为事。欢居晋阳,留其亲旧四人于邺辅政。四人骄盈不法,与夺任情,"求纳财贿,不知纪极,生官死赠,非货不行",盗取官物毫无忌惮,贪污成为风气。欢属吏请治犯罪之文武。欢言:天下贪污,习俗已久;若不相假借,督将恐归关中,士子将归江东,人物流散,何以为国?宜少待之。此不过为其推辞,终未绳之以法也。

高澄 欢居于高位,妻妾颇多,家庭之不幸事件一再发生:弟乱其后宫,受杖而死;世子澄通于父妾,为婢所告,欢杖澄、幽之,怒而与娄妃隔绝,将易世子。澄使人求救于司马子如。子如见欢,言其子亦通父妾;妃为结发之妻,常以父母家财奉夫,欢前微时被杖,背无完皮,妃昼夜供侍,后复备受贫困,恩义当不可忘;一女子如草芥,况婢言未必可信。欢使子如更鞫,子如反其供辞。欢悦,召娄妃及澄。妃遥见欢,"一步一叩首",澄"且拜且进",父子、夫妻相泣,复如初。此为饶有兴趣之故事,鲜卑贵人之家庭丑事,于此得见一二。澄数为父所杖责,竟敢淫于父妾,得意时将更放恣纵欲而无忌惮。其兄弟诸人莫不如此。欢唯欲其经营之产业传之子孙,以澄为大将军,领中书监。旧制,尚书、门下二省皆为要职,尚书总理政务,门下掌理机要。自魏末以来,门下之权尤重。至是,移门下机要归于中书,文武赏罚皆禀于澄。澄自尊大,擅作威福,用其亲信为御史中丞，奏劾大臣，毫无顾忌。司马子如至以罪系狱，削去官爵。547年，欢死；侯景镇守河南，据地以叛，兵败奔梁。西魏乘机伸长势力，得有不少之城邑。澄复与梁和，致成侯景叛乱；遣将掠取江淮之北，获二十三州，又出兵攻陷颍川，西魏新得之于东魏也。549年，澄朝魏帝于邺，方与亲信谋篡，会为其下所杀。

文宣帝　澄死，弟洋捕杀群盗，秘不发丧。洋貌陋而外若痴，为宿将所轻，澄亦轻侮之。然颇能断，父尝令诸子各理乱丝，洋独抽刀斩之曰："乱者须斩。"魏帝初以澄死，威权将归于己。会洋将往晋阳，入宫谒帝，戒备森严，帝始知其不能相容。洋至晋阳，大会文武，言辞敏洽，改善不便之政令，亟欲篡位；母言不可，商诸勋贵，亦持异议。洋不之顾，篡位称帝，国号曰齐，是为文宣帝（550—559年在位）。文宣在位十年，其先后所为判若二人。嗣位之初年，留心政治，以为驭下，其臣违反宪章者，虽密戚旧勋，亦不容舍，内外祗肃，莫敢为非，更增强其军队之战斗力。其兵初皆鲜卑，高欢谕其保护汉人，不可侵之，语汉人则言鲜卑为之击贼。《魏书·地理志》称：六镇旧地为齐禁旅所出，户口之数不得而知。朝廷以人知其户口，将知其兵多寡而不公布数字也。文宣简练禁兵，欲以一当百，期其临阵必死，谓之百保鲜卑；又简华人之勇力绝伦者，谓之勇士，以备边要。是汉兵居于辅助或次要之地位，而齐斗兵必为鲜卑或胡化之汉人也。其西邻为魏。先时，高欢、宇文泰相攻，战区及其附近之地多废，各于边境筑城储粮，驻兵防守。攻城时为艰苦、牺牲重大之事，双方皆不愿为。其南邻为梁，大乱起而入于混乱之状态。齐夺梁地，伸长势力于江淮间，南渡归于失败。长城以外为游牧民族畜牧之所，初以柔然为强，高欢、宇文泰各遣使结之为援。欢厚币聘其主女为妃，降意事之。及突厥兴起，柔然为其所破。北边部落为齐害者，有库莫奚、契丹；山胡居于并州西部山地，亦为民害。文宣亲征库莫奚于代，大胜，获杂畜十余万；明年，远征契丹，大破其众，获杂畜数十万头，又破其别部。其讨山胡也，先后皆胜。柔然败于突厥，余众扰边者，亦为齐所败。

文宣初为英明之主，中年始为暴虐之行。史称其于554年改变常态;其年,出讨山胡,都督战伤,其什长不前赴救,帝命刴其五脏,使九人分食,肉及秽恶皆尽,遂行威虐。其饮酒过多,神志不清,为其暴虐之一原因;其受遗传及家庭环境影响之程度,则不可知。其父兄好色,上已言之。兄先通于父妾;父死淫于蠕蠕公主,其生时聘之为妻也;又通于弟妇。文宣后亦淫于澄妻;史称:"高氏女妇无亲疏,皆使左右乱交之。"文宣常捶挞嫔妃,甚至杀之;更手刃朝臣于宫殿之上。其无道事实,史有不少之记载。其母娄太后以其酒狂昏颠,尝举杖骂之。帝言:嫁此老妇与胡。后怒,遂不言笑。帝欲其笑,自匍匐以身举状,坠落于地,颇有所伤;醒而惭恨,举火将自烧死。后惧而持挽,强为之笑。帝设地席,命人执杖,脱背就罚,且曰:"杖不出血,当即斩汝。"后前抱之。帝流涕苦请,乃答脚五十,然后衣冠拜谢,悲不自胜。故事同于戏剧,帝戒酒一旬,复如初矣;晚年,不能饮食。

齐之衰弱 太子敏慧好学,后深受刺激,气悸语吃,精神昏扰;559年,父死,即位,尊娄太后为太皇太后,母为皇太后。初,杨愔居于显位,政事由其处理,颇能有所匡救。及文宣病甚,以演、湛二弟亲逼,诏异姓大臣辅政。大臣请去二叔,帝不之许,乃议出为刺史,而事为娄太后所知,亦不果行。二叔捕杀辅政大臣,军国大事由其决定。560年秋,娄太后下令废帝为王,以演入承大统,是为孝昭帝。帝为文宣母弟,聪敏有识,深沉能断;轻徭薄赋,勤恤民隐,为齐令主。561年病死。疾时,以其子尚幼,诏弟湛入嗣,手书告之:"宜将吾妻子置于一好处,勿学前人也。"当深有所悔,废子不立,所以保全之也。

湛为娄太后幼子,先与孝昭定谋,诛杀执政;兄死,为帝,是为武成帝(561—565年在位)。武成亦不肖子,唯好酒色,多取人女;逼通于文宣皇后,及有孕,后杀胎儿,帝怒杀侄,以为报复,更裸而挞后;终日酗饮,朝事委任幸臣。和士开为宠信用事者之一,倾巧便僻,言语鄙亵,尝说帝曰:"自古帝王,尽为灰烬,尧、舜、桀、纣,竟复何异。陛下宜及少壮,恣意作乐,纵横行之,即是一日快活敌千年。国事分付大臣,何虑不办,无为自勤苦也。"

帝闻而大悦。士开曲求物誉，乐与世家往来。诸公颇为子弟干禄，富商大贾填于其门，贿赂公行，朝政日坏，幸名将斛律光犹在。周师伐齐，皆不胜而去。565年，帝以灾异逊生，听从臣下之言，传位于太子，自称太上皇帝，军国大事仍由其决定，宠幸乱政如故。569年，病死。

太子纬嗣位为帝，年始十岁，是为后主（565—576年在位）。其嗣位初年，朝政由和士开决定，母胡太后并与之通。后主幼为陆媪所鞠养，太后与之结为姊妹。王大臣请出和士开，太后不听；复行强请，致为士开所谮杀。后少子恶士开为人，起兵杀之。陆媪之权势转盛，子亦为显官。史称其母子卖官鬻狱，聚敛无厌，每一赐与，动倾府藏。宫中自太后以下，皆受令陆媪指挥。朝臣无行者附之，谮杀斛律光，是自为周去一勍敌。朝中无人，宦官、胡儿、歌舞人、见鬼人、官奴婢等滥得富贵者，殆将万数。嬖幸娱侍左右，一戏之赏，动逾巨万。府藏空竭，使之卖官取直。由是守令率皆富商大贾，竞为贪纵，赋繁役重，民不聊生，遇水旱之灾饥饿而死者甚众。齐与邻国仍时有战争，陈取淮南之地，齐不能报，陈后出兵侵入淮北。周主有统一中原之雄心，以齐主无道，大举伐之；577年，大败齐师，乘胜而前，有如破竹之势。后主欲南奔陈，为周所获，齐亡。

政治情状 齐凡二十七年，其国君无一年至四十者，时人归之于命，而实由于戕贼。半开化之人，不知其责任，吾人亦何必责之！鲜卑为统治阶级，用其语言，鲜卑语乃为齐人所重。鲜卑轻侮汉人，称为"汉儿"，唯当奔走事之或出税养之。高洋为帝，妻为汉人，将立为皇后，而勋贵言："汉妇人不可为天下母，宜更择美配。"洋不之从。后，辅政大臣与皇叔争权，娄太后称其母子不能"受汉老妪斟酌"，仍寓轻视汉妇之意。文宣亲臣汉人有言"宜用汉，除鲜卑"者，后以事被杀。帝追思前事，称此语即合死。齐帝重用鲜卑，至不能容意见不同之朝臣，此可见鲜卑政治上之势力。其治国规模，本于前代，乃汉人产物也。其长官有太师、太傅、太保、司徒、司空、太尉等，徒拥虚名而已。其握事权者，初为中书，高澄为中书监，军国大权皆归于中书省是也。高洋为尚书令，即位后，政权移于尚书省。史称：杨愔"及居端揆，权综机衡，千端万绪，神无滞用。自天保五年（554年）以后，一人丧德，维持匡救，实有赖焉"。其官初为尚书右仆射，后为尚书令，尚书权重至此。齐末，门下省转为要职。和士开诸人初皆侍中也。要之，皇帝为政治威权之泉源，凡能进言或为其所亲信者，无论其官位若何，皆有威权也。齐幸臣居于显位，人数之多，为前古所未有。士大夫仍钻营求官，皇帝视之同狗。宋游道为尚书左丞，以敢言为长官所谮，文宣将杀之。杨愔曰：畜狗求吠，"今以数吠杀之，恐将来无复吠狗"。遂得不死。和士开盛时，朝士多附事之，甚者为其假子，与富商大贾同在昆季行列。士开尝疾，医云须服"黄龙汤"。士开难之，一士乃先服之，无耻何至于此！齐主常杖朝臣；后，权臣亦杖挞朝士。幸臣常詈朝臣云："狗汉大不可耐，唯须杀却。"士愿为官者，不过贪于禄位，安望其治民邪？

齐律 律令初沿用魏制，文宣命修魏律为齐律。律在中国，包括一部分政治制度及民法、刑法；历时久而文益多，先后矛盾，在所不免，更有因环境变迁而无法施行者，奸吏乃得舞文为弊。修纂律令为时要政；但非专家主持、经历相当时间，则难成功。齐律于564年完成，其关系人民生计者，当为田制与税制。史称其令民十八岁受田输租调，二十充兵，六十免力役，六十六还田免租调。一夫受露田八十亩，妇人四十亩，奴婢依良人；牛受六十亩。大率一夫一妻调绢一匹、绵八两，垦租两石，义租五升；奴婢准良人之半。牛调二尺，垦租一斗，义租五升。垦租送台，义租送郡，以备水旱。此系撮要之辞，当有不少遗漏之点，致吾人不能认识真相。田制系损益魏孝文宣布之田制而成，人民受田视之为多。田为私产，政府若何授之？其时，户口调查不尽可靠，更难实现。齐季，政府方榨取于民，法令为纸上计划而已。史称齐税繁重，民不堪命，则较为可信之记录。

北齐为黑暗时代。文宣尝问其臣杜弼："治国当用何人？"弼曰："鲜卑车马客，会须用中国人。"骑兵善战，为鲜卑所长，处理政治问题，则汉人较有识见。统治者徒以武力居于领导之位，毫不知其责任，唯用严刑立威，瘠人以自奉，宜其覆亡也。其先，鲜卑出有不少杰出之人物，后虽力欲维持其政治权益，而实已至衰弱时期，所行所为，徒表示野蛮而已。

第三十一篇
北　周

宇文泰之据关中——领地之扩大——制度之变更——宇文护之专政——武帝之功业——周亡——高门第之演变

宇文泰之据关中　魏季，边人之乱造成大规模之屠杀，其领袖皆勇敢善战之鲜卑，且多英杰之士。其人初无机会表现其才能，乃于乱时奋斗，历久居于领导之地位，代价至为重大，亦由于社会制度之不良。祸乱之一结果，魏地分而为二，曰东魏，曰西魏。其影响于南朝者，梁武帝纳叛将侯景，致成大祸，陈代之兴。其在北方，周代西魏，系宇文泰经营之力。初，泰父子从贼为乱，父死，泰转为葛荣部将。及尔朱荣击败葛荣，泰免于死，从荣出征。泰与贺拔岳有旧，从岳西征关中，有功。岳授关西大行台，泰为其左丞，兼领司马。后，岳为部将所杀，其人为一庸才，不即收抚其众。岳部未有所属，遣使告泰。泰新授夏州刺史，闻而驰至，尽有岳众；讨杀叛将，以府库财物赏赐士卒，而无所私。将士大悦，关中乃为其根据地。魏帝入关，为泰所害。泰迎立文帝，专政如故；以其诸子尚幼，擢用其婿典领禁军，用其侄为镇将于外。文帝苟安于现状，未致事变。其子嗣位，以泰杀其亲臣而欲除之，反为其所废。泰立恭帝，而威权益重，不居天子之名，而久行使其权。其位初为丞相，都督中外诸军事；后依《周礼》设官，为太师、大冢宰。名位不同，而实质则无变更。

泰地初为秦陇，南限于秦岭。陕北及陇西高原不甚适宜于耕种，泾渭平原较为富庶之区域；但以祸乱之迭起、死亡之惨重，户口大减。自国力而论，关中远不能及关东；自地势而言，则便于防守，黄河为天然国界。周弱齐强，周防齐人渡河，每届冬季河冻，辄使人捶冰。后，齐弱而周强，齐人防周亦然。其在黄河之南，二国接壤，唯沿河一带之地平坦，为东西往来之孔道。其南则受高山之阻隔，不便于军事行动。周地距时季风发源地稍远，风力弱而雨少，常致凶年，人民苦而负担重。所幸者，关中风气强悍，人民习于兵事，边区与羌胡接壤，边民善于骑射。泰军战斗力甚强，军败，广募豪右以增军旅。关中旧为出将之地，泰亦能用其众也。高欢为其劲敌，各据一方，互传檄言其政敌之罪状，处于不两立之势。战争十余年，互有胜负，死亡惨重。战区为今河南西部、山西西南部，人民流离失所，军粮运自远方，税重而役尤苦，始暂采取守势。城为防守之利器，所谓攻者自劳，守者常逸也。攻城常多死亡。高欢晚年亲统大军围攻河东一城，志在必取，士卒死者十之二三，竟不能下，则其一例。明年，欢死，二国仍有战争。侯景叛时，泰出兵助之，进取颍州；俄而，地复为东魏攻取。西魏力弱，无如之何。

领地之扩大 侯景入梁，造成南朝之大乱，宇文泰始有拓展领地之机会。初，景围攻建康，梁司州刺史率兵勤王。司州为侨治之州，地在汉东，其属郡归降于泰；及刺史还州，降郡复叛。泰遣将往攻，刺史赴援，大败，始为西魏所有。其时，梁内乱外患交至，而武帝子孙犹出兵自相残杀。泰乃经营汉中，进而以为根据地，南取益州。其刺史方出兵东与其兄绎争位，绎请泰伐之也。泰遣大将南进，守将不战而降。魏兵深入，攻陷成都，益州为魏所有。元帝引狼入室，尚不知其所处地位之危险，遣使请据旧图划定疆界。魏使至梁，待遇不及齐使之厚，其侄萧詧复愿引兵为导。554年，泰遣大军南伐江陵。城陷，元常见害，官民没为奴婢者十余万。泰立詧为梁王，居于江陵，其旧有襄阳之地为魏所夺，江陵驻有魏兵防守。于是，西魏有长江上流，并伸长势力于江南，始为大国。

制度之变更 宇文泰之成功，多为机会。其据有关中，由于贺拔岳之见害及叛将之无能，其开拓领土，则由于梁室之祸乱；然能把握时机予以利用，当为豪杰之士。七世纪中叶所作之《周书》论其为人曰："知人善任使，从谏如流，崇尚儒术，明达政事，恩信被物，能驾驭英豪……诸将出征，授以方略，无不制胜。性好朴素，不尚虚饰，恒以反风俗、复古始为心。"其言虽不免于浮夸，要有所本。泰幼未受良好之教育，崇尚儒术，不过利用以号召。其亲信用事者，首推苏绰。绰为关中人士，其地教育不甚发达，士大夫倾向于保守，以关中为西周文化发达之旧地，周公制礼，为太平盛事，而欲仿行之也。绰为大行台左丞，参与机密，所引荐者常至大官。泰推心委任，出游时"预署空纸以授绰，若须有处分，则随事施行，及还，启之而已"。泰受其影响，以汉、魏官繁，命绰依《周礼》改制，未成而卒；改令卢辩成之。辩为儒生，承绰遗意为之。556年，六官制成，泰令行之：一、天官府，长官为冢宰；二、地官府，长官为司徒；三、春官府，长官为宗伯；四、夏官府，长官为司马；五、秋官府，长官为司寇；六、冬官府，长官为司空。六官视汉中央官署有不少之并省，文官数乃减少。其地犹不甚广大，收入少而政事亦不甚繁。武官与地方官，新制未予以变更。其后，六官制颇有损益；周末，更随意改变，史所谓"朝出夕改，莫能详录"也。泰每有诰诫，绰辄仿周诰文体。其文非常人所能了解，不过欲得守旧士大夫之拥护而已。

关中地瘠人少，宇文泰之兵不多。其居高位初由于诸将之拥戴，自无夺其部兵之意，相处甚安，诸将乐为之用。其困难则方从事于大规模之战争，而兵力不足，补充更为问题。东魏败兵被俘者，不肯为西魏所用，甚至起而为乱。泰乃利用关陇之人力整军，颇表现其政治才能。关中风气强悍，旧为良将、精兵所出之地；自氐、羌杂居以来，骑射之风气殆盛于前。魏以门第及家产为分别户口之标准，定为上、中、下三等，每等再分为三，共为九等。豪有为六等以上之人，其家可能有马。泰为权臣，不欲兵属于天子，乃计划其鲜卑化，恢复兵为部落制，属于酋长，可听其指挥。泰分别诸将功之高下，定为二类，名称沿用魏初部落酋长，以之为其后，以尊荣之。汉人为统将者，改其姓为鲜卑姓，部将则用其统将胡姓为姓。统将名曰柱国大将军，为鲜卑部落之酋长。其先，有八柱国，泰为其一，位总百官；一为魏之宗室，徒为虚位。余六人分掌禁旅，各督二大将军；每大将军统开府二人；开府各统一军，共二十四军，即世所谓府兵也。统将死，泰以其亲信代之，渐而转移其兵权归己，以增强其实力。其兵，一部分为鲜卑，关中召募者则为高门第之子弟。其人以战斗为职业，受有训练，编户自相统属，犯法者不由县官治罪。其后，泰子武帝改军士为侍官，除其县籍，由是得免赋税。其改革使部落化之府兵，直接归于天子管领，军士之地位提高，享受优厚之待遇，训练益严而战斗力增强。军制改革经历数十年始告成功。宇文泰之视北齐贤愚，不可同日而语。汉人亦乐为之用焉。

宇文护之专政　泰死，世子觉嗣居其位，年始十五。泰侄护初为将有功，泰亲信之，委以家务；及病，托以后事；护名位素下，得功臣之援助始得辅政；以觉冲弱，欲早代魏，讽魏帝禅让。557年，觉即位，是为闵帝，国号曰周。大臣不服，有图护者。事败，护多杀以立威，威权日盛，谋臣、宿将附之，政事由其决定。闵帝性刚，不欲受制于权臣，听信亲臣之说，欲除护而为其所知。护出帝亲臣为外官，帝欲召还，以护泣陈而止。其党谋商于帝，将因群臣入宴，执护杀之。事泄，护诱捕其政敌，遣入幽地，杀之。闵帝在位不足一年，以宫中有护亲信，将密谋告之；而谋护者犹不之知，护乃先发制人也。迎立泰长子毓，是为明帝（557—560年在位）。明帝博览群书，善于属文，曾为刺史，昭著政绩；嗣位已至壮年，而护犹总揽政权。后二年，护始表请归政。帝许其请，始得亲揽万机；军旅之事，专委于护。护专政已久，实不欲放弃政权，请其归政者，多不免祸。帝亲理政事，自非护之所欲；其聪睿有识，尤为护所忌惮。护密令膳夫进上药食，帝因寝疾而死，遗诏弟邕嗣位。

明帝在位不足四年,其治国也,以宽仁为主,放还远配之家,免魏宗室子女没入为官奴婢,释放敌境被掠之人民。其政治沿用旧制,唯改称都督诸州军事为总管也。

邕为泰第四子,幼聪敏为父所异;明帝嗣位,召为大司空,参与朝政。性沉深,有远识,非有所问,常不肯言。此为明哲保身之法,故不为护所忌;嗣位,是为武帝(561—578年在位)。恭己于上,政事由护决定。初,宇文泰创立府兵,直属于丞相府。泰死,诸军归护统治,凡有征发,非护书不行。护第屯兵禁卫,盛于宫阙,事无大小,皆先断后闻。武帝迎合护意,诏其都督中外诸军事,五府总于天官;自处深自韬晦,对护极其恭敬,于宫中见之,常行家人礼。护谒太后,太后必赐之坐,帝则侍立于旁。护久握政权,附之者居于显位,多为贪于权势之小人。诸子恃其父势,贪残为暴。其管治之下,官吏多蠹政害民也。

外交方面,时有相当之成功。周、齐久为敌国,武帝初叶,二国未有军事行动。周得梁地,国力增强,但不善于水战,尝纳降将,拓展领土,为陈所败,丧失其在江陵以南之城邑。周、陈俄复遣使往来。齐国力不及文宣之世,政治情况恶劣,远过于周。周、齐各欲结援强邻。北方强国,初为柔然,西魏帝、高欢旨娶其主女为妃。及柔然败于突厥,余部南归于周者,突阙遣使求之,周恐得罪强邻,将其交出。齐又出兵击败奔逃之余部。其合作之基础薄弱,唯利是图,固无所谓信义。突厥强大,周聘其主女为皇后。齐患二国相结,遣使重币求婚,其主意为之动,留周使而不遣。周遣重臣前往,责以大义。突厥国中值有灾异,以为天谴,其主始遣女行。武帝立为皇后,于是突厥为周与国,北边无侵扰之祸,戍兵减少,得以全力对齐作战;突厥亦出骑兵助战,当为外交胜利,宜周人重视之也。563年,二国出兵自长城伐齐,深入至于晋阳。突厥劫掠,齐受重大之损失。齐主恐敌再至,归护母于周,以通好。突厥闻而复请伐齐,护恐其疑而生变,许之。明年,护率大军伐齐,不胜而归。二国复遣使修好。

武帝之功业 护伐齐不胜,遣兵援陈叛将,亦败,威望颇受损失。其任用之僚属复为害于民，犹贪恋权势，不肯归政。572年，武帝于宫中杀之，其亲臣尚之不知。帝诏杀护子及其用事之人，国中未有叛乱，可谓处置得宜。帝亲总万机，励精图治，服用崇尚节俭。史称其"布怀立行，皆欲逾越古人。身衣布袍，寝布被"，拆毁华丽宫殿，严禁雕文刻镂，后宫嫔御十余人而已。皇室用费大减，固利于民亦有益于国也。帝"劳谦接下，自强不息"，尤勤于练兵习劳，并能以身作则。其"校兵阅武，步行山谷，履涉勤苦，皆人所不堪"，而帝行之若素，军士战斗力强。史称帝明察少恩，乃帝用法严正之一解释。人无贵贱，皆应守法，法无差异之别，严格执行，当为政治进步之征象。帝功首为统一北方，其菲衣恶食，缮甲治兵，原为伐齐。齐主恣行无道，群小擅权，杀害名将，国势益弱。575年，帝统大军分道东征，围攻黄河北之齐重镇，陷其外城，值有疾而归。其别将所下三十余城亦弃而不守。明年，帝复大举伐齐，取道山西，齐主率大军赴援。二军激战，齐兵稍退，齐主惧而北走，致军大溃。周师乘胜而前，齐将帅降者相继，其在并州拒战者亦败。武帝率军趣邺；577年春，一战破邺。齐主南奔，为周追骑所获，于是北方统一。

　　武帝伐齐，声言救民，战事解决迅速，人民未受重大之损失，齐地为周所有。《周书》称：得五十五州、一百六十二郡、三百八十五县、三百三十万二千五百二十八户、二千万六千八百八十六口。州郡于西晋以后，区域小而增设益多。齐地南全淮北，西以豫西河东与周为邻，为旧关东之地，于魏末大乱之后，户口尚不为少，而隐瞒者仍多。高欢曾检无籍之户，得六十余万。齐初强豪兼并，《隋书·食货志》称其户口隐漏益多；旧制，未娶者减少租调，阳翟一郡，户凡数万，籍多无妻；有司劾之，文宣反以为生事，由是奸欺益甚，户口租调，十亡六七。北方为大家庭制，每家平均只有六口，亦不足信。周之户口视齐为少，亦有隐瞒逃税之弊。平齐之年，武帝诏行《刑书要制》。《要制》规定："正长隐五户及十丁以上、隐地三顷以上，皆至死。"法严乃鉴于积弊之深重，而欲为有效之改革也。行之不及一年，帝死。嗣君缓和反对者之意见，下诏废之，可见实施之困难。其先，或未能普遍实施也。北方统一，战争减少，人民徭役亦转轻，当为伟大之功业。

北周统一北方，国大兵强。陈初未及利用时机，侵夺淮北之地；后，不自量力，出兵攻取淮北，几至全军覆亡，淮南之地为周所夺。武帝有统一中国之雄图，平齐之后，练兵仍不稍懈，并与士卒共劳苦。其伐齐也，见军士有跣行者，亲脱靴赐之，小惠足以鼓励军心。每宴会将士，帝亲执杯劝酒，或手付赐物；见之，能言其名；战时，亲在行阵，故能得士卒死力。其计划欲先平突厥，然后南征，以为一二年间，中国可复统一。不幸，其死太早，一无所成也。帝受儒家教育，尝亲讲《礼记》，遵行三年之丧，本于卫道之心，初定儒为上，道次之，佛为下，后且禁道、佛二教，毁其建筑物及神像。此为专制帝王专断独行之事，而社会人士并不赞同，死后，禁令即废，徒见胸襟狭隘，劳而无功也。578年，突厥入寇幽州，略杀吏民。帝亲北伐，五道俱进，发关中公、私驴马从军，途中得病而死。太子名赟，颇有失德。亲臣言之，武帝严加管教，选贤士为其左右，而太子仍少长进。亲臣复以为言，帝以次子亦不才，余子皆幼而罢。太子嗣位，果败坏其国家。

周亡 赟嗣，是为宣帝（579年在位）。即位首阅视宫人，逼为淫乱，广采国中女子，以充后宫。皇后多至五人，名号时而改易。复从事于奢侈，"所居宫殿，帷帐皆饰以金玉珠宝，光华炫耀，极丽穷奢"；国典朝仪，率意更改。其父亲信大臣，先后被杀。叔父负有重望，并有大功，帝疑忌杀之。后更嬉戏无道，恐群臣进谏，常遣左右密察其所为，稍有乖违，辄治以罪，公卿以下皆被楚挞。其笞人率以百二十为度，名曰"天杖"。后妃嫔御，虽被宠嬖，亦多被杖。于是内外恐惧，人无固志。《周书》论周之覆亡曰："斯盖宣帝之余殃，非孺子之罪庆也。"当为公允之言。帝亲臣为内史上大夫郑译。译先导其为非，为武帝所除名。皇后父杨坚不安于内任，从译乞为外官，将行，会帝不豫，诏其侍病；及帝病危，译欲坚为冢宰，自为大司马，矫诏以坚辅政。斯日，帝死。

579年二月，太子衍六岁嗣位，是为静帝。杨坚自为左大丞相，假黄钺都督内外诸军事。译为其属吏，颇为失望。坚有不臣之意，初托辞招五王入京，防其为变，不肯遣之归国；更以亲信代刺史忠于周者。相州总管尉迟迥举兵讨坚，旬日间，关东州郡多起应之，聚兵十余万，声势浩大。汉水流域之边将及益州总管皆起兵讨坚。幸精兵多在关中，宿将不堪宣帝之虐，有怀贰心者。坚为汉人，汉人居要职者，多为之用。坚有才能，知人善用。敌方尉迟迥虽为旧将，然已昏耄；余人皆为庸才。坚出大兵东征，尉迟迥败死，党与皆平。边将东奔于陈，益州亦平。周宗室谋杀坚者，皆为其所杀。坚地位巩固，政权、兵权归之。581年春，静帝逊位，周亡。

鲜卑之名，始称于东汉，强大于其中叶；及中原大乱，一部分徙居于长城以内之地，吸收汉人文化。燕、魏、齐、周之统治阶级皆鲜卑人也。大体而论，其兴亡如出一辙。创国之初，皆勇敢善战，尤以骑兵见称；贤者多欲改易其旧俗，不肖者常大为害于民。其人居于黄河流域，与汉人相较，则数不多。其能统治土著人民，全由于武力；居于中国既久，环境社会与前不同，渐而失去优越之势，人于衰老之状态；同化于汉人，成为中国民族之一部分。自今观之，由弱转强或由强变弱，常决定于统治者之行为及其推行之政策也。

高门第之演变 北朝政治大事，叙述于上三篇。其社会制度为先时所无者，当为门阀制之盛行。通常以为行于南方，实则其在北方，于政治社会上亦有势力。其始盖在东汉末年察举制行，郡守所选举之秀才、孝廉常为儒生，世家、大族居于优利之势。名士更结党标榜，李膺不与常人往来，士为其所接见者，谓之登龙门。九品中正便利大族子弟之入仕。晋受儒家思想之影响，立封建制，重用功臣。蜀、吴士大夫难于擢用，其幸而进用者，朝中无人为之奥援，不易居于显位。此皆足以增强大族政治上之势力，演变而为高门第。北士过江者，王、谢二族居于显要之地位。谢氏先世于西晋，犹非达官。初期之官门第不尽皆居显位之家。北朝卢氏为名门，其祖卢玄官位不高。《魏书》论之曰："卢玄绪业著闻，首应旌命，子孙继迹，为世盛门。其文武功烈殆无足纪，而见重于时，声高冠带，盖德业儒素有过人者。"此可为一明证。男子若为名士，虽出自门第最低之兵家，高门第之士大夫亦愿与之往来，或平等相待，或与之通婚。女子如有闺门礼法，亦可与高官厚禄及高门第者通婚，古书载有不少之例证。西晋如此，东晋初叶犹然。综就吾人所知之事实而论，初期之高门除高官厚禄外，尚有才德、礼法、家学、名士诸条件。

东晋建国，兼用南、北名士。北士为天子亲臣，渐而握有政权，成为最高之门第，倾向于保持其已得之权利。北方名门南渡迟者，迄不能获得其应有之地位，甚至被斥为"伧楚"，不能仕为高官。吴中名士渐亦失势，沦降而为寒门。王、谢世为显官，有子孙年未三十，即望为宰相者，不得则生怨望。南方大族之社会地位多造成于政治势力，至宋而登峰造极。其为官者，非本身之有才能，唯赖祖先，有斥为恃枯骨者。齐世，其势渐衰，御史中丞为弹劾之官，王氏向不充任，而王僧虔为之。六世纪所作之《南齐书》称：王氏分支居京城者，官位微减；后，僧虔为会稽内史，不理中书舍人，而至免官，皆可为证。世家子弟自高其地位，不与寒士往来，寒士居于权势之位，或其同僚往谒之者，至受其轻辱。如客坐而主人呼仆移去其所坐之位，致客失色而去。世族自相婚姻，或与皇室通婚。达官族稍低者为子求婚于高门第，常遭其拒绝。世族名门享受优厚之待遇，不忠于国，又不为民服务，但受传统思想之影响，社会地位犹未动摇。陈亡，其存在之因素与环境始行消失。

北朝高门第之基础不同于南朝之赖依政治，势力较为巩固。魏统治黄河流域，采行中国政治。其官人用九品中正制，大族居于有利之地位。其先，世族于西晋亡后，虽有入仕为官者，而地位殊不显要；复以易代之多，祸乱时作，备受流亡之苦，至魏始有较长期之和平。门第高者常赖其家法，社会人士亦礼敬之。卢玄之家，上已言之，为其一例。清河崔氏为北方之官门第，魏臣崔甗以籍地自矜，尝窃言高洋为"黄颔小儿"。洋囚甗，将杀之。甗托其友，请以孙女妻洋亲臣之子。亲臣为之言而得免。史称其一门婚嫁皆衣冠美族，吉凶仪范，为当时所称。娄太后为子纳甗妹为妃，敕其使曰：

"好作法用，勿使崔家笑人。"婚夕，文宣帝举酒曰："新妇宜男，孝顺富贵。"甗跪对曰："孝顺乃自臣门，富贵恩由陛下。"故事证明：崔氏之为高门第，由于家法，低族与之通婚者，视为大荣。其人代表中国之礼教社会。魏孝文帝羡慕中国文化，与之接近，进而崇尚门第，诏定士族之高下。其原为高门第之旧族，即为高门；其仕为高官者亦为高门，其人杂有原非高门第之汉人而与鲜卑有关者。鲜卑功臣皆侵略中国之酋长，其后胤文化水准犹低，专以其居高官者为高门。帝奖其贵人与高门之汉人通婚，纳大族女于宫中，又为其弟聘之为妃；诏定诸州士族，多所升降。众议以薛氏为河东茂族，帝言其先蜀人，不可入郡姓。其族人薛宗起时为侍臣，执戟在殿下，闻而出次抗议，且曰：今不预郡姓，何以生为？碎戟于地，乃许其请。郡姓争论至为激烈，以其决定将影响族人之入仕及其社会地位也。朝臣宋弁主持其事，史称其好言人之阴短；不在高位之大族，其意所不便者，因而毁之；旧族沦滞、人非可忌者，为之申达。弁以好恶为取舍，深为时人所恶。帝方依据门第大选内外群官，朝臣非之者曰："若欲为治，陛下今日何为专崇门品，不有拔才之诏？"帝曰："苟有殊人之技，不患不知。然君子之门，假使无当世之用者，要自德行纯笃，朕是以用之。"此其辩护之辞，拔才殊非易事，其用人之标准，诚所谓"以贵承贵，以贱袭贱"。朝臣论其非曰：朝廷每举人才，"则较其一婚一宦，以为升降"，"夫门望者，是其父祖之遗烈，亦何益于皇家。益于时者，贤才而已"。反对帝之计划者，不止一人；高门第亦有主张用人唯才者，帝皆不听。朝中缺少人才，为魏衰弱之原因。此非孝文之咎，其先，亦无求贤才之法，特帝未尽其力改善耳。

北齐为鲜卑暴横时代，虽沿用中正选士法，而士大夫实居于次要地位，有谄事贵人以求官者。高门于社会上之地位，则仍如往日。宇文泰以当时高门除鲜卑及关陇李姓而外，皆在关东，恐高欢以山东郡望召致其所用之汉人，改士大夫关东郡望为关内郡望，有功之诸将尽改其郡望。鲜卑人原在河南者亦皆改之，其人已为部落，当不及汉人之重要。其用人也，听信苏绰之言，反对采用门第制，改郡望为其多虑，对于政治，并无重要。其后，北方统一，关东高门依然存在。及中国统一，南朝高门之政治地位削减，而北方大族之社会地位则未动摇。唐初以政治力量谋削减其势力，未有功效。可见其根深蒂固，社会势力常非政治力量一时所能铲除也。

第三十二篇
魏晋南北朝学艺

文化区域——清谈——佛教之思想——儒学——道教——史书——科学——文学——美术

文化区域 220年，曹丕篡汉；589年，中国复归于统一。三百六十九年中，西晋统一只二十四年，当为祸乱最剧烈之时代。其文化中心初为洛阳，大乱起后，名士多避乱于江东，建邺为集中地，成为文化最进步之区域。北方士大夫或往凉州，保存文化之一部分。山东旧为礼义之乡，教育发达，乱后余风尚存。淮北为南朝所有，文化亦较进步。北魏典章制度之模仿中国，皆受其地士大夫之影响。崔浩为北方最高之门第，南士王慧龙奔魏，浩弟知其为江南世族，以女妻之。浩数向诸公称其美，有奏其嗟服南人、讪鄙国化之意者。齐臣王肃入魏，与孝文帝之相得，犹诸葛亮之遇先主。南士为北人所重，以其代表之文化较高。孝文帝尝与南使谈论，重之，顾侍臣曰：江南多好臣。东魏与南朝通好，南使至邺，史称：邺下为之倾动，贵胜子弟盛饰聚观，礼赠优渥。西魏文化发达不及东魏，南士入其国者，更为其所重，至改变其文风。

清谈 道家之学说流行于世，至魏晋而益盛，乃时人对于儒学不满意之表示，亦促成于政治之黑暗，名士多见杀害，存者避免无谓之灾祸,转而谈论。清谈初为表示其对于政治之态度,承继后汉之品题人物而为抽象之议论,造成于曹操、司马氏之专政。曹操执政,箝制言论,目清流为浮华,更恶其议论政治。士大夫转而由实际政论变为抽象玄理之讨论。司马氏专政,朝臣或名士不愿与之合作者,辄诛三族;合作为官,时称名教之士。消极者则讲老庄之学,崇尚自然,以山林为乐,以表示其反抗态度。二派主张不同,乃以圣人名教及老庄自然为讨论之中心问题。居高官者以名教与自然不冲突为辩护之术。其结果则一而做官,一而清谈,居官以不亲理政事为高,敷衍苟且而已。清谈之风相沿迄于东晋,其范围则为玄道,所谓剖析妙理也。

道家主张调和儒道二家之思想,以孔子为最大之圣人。其学问家于魏时,首推何晏、王弼。晏少以才秀知名,好老庄言,居官为司马懿所杀。弼幼慧察;十余岁,好老氏,通辩能言。何晏奇之,援引为官。晏被杀之年,弼亦罹疫而死,仅二十四岁。何晏尝注《老子》。弼言其注《老子》意旨,晏自觉其不及,遂不复为。弼天才甚高,不幸短命而死。何晏与其徒编著之《论语集解》风行于世。其注编集汉儒之说而成,补充部分则为道家思想。王弼注《老子》《周易》。《易》为儒家之书,然为筮人之思想,言天道自然,道家理论与之有密切之关系。时人以《易》《老子》《庄子》为三玄。弼之注《易》,全发挥道家之思想,说明老子之言:天地万物生于有,有生于无也。二人开通风气,至魏末而玄学益盛,竹林七贤尤为人所称。其名辞盖出于佛经,七人清谈地在黄河之北,产竹殊不甚多。其中以阮籍、嵇康声誉为高。籍恬淡旷达,借饮酒与清谈以苟求性命,厌恶儒家礼法。嵇康与曹氏有亲,不乐仕进,傲然自高。名士钟会谒之,康久不与语。会去,康曰:何所闻而来,何所见而去?会曰:闻所闻而来,见所见而去。此为清谈之一例。会引为大恨。康以其友荐之代为其官,与之书而请绝交,有"不堪流俗而非薄汤武"之语,终被杀害。二人皆发挥玄学之文学家,哲学上无新建树。刘伶于七人中最为放肆,常乘鹿车携一壶酒,使人荷锸随之,谓曰:死便埋我。其所作之《酒德颂》颇表示其放情之人生观。西晋中叶,名士益以实践老庄理论为言，颇有放荡之行为：有醉而窃饮其邻藏酒者，有戏挑邻女为其所伤者，乃为识者所讥斥。东晋之世，论者以西晋倾覆归咎于悖礼、伤教之名士，有以何晏、王弼之罪，过于桀、纣。放达之行为遂不多见，而清谈之风犹盛。王导、庾亮、谢安居于显位，皆好清谈。简文帝初为会稽王，好尚清谈，召聚名士，高僧支遁亦与其会，为东晋清谈极盛时代。嗣后渐呈衰落。其于哲学上有贡献之著作，一为时人所著之《列子》，一为向秀、郭象之《庄子注》，皆发挥道家之思想。

佛教之思想 佛教传入中国，僧徒为西域人，善星术，传针药，为汉人祀神求福，附于黄老以自存，教义宣传常赖经典之翻译。国人不通梵文，入印度求经者始于东晋末年之法显，乃由来华之高僧为之。中印文字迥不相同，思想亦非中国所固有，译文有晦涩不易通读者。四世纪高僧道安始有注释，俾文义贯通明畅。大师鸠摩罗什来华译经，大有进步。罗什幼年出家，精通经典，前秦将吕光迎之东来，遇乱留于凉州十八年，通晓中国语言文字；后应后秦主姚兴之召，401年东至长安。兴待以国师之礼，请其译经。罗什译经三百余卷，删去繁复原文，或不拘其体制，或变易原文，故译文雅洁，迄今无人能出其上。其弟子甚多，僧肇最有贡献。肇初以佣书为业，博观群书，爱好玄学，后读佛经出家，远就教于罗什，颇有所悟。其所作诸论，深为时人所称。惜其三十一岁病死，未能成为伟大哲学家。长安为北方佛教之中心地，南方佛教中心则在庐山，以慧远为领袖。慧远为高僧道生弟子，读经有悟，刻苦精励，初居襄阳；384年，南入庐山，建东林寺，设禅室，江南始兴禅法，又与道俗一百二十三人结成有名念佛之白莲社，为中国兴行念佛之起始。诗人谢灵运为其弟子。慧远入山后，三十余年未曾下山一次，迎请高僧入山译经。其地幽静，慧远力避权势，持沙门不拜王者之说，其徒数百人萃于一山，力事进修，与世隔绝。其学以超俗、脱尘、恬淡、无为为主旨，戒律严峻。与罗什为南北佛教领袖，二人迄未谋面，唯书问往还，互相推重而已。

最初来华之僧徒，全为译经，无人能为义解。国人对于经义不能真正了解。自魏以来，高僧皆用道教之"无"，说明佛教之"空"，此为格义。格义云者，用教外之典籍说明佛经之奥义。及译经增多，佛教乃为思想界占有势力。名士有受教于高僧者。其时，《般若》部经典最为盛行，以其阐明诸法皆空之学说也。其义解之演变有三：一、本无意。高僧依据道家有生于无之说，解释《般若》，诸法皆空为其本，体为无。二、心无意。高僧谓诸法皆空，非一切现象皆为空无，不过说明人能虚心则色相自会止息，此同于老子常无欲以观其妙之说。三、即色义。高僧称般若即色是空，绝非否定现象之存在，但以为一切现象皆由因缘和合而生。吾人认识之万物样相，无时无刻不在变化之中，绝非万物之本性；其本性不变、不易，超越人类之认识，吾人应当逍遥于玄虚之境。空之解释乃进入般若真义。今就二家思想差别而论：道家之"无"，从本体论发出；佛教之"空"，从认识论发出。佛教初未认清；其后，义解始逐渐接触佛学之真谛。罗什所译之经典益使国人深切了解。佛学既盛，有用其说解释老庄者，此由玄学时代转移而为佛学时代。民间信佛者众，僧寺大增。桓玄于晋末年称：一县数千，猥成屯落。其时，户口甚少，一县有不足一千户者，其所占比例之高可以想见。其在北朝，《魏书·释老志》称：民避役入道为僧，"猥滥之极，自中国之有佛法，未之有也"。其估计之僧尼二百万，寺三万有余。人民信佛、念佛，以其可免灾得福，并深信天堂地狱及轮回报应之说，成为中国人民思想之一部分一千余年。

儒学 儒学与道、佛学说相比较，颇有逊色，三百余年未有新建树。东汉，训诂学发达，郑玄采取今、古文说，加以折中；嗣后，学者之研究仍不出注释之范围。魏、晋著名之经注凡三：《周易》，王弼注；《尚书》，孔安国传；及杜预所作之《左传集解》是也。弼注上已言之。孔安国，汉人，其所传之《尚书》，于东晋时出现，清初学者断定其为伪撰；其后，学者称其内容与王肃言论相合，系其所为，然无证据。肃为晋武帝之外祖父，为时经学大师，其注解诸经兼采今、古家之说，惟与郑玄见解不合。其门人孔晁曾著《尚书疑问》，可能孔传为其所作。杜预仕晋，居于显位，嗜好《左传》，其所作之《集解》采取诸家之说，亦受王肃影响。王学于晋代极占势力。宋、齐不重儒学，梁复置五经博士，但无伟大之学者。北朝，魏帝崇尚经学，经师全以郑学为研究之范围。就儒学成就而言，北人学问渊博，南人清要。唐人所作之《北史》颇斥北学，盖由于接受南朝之文化也。南人经学杂有老庄思想，由于环境使然，北人则与之异，惜不能有新贡献也。

道教 道家思想之流行、佛教之发达及方士之神仙故事产生道教。张陵为其创始人，称为老子口授，为其徒者，出米五斗，子孙世习其术，以符水治病，称为天师，亦称天师道，颇盛于西晋，传布之区域甚广。其徒接受新传入天算、医学知识。北魏道士寇谦之推算七曜，有所不了，从师学习，其师尝从僧学算、医及天人合一之理。谦之采取佛教之律改善天师道法。崔浩与之善而荐之，崔氏世奉天师道。其徒注重修炼、长生之术，多精通医学，为士大夫信其说之一原因。其道重符箓，进而注重写字，南北著名之书家多与之有关。王羲之父子书法为世所称，其家世奉天师道。崔浩善书，孙恩党卢循善草隶。其先，恩兵败逃入海岛，信道之妇女以婴儿夫累，不能从行，以囊盛而投之于水，谓其先就天堂，将亦从之。后，恩沉于海，其众谓之水仙。卢循兵败，自投于水，其思想本于方士。以其于渤海湾常见海市蜃楼，创为三仙山之故事。天师道乃以天堂在水中也。

道教之最高目的求长生与登仙。其从理论证明可能者，重要之书籍无过于葛洪之《抱朴子》。洪博学多识，好神仙导养之术；东晋初年，南隐于广东而殁。其书论宇宙本体，全为老庄思想，进而论证神仙之存在及成仙之可能。其方法不外内保精气，外服上药。又称：行善，鬼神佑之；作恶，罚之。其书论涉之范围广泛，言及辟谷之法、不寒之术、按摩之方、避疫病诀、照妖之镜、登山之符、择日等，可见道士活动之一斑。其在北方关于道教组织及发展方面，寇谦之颇有功绩。谦之修道，称：老君授以经诫，又得服气诸法。其经诫偏重斋醮科仪。太武帝以崔浩之言，迎入都城之东，建天师道场，集道士百二十人祈祷。谦之渐得君主尊信，利用政治力量排斥佛教，信徒大增，道教遂告大成。其徒与佛教徒争论二教之优劣，皆受重大之打击，乃妄言佛为老子化身，造为化胡经，或倡言二教一致，慧黠者模仿佛经，造作经典。道藏中，不但经典之体裁有与佛经相类，且有文句与之相同者；思想完全依据佛经，更不必论。言者称：自张陵创教以来，亡命之徒常利用而为乱。实则叛乱多造成于政治黑暗及人民痛苦。其先，东汉初年即有女巫之乱，政治、社会不能改善，祸乱常不能免，吾人不能独归咎宗教也。

史书 自魏迄隋，史书有不少传于后世。《三国志》《后汉书》为人所称，与《史记》《前汉书》合称四史。旧以其文字优美，为士大夫常读之书。陈寿为《三国志》之作者，初为蜀臣，后仕于晋，其书文太简洁，删去具体之记载，而为抽象之辞；又未作志叙述政治经济情况，为一弱点。宋文帝读之，命其臣裴松之作注。松之利用所有之史料，抄引为《注》，增加吾人对于三国时代之知识，又为研究历史者开辟一新途径。北魏郦道元所作之《水经注》亦保存甚多有价值之史料。《后汉书》之著者范晔亦为宋人，作史在433年，距东汉覆亡二百余年，其间有不少之著作，唯烦秽杂乱，使人睡而不能竟读。范晔为太守数年，成此卷帙繁多之书，乃删改诸家之书或润饰文字故也。规模仿自《前汉书》，志未成而晔被杀。晔书传世，诸家之著作皆废。其书保存史料较多，今有以其于四史中最有价值者。《宋书》《南齐书》《魏书》作于南北朝，规模仿之前史，各为一朝之记载。

科学 印度科学知识由僧侣传入中国。东汉末，天文学家称，言天体者三家：一周髀，二宣夜，三浑天。宣夜时无师说；周髀术数具在，验天多违；唯浑天得其情，汉人用其法造成浑天仪。其推算气节初有违误，后用印度新传入之历算改正。中国医学采用外来之药方、药品。清河崔氏世以医学称著，《北史·崔彧传》称："彧少逢隐沙门，教以《素问》甲乙，遂善医术。"其学传自沙门。《素问》为国内最早之医书，先称黄帝问于天师，后言岐伯对称。天师即五斗米道之天师，注重长生医学。《隋书·经籍志》医方部有《岐伯经》。印度古神医或译为耆域，或译为耆婆，医学往往托之。六世纪所作之《高僧传》中，有《晋耆域传》，称其自天竺至扶南，经诸海滨，涉交、广，北至洛阳，因乱西至长安。此可证明佛教徒初曾行医，或借医以传教。岐伯或即印度之耆域、耆婆。名医华陀精于解剖，传自印度。佛经言耆域医病，欲剖开国王之头，王欲杀之，为佛所救。印度万应药名曰阿伽陀，去阿字则为伽陀，即华陀所本，谓为最好之医生。去阿之例，尚有罗汉，原称阿罗汉也。此近时学者陈寅恪之说，颇足以供吾人之参考。《隋书·经籍志》列有不少之药书，就其名称而言，确传自印度，《龙树菩萨药方》四卷，则其一例。

文学 文受辞赋之影响，渐趋于整齐，对偶而为骈俪文。魏、晋对偶尚不甚严，较有才之作家犹有可读之作品，其后骈俪益甚，多用四字、六字相对之句，亦称四六文。文学之士多出于世族，父子兄弟常以文学擅名。梁臣刘季绰为其一例。《南史》称其兄弟及群从子侄七十人，并能属文，近古未有。其所以然者，世族居于优越之地位，既不忠心为国，又不为民服务，唯从事于文艺。其人脱离现实，文非描写生活而为骈偶滥调。无文学天才者，以训练久故亦能为之。江南山水景物美丽，生长于此环境之天才作家，亦易写成美丽文章。文至梁、陈，牵拘声韵，益为缛丽。北朝文学不及南朝之发达，后仿效其文。骈文用途不及散文之广，记事、形容贵能正确，说理之文尤当深入浅出，皆非骈文所能胜任。历史著作故多以散文写成。佛教经典更非骈文所能译出。译文注重不失本义、明白易解也。译者且多外国高僧，未受骈文训练。佛经中长篇文学作品甚多，译文颇能保全其价值；不幸，经典含有神圣之意，非常人所能得而读之，流传不广，对于中国文学，未有重大之影响。高僧为文，除译经而外，常模仿骈文，其论辩文字及高僧传文皆其明证，可见传统势力之强大。

五言诗成立于汉末，其天才作家描写艺术上之成绩极高。魏、晋诗承其余风，颇为发达。名士避祸，吃药喝酒，崇尚清谈，其诗多表现内心之悲哀，阮籍、嵇康皆其明例。籍作《咏怀诗》八十二首，读者常憾其意深晦，和愉哀怨杂集于中，盖诗为其随感随写之作，先后不同，颇有高妙之作品。嵇康之诗流露老庄思想，其所作四言诗，论者谓为四言诗之中兴，可见其天才之高。西晋诗人注意修辞，专务精巧，由天然美而渐趋于人工美，陆机可为其代表作者。机，吴郡人，父祖皆为吴之高官；吴亡，机后入洛阳为官，因晋宗室之乱被杀。时人言其才曰：人之为文，常恨才少，而了更患其多。梁批评家称其才高辞赡、举体华美，意谓其工于排偶修辞。近人称其作品徒尚形式，缺乏空灵矫健之气。古今人观念不同，评论亦异其辞。无论如何，其诗固有影响于后世。东晋末，陶潜为伟大诗人，古今未有异议。潜曾两次出佐军幕，皆弃官去，后以贫而出为县令，复不愿接见郡所遣之督邮，弃官而归，终身不仕；家贫，嗜酒，不能常得，所居不蔽风日，箪瓢屡空，常著文章自娱。其诗扫尽骈偶、古典之习气，闲散冲淡，完全凭其所感，意到笔随，无处不真切、自然。后世山林隐逸派之诗歌，皆深受其影响。

宋代著名诗人：一为谢灵运。灵运为贵族子弟，爱好山水，肆意游邀，为官不理民政，出而登山陟岭，所至辄为诗咏。其诗描写各种风物，常能各极其致；唯修句琢字偏于雕缛，与陶潜相比，有天工、人巧之别。一为鲍照。其天才甚高，作品不合于当时文人之风尚；复值宋文帝之忌才，不敢尽其才力。三百年后，其诗始受唐代诗人所欣赏。南齐诗人谢朓，作品备有清俊、富丽之长，亦工于山水诗。其时，文人有二风气：一、好用典。斥之者谓文章殆同书抄，浸以成俗，致"句无虚语，语无虚字，拘挛补衲"。二、注重声律。评论家谓：诗不被管弦，无取于声律，而时人务为精密，使文多拘忌，伤其真美。律诗为遵守一定格律之诗，以五言、七言为限，渐而成立。天才高之诗人亦能于其范围内发挥。梁之何逊、陈之阴铿所作律诗，唐诗人极力模仿，或得其神似，或发扬而光大之。杜甫咏李白诗云："李侯有佳句，往往似阴铿。"其自言曰："颇学阴何苦用心。"此可证明唐之律诗乃承梁、陈之余绪而继续其发展。文学批评家有不满意于新趋势而反对者，文人转而仿作乐府。梁代乐府歌辞之多，为一明证。陈后主引宾客于宫中游宴，与女学士共赋新诗，选其艳丽者为曲词，作曲调演奏。其所选之诗，有民歌化之色彩。后主作品颇有民歌之风味。此就文人所作之诗文而论。南、北民间歌曲则以地理环境及风尚之不同而迥异。南方多恋爱之曲；北方歌曲，英雄之色彩浓厚，吾人诵读之《木兰辞》则其一例。文学发达，评论家渐居于重要地位，《文心雕龙》论文诗、品论诗皆其明例。

美术 美术为后世所称者：一曰字。吾人所用之楷字，自秦篆、汉隶减省而成。唐人犹称楷为隶书。学者罗振玉研究西北发现之简文称：141年后之竹简楷七、隶三，263年之简全为楷书。一百二十余年中，楷字已通行于全国，沿用迄于今日。善书为一艺术，史书记载许多之书家真迹，皆不传于后世。唐人称晋王羲之书为古今之冠，迄今未有异议。南朝碑受潮湿之侵蚀及禁令之限制，传于后世之碑文拓本甚少；北朝传世之碑文甚多，习字者常奉为型模。

二曰画。相传绘画发达甚早，至东晋始有重大之进步。史称顾恺之尤善丹青，图写特妙，谢安深重之，以为有苍生以来，未之有也。其画尤以人物妙绝于时，其遗作《女史箴图卷》为中国贵古之画，历代论画之书均有记载，初藏于清宫，经义和团乱散失，现存于英国博物馆，其重要之题跋，均被截去。南朝名画家代有其人，然画不留传于后世，致吾人无法知其成就及其作品之价值。相传梁画家张僧繇所画之佛像发挥千变万化之精技。梁佛寺中之壁画受印度画之影响。论画之书于时大有增加，皆画发达之象征。

三曰雕刻。中国商代雕刻已有明显之进步，不幸未能继续发展。汉代，石刻虽有其特点，要不足与希腊相并论。南北朝之雕刻皆受佛教之影响。佛教初无佛像，后与希腊接触，佛像受其生动雕刻之刺激而仿为之。佛教盛而与之有关之美术亦传入中国。佛像之雕刻，盛于北魏，其都平城，今为大同，其西北三十里依山石所造之佛像为巨大之工程，亦为优美之石刻。后，魏迁洛阳，复于其南之石崖造像。唐初，犹继续为之，中有甚美之作品。北齐于山西太原之石山亦凿造石窟，其石有运自他地者，颇为美丽。南朝建邺附近亦有精美之雕刻，唯规模远不及北方之大。其他建筑物则受战争之破坏与摧残，无复存在。

中国经历三百余年之分裂，文化仍有进步。江南为其中心区域，不受北方文化较低民族之摧残，其贵族政治地位优于北方世族，社会上之享受及优裕之生活，当与之有关。江南地理环境，信如时人所谓"暮春三月，江南草长，杂花生树，群莺乱飞"。中原一望尽为黄土，自不能及。佛教于时为新推动文化之势力，发展犹在进行之中；至唐始为中国化之宗教。隋灭陈而中国统一。北朝武力强而文化较低，南朝武力弱而文化进步，自文化发展而言，南方文化因统一而传至北方益便，隋唐文化乃南朝文化之继续前进也。